강릉단오제 현장론 탐구

장정룡

국학자료원

서 문

필자는 1986년 臺灣 중앙연구원 민족학연구소에서 객원연구원으로 재직하며 박사논문을 쓸 당시, 초대 연구원장을 역임한 胡適(1891~1962)박사 기념관을 여러 번 방문하였다. 그곳에서 '四十自述'이라는 호적자서전을 읽은 바 있다. 不惑의 나이에 자신을 돌아보면서 쓴 그 분의 글은 나를 감동시켰다.

내 나이 이제 오십이다. 소위 하늘의 뜻을 헤아려야 하는 知天命에 들어서 50년 생애를 돌아보며 이 책을 쓰게 되었다. 그것은 내 인생에서 강릉단오제가 갖는 비중이 결코 가볍지 않음을 말하려는 것이다.

1.4 후퇴 때 이북에서 피난 내려오신 부친은 속초 바닷가에 보따리를 풀어놓았다. 그리고 나는 그곳에서 태어났다. 호기심 많은 나는 발바리처럼 쫓아다녀 속초바닷가 별신굿도 보고, 설악산신제도 따라다녔다. 민속학적 관심이 싹튼 이 유년기는 외로웠다. 초등학생 5학년 때 어린 자식 다섯을 두고 모친은 먼 세상으로 떠났다. 아버님은 몇 달간 쌍천 계곡에서 무수히 많은 눈물을 뿌렸고, 우리는 마치 갈 곳 잃은 어린 철새 신세였다.

공산당을 피해 갖은 고생을 다하며 피난 내려오신 아버님은 부산 피난시절 냉수로 허기를 채우면서도 삶의 강인함을 잃지 않은 분이다. 그리고 그곳에서 평안도 출신 어머님을 만났다. 속초에서 오징어배도 탔고, 중앙시장안에서 평북여관도 했는데, 60년대에 들어서자 리어카에 우리를 싣고 몇 가구 살지 않은 설악산으로 들어가서 관광개발에 앞장서셨다.

두해 전 아버님은 91세로 영면하셨지만 이렇게 속초에서 유년기와 중·고등학교를 마치고, 강릉으로 시집온 누님을 따라와 대학생활이 시작되었다. 20세까지 내 생애 1기가 끝나고 청송같이 싱그러운 청년의 2기가 시작된 것이다. 그로부터 석박사과정과 유학을 마치고 강릉대학 교수로 부임했으니 30년 세월이 유수같이 흘렀다.

인생의 제1기 20년이 고독과 번민의 반항기였다면, 2기의 30년은 무엇에 홀린 듯 학문에 몰입하고 민속학자의 낮은 반열에 이름을 올린 열정의 수학기였다. 중국유학을 마치고 31세 어린 나이로 박사학위를 받은 다음 교수가 되어 강릉땅을 밟으니 고기가 물을 만난 형국이었다. 내 인생 50년 '五十自述'은 대체적으로 이런 삶이었다. 앞으로 남은 기간이 3기 생애라면 무엇을 더 천착할 것인가를 고민할 전환점이다.

내가 1975년에 강릉단오제를 처음 본 이후 무려 30년 세월이 흘러 갔다. 강산이 세 번 바뀐 오늘 다시 강릉단오제를 돌아본다. 나는 대학시절부터 대학원까지 강릉단오제 연구의 先鞭을 잡은 碩學 任東權, 金善豊 두 은사님의 따뜻하면서도 엄격한 가르침을 받았다. 그리고 이제 은사님의 뒤를 잇고 있다.

세월의 흐름처럼 강릉단오제도 많은 변화와 사건이 있었지만 2005년은 강릉단오제가 세계문화유산으로 換骨奪胎한 해다. 국제연합교육과학문화기구인 유네스코(The United Educational, Scienctific and Cultural Organization)에서 '人類口傳 및 無形遺産傑作'(a Masterpiece of the

Oral and Intangible Heritage of Humanity)으로 한국의 강릉단오제 (Gangneung Danoje Festival)를 선정한 것이다. 실로 감격스런 일이 아닐 수 없다.

端午節 元祖論을 끈질 지게 주장하던 중국을 수릿날 自生論으로 극복하고, 독자적인 '강릉단오제' 명품을 세계에서 인정받았다. 2003년 10월 5일 강릉단오제 유네스코 등재신청 파일작성의 중책인 책임연구원을 맡아서 추진한 필자로서 더욱 기쁘다고 아니할 수 없다. 당시 회의에서 한 시의원은 "강릉단오제를 세계문화유산으로 등재하지 못하면 모두가 장교수 책임이다."라는 엄청난 말도 하였다.

실로 잠 못 들었던 많은 밤과 압박으로 인해 두통을 겪기도 했고 연구년 교수로 1년간 대만 중앙연구원에 나가서도 중국단오절에 대한 이론연구와 역대사료를 수집 제공하여 대책을 마련하고, 중앙연구원 국제학술회의에 참가하여 강릉단오제의 수릿날 자생론과 한민족 독창적 축제문화를 발표하였다.

2005년 9월 23일 베트남 하노이에서 개최된 제8차 국제아시아민속학회에서는 내가 발표한 강릉단오제 논문에 대해 트집을 잡은 중국학자들과 이틀간 논쟁을 펼쳤다. 그들은 고구려사를 자신들의 역사로 捏造한 경험이 있어선지 내심 우리의 세계문화유산 등재를 어렵다고 보았다.

한·중 공동등재론을 주장하기도 하고, 강릉단오제는 中國端午節이 元祖라고 우겼다. 그로부터 두 달 후 우리는 떳떳하게 세계지도에 강릉단오제를 세계무형문화유산 걸작으로 등재하였다.

走馬燈처럼 지나간 시간을 돌이켜보면 지난 1967년 국가지정무형문화재 13호로 지정된 강릉단오제는 한국의 대표축제였다. 하지만 세계에 내놓을 수 있는 명품축제가 되기에는 미흡한 점이 없지 않았다. 이제 종묘제례, 판소리에 이어 세 번째 한국의 인류구전 및 세계문화유산으로 등록됨에 따라 자부심을 갖고 이 일을 추진하게 되었다.

현재까지 나는 강릉단오제와 관련된 논문 42편을 쓰고 5권의 단행본을 냈다. 지금도 각종 문집이나 문헌에 관련된 단서가 있으면 찾아내 이론적 기틀을 차근차근 만들어 나가고 있다. 이 책의 제목을 '강릉단오제 현장론 탐구'라 붙인 것도 '探索과 研鑽' 이 두 가지를 지속적으로 추구하고자 한 것이다. 탐색은 원형론과 사료검토, 발전방안을 고려한 것이고 연찬은 심층분석과 이론적 정립을 말한다.

따라서 강릉단오제도 세계화 담론의 사조에 맞추어 연구와 개발(Research and Development) 즉 꾸준한 원형연구와 세계가 共感하는 傳統的 創造祝祭로 나가야 한다. 300년을 이어온 강릉선교장 家乘資料의 가르침대로 淸新近古의 善變이 요구되는 시점이다.

필자는 정해년 새로운 한 해를 맞이하면서 날카로운 칼 날 위에 서 있는 심정으로 이 책을 출간한다. 그것은 '책을 써라, 아니면 짐을 싸라'(Publish or Perish)라는 警句에 다소라도 부끄럽지 않기 위함이다. 지난 1987년부터 2006년까지 필자가 썼던 원고들을 전반적으로 점검하여 잘못 된 것은 고치고 깁고, 일부는 새롭게 썼다. 따라서 겹치는 내용도 없지 않으니 양해를 바란다. 독자를 위해서 많은 사진과 자료를 넣었으며 한자는 한글로 바꾸고 한문은 한글로 번역하여 넣었다.

이 책자의 지향점은 現場論이다. 현장에서 이루어지는 演行은 公演과 遂行으로 나뉘는데 그 형식에서 口演·歌唱·演唱·演戲 등으로 구성된다. 이러한 연행방식으로 계승되는 강릉단오제는 근원설화, 제례, 가면극, 굿, 민요, 농악 등이 상호 공존하고 있다. 그러므로 역사, 의례, 문화재, 연구사 측면의 전승을 살피고, 한중일 국내외 단오연행민속을 비교하여 差異点을 드러내고 獨自性을 강조하였다.

전체적으로 전승론, 연행론, 비교론으로 나누었고, 강릉단오제 천년사 자료를 수집하여 수록하였으며 50~60년대 단오제의 새로운 사진들도 수집하여 넣었다. 연행의 현장을 떠난 민속학 연구는 생명이 없듯이 사료적 근거가 없는 축제문화도 沙上樓閣이 되어 전통성을 상실할 우려가 크다. 그러므로 이 책은 이 두 가지를 상호 보완하려는 의도를 담았다. 결론적으로 전승과 연행, 비교 등을 통해 세계무형문화유산인 강릉단오제의 우수성과 독창성을 드러내고 싶었다.

이제부터 강릉단오제는 중국의 '東北工程'에 맞선 '아시아 태평양 端午工程'으로 발전되어야 한다. 또한 국내최우수축제로 선정된 춘천마임축제와 양양송이축제 등과도 분명한 차이를 보여야 한다.

老婆心이지만 천년에 한 번 찾아온다는 千載一遇의 기회를 놓치지 말아야 할 것이다. 명실상부한 세계문화유산으로 확고하게 자리매김하고 세계화를 위한 名品 祝祭推進 프로젝트를 가동할 시점이며, 강릉시가

'한국전통문화 시범도시'에서 '전통문화의 세계적 중심도시'로 다시 태어나야 한다. 이미 絶對優位의 차별화된 시정체성(city identity)인 단오제를 내세워 새로운 발전전략과 세계화 기틀을 만들어야 하겠다. 또한 연구의 學的·人的 기반을 확보하고, 전통의 재창조를 통한 지역발전이라는 話頭를 앞세워 단오국제민속촌, 단오거리, 단오상품, 단오관광 등 창조적 개발이 필요하다.

바라건대, 즈믄해 (천년) 전통을 지닌 단오축제의 원형보존과 함께, 새로운 천년을 향한 단오문화의 현대적 접맥을 통해서 세계적 축제도시로 거듭나는 획기적인 정책전환이 요구된다.

끝으로 강릉의 아시아·태평양 단오공정은 '千年의 신바람, 世界人의 어울림'이라고 필자가 제정한 口號처럼 그리고 필자가 작명한 단오 캐릭터 '수리郎과 아리孃'이 어깨춤을 추면서 세계인의 相生祝祭가 되길 희망한다.

序文을 쓰다보니 단오제를 위해 애쓰다가 유명을 달리한 많은 분들이 스쳐 지나간다. 그 분들의 땀과 열정이 강릉단오제를 만들었다고 생각한다. 그리고 강릉단오제를 사랑하는 사람들이 늘어나고 있음도 희망적이다. 단오제를 알고 싶은 독자들에게 이 책이 길잡이나 친구가 되었으면 좋겠다. 격려해준 가족과 벗들, 좋은 책자를 만들어준 국학자료원 정찬용 사장에게 감사드린다.

2007년

장정룡

목 차

江陵端午祭 現場論 探究

張正龍

目 次

제 I 부

강릉단오제 전승론

Ⅰ. 강릉단오제 전승론

1. 강릉단오제 역사적 전개[1]

강릉단오제는 현재까지 성공적으로 정착된 축제로 평가받고 있다. 문화체육부에서 발간한 『한국의 지역축제』(1996)에 따르면 중요한 문화이벤트인 지역축제수가 총 412개에 이르고 있으며 강원도는 31개로 전체의 7.5%를 차지하고 있다. 이 가운데 강릉단오제는 지난 1967년 중요무형문화재로 지정되었다. 이는 국가적 차원의 지원 하에 체계적으로 정착이 이루어진 것도 있지만 지역민들의 정성과 노력에 의한 것이라는 사실을 간과할 수 없을 것이다.[2]

축제는 지역공동체의 역사와 문화를 반영하고 있으므로 영동지역문화를 파악하는데 강릉단오제가 대상이 됨은 당연하다. 영동지역 최대의

---

1) 이것은 『강릉단오제백서』(강릉문화원, 1999)에 수록된 필자의 글을 수정·보완한 것이다.
2) 장정룡, 「강원도의 지역축제 사례」, 『한국의 지역축제』, 문화체육부, 1996, 132쪽. 문화관광부 자료에 따르면 2006년 강원도 18개 시·군에서 개최한 축제는 모두 124개로 경기도(152개)에 이어 전국 두 번째이며 사용한 예산총액은 171억 6,100만원으로 금액면에서도 전국 3위를 기록하였다.

마을축제인 강릉의 단오제는 수릿날의 축제, 태양의 축제로 오랜 세월 동안 취사선택된 문화양식이 축제민속으로 자리 잡고 주민들에게 동질감을 이루어 계승되었다.

강릉의 옛 지명인 예국이 고대음이 '시'로서 동쪽을 뜻하며, '철국(鐵國)'도 같은 의미다. 또한 신라때 지명인 하슬라 역시 아침이라는 뜻의 '하슬(何瑟)'과 태양이라는 '라(羅)'의 합성어로 볼 수 있으므로 강릉의 수릿날 축제는 고대 제천의식 태양의 축제로 파악된다.[3]

강릉단오제가 영의 동서를 분할하고 있는 대관령 동쪽의 대표성을 지닌 축제로 자리 잡기에는 멀리 예국(濊國)의 무천제(舞天祭)와 무관치 않다. 강릉은 예맥족이 중국 한나라의 속박에서 벗어나 독자적인 동예국을 세운 지역으로 신라, 고려시대를 거치면서 영동의 수부(首府)로 자처해 왔다.

3세기말 진나라 때 진수가 편찬한 『삼국지(三國志)』동이전(東夷傳)에 의하면 예국사람들은 "해마다 10월이면 하늘에 제사를 올렸는데 이때는 밤낮으로 술 마시고 노래 부르며 춤을 추고 놀았다. 이를 무천이라 한다"고 언급한 것으로 볼 때 5월 수릿날의 축제와 10월 상달의 축제가 농공시필기(農功始畢期) 의례로서 상호연계성을 가진 것으로 볼 수 있다. 이러한 5월과 10월의 축제문화구조는 파종과 수확의례로서 강릉단오제가 자생적 기반 위에 정착된 것이라는 추측을 가능하게 한다. 그것은 남쪽지방의 한가위날 도작의례(稻作儀禮)가 유입되기 전 단계인 전작의례(田作儀禮)의 흔적을 나타내는 것으로 중국의 5월 5일 기수민속인 단오가 유입되기 이전부터 수릿날 풍년기원 형태의 농경축제가 열려왔음을 암시하는 단서이다.

따라서 강릉단오제는 독자적인 농경주기에 의한 북방형 전작 파종축제에서 기원하여 전승되었을 것으로 판단된다. "단옷날은 보리밭이 남

---

3) 장정룡, 「태양의 축제 강릉단오제」, 『동트는 강원』2호, 강원도, 1996.5, 12~15쪽.

아나지 않는다"는 강릉의 향언(鄕諺)은 단오풍속과 전작의례의 상관성을 간접적으로 표출한 것이다. 나아가 단오의 양성원리와 보리농경의 음성원리가 축제를 통해 조화되는 세시풍속의 한 현상을 암시하는 용례이다.[4]

강릉단오제는 전통적인 수릿날 축제를 계승하였는데 '수리'는 상(上), 고(古), 신(神), 태양 등을 어원으로 삼고 있다. 강릉의 경우는 수릿날의 신성한 마을축제가 그 원류로서, 고려조이후 중국의 단오민속이 들어와 우리의 수릿날 민속과 명칭상 대체 혼용된 것들이다.[5]

그러므로 행사내용에 있어서 용선경주 중심의 현존 중국 단오 풍속과 달리, 풍년과 안녕을 기원하는 마을굿이나 기우제, 탈놀이, 농악, 민요, 그네뛰기, 씨름 등 전통적인 내용들이 주류를 이룬다. 강릉관노가면극 기능보유자의 언급은 풍농기원설을 방증한다.

> 임동권 : 그러면 서낭님, 이 대관령서낭을 잘 모시면 어떻고 말씀이죠, 잘 모시지 못해서 무슨 화를 입었다거나 그런 얘기는 없어요?
> 차형원 : 그게 그렇습니다. 그걸 강릉이라는 데는 단오를 치는데 단오를 치잖고 단오를 치다가 중지, 만약 한다 할 것 같으며는 그 비를 빌지 못합니다. 못한다고 그린 밀이 내려와서 참, 이 단오도 농촌에서 에, 뭐이든지 가물 때는 단오와 그전 옛날에 용굿이라는 게 있었습니다. 용을 맹글어 앉아서 놓고 "비를 주시요"하고 용굿도 하고, 단오를 치루는 의미는 하여간 "천수를 내려서 아무쪼록 앉아서 농작에 물이래도 풍족하게 해주시요"하고 의미는 그기예요. 단오치는 의미는.[6]

아울러 강릉단오제는 재액방지의 기능과 세속적 해방일의 기능을 가지고 있다. 그것은 신과 인간, 남자와 여자, 풍요와 빈곤, 지배자와 피

---

4) 장정룡, 「강릉단오굿」, 『한국지역축제문화의 재조명』, 비교민속학회, 1995, 54쪽.
5) 張正龍, 『韓·中 歲時風俗 및 歌謠硏究』, 集文堂, 1988, 21쪽.
6) 張正龍, 『江陵官奴假面劇硏究』, 集文堂, 1989, 220쪽.

지배자간의 갈등과 같은 요소들을 축제로 극복하는 문화적 장치라고 볼 수 있다.

> 차형원 : 시시딱딱이라는 건 도저히 의미가 그 예방적으로 그 참 아지만 사월 오월달이면 홍진에 관계로 그 예방이 돼요. 그래 가서 그 서낭에 가서 빌 때 그 모든 것을 제사(除邪)해 달라는 그런 그 흠하게 해서 "그런 병이 돌지 않하게 제사해 주쇼" 이래서 그렇게 흠한 꼴을 맹길어서 내놉니다.
>
> 차형원 : 하지마는 단오라 하면은 그 날은 천하없어도 팔만 내우 아니라 별 내우를 다 했더래도 그때는 단오에는 꼭 한 번 귀경하러 나옵니다.(중략) 그 숱한 고생을 했지마는 그 농촌에서 고생을 하드래도 단오라 하면은 그때는 한 번 그 나와서 참, 소풍을 하러 내보냅니다, 부모들이.[7]

강릉단오제의 전승은 역사적 변화흐름과 무관치 않다. 그것은 향토 사의 연구대상에서 축제가 갖는 비중이 정치적, 사회적 변화와 일정한 연관성을 갖고 있기 때문이다. 앞서 부족국가시대의 축제형태에서 단오 제가 연원했을 가능성을 말해 보았는데, 본격적으로 등장되는 것은 물론 조선조 중기이후다.

고려조의 행사는 미시적으로 확인이 되나 조선조에 들어오면서 향촌 사회의 역사인식이 고조되었거나 민중의식이 사회화하면서 마을축제는 여러 가지 의미를 지닌 종합형 향토축제를 포괄하는 장치로 개최되었 을 가능성이 높다. 강릉단오제가 언제부터 행해졌는지 정확한 고증을 할 수는 없다. 다만 몇몇 사료에 단오제를 지칭한 행사들이 언급되어 있는데 이를 중심으로 언급하면 다음과 같다.

단오축제는 오랜 역사를 지닌 산악제의 편린과 마을 공동제인 성황 신앙의 기반을 계승한 것으로 볼 수 있다. 오늘날 강릉단오제의 내용 을 말해주는 기록은 향토지『증수 임영지』가 자세하다.

---

7) 張正龍,『江陵官奴假面劇研究』, 集文堂, 1989, 223쪽.

마을마다 성황사가 있어 춘추로 제사를 지내는데 강릉에서는 제사지내는 외에 색다른 일이 있다. 매년 4월 15일에 본부의 호장이 무당을 거느리고 대관령 산위에 있는 한 칸의 신사(神祠)에 가서 고유하고 무당으로 하여금 나무에다가 신령을 구하게 한다.

　　나무에 신이 내려 그 가지가 저절로 흔들리게 되면 신령의 소의로 이렇게 된다고 한다. 그 나뭇가지를 하나 꺾어서 기운 센 젊은이에게 들게 하고 오는데 이 행차를 국사의 행차라고 말한다. 날라리를 부는 사람을 앞에 서서 인도하게 하고 무당들이 징을 치고 북을 울리면서 뒤따르면 호장이 대창역마를 타고 천천히 그 뒤를 따른다.

　　이 행차가 오는 도로가에는 구경하려는 사람들이 담을 둘러싼 것과 같고 관람자 중에는 종이나 헝겊을 신목의 가지에다 걸기도 한다. 황혼에 관사에 이르면 횃불이 들판을 메우고 관청의 일꾼들이 이를 맞아 모셔 안치하였다. 5월 5일이 되면 무당들이 각색의 비단을 모아 고기비늘처럼 연이어 오색이 찬란하게 만들어 장대 끝에 매달아 우산을 드리우듯 해서 화개(花蓋) 즉 꽃덮개라 한다.

　　(이것을) 힘이 센 사람에게 들려 앞세우면 무당들이 풍악을 울리며 따르고 창우배들이 잡희를 하다가, 저물면 성남문을 나와 소학천에 이르러서 이 놀이를 그친다. 대관령에서 모셔온 신목은 그 다음날 성황사에서 불태워 버린다. 이와 같은 마을의 풍습은 항상 그렇게 했으며, 그 역사도 매우 오래되었다. 만약 이런 행사를 하지 않으면 비와 바람이 곡식에 피해를 주고, 길짐승과 날짐승의 피해가 있다고들 말한다.[8] (필자 국역)

　　상기의 기록과 같이 강릉의 경우는 일반적으로 성황사에서 지내는 춘추제와 달리 색다른 일이 있다고 했는데 그것이 무엇인가. 색다른 그것을 추적해 보는 일도 무의미하지는 않을 것이다.

　　단오축제의 원형을 말해주는 것처럼 보이는 기록이 남효온(南孝溫)에 의해 남았다. 이것을 이능화(1869~1945)가 『조선무속고(朝鮮巫俗考)』에서 책자와 원문내용을 잘못 인용하였다. 그 오류를 바로 잡으면 남효온(1454~1492)은 『추강선생문집』에서 다음과 같이 기술하였다.

---

8) 瀧澤 誠, 『增修 臨瀛誌』, 江陵古蹟保存會, 1933.

이능화(李能和)의 『조선무속고』(1927)에 강원 영동지역 산신제를 언급하면서 남효온의 『추강냉화』를 인용하였다. 하지만 이 내용은 『추강선생문집』에 수록되어 있고 문장도 다소 차이가 난다.

영동민속에는 매년 3·4·5월중에 날을 가려 무당과 함께 바다와 육지에서 나는 음식을 아주 잘 장만하여 산신제를 지낸다. 부자는 말바리에 음식을 싣고 가고, 가난한 사람은 등에 지고 머리에 이고 가서 신의 제단에 제물을 진설한다. 피리를 불고 북을 치며 비파를 뜯으며 연 3일을 즐겁게 취하고 배불리 먹은 연후에 집으로 돌아와 비로소 매매를 시작한다. 제사를 지내지 않으면 조그만 물건도 얻거나 주질 않는다.[9] (필자 국역)

(嶺東民俗, 每於三四五月中擇日迎巫, 極辦水陸之味以祭山神, 富者駄載, 貧者負戴, 陳於鬼席, 吹笙鼓瑟, 嬉嬉連三日醉飽, 然後下家, 始與人買賣, 不祭則尺布不得與人)

이 기록은 추강(秋江) 남효온 선생이 신묘년(1471)에 고성 삼일포를 지나며 산신제 지내는 행사를 언급한 것이다. 고성지방의 풍속도 그와 같다고 기록하고 있는데, 길가 곳곳에는 남녀가 잘 차려입고 나오며 오고가는 사람들로 빽빽하여 끊이지 않는 것이 시장 같다 하였다.

여기서는 강릉을 지칭하지 않았으나 영동민속이라고 지적하여 언급한 것으로 미루면 강릉지방도 포함할 것으로 짐작된다. 이 기록에서도 산신제를 지내고 축제를 여는 모습이 강릉단오제와 흡사하며 더구나 3월부터 축제준비를 하여 4월과 5월 단오날을 택해서 제를 지내는 모습

---

9) 南孝溫, 『秋江先生文集』卷5, 遊金剛山記.

이 그러하다.

장주근 교수는 이것을 별신제로 파악했고 일면 강원도 산간마을의 산맥이제와 유사한 점도 발견되는데 임동권 교수가 조사한 자료에 의하면 강릉단오제는 음력 3월 20일 신주빚기, 4월 15일 산신제, 5월 5일 단오제를 지낸다 하였다.

이러한 절차는 현재도 그대로 유지되고 있는데 국사성황신을 주신으로 봉안하고 제를 지내고 있으나 앞서 여러 문헌에 의하면 산신을 모시고 축제를 열었다는 기록이 대부분이라는 점이다.

범일국사전승담의 분석에서도 파악되듯이 『조당집(祖堂集)』의 기록과 같이 태몽형에서 조선 중기이후가 오면서 일조형(日照形), 음조형(飮照形)으로 바뀌면서 가상에서 현실적인 신격화로 전승상의 변화를 초래하였다. 산신신격에서 성황신 신격에로 전이과정에서 신화적 화소가 형성된 것으로 유추된다.

오늘날 단오제는 중심신격이 범일(810~889)이라는 강릉출신의 실존 승려를 국사성황신격으로 봉안하고 있는 점이 기록과 다른 점이다. 그러면 강릉 단오제의 시원은 어디까지 거슬러 올라갈 수 있는 지 살펴보자. 『고려사』 열전 왕순식조에 전하는 장군이야기는 그가 고려 태조 왕건을 도와 출병하였을 때 태조의 꿈에 이상한 중이 군사 삼천 명을 거느리고 왔는데 그 이튿날 군사를 거느리고 와서 도왔다는 꿈 이야기를 하자 순식은 자신이 대관령에 이르렀을 때 이상한 승사가 있었으므로 제단을 만들어 기도했다는 기록이 처음이다.

> 태조가 신검을 토벌할 때 순식이 명주로부터 그 군사를 거느리고 회전하여 이를 격파하니 태조가 순식에게 말하기를 "짐이 꿈에 이상한 중이 갑사 3천명을 거느리고 온 것을 보았는데, 이튿날 경이 군사를 거느리고 와서 도우니 이는 그 몽조로다"하니 순식이 말하기를 "신이 명주를 떠나 대현(대관령)에 이르렀을 때 이상한 승사(僧

祠)가 있었으므로 제단을 마련하고 기도하였는데 주상이 꿈꾼 바는 반드시 이것일 것입니다"하는 지라 태조가 이상하게 여겼다.[10]

김순식 장군은 고려 태조 왕건의 성을 따라 왕씨로 바꾸었으므로 기록에는 왕순식 장군으로 나온다. 그러면 대관령에 있었다는 이상한 승사(僧祠)는 무엇이며 꿈에 나타난 이상한 승려는 누구인가 궁금하지 않을 수 없다. 더구나 왕순식 장군이 태조의 꿈에 나타난 승려에 대하여 대관령의 이상한 승사에서 제단을 설치하고 기도했다는 것을 확언하고 있는 것이다.

이렇게 '설제이도'(設祭以禱)한 것에 대하여, 조선 경종 무렵에 만든 강릉의 향토지 『강릉지(江陵誌)』 풍속조에는 "대관산신 탑산기(大關山神 塔山記)에 의하면 왕순식이 고려 태조를 따라서 남쪽을 정벌할 때, 꿈에 승속(僧俗) 두 신이 병사들을 이끌고 와서 구해주었다. 꿈에서 깨어보니 싸움에 이겼으므로 대관령에 사우를 지어 제사를 올린다."고 하였다. 임동권 교수는 주민들의 말을 인용하여 승려는 범일국사, 속인은 김유신 장군으로 추정하였다.

대관령 산신은 허균의 문집에 의해 김유신 장군으로 확인된 바가 있으나 승려에 관한 언급은 어디든 확인할 수 없다. 다만 강릉지역의 고승으로 이곳 출신 범일국사가 마땅히 신격화되었을 것으로 추측하는 것은 무리가 없을 것이다. 이처럼 대관령은 신성한 제장으로 일찍이 인정되었음을 알 수 있다.

대관령은 강릉의 진산(鎭山)으로 영동지역민들에게 많은 영향을 끼친 고개다. 『동국여지승람(東國輿地勝覽)』의 기록에도 나오듯이 무려 아흔아홉 굽이가 되는 이 고개가 지닌 상징성은 단절과 닫힘의 관문이 아니라 동서 문화의 교류장 내지 중앙과 지방의 문화적 연결체, 요충지대로서 열림과 통합의 고개로 인식된다.[11]

---

10) 『高麗史』卷92, 列傳 卷第5, 王順式條.

우리나라 최초의 한글소설인 <홍길동전>의 저자 교산(蛟山) 허균(許筠)은 조선 선조 36년(1603) 여름, 그의 나이 34세 때에 당시 수안군수를 역임하고 모친과 함께 외가인 강릉 사천의 애일당(愛日堂)에 내려와 약 4개월간 머물렀을 때 강릉단오제를 보았다. 그가 쓴 <대령산신찬병서(大嶺山神贊幷書)>에는 당시 명주사람들이 5월 길일을 택해 대관령 산신인 김유신 장군을 괫대와 꽃으로 맞이하여 부사에 모신 다음 온갖 잡희를 베풀어 신을 즐겁게 해준다고 하였다. 이를 인용하면 다음과 같다.

> 계묘년(선조36,1603) 여름이었다. 나는 명주(지금의 강릉)에 있었는데, 고을 사람들이 5월 초하룻날에 대령신을 맞이한다 하기에, 그 연유를 수리(首吏)에게 물으니 수리가 이렇게 말하였다. "대령신이란 바로 신라 대장군 김유신입니다. 공이 젊었을 때 명주에서 공부하였는데, 산신이 검술을 가르쳐 주었고, 명주 남쪽 선지사에서 칼을 주조하였는데, 90일 만에 불 속에서 꺼내니 그 빛은 햇빛을 무색하게 할 만큼 번쩍거렸답니다.
>
> 공이 이것을 차고, 성내면 저절로 칼집에서 튀어 나오곤 하였는데, 끝내 이 칼로 고구려를 쳐부수고 백제를 평정하였답니다. 그러다가 죽어서는 대령의 산신이 되어 지금도 신령스런 기이한 일이 있기에 고을 사람들이 해마다 5월 초하루에 천을 길게 늘여 뜨려 만든 괫대(번개)와 향기가 나는 꽃을 갖추어 대령에서 맞아다가 명주부사에 모신답니다.
>
> 그리하여 닷새 되는 날, 잡희로 신을 기쁘게 해드린답니다. 신이 기뻐하면 하루 종일 번개가 쓰러지지 않아 그 해는 풍년이 들고 신이 화를 내면 괫대가 쓰러져, 그 해는 반드시 바람의 피해와 가뭄의 피해가 있다고 합니다." 이 말을 듣고 나는 이상하게 여겨서, 그 날에 가서 보았다.
>
> 과연 괫대가 쓰러지지 않자 고을 사람들이 모두 좋아하고 환호성을 지르며, 경사롭게 여기고 서로 손뼉을 치면서 춤을 추는 것이었

---

11) 장정룡, 『대관령문화사』, 동해안발전연구회, 1996, 3쪽.

다. 내가 생각하건대, 공은 살아서는 왕실에 큰 공을 세워 삼국 통일의 성업을 완성하였고, 죽어서는 수천 년이 되도록 오히려 이 백성에게 화복을 내려서 그 신령스러움을 나타내니, 이는 진정으로 기록할 만한 것이기에 드디어 다음과 같이 칭송하노라.

갸륵하다 귀족의 후손이여/씩씩하고 우람하도다/나라의 용장이 되어/북채 들고 단에 오르도다/무장하고 군문에 나서니/기상이 고구려 백제를 삼킬 듯/비호같은 장수들은 채찍질하며/용감한 정예부대 몰고 가네/오구(도검의 일종)를 차고가니/곤오산의 쇠로세/시뻘겋고 아름다워/붉은 불꽃 뿜어낼 듯/웅진에선 말을 베고/당나라 배 만 척이 와서 도왔네/백마강에서 기약에 뒤지자/백제 삼군은 겁에 질렸건만/공의 수염이 분노에 뻗쳐/칼을 어루만지며 고함지르니/붉은 용이 번득이는 듯/놀라운 번개가 칼집을 에워싸니/왕사 드디어 힘을 어울러/능히 백제를 멸망시켰네/꿈틀대는 고구려 백성/서녘 모퉁이서 날뛰네/군졸을 풀어 가서 치니/황제의 위엄이 우뢰인 양 떨치네/동쪽 군사 일 만을 거느리고/북을 치며 앞장서서/긴 창 모아 굳세게 무찌르니/멧부리 쪼개지고 연못에 치솟을 듯/갑옷 쌓아두고 창 던지니/소라바다에 썩은 시체 쌓여라/이적(당나라 장수)이 웃음 지으니/칠부 군졸 땅에 무릎 꿇고/이웃 발아 제거함에/나라 걱정 없어졌네/해와 달도 특 트여 해맑고/천지도 다시 빛나네/삼한의 우리를 에워/모조리 판도 안에 넣으니/큰 공훈 정이와 기상에 새기고/사책에 실어 영원히 빛나도록/동해의 동녘에서/그 공이 미칠이 없네/웅장한 풍도에 영특한 기개/이제 수 천년 지났건만/대령산 꼭대기에서/아직도 제사 받아/해마다 드리는 분향/누구라서 감히 소홀히 하랴/공의 넋은 어둡지 않거니/복내림도 크기도 커라/구름타고 바람결에/살포시 내려오네/오곡은 무르익어 풍년들고/백성에게는 재앙이 없어/동해바다는 넘실대고/오대산은 구비구비 들쭉날쭉/천추만대에/향화 어이 그치리오/이몸 또한 공과 같은 겨레요/또한 같은 강릉백성이기에/내 이제 송을 지어/우리 신명 찬양하노라.[12]

이러한 기록을 살피건대 지금부터 400여 년 전에는 강릉단오제 주신격이 김유신 장군이었다는 사실을 의심할 수 없다. 강릉 단오제가

---

12) 許筠, 『惺所覆瓿藁』(1611) 卷14, 文部11, 大嶺山神贊竝書.

산신제의 성격에서 성황제로 옮겨가는 시기를 정확히 밝힐 수 없고 또한 그렇게 변한 이유에 대해서도 별다른 단서를 찾을 수 없다.

다만 김유신 장군은 강릉출신이 아니라는 점이 있는데 반하여, 범일국사는 강릉의 굴산사를 세운 고승으로 일찍이 지방에서 존숭되었다는 사실로 신격화 추정이 가능하다. 또한 강릉지역이 영향을 받은 바 있는 신라 때 김유신 장군의 세력을 배제하고 축제를 통해 지역민의 구심체를 형성하고 이를 토착 세력화하려는 의지도 일조했을 것으로 보인다.

한편 국사라는 칭호는 국사봉, 구수봉, 국수봉이라는 지명이 전국에 퍼져 있으며 동시에 그 뜻이 신산(神山) 또는 '신이 좌정한 봉우리'의 뜻이 있음을 감안할 때[13] 대관령을 신성한 봉으로 인정하고 여기서 산신제를 지낸 것이 신라 때의 승려와 연계된 것이 아닐까도 의문을 제기할 수 있다. 이는 조지훈이 "국사당을 속설에 고승으로 국사된 이를 섬기는 것이라 하나 문자 그대로 본 후인들의 부회일 뿐 국사는 산신"이라고 밝힌 견해로 볼 때 국사성황신은 고유한 산신신앙과 성황신앙의 결합양상임을 알 수 있다.

우리나라에서 성황이란 이름으로 신격에게 치제한 시초는 『고려사』종실선에 선하는데, 태조의 아들 안종 욱이 성종 때(981~997) 사수현으로 유배를 가서 자신을 현 성황당 남쪽 귀용동에 엎어서 묻어달라고 유언한 것이 있다. 이후 국가의 공식적인 치제로 대상화된 것은 고려 문종 9년(1055)인데 선덕진에 새 성을 쌓고 그곳에 춘추로 제사를 지낸 것이 시작이다. 이후 순창의 <성황대신사적>에 나타난 설공검 성황대신도 1281년 및 1297년 첩문을 토대로 본다면 국가로부터 가봉작되었음을 알 수 있다. 11세기 이후 오늘에 이르기까지 우리의 서낭신과 성황신을 대체적으로 같은 신격으로 보고 있으나 반드시 그런 것은 아니라고 본다. 고려 때 들어온 외래신앙이 우리의 마을지킴이신앙으로

---

13) 장정룡, 「마을지킴이의 유형과 실제」, 『조선땅마을지킴이』, 열화당, 1993, 265쪽.

자리 잡았다고 보기는 어렵다.

고려시대에 들어온 성황신이 고유신앙과 혼효되어 나타나기 시작한 흔적 중에는 『시용향악보(時用鄕樂譜)』에 실린 작자 연대 미상의 고려가요 <성황반>이 전한다. 또한 같은 책에 수록된 <대왕반>에도 "팔위성황 여듭위런 놀오쉬오"라는 부분이 있는데, 여기서 팔위성황은 '붉신' 또는 '팔도의 성황'을 지칭한 것으로 보인다.

필자의 관견으로는 서낭신앙을 고유신앙으로 파악하고 있는데 그 기반은 신라의 풍류도와 연관지을 수 있을 듯하다. 풍류도의 본질은 신선사상에 있다고 하는데, 이는 그 이전까지의 원시 토속신앙을 통합하여 민족적 종교로 완성시킨 것이다.

당나라 최초의 유학생이었던 고운 최치원(崔致遠)이 <난랑비서>에서 언급했듯이 신라 고유의 현묘지도가 오늘의 서낭신앙을 대변할 것으로 생각된다. 다시 말해 하늘신앙, 산악신앙, 산신신앙, 샤머니즘 등을 흡수하고 융합한 풍류도가 한국의 국교적 위치에 있었고, 그것이 고려의 팔관회와 연계되었던 것이다.

고려 16대 예종은 1116년 신라 이래의 풍류도 부흥의 필요성을 역설하고 대관의 자제부터 신봉할 것을 이르기도 하였다. 풍류도는 '붉기'로서 천신, 광명, 태양을 신앙대상으로 삼는 것이다. 팔관회도 신라의 '붉은회'로 볼 수 있으며, 앞서 언급한 <대왕반>의 '팔위성황'도 같은 신격으로 볼 수 있다. 따라서 신선사상이 중심이 된 풍류도에서 서낭의 어원과 신앙적 기원이 나왔을 것으로 추찰되는 바다. 즉 선왕(仙王)에서 서낭이 나왔을 것으로 생각된다.

조선 헌종 때(1834~1849) 이규경(李圭景)은 『오주연문장전산고(五洲衍文長箋散稿)』에서 선왕당(仙王堂)은 성황(城隍)의 오류라 했는데,14) 이러한 언급으로 볼 때 선왕당은 이미 지속적으로 존재했음을

---

14) 李圭景, 『五洲衍文長箋散稿』卷43, 화동음사변증설, "我東八路嶺峴處有仙王堂卽城隍

알 수 있으며, 필자가 조사한 바 삼척군 117개 마을 대부분이 성황신을 모시고 있으나, 근덕면 대평리 4반의 경우 '仙王大神神位'를 모시고 있는 점으로 볼 때 선왕당의 전승 가능성을 짐작케 된다.[15]

서낭신격의 변화에 대하여 김동욱이 "산신 즉 여신이 고구려의 태후대모에서 신라의 신모성모 불교의 영향을 받아 천녀에서 대왕 국사로, 또 불교의 사천왕과 유식의 성지신과 누석단과 결부하여 성황당으로 그 신격이 몇 번이나 변모했으니…"[16]라고 언급한 것을 주목할 필요가 있다. 김태곤은 서낭신이 천신·산신·몽고의 악박신·중국성황신의 네 개 신앙요소가 복합되었다고 말하고, 서낭의 어원을 산신(山神)이라는 산왕(山王)에서 온 것으로 추론했다.

이처럼 전래의 산신신앙과 서낭신앙은 같은 계통의 고유한 풍류도 선왕신앙으로 파악되며 이것이 시대가 지남에 따라 서로 섞여서 나타났다고 볼 수 있다. 고유의 민간신앙에 중국의 성황신앙이 복합되면서 신앙적 층위가 혼란되었다고 추정된다.

추엽 융이 조사한 1928년 강릉단오제의 경우도 남효온이 언급한 산신제 내용을 인용하면서, "조선의 산신신앙은 극히 오래되었으며, 이 산신신앙은 자주 마을의 신이 되기도 하여 깊이 민심 속에 파고 들어가 있는 것 같다"[17]고 언급하였다. 여하튼 중심신격의 변화는 지역사회 정치적, 사회적 변화와 맞물려 이루어진 것으로 추정이 가능하다. 단오제의 신격이 산신에서 성황신으로 변화된 것은 강릉단오제의 시원이 신라 이래 고려 때에 이르기까지 대관령과 관련된 산악형 산신신앙에서 출발하였다가, 조선 후기 마을신앙 형태로 그 성격이 바뀌어 감에 따라 신격의 변화가 혼동된 것을 볼 수 있다. 이에 따라 산신과 성

之誤…".
15) 장정룡, 『삼척지방의 마을신앙』, 삼척문화원, 1993, 80쪽.
16) 金東旭, 『韓國歌謠의 硏究』, 乙酉文化社, 1961, 206쪽.
17) 秋葉 隆, 「江陵端午祭」, 『朝鮮民俗誌』, 東京, 六三書院, 1954, 163쪽.

황신의 교체가 뒤따른 것이 아닐까 생각된다. 이런 측면에서 조지훈 (1920~1968)의 언급은 시사적이다.

> 이 누석·신수·당집의 형태로 나타난 당신신앙의 신앙대상은 곧 천신이요, 산신이며 부락신이다. 우리 민간신앙에 있어서 이 삼자는 완전히 동격이요 삼위일체이다.(중략) 우리 선민들은 하늘과 인간의 교섭처로서 고산을 숭배하였고 우수한 치자·장수는 산신이 되어 나라와 부락의 수호신이 된다고 믿었다. 그러므로 산신은 호국신 또는 부락의 수호신 곧 동신·당신이 되는 것이다.[18]

신격의 교체 이유는 구정면 학산리에 범일국사가 창건한 나말여초 사굴산파의 시원인 굴산사가 고려 초기에 폐찰이 되었고 지금은 당간지주 정도를 통해 그 흔적을 더듬을 수밖에 없는 형편에서 상고한다면, 조선조 때 이르러 민중들 속에 잠재된 의식이 지역의 성황신 인물로 범일승려를 내세웠다고 볼 수 있다.

『증수 임영지』에 범일승려의 일대기를 신성시하여 전설을 신화적인 단계로 승화시킨 이야기가 수록된 것으로도 짐작할 수 있는 일이다. 즉 범일국사의 전승담에서 볼 수 있듯이 범일국사의 모친이 문씨 부인에서 양가집 처녀로 바뀐 것이라든지, 태몽을 꾼 것에서 햇빛이 잉태시켰다는 신비한 화소로 달라졌으며 영웅의 일생과 같이 기아(棄兒)의 단계를 거쳐 국사(國師)로 숭봉되는 과정을 서술하고 있는 사실이 그러하다.

강릉단오제는 범일국사가 실질적인 중심신격으로 바뀌면서 성황신제를 봉안하는 마을축제로 확대되는 계기를 만들었으며, 지금부터 천여 년 전인 고려시대부터 대관령의 산악치제를 시원을 확인할 수 있다.

고려의 김부식은 서경에서 묘청의 난을 토벌함에 따라 사람을 보내서 성황신에게 제사하였고, 고려 고종 23년(1236)에는 몽고병을 격파한 것을 성황신 밀우의 공이라하여 군성황신의 호를 붙였다. 공민왕 9년

---

18) 趙芝薰, 「累石壇·神樹·堂집 信仰研究」, 『文理論集』7, 高麗大, 1963, 50쪽.

(1360)에는 홍건적의 난을 토벌하자 도·주·군의 모든 성황신에게 전첩을 내려 감사하기도 했다. 강릉 최씨 강화원계의 시조인 최문한 공은 고려 축숙왕의 부마로서 선덕공주의 남편이었다. 그가 영남에서 겪었던 일이 『증수 임영지』에 수록되어 있다.

일찍이 영남 한 고을에 성황신이 있었는데, 매우 포악하여 말을 타고 가는 사람의 뒤를 따르다 말과 사람을 함께 살해하였다. 문한이 말을 탄 채 내리지 않고 그곳을 지나자 우편물을 돌리는 사람이 길에서 그 사유를 자세히 설명하였으나 문한은 들은 척도 하지 않고 그대로 1리쯤 갔다. 과연 말이 폐사하자 크게 노하여 성황당으로 되돌아가 죽은 말의 창자와 피를 성황신의 몸에 마구 뿌리고 성황당을 불지르고 돌아오니 그의 강직하고 흔들리지 않는 정신이 이와 같았다. 후에 읍민들이 집을 다시 지었으나 신이 두려워하여 들어가지 않으려 하자 성황당에다 문한의 상을 흙으로 만들어 놓았다. 성황신은 그제서야 제자리를 찾아 앉으며 제사도 반드시 먼저 흠향하였다. 문한이 노년에 시골에 있을 때의 일이다. 매년 봄과 가을로 제사를 지낼 때 그 읍민들이 응당 같이 지낼 것이라 하여 시골사람들이 이상하게 여기고 가보니 과연 말 그대로 하였다. 지금은 부르기를 문한대왕이라 한다.[19]

이 기록을 보면 최문한 공이 성황신과 함께 고려 때에 봉안되었음을 짐작할 수 있다. 문한대왕이라고 불렀다는 내용에서 국사 또는 대왕이라는 인물신이 성황신으로 숭봉되는 사례로 볼 수 있을 듯하다. 강릉 지역에서는 성황신의 영험함을 전하는 두 가지 설화가 있다.

영조 임오년(1762) 여름 부사 윤방이 삼척에서 사람을 죽인 사건을 살피는 검사관으로 갔을 때이다. 금부에 있는 서리를 파면했다는 이유로 이규라는 사람이 명을 받고 관아에 와서 아전의 우두머리를 정실인사를 했다면서 문책하려고 할 때 최광진이 호장이었다.

---

19) 『增修 臨瀛誌』, 鄉評條, 1933.

아전이 그를 부르니 바로 이 날이 5월 5일 국사성황신을 모셨다가 보내는 날이었다. 호장이 성황사에서 일을 보다가 시간이 흐른 뒤 관아에 도착했다. 이규의 성격이 조급하여 사람을 시켜 결박하고, 마패로 마구 때리면서, "너는 성황신만 중히 여기고, 나를 천박하게 대우하니 대체 성황은 어떤 신령이냐, 너는 비록 성황신을 존경할지 모르나 나에게는 무슨 상관이 있느냐"고 하면서 흉악한 말을 하자 갑자기 사지가 뒤틀리고, 뼛속을 찌르는 아픔을 느끼고 결박당하듯이 정신이 혼미하며 비로소 겁을 내면서 목구멍으로 넘어가는 소리를 하는데 "나는 이제 죽는구나"하고 피를 토하면서 죽었다.

갑오경장 후에 성황사에 신령이 존재하지 않는다하여 읍내와 산촌의 나무꾼들이 수백 년이나 된 성황사의 노송을 마구잡이로 벌채하였다. 녹두정 돌우물 위에 마주 서 있던 두 그루 노송은 녹음이 우거져 시원하기가 이를 데 없었으므로 시인과 묵객들이 나무 아래에 모여 자주 놀았다. 어리석고 미련한 어부가 그만 나무를 베어 땔감으로 쓰자 곧 피를 토하고 죽으니 이때 사람들이 말하기를 "성황사나 정자 주위에 있는 노거목들은 또한 신령이 있다"고 하면서 이상하게 여겼다.[20]

이상의 기록을 신빙한다면 조선조 후기에 성황신의 위엄과 신앙적 기반이 지속적으로 강조되었음을 알 수 있다. 특히 강릉단오제는 향리가 주관한 것으로 볼 수 있는데 이들의 역할이 중요하였다. 초헌관이 호장이라는 점이 그것을 방증하고 있으며, 이와 아울러 관노들이 탈춤을 추고, 나팔수와 신목잡이 역할을 맡는가 하면, 삼헌관으로 수노(首奴)가 성황신 행렬에 참가하고 있다는 점도 강릉단오제가 관행(官行) 중심의 마을축제라는 일반적 견해를 달리 생각하게 만든다.

조선초 초기의 『동국여지승람』에 보면 팔도 각읍에는 사직단, 성황단, 여단이 있다고 했는데, 전부 336개소로서 강원도는 26개소가 되었다. 이를 보면 고려 문종이후 조선조에 들어와 성황당이 국령으로 설

---

20) 『增修 臨瀛誌』, 記事條, 1933.

치되어 고유신앙과 융합되는 계기가 만들어졌던 것으로 생각된다. 강릉의 경우 『신증 동국여지승람』에서는 다음과 같은 신격을 언급하였다.

> 사직단 : 부의 서쪽에 있다. 문묘 : 향교에 있다. 성황사 : 부 서쪽 백보지점에 있다. 여단 : 부 북쪽에 있다. 김유신사 : 화부산에 있다.<신증>지금은 성황사와 합쳤다. 대관산신사 : 부 서쪽 40리 지점에 있다.[21]

이 기록을 보면 조선 중기에 강릉 성황사는 읍성안의 백보 지점에 있었고, 산신사는 대관령에 위치하고 있었음이 확인된다. 신증의 기록에는 김유신사가 성황사와 합친 것으로 나타나는데, 1920년대에 폐사된 대성황사안에는 '성황각위'라하여 12명의 신격을 모셨다. 여기에 김유신 신격도 들어가 있음을 알 수 있다.

> 성황각위, 성황지신, 송악지신, 태백대천왕신, 남산당제형태상지신, 성황당덕자모왕지신, 신라김유신지신, 강문개성부인지신, 감악산대왕지신, 신당성황지신, 신라장군지신, 초당리부인지신[22]

일제초기 추엽 융의 조사에 의해서도 당시의 성황당 상황이 피력되어 있어 참고할 수 있다. 당시 강릉의 이근주라는 사람이 기억하는 신을 12신위라고 피력하고 있으며, 갑오경장 때 모두 땅속에 묻어버렸다고 한다. 당시의 12신은 흥무왕 김유신, 송악산신, 강문부인, 초당부인, 연화부인, 서산 송계부인, 범일국사, 이사부 등이다. 따라서 『임영지』의 12신과는 다소의 차이가 있다. 즉 범일국사나 연화부인 등 지역 인물이 언급되고 있는데, 추엽 융은 이근주 옹과 12신의 이름을 자세히 조사하기 위해 당시의 무격 중 강릉 유일의 생존자인 조개불을 찾아가

---

21) 『新增 東國輿地勝覽』권44, 江陵大都護府.
22) 편찬자 연대미상, 필사본 『臨瀛誌』, 卷2 城隍各位條.

봤으나 그도 역시 전부는 알지 못했다고 한다.

> 5일에는 오전 8시부터 대성황당 앞에서 가면극을 연희하며 신간
> 과 화개를 받들고 약국성황에 가는 도중 시중에 힘깨나 쓰는 젊은
> 이가 모여 다투며 화개를 모시고자 하며, 무격이 주위에서 노래 부
> 르며 옹립한다. 약국성황, 소성황에서 기도와 연극을 행하고 갔던
> 길을 되돌아 성내의 시장, 전세, 대동, 사창 등 여러 관청 앞에서도
> 성대한 연희를 한다. 해질 무렵 신간과 화개를 받들고 여성황당에
> 이르러 여기에서도 연희한 후 신간을 대성황당안에 봉안한다.[23]

이 기록에 따르면 대성황당과 여성황당은 서로 분리되어 있음을 알
수 있으며 시내에 약국성황, 소성황당이 위치했던 것으로 나타난다. 약
국성황은 임당동에 있었다고 하는데, 그 신앙기반을 정확히 파악하기 힘
드나 질병을 예방하는 여역지신을 모셨을 가능성이 높다. 이는 강릉지방
의 약국계와 관련이 있을 것으로 생각되는 바, 약국계는 선조36년(1603)
년에 설립되어 질병을 치료하며 효를 실천하기 위해 만든 계였다.[24]

소성황당(素城隍堂)은 매월당 김시습을 모신 성황당으로 옥천동 당
간지주 있는 근처다. 매월당은 기인, 풍수사 등 색은행괴(索隱行怪)하
였으며, 율곡 선생의 언급처럼 심유적불(心儒跡佛)하였다. 5세 신동으
로 유명했던 매월당이 사후에 강릉지역의 신화적 인물로 승화되었
다.[25] 여기에는 언급이 되지 않았으나 창해역사를 봉안한 육성황신(肉
城隍神)도 대창리 어마성황당으로 모셨다고 한다.[26]

---

23) 秋葉 隆, 「江陵端午祭」, 『民俗學』2卷5號, 東京:日本民俗學會, 1930, 1~30쪽.
24) 『임영(강릉·명주)지』, 임영지 증보발간위원회, 1975, 167쪽.
25) 장정룡, 「매월당 김시습의 설화적 형상화」, 『人文學報』18, 강릉대, 1994, 33쪽.
26) 任東權, 『江陵端午祭』, 重要無形文化財指定資料, 文化財管理局, 1966, 16쪽.

1930년대 강릉 창해역사 어마성황당(御馬城隍堂)

1930년대 강릉 매월당 김시습 소성황당(素城隍堂)

  대창리는 현재 강릉역 근처 옥천동으로 옛날 역원이 있던 곳이다. 조선조때 단오제를 지낼 경우 대창역마를 타고 대관령 신을 모시러 갔다고 하며, 4월 15일 대관령 성황을 모셔 올 때 반드시 대창리 성황사를 들렀다고 한다. 임동권 교수는 1961년 도로공사를 하면서 대창리 성황사가 철거되었다고 전한다. 무라야마의 기록에 의하면 강릉의 동제는 다음과 같다.

강릉지방에서는 동제를 성황제 또는 고청제라 부르며, 신에게 제사를 드리기는 대개 성황지신(주신)·토지지신·여역지신(배향)의 세 신을 섬기고 신이 있는 구역은 상당히 넓다. 신당이 있는 곳은 기와지붕 한 두칸 안에 신상 또는 신위를 안치하여 신당이 없는 곳은 장방형 석축의 신단을 쌓아둔다. 제사때에 그곳에는 세 신의 신위를 만들어서 모셔놓고 그 앞에서 제사를 지낸다.

이는 일반적으로 신에게 제사하는 것이지만 강릉의 대관령 산신, 강릉 옥천정(대창동)의 성황신과 같이 사람을 신으로 섬겨 제사하는 곳에서는 당집 안에 그 영정을 걸어둔다. 대관령 산신은 이조 초기 사람인 강릉출신 굴산사의 승려 범일국사로서 노후에 대관령에 들어가서 산신이 되었다. 그 영험이 커서 강릉주민의 생명을 돌본다. 혹시 성을 내면 어마(맹호)를 풀어서 사람과 가축을 해치며 또한 가뭄과 홍수, 폭풍, 악질 등 힘이 미치지 않는 곳이 없이 재앙과 화를 끼친다고 전해지고 있다.

옥천정의 신을 모시는 것은 창해역사 어마장군신과 승불소성황신이 있으며 각별히 신당이 있어서 그 안에 안치해 놓고 있다.…옥천정과 같이 창해장군을 육성황신, 매월당을 소성황신이라고 불러 그 제물은 전자에 육고기를, 후자에는 나물을 쓰는 곳도 있다.…강릉 옥천정(玉川町, 대창동, 원래 역촌)에서는 지금으로부터 20여 년 전까지는 동네 재산이 많이 있었기 때문에 御馬城隍堂과 소성황당(매월 성황당)을 같은 날에 제사지냈지만, 정월 15일의 초정일 오전 영시 경 제관들에 의해서 제의가 집행된다. 그 날 새벽부터 그날 밤 12시 경까지 무녀 4·5인, 남자무격 5·6인을 불러서 제관 지휘아래 계속해서 신악을 울리며 말타기, 무악, 신기 등의 각종 여흥을 한다.

또한 그 제장에는 술독을 마련하여 참배자나 구경하는 사람들이라면 누구나 자유롭게 그 술을 마음껏 마실 수 있었기에 원근으로부터 모여든 남녀노약 수를 알 수 없이 굉장히 흥청거리는 축제분

위기를 연출했다. 이어서 옥천정은 현재의 호수 130호, 동에서 지닌 재산을 면의 재산으로 기부한 후에는 각 호에서 제사비용을 갹출하고 있지만, 근년 부락민 모두가 공동노동으로 얻은 임금을 모두 기부하여 제전을 구입하여 그 소작료를 가지고 간소하나마 양 당의 제사를 계속해 나가고 있다.[27]

강릉단오제 무가로 지정된 장대인 무녀에 의하면 대창리에는 두 개의 성황사가 있었는데, 하나는 소성황이고 또 하나는 육성황이라고 하였다.[28] 소성황은 승려생활을 했던 매월당 김시습을 나물만 제물로 차려 모시고, 육성황은 고기를 바치는데 창해역사가 장군신이기 때문이다. 창해역사에 관한 것은 내방신격과 난생계 영웅신화의 유형을 띠는데, 그 내용은 조선조 효종 때의 학자인 홍만종의 글에 실려 있다.

> 이것은 세상에 전하는 말이다. 예국의 한 시골 할머니가 시냇가에서 빨래를 하고 있었다. 알 한 개가 물위에 떠내려 오는데 크기가 마치 박만 하였다. 할머니는 이상하게 생각하여 이것을 주워 자기 집에다 갖다 두었더니 얼마 되지 않아 알이 두 쪽으로 갈라지면서 그 속에서 남자아이가 나왔는데 얼굴 모습이 보통 사람이 아니었다.
> 할머니는 더욱 기특하게 여기시 그 아이를 애지중시 살 실렀다. 아이의 나이 6·7세가 되자 키가 8척이나 되었고, 얼굴빛은 거무스름하여 마치 성인과 같았다. 그리하여 나중에는 얼굴빛이 검다하여 검을 여(黎)자를 성으로 하고 이름을 용사라 불렀다. 이때 예국에는 사나운 호랑이가 한 마리 있어 밤낮으로 나와 다니면서 사람을 수없이 해치니 온 나라가 모두 걱정만 할 뿐, 이것을 제거할 방도가 없었다.
> 어느 날 여용사는 이웃 사람에게 말하기를 "내가 반드시 저 악한 짐승을 잡아 없애 나라 안의 근심을 덜어 줄 것이오"하였다. 그러나 듣는 사람들은 이 말을 믿지 않았다. "아무리 용사라 하더라도 어떻게 저 사나운 호랑이를 잡을 수가 있으랴"하고 의심하였다. 그

---

27) 村山智順, 『部落祭』, 朝鮮總督府, 1937, 61~71쪽.
28) 崔喆, 『嶺東民俗志』, 通文館, 1972, 124쪽.

러나 조금 있더니 별안간 벽력같은 소리가 나며 서늘한 바람이 불어오면서 집채 같은 몸에 얼룩진 큰 호랑이 한 마리가 산기슭에 내려와 앉았다. 호랑이는 흉악한 고함을 지르면서 어금니를 갈더니 번개같이 몸을 날려 저편 용사가 있는 곳으로 달려갔다. 이 광경을 본 사람들은 모두 간담이 서늘해졌다. 그러나 용사는 대수롭지 않게 호랑이의 등에 올라타더니 한 주먹으로 호랑이의 머리를 쳐서 박살을 내었다.

그 다음에는 또 이런 일이 있었다고 한다. 국가에서 무게가 만 근이나 되는 큰 종을 만들어 놓고 옮겨 달고자 했으나 장사 수백 명이 매달려도 이 종을 움직일 수가 없어 걱정을 하고 있었다. 이 소식을 들은 용사는 달려가더니 먼저 옮겨 달 장소를 안 다음에 한 숨에 번쩍 들어 옮겨 놓았다. 임금이 이 광경을 보고 용사의 힘을 장하게 여겨 항상 자기 옆에 두고 상객으로 대우해 주었다. 그러나 그가 죽은 곳을 알지 못한다고 한다.[29]

(陵江·原江) 堂隍城小

1930년대 강릉 소성황당(小城隍堂, 여성황당)

---

29) 洪萬宗, 『旬五誌』上卷.

(民) (陵江・原江) 竿 神 別

1930년대 강릉 별신굿 무녀와 신간목

현재까지 강릉단오제의 주 신격은 신라 말 고려 초의 승려인 실존인물 범일로 알려져 있다. 범일승려는 국사로 존숭될 정도로 굴산사를 세운 고승으로 사굴산파의 개조이다.

필자가 1997년 3월 학산 마을에서 수집한 명문와당에는 굴산사가 한자로 '崛山寺'라 새겨져있다. 굴산사를 창건한 범일 승려를 강릉지역에서는 사후에 대관령국사성황신으로 모시고 있는데, 국사성황신의 배위신인 여성황신은 초계 정씨의 딸이라고 한다.[30] 호환을 당한 여성이 여성황신이 되었고, 구전에 의하면 여성황사가 있는 산에서는 호랑이를 막기 위해 '산맥이'줄을 만들어 걸었다고 한다. 필자가 조사한 자료에도 호환의 의미가 잘 드러난다. 산맥이는 '산' 즉 호랑이 피해를 막는 민간신앙의 일면도 갖고 있다.[31]

---

30) 장정룡, 「강릉시의 민속문화」, 『江陵의 歷史와 文化遺蹟』, 강릉대박물관, 1995, 583쪽.
31) 장정룡, 「강원지역 산맥이신앙 고찰」, 『韓國民俗學』25집, 민속학회, 1993, 303쪽.

최모라는 사람 집에 식모가 여럿 있었는데 하루는 식모가 머리를
감고 저녁 무렵에 나가서는 돌아오지 않았어요. 다음날 대관령 서
낭 앞에 보니 식모의 머리만 놓여 있었데요. 몸은 호래이가 먹고
머리만 남겨 놓았지요. 이러한 일이 몇차례 계속되고 악운이 끼자
굿을 시작했는데 그 머리를 시내에 갖다 두어 여서낭을 만들었어
요. 그리해서 해마둥 시행하게 됐는데, 음력 사월 보름께면 대굴령
에 가서 굿을 하면 산에 낭구 중 하나기 마구 떨래요. 그걸 베어
여서낭에 갖다 놔서 단오 때까지 혼령을 모시고 있다가 음력 오월
초사흗날 모셔다가 굿을 시작하지요. 이때 최씨는 해마둥 돈을 많
이 내놓고 빌었대요.[32]

앞서 설명했듯이 여성황당은 대성황당에 포함되지 않았는데, 정씨 문
중의 자료에 의하면 대관령성황신과 여신격의 만남은 숙종 때라 하였다.
또한 조선시대 후기 동래부사를 역임한 정현덕(1810~1883) 씨가 살았
던 집자리가 여성황신의 친정으로 그 주변에 여성황당이 있다. 전직교장
인 정상순 씨가 제공한 자료(1997. 8. 11)를 인용하면 다음과 같다.

초계 정씨의 후손들이 강원도에 입강하여 원주, 횡성에 정착하여
관동파로 호칭하게 되고 임진왜란에는 왜적이 삼천리 강토를 짓밟
자 양양 죽동으로 피난왔던 종손 규완의 14대조가 죽동에 정착, 4
형제의 자손을 갖게 되었다. 그 중 장, 차, 말은 강릉에 영주하게
되고, 삼자는 횡성으로 이거하게 되었다. 장은 죽동파요, 차는 경방
파요, 말은 행동파로 구분하게 되었다. 경방은 현재의 남문동으로
개칭하게 되었고, 경방댁은 지금의 최준집씨 댁이요, 도립의료원이
있는 대지는 경방파 종인들이 거주하였다 한다. 종손 규완의 10대
고모에 해당되는 미혼고모가 황수징이라고 하는 남자와 혼례식을
올렸으나 당시만 하여도 교통사정이 여의치 않아 시댁문을 열고 시
부모와 선조에게 알묘하는 절차만 남아 있었다. 음력 오월 단오절
이 도달되었다. 대관령에 봉안되어 있는 국사성황님을 모시고 오는

---

32) 필자조사, 1992.6.11, 강릉시 내곡동 임모(여.68세)

행렬을 저녁에 담 위에서 보고 있을 때 국사성황신의 밀사격인 호랑이에게 업혀갔다고 전한다. 가족들, 하인들, 기타 종인, 외인 등 많은 인원을 동원하여 수일간 수색을 벌인 끝에 대관령국사성황당에서 모발하나 흐트러진 것 없는 상태의 시신을 발견하였다. 시신은 홍제동산 303번지에 있는 생모인 안동 권씨 묘계절하에 안장하였으며, 매년 부모 전사일에 후예들이 간소하게 제사를 거행한다. 세인들은 대관령국사성황신과의 관계는 천상배필이라고 말해오고 있다. 경방댁 정여인과 만남은 조선시대 제19대왕(1676~1720) 숙종 때라 여겨지며 지금부터 300여 년 전이다.

지금까지 강릉단오제의 시원과 신격의 기원을 살펴보았다. 강릉에는 일찍이 동예국의 무천제가 전승되었는데 농공시필기인 5월과 10월에 국중대회가 열렸다. 다시 말해 10월 상달의 예국 무천제와 연계된 5월 수릿달의 축제로 이미 정착되었다가 중국으로부터 단오민속을 수용하면서 길일인 단오날을 택해 축제를 열었던 것으로 생각된다. 따라서 강릉단오제는 토착적인 민간신앙 기반의 향토축제에서 출발했음을 미루어 알 수 있다.

예국의 고유신앙을 기반으로 한 무천제는 시기가 지남에 따라 산신제, 성황제로 바뀌면서 전승되었으며, 근현대에 이르러 강릉 고유의 전통문화를 중심으로 한 지역전통의 향토축제로 자리매김하고 있다고 하겠다. 일제강점기 때 기록을 보아도 강릉단오제는 굳건하게 전통적인 내용을 계승한 것으로 파악된다.

제사는 대관령 산신을 읍내로 맞이하여 제사지내는 관행의 대제이며 4월 1일, 8일의 양일에 맞이를 하지만 이 신맞이로부터 5월 6일의 신보내기까지 읍내는 완전히 축제기분에 싸인다. 특히 5월 1일부터는 각종 여흥이 열리기에 부근 부락은 물론 영동 여섯 군으로부터 모이는 남녀로(특히 여자가 많은데 그 수는 幾萬) 읍 내외는 온통 사람으로 채워지는 북적거림이다.

4월 15일 이른 아침 우선 국사성황맞이의 일행이 몰려 나간다. 이 일행은 군수의 명에 따라서 소집된 군내 거주의 무격대 약 100명, 소나무 껍질을 묶어서 만든 둘레 한 척, 길이 한 장 남짓한 소나무 햇불을 가진 봉화군 수백명, 제물·기·북·징·나팔 등을 가지고 가는 관청의 노복 수십명이 있고, 무당의 태반은 말을 타고 수리 떨어진 대관령을 향한다.

산꼭대기에 이르면 곧 호장이 통제관이 되어 무제를 올린다.(부정굿:부정을 씻기, 강신굿·영신굿의 세 가지 굿을 한다) 신역에 자란 잡목(상수리 나무 등)가운데 신들릴 만한 나무 하나 열자 정도의 것을 자른다. 이 나무에 국사성황신을 강신시킨다.

이러한 고목 강신 등의 신사가 끝나면 천천히 이 신간을 받들고 돌아온다. 이 무렵은 이미 저녁때가 되기에 소나무 햇불을 붙인다. 일행은 구불구불 2킬로에 뻗히는 봉화의 장사진이 어둠이 깔리는 대관령을 수놓는다. 연도를 떠들썩하게 하며 읍내에 들어오는 아름다운 경관은 또한 각별한 것이다. 따라서 이 신이 지나는 행렬을 보려는 길가의 마을 사람들은 모두 열을 지어 이를 맞이했다.

이 일행이 마을로 들어오면 신간은 읍내의 관민이 맞이하여 읍내 입구에 있는 소성황(小城隍, 속명으로 여성황이라 한다)에서 잠시 쉬고 이어서 군수 관사 및 육방 관사 등의 관아를 돌아 마지막에 마을의 대성황(지금은 폐지된 수비대 연병장의 자리가 그 흔적이다. 당시에는 건평 10칸의 커다란 신당이었다. 가운데는 성황신 외에 다른 산신 및 장군신 등이 모셔지고 있었다)에 이른다. 당내 중앙에 세워 걸어 안치된다.

그 후는 5월 1일까지 매일 호장 통제관이 헌작·천향·무악을 하며 27일에는 읍내의 시장일을 기해서 걸립을 한다. 이는 무격의 한 무리가 신악을 울리면서 신간을 앞세워 시내를 행진하여 제사비용을 거두는 것이다.

5월 1일부터는 드디어 본제에 들어간다. 1일에는 전제(前祭), 4일에는 본대제, 5일에는 신유제, 6일에는 환어제(還御祭)가 거행된다. 4일 본제에는 신간을 중심으로 대성황당 앞에서 신악이 올려진다. 이는 신을 위로하여 올려지는 것으로 6악을 반주로하여 12단의 신악이 종일 연주되는 것이다. 12단의 신악은 부정굿, 감응굿(가족의

안택을 빈다), 군웅굿(가축의 번식을 빈다), 시준굿(풍년축), 성황굿
(성황축), 지신굿(지신축), 맞이굿(해신축), 별상굿(역신축), 조상굿(조
선축), 성주굿(가신축), 조왕굿(화신축), 걸립굿이 있었다고 한다.(당
시의 신악에 출연했던 옛날 무당의 이야기에 의함)

5일의 신유제(神遊祭)는 신간이 읍내의 각 성황을 찾아 돌고 난뒤
에 읍내를 순방하는 것이다. 이 날은 원래 신유하는 날이기에 이때
가 가장 성대하며 떠들썩한 모양이 된다.

일행에는 무격 이외에도 여러 예능인이 참가하며, 길이가 15척,
직경 3촌 정도의 장대 위에 직경 6척 정도의 대나무 싸리로 만들
고, 그 위에 흰 천으로 싼 깃발 덮개(번개)를 씌워 그 주위에 오색
의 헝겊을 늘여뜨린 기를 앞세우고 악대와 춤추는 사람들이 이를
따라서 각 성황에 도착할 때마다 무격의 신악에 따라서 여흥의 잡
극인 탈놀이를 벌인다.

또한 대성황당 앞의 광장에는 부인들의 그네대회가 열린다. 군의
객사 앞에는 남자들의 축구대회가 벌어지는 등 읍내 여기저기는 전
혀 몸을 돌릴 수 없을 정도로 혼잡을 이룬다. 이런 흥청거리는 밤
이 새고 6일이 되면 신간의 환어제가 열린다.

이때는 신간을 대성황당으로부터 소성황으로 받들어 옮긴다. 신
악을 울리며 후당의 앞뜰에 있던 신간을 화선(化旋)하여 받들어 모
시는 것이다. 화선이란 신간을 불에 태우는 것인데, 이는 신을 흰구
름에 태워서 산위로 되돌아 가시도록 한다는 뜻이라 한다.

(덧붙여서 읍내에는 대·소성황당 이외에 지금의 임정(林町,임당
동)에 약국성황(藥局城隍)이 있었다고 한다.)[33]

---

33) 村山智順, 『部落祭』, 朝鮮總督府, 1937, 61~71쪽.

1950년대 강릉단오제 농악공연(일반부)

1950년대 강릉단오제 농악(강릉사범학교 학생부)

이상에서 역사적 전개를 살펴본 바와 같이 강릉단오제는 1967년 임동권 교수에 의해 국가지정 중요무형문화재 13호로 지정된 다음 많은 발전을 거듭하고 있다.

최철 교수가 조사한 1969년에는 이 행사를 강릉시에서 주관하고 단오제위원회 산하의 총무부, 제전부, 문화재부, 농악부, 그네부, 씨름부, 궁도부, 줄다리기부, 체육부, 선전부, 시설부, 섭외부, 경비부, 구호부, 관리부가 있었다.

1970년에는 총 소요경비 일백만원 중 시비가 10만원, 나머지는 찬조금으로 예산이 편성되었으며 이후 강릉단오제는 문화원이 사단법인체가 되면서 행사주체가 시청에서 문화원으로 이관되었다.

따라서 강릉단오제위원회는 강릉시청에 속하지 않는 독립적인 기능을 하게 되었고 순수한 민간주도의 틀을 만들게 되었다. 이러한 사정으로 행사비용은 강릉시청과 문화재관리국의 보조금, 일반 시민의 찬조금으로 마련하고 있는데 1993년 총행사비 1억 8천7백여만원 중 국비, 문예진흥기금, 도비, 시비, 군비를 합쳐 2천7백여만원 정도가 국가지원이고 나머지는 상가분양과 시민찬조금, 방송국 지원금 등이 85%를 차지하였다.

1993년부터 강릉단오제위원회는 하부기구로 운영위원회를 두어 분과별로 실질적인 운영을 맡기고 있다. 운영위원회는 10개 분과로 총무, 문화재행사, 민속행사, 예술, 홍보, 체육행사, 경축행사, 상가, 시설, 경비분과 등이다.

1995년에서 1997년의 행사를 돌아보면 전체 50여 개의 행사 중 지정문화재 행사는 14개로 늘었는데 신주근양, 산신제, 국사성황제, 구산성황제, 여성황사봉안제, 강문진또배기제, 송신제, 국사성황행차, 조전제, 무격굿, 송신제, 관노가면극, 농악경연, 학산오독떼기가 있었다. 민속행사는 11개로 민요경창, 한시백일장, 시조경창, 국악공연, 사투리경연, 사물놀이, 그네, 씨름, 줄다리기, 투호, 궁도 등이 있었다. 이외에도 국내외 민속단 초청 예술행사와 경축행사가 개최되었다.

1930년대 강릉단오날 용굿 기우제.
일제강점기에 단오제를 금지시켰으나, 가뭄으로인해 무녀들의 기우제 용신굿을 허락하였다. 용의 모습은 대나무에 한지를 붙이고 색을 칠했는데, 용신굿을 하면 비가 와서 용이 쓸려 내려갔다고 한다.

2. 강릉단오제 의례적 양상

강릉단오제는 제례의식을 중심으로 행해진다. 기예능보유자는 김신묵 (金信黙, 1893년 3월 18일생, 작고) 씨의 뒤를 이어 1982년 2월 1일 지정된 김진덕(金振悳, 1910년 5월 20일생) 씨가 집례를 맡고 2000년 에 조규돈 씨가 지정되었다. 제례와 함께 행해지는 무속행사는 장재인 (張在仁, 1907년 4월 25일생, 작고) 무녀의 뒤를 이어 박용녀(朴龍女, 1912년 12월 18일생, 작고)와 신석남(申石南, 1930년 2월 28일생, 작고) 무녀가 지정되었다.

현재는 신석남 무녀의 남동생인 신동해 무격이 후보로 지정되었고 신석남 무녀의 며느리인 빈순애 씨가 2000년에 기능보유자가 되었으며 사화선, 김금옥 씨 등 여러 무녀들이 단오굿에 참여하고 있다. 강릉단 오제 지정조사보고서에 의하면 제례의식은 다음과 같다. 단오제의 일정 은 음력으로 기록한 것이다.

  3일 20일. 신주근양(神酒謹釀)
  4월 1일(초단오): 헌주(獻酒)와 무악(巫樂)
  4월 8일(재단오): 헌주와 무악
  4월 14일: 봉영출발(奉迎出發)
  4월 15일(삼단오): 봉영, 대관령성황제 및 산신제
  4월 27일(사단오): 무제(巫祭)
  5월 1일(오단오): 화개(花蓋), 관노가면극(본제시작)
  5월 4일(육단오): 관노가면극, 무악
  5월 5일(칠단오): 관노가면극, 무악(본제)
  5월 6일(팔단오): 소제(燒祭), 봉영(奉迎)

상기 일정은 다소 신축성이 있으나 근 50여 일에 걸쳐서 강릉의 축제가·준비되고 시행된다는 점에서 충분한 문화적 역량을 보여줄 수 있다고 하겠다. 구체적으로 강릉단오제 지정문화재 행사인 제례, 굿, 관노가면극 이외에도 민속행사로 강릉농악, 향토민요경창, 시조경창, 그네대회, 씨름대회, 궁도대회 등 수릿날의 전통풍속과 지역민속놀이가 있으며 체육행사와 경축행사가 열린다.

　강릉단오제의 제례는 전래의 유교식 제례양식을 취하는데 복식과 홀기, 축문을 갖추고 헌관 및 집사들이 산신제, 성황제, 영신제, 봉안제, 조전제, 송신제를 거행한다. 제전행사의 제물은 도가에서 정성껏 마련하며 신주는 칠사당에서 제관들과 무당이 주관하여 빚는다. 제례진행은 강릉시장을 위시하여 각급기관장, 사회단체장 등이 제관이 되어 향토의 안녕과 풍요를 기원한다.

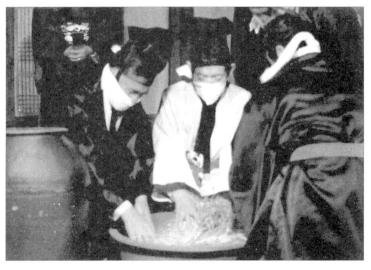

강릉단오제에 사용할 신주를 누룩과 솔잎으로 버무리는 신주 빚기.
(칠사당. 1992. 5. 7)
부정이 탈까 염려하여 집사들이 천으로 입을 가렸다.

현재 행해지는 제례의식은 다음과 같다.

1) 신주빚기 (신주근양): 강릉단오제를 준비하는 과정의 하나로 음력 4월 5일 신에게 바칠 술을 빚는 의식이다. 옛날 관아였던 칠사당에는 일주일전에 미리 금줄을 치고 황토와 소금을 뿌려 부정한 일을 막는다.

당일날 칠사당 마루에서 주무당의 주관 하에 부정굿을 하여 사방의 부정과 제관에게 따라온 부정함 등 온갖 부정함을 깨끗하게 제거하는 굿을 하는데 신칼을 휘두르고 재액을 몰아내는 굿 사설을 늘어놓는다.

신에게 바치는 술은 제관들이 목욕재계를 하고 의복을 갖추어 입은 다음 기예능보유자가 참여한 가운데 부정을 타지 않게 하기 위하여 말을 못하도록 입을 흰 천으로 감싼 다음에 시청에서 마련해 준 찹쌀과 누룩, 솔잎을 버무려 단지에 넣고 정화수를 붓는다. 제주단지는 한지로 덮고 금줄로 잘 묶는데 이때는 무격들이 장단을 울리고 무녀가 술이 잘 숙성되기를 기원하는 축원가를 부른다.

신주를 정성껏 빚는 일은 매년 단오제를 잘 치루어 국사성황신과 여성황신이 이곳 주빈들에게 풍요와 안녕을 내려주기를 바라는 마음인데, 신주는 제의 진행상 주요한 제물의 하나며 신주를 빚음으로써 헌미를 바친 시민뿐 아니라 이 일에 참여하는 제관들도 제의가 실질적으로 시작된 것으로 믿게 된다.

2) 산신제와 국사성황신제: 음력 4월15일 대관령에 올라가 헌관들이 산신각에서 산신을 위한 제사를 지내고 그 아래에 있는 국사성황사에 성황제를 지낸 다음 성황신을 모셔온다.

이 행사를 자세하게 기록한 『증수 임영지』(1933)에 의하면 "매년 4월 15일에 강릉부의 호장이 무당을 거느리고 대관령 산위에 있는 한 칸의 신사에 가서 고유(告由)하고 무당으로 하여금 나무에다가 신령을 구하게 하여 나무에 신이 내려 흔들리면 가지를 하나 꺾어 기운 센 사람이 들게 하고 온다"고 하였다. 이 행차를 국사(國師)의 행차라고 했다.

이때는 노도가에 사람들이 담을 싼 깃과 같이 모여들고 중이나 천을 신목에 걸고 기원하거나 음식을 장만했다가 무당들을 위로했다고 한다. 대관령에서 내려와 저녁에 강릉부 관사에 이르면 횃불이 들판을 메우는데 하급 관노들이 신목을 맞이하여 성황사에 안치한다고 기록되어 있다. 현재의 행사 역시 이 내용과 큰 차이는 없지만 자동차로 신목을 봉송하다가 대관령 옛길로 걸어서 구산성황당까지 내려오는 과정만 재현하고 있다.

3) 구산성황신제: 국사성황신이 대관령 아흔아홉 굽이를 내려오다가 조선조 때 역원이었던 구산에 이르면 구산성황당에 이르러 잠시 머무른다. 이곳에는 성황지신, 토지지신, 여역지신 이외에도 영산지신을 모시고 있을 정도로 대관령과 관계가 깊다. 그래서 영산지신을 국사성황신의 아들 성황신이라고까지 말하고 있다.

마을주민 김달식(남.80) 씨에 의하면 구산에서 영산재의 산신을 모시게 된 것은 예전에 구산마을에 큰 불이 나서 이 불길이 논밭과 집들을 태웠는데, 영산재 밑에서 저절로 꺼졌다고 한다. 이로써 왕제산이 불에 타지 않았으므로 마을에서는 영산재신의 공로라 하여 일부 주민들이 제단을 만들어 산신께 빌던 것을 마을에서 모시기로 함에 따라 신격이 더 늘어났다고 한다.[34]

국사성황신행차가 윗반쟁이, 아랫반쟁이, 제민원, 굴면이를 지나 도착하면 주민들은 싸리나무와 관솔을 묶어서 만든 횃대에 불을 붙여 들고 신을 영접했다고 한다.

---

34) 장정룡, 「영동고속도로변 성황당 및 유적조사」, 『영동고속도로 문화유적지표조사보고서』, 강릉대박물관, 1994, 133쪽.

이것은 조선조 초기까지도 동일하게 했는데 이렇게 횃불을 들고 신을 맞이할 때 주민들은 산유가라는 영신가를 부른다. 구정면 학산리의 영산홍이라는 민요와 같은 것인데, 범일국사가 학산리 태생이므로 이 민요가 신맞이 민요화한 것이다.

강릉단오제 무속 굿 기능보유자 고 신석남씨
(1980년대 음력 4월 15일 신주빚기 부정굿, 칠사당)

이때 부르는 가사는 "꽃바칠레 꽃바칠레 사월보름날 꽃바칠레 어얼사 지화자자 영산홍, 일 년에 한번밖에 못 만나는 우리연분 지화자자 영산홍, 보고파라 가고지고 어서 바삐 가자서라 지화자자 영산홍, 국태민안 시화연풍 성황님께 비나이다 지화자지 영산홍, 산호원피 야도자전 성황님께 비나이다 지화자자 영산홍"이라고 다른 가사를 섞어 부르며 신맞이를 한다.

한 해 동안 헤어져 있던 대관령국사성황신과 홍제동에 모셔져 있는 정씨가의 딸인 국사여성황신이 만나는 날이므로 이들 신격뿐만 아니라 주민들도 들뜨게 된다. '어서 바삐 가자서라'고 부르는 민요는 국사성황신 행차를 재촉하지만 국태민안을 빌고 시절의 평안과 풍년을 기원하며, 호랑이를 피하고 도적도 없게 해달라는 소원도 비는 것이다.

신이 내린 성황목에 삼색천으로 장식한 국사성황신행렬을 맞이하면서 이곳 주민들이 횃대에 불을 붙여 신을 맞는 것은 곧 영산홍 꽃을 바치는 의식이다. 이것은 불교의 산화공덕과 같은 의미며 동시에 신라 때 강릉태수로 오던 순정공의 부인 수로(水路)를 맞이하며 한 노인이 불렀다는 향가 헌화가(獻花歌), 즉 '꽃바치는 노래'와도 의미가 상통한다.[35] 영산홍은 횃대의 불꽃과 상상속의 꽃이 신격을 영접하는 민요로 노동개방형으로 불려졌다.[36]

4) 봉안제: 영산홍 민요를 부르면서 신목행차는 위패와 함께 홍제동에 있는 대관령 국사여성황신 제당에 도착하여 단오제 본제가 시작되는 날까지 부부성황신이 함께 봉안된다.

국사성황신과 여성황신이 만나는 음력 4월 15일은 강릉단오제의 본격적인 시작을 알리는 날이다. 이때는 시내 일원을 순례한 다음 합사를 하고 봉안제(奉安祭)를 올린다. 헌관의 독축과 홀기에 위한 제례가

---

35) 장정룡, 「강릉단오제의 민속학적 연구」, 『人文學報』21, 강릉대, 1996, 44쪽.
36) 장정룡, 「강릉민요의 민속학적 이해」, 『石牛 朴敏一博士華甲紀念論叢』, 1997, 270쪽.

진행되고 봉안굿이 행해진다. 이 날은 대관령국사성황신이 여성황신과 부부가 된 날이라고 한다.

전설에 의하면 대관령성황신이 경방댁 정씨 처녀를 데리고 오려고 정씨의 꿈에 나타나 청혼했으나 사람이 아닌 신에게 딸을 줄 수 없다고 거절당하자 호랑이를 시켜, 야밤에 머리를 감고 대청마루에 얌전히 앉아있던 처녀를 대관령으로 데리고 가서 영혼결혼식을 했다고 한다. 사람들이 처녀를 찾아 대관령으로 갔더니 처녀의 영혼을 이미 간데없고 신체는 비석처럼 서있었다고 전한다.

조선조 후기에 형성된 이러한 전설은 이른바 호환설화의 유형으로 볼 수 있으며 해원형(解寃形)의 하나로서 호환당한 처녀가 승화된 신격으로 재생하는 과정을 통해 호환을 방지하고 대관령 험로의 안전과 지역의 안녕, 풍요를 기원하는 축제의 한 요소를 내포하게 된 것이다.

1930년대 강릉단오제 전경.
가운데 그네가 보인다. (秋正男 촬영)

5) 영신제와 국사성황신 행차: 강릉단오제의 본제가 시작됨을 알리는 영신제(迎神祭)는 음력 5월 3일 남대천 단오제단에서 행해진다. 영신제는 대관령국사여성황사에 모신 국사성황신 부부를 단오제가 열리는 남대천으로 봉송하여 지내는데 지금도 강릉의 옛 정씨가 살던 경방댁에서는 두 신이 단오장으로 나가는 전야제때 제물을 차려 맞이하며 두 신도 친정과 처가를 방문하게 된다.

경방댁에 들른 국사성황신 부부는 두 신을 상징하는 위패와 신목을 필두로 제관과 무당이 따르고, 관노가면극과 농악대는 탈놀이와 함께 흥겨운 풍물가락을 연주하며, 주민들은 영산홍 민요를 부르며 창포등을 들고 신의 행차를 따른다. 이렇게 국사성황신 행차가 시내를 한바퀴 도는 신유행사를 마치고 나면 남대천을 건너 가설제단에 봉안된다. 이때 무녀들이 영신굿을 하여 신을 좌정시키고 단오행사를 마칠때 까지 각종 제의를 베풀게 된다.

강릉단오제 기간 중 굿기능보유자였던 고 박용녀 무녀를 위한 오구굿 장면.
춤을 추는 무녀는 이순덕 전수조교이다. (1990. 5. 31)

6) 조전제: 음력 5월 4일부터 매일 아침에 단오제를 마치는 7일까지 유교식으로 제를 지내는 행사가 조전제(朝奠祭)다. 홀기에 따라 유교식 복색을 갖추어 입고 제례부분 기예능보유자가 함께 진행하는데 지역의 단체장이나 인사들이 안녕을 기원하며 제사를 지낸다.

조전제는 강릉단오제의 핵심제의로서 이때 축문은 한자로 되어 있으나 이를 번역하여 소개하면 다음과 같다. "대관령국사성황신, 대관령국사여성황신께 아뢰옵니다. 삼가 생각하기로 존령은 저희의 중요한 자리에 계신 국사님입니다. 오랫동안 전해오는 단양절에 제사를 지내 받드오니 저희를 보살펴 주소서. 재앙과 환난을 막아주시고 전화위복이 되도록 베풀어 주신 모든 일은 성황님의 은공이 아닌 것이 없습니다. 인간은 신에 의지하고 신은 인간에게 감명을 받습니다. 시민이 생업에서 바라는 것은 물과 불과 가뭄의 재앙, 전염병과 질병을 막아주시고 거슬리는 것을 제거해 주시는 것입니다.

알맞은 비와 고른 바람을 주시어 때맞추어 풍년이 들도록 해주시고 육축(소, 말, 돼지, 양, 닭, 개)이 번성케 해주시고 삼농(오곡농사, 산림, 바다)을 풍년 되게 해주소서. 이에 좋은 날을 가려서 정성껏 제물을 마련했으니 비록 변변치 못하오나 정성을 다했사오니 돈독함을 더하여 주십시오. 엎드려 존경하는 신령께 바라옵건대 부족한 성의오나 흠향하여 주옵소서"라고 기원한다.

7) 무당굿: 강릉단오제의 꽃으로 무당굿은 많은 사람들을 불러 모은다. 굿은 인간의 뜻을 신에게 전달하는 제의로 무녀들이 춤과 굿사설로 축원하고 무격은 무악을 연주하여 신을 즐겁게 한다.

강릉단오제에서 전통성이 가장 강한 굿은 12거리 전체를 단오제의 마지막날인 7일까지 연행한다. 단오제 행사는 무속행사가 주요한 절차로 이루어지는데 주민들을 각자의 소원을 빌고 무녀들은 단오제가 잘

치뤄져 풍년도 되고 평안한 마을이 되도록 굿을 한다.

굿의 내용은 절차상 경우에 따라 여러 가지가 들어가는데 먼저 부정굿으로 제당의 나쁜 기운을 제거한 다음, 청좌굿, 하회동참굿으로 여러 신들을 좌정하고, 이어서 당금애기 신화로 생산신을 모시는 시준굿, 집안의 가신을 모시는 성주굿, 장수신을 모시는 군웅굿, 효녀심청을 주제로 한 심청굿, 수명장수를 비는 칠성굿, 땅의 터주신을 모시는 지신굿, 천연두를 퇴치하는 손님굿, 무당의 내력을 말하는 제면굿, 제단에 설치한 꽃과 등을 들고 신의 은총을 감사하는 꽃노래굿, 등노래굿, 탑등굿, 용선굿 등을 한다.

마지막날에는 대맞이굿으로 국사성황신 부부가 흠향했는지 알아본다. 무녀가 축원을 하면 신목이 떨리게 되면서 굿을 잘 받았다고 한다. 끝으로 환우굿을 하여 본래의 위치인 대관령으로 돌려보낸다. 강릉의 단오굿은 인근의 무녀뿐 아니라 유명한 무녀들이 모여들고 악사들의 무속음악도 전통성을 잘 유지하고 있으므로 신들린 춤과 사설, 반주음악은 관람자들 뿐 아니라 전공학자들의 관심을 모은다.

8) 송신제: 단오제 행사를 마치는 음력 5월 7일날(지정조사자료는 6일날) 저녁 7시에 마지막으로 성황신을 대관령과 홍제동 여성황사로 모시는 제사이다. 이때는 제관들이 단오제 기간동안 신격이 잘 흠향했는지를 묻고 마을의 안녕과 풍요를 기원하게 된다.

송신제는 소제(燒祭)라고도 하는데 무녀들의 환우굿이 끝나면 신목과 단오제장에 치장했던 각종 장식꽃과 기물을 불에 태워 보내는 마지막 의식이다. 이때 무녀는 내년에 다시 신을 모시겠다는 굿을 하며 한 해 동안 주민들을 잘 보살펴주기를 간구한다. 강신의례와 주민들이 맞이하는 영신의례, 마지막으로 신을 보내는 송신의례는 단오제의 경우도 예외는 아니다.

敢昭告于

大嶺國師城隍之神
大嶺國師女城隍之神 伏惟 尊靈住我彊鎮位在國師
永世來傳時維端陽修擧蠲典保我人民禦災
防患轉禍爲福莫非 神功人依於 神
感於人市郡民生欲賴所願水火旱災傳染疾
病拒之驅之除去防止雨順風調時和歲豐六
畜蕃盛五穀豐登擇茲吉日牲醴齊誠物雖非
薄誠則念萬伏願 尊靈庶鑑微誠 尙

饗

강릉단오제 조전제 축문

대관령영신제 장면(고 김진백, 김진덕 씨의 모습이 보인다)

3. 강릉단오제 문화재 지정

강릉단오제는 음력 5월 5일 단오날을 중심으로 음력 4월 보름 대관령 산신제 및 국사성황신제로부터 음력 5월 7일 송신제에 이르기까지 20여 일 동안 대관령 국사성황신과 국사여성황신을 봉안하고 거행하는 향토축제다. 1967년 1월 16일 강릉단오제는 역사성과 민속학적 특징을 인정받아 국가지정 중요무형문화재 13호로 지정되었다. 지정내용은 제례, 굿, 관노가면극이 있으며, 이 밖에 단오민속행사, 체육행사, 경축행사가 열린다.

임동권 교수에 의해 강릉단오제 행사의 근간인 대관령성황당을 민속자료로 지정하기 위한 조사보고서가 두 종이 나왔다. 그 하나는 1966년 8월 중요무형문화재 조사보고서 제9호 강릉단오제와 1971년 2월 민속자료조사보고서 제33호로 대관령 성황당이 있다. 먼저 강릉단오제 조사보고서 내용은 다음과 같다.

(중요무형문화재 지정에 관한 이유서)

강릉단오제는 영동 제일가는 규모의 향토신사로서 이미 이조 중조의 문헌에 산견되는 바 오랜 전통을 가지고 있다. 옛날에는 제비가 관급으로 지급되고 지방수령이 제관이 되어 봉행했던 만큼 강릉시는 물론이며 인근 군 일대에서 수만 관중이 군집한다. 강릉단오제는 다음과 같은 특징이 있다.

1. 대관령 성황 및 혼배한 여성황, 대관령산신을 비롯하여 아울러 제성황을 제사하는 바, 국사성황은 범일국사요, 여성황은 정씨가 녀이요, 육성황은 창해역사요, 소성황은 김시습으로 강릉출신 또

는 강릉과 유관한 인격신이란 점이 특색 있고,

2. 제천의식의 유풍으로 풍년제와 강릉의 육로가 대관령을 통과해야 하는데서 행로안전과 어촌이 가까운데서 용왕굿을 겸하고 있는 점.

3. 수십 명의 무격이 동원되며 새신을 담당하며

4. 관노가면극도 연출되니 묵극으로 진행되며 산대극에서 보는 것처럼 양반에 대한 풍자가 과감하지 못한 것은 관노들이 배우인 까닭이다.

강릉단오제는 향토신사, 무속, 가면극이 혼합되어 종합적으로 행해지는 전통을 가진 향토신제이므로 중요무형문화재로 지정하여 인멸의 위기에 있는 민속을 계승보존함이 시급하다고 생각되어 제의하는 바입니다.

(영동 제일가는 향토신사인 강릉단오제의 대상이 되는 대관령의 제신당과 구산성황, 국사여성황은 다음과 같은 이유로 민속자료로 지정함이 마땅하다고 생각되어 제의하는 바입니다.

1. 대관령 상에 있는 대관령산신당, 대관령국사성황사, 칠성당, 용왕정은 제각기 다른 기능을 가지면서 불과 2백 평 내외의 좁은 지역에 집결되어 있어서 그 유례를 찾아보기 어려우며,

2. 신작로에서 1키로 미터 쯤 떨어진 구로변에 있다고는 하나 인근에 군부대가 주둔해 있고, 또 근래에는 관광객의 출입이 많아서 파손 오염될 가능성도 있으므로

3. 제신당과 산신당을 중심으로 반경 1백 미터 내의 지역을 지정함이 좋다고 생각하며

4. 제신당의 소재지가 강원도 평창군 도암면 횡계리 재앙골로 되어 있으나 관리의 편의상 강릉단오제 관노놀이가 지정되어 그 행정관리 구역인 강릉시에 소속시키는 것이 관리상 편하다고 생각됨.

5. 구산성황당과 국사여성황당은 대관령상에 소재하지는 않으나 강릉단오제에 있어서는 중요한 당으로 그 보존은 단오제를 연

구 보존하는데 필요하므로 아울러 민속자료로 지정할 필요가
있다고 생각됨.

강릉단오제는 국가지정무형문화재로 지정되었으며, 대관령 성황당은
민속자료로 지정되었다. 따라서 전국적인 규모의 강릉단오축제가 문화
재로서의 자격을 갖추게 되었다. 강릉단오제가 역사성을 띤 신성제의
(神聖祭儀)의 축제 역사를 갖추고 있을 뿐 강릉문화의 중핵으로 평가
되고 있음은 여러 측면에서 분석된다.

우선 강릉단오제는 대관령 국사성황신인 범일국사를 중심으로 정씨가
의 딸인 국사여성황신, 대관령 산신인 김유신 장군 등을 봉안하여 강릉
출신이거나 강릉과 유관한 인물을 인격신으로 받들고 있다는 점이다.

다음은 유교, 불교, 무속 등이 종합된 축제라는 것이고, 전승민속극
인 관노가면극이 제의 연희로 베풀어져서 서낭제 탈놀이의 전형을 보
여주며, 이외에도 농악, 민요 등이 포함된 종합향토 축제로서 민간주도
로 행해지고 있는 점 또한 타 지역과 다른 점이다. 강릉단오제는 국가
지정 중요무형문화재 13호로 2007년 현재 지정된 기예능보유자는 다
음과 같다.

1930년대 강릉옥천농악대,
2등상을 차지한 수상기가
보이고 무동과 법고의 고깔
이 화려하다.

강릉단오제 국가지정 중요무형문화재 (67. 1. 16 지정)

구 분	성 명	성별	생년월일	분 야	주 소	선정일자
보유자	조규돈	남	47. 9. 24	제례	강릉시 난곡동 276(3/3) (033-646-5895)	2000. 7. 27
	김종군	남	42. 3. 5	관노 가면극	강릉시 지변동 225(4/3) (033-646-9541)	2000. 7. 27
	빈순애	여	59. 2. 1	무녀	속초시 청호동 4/1 (033-532-5430)	2000. 7. 27
보유자 후보	신동해	남	32. 12. 11	악사	강릉시 사천면 판교 2리 산 30 (033-644-0637)	92. 7. 1
	최두길	남	36. 9. 11	제례	강릉시 노암동 727-20 (033-648-8635)	94. 4. 1
조교	김명광	남	55. 1. 17	악사	강릉시 교1동 3주공 A 304-1204 (011-576-0451)	2006. 8. 16
	안병현	남	62. 3. 16	관노 가면극	강릉시 견소동 신도브레뉴 A 105-302 (011-376-2045)	2006. 8. 16
	이순덕	여	66. 3. 16	무녀	속초시 금호동 493-35 (033-636-3066)	2006. 8. 16
보유 단체	강릉단오제 보존회(조규돈)				강릉시 노암동 단오문화관	86. 11. 1

강릉단오제를 무형문화재로
지정한 임동권 교수와 20년
전의 필자(1986년)

1950년대 강릉단오제 전경.
여름철이라 양산을 쓴 여성들이 보인다. (필자 소장 사진)

1960년대 강릉단오제 전경.
가운데 제당이 보이고 곳곳에 천막을 쳤다. (필자 소장 사진)

4. 강릉단오제 연구사 개관[37]

강릉단오제는 음력 5월 5일 단오명절에 펼쳐지는 강릉의 향토축제다. 이 축제는 민속학적 중요성을 인정받아 1967년 국가에서 중요무형문화재 13호로 지정하였다. 주지하듯이 단오명절은 한·중·일 등 한자문화권의 문화이다. 따라서 단오민속은 아시아 국가·지역·민족에 따라 유사한 것도 있으며, 상이한 내용으로 전승되기도 한다.

단오절이 있는 음력 5월은 하절기 세시풍속의 중심으로 24절기상 망종과 하지가 들어 있다. 망종(芒種)은 '芒之種穀可稼種'의 시기로 농작물 성장을 도모하기 위한 행사가 열린다. 그 대표적인 풍속이 단오절인데 이 기간에 벽사진경 의식과 유희가 진행된다.[38]

우리나라 기층문화권역을 단오권과 추석권, 단오·추석복합권으로 설정하기도 하는데 단오권은 북방문화권역에 포함된다. 단오는 음력 5월 5일로 '오월절'(五月節)이라 한다. 추석을 '팔월절'이라 하듯이 5월의 대표적인 명절이다. 우리나라에서 단오명절을 지내기 시작한 기록은 『삼국사기』에 단오를 '俗以端午爲車衣'라고 향찰(鄕札)로 표기하여 '車衣'는 수레 '거'와 옷 '의' 자의 음훈을 따서 '수리'라 부른 것으로 미루어 이 명절의 연원을 삼국시대로 추정할 수 있다.

'수리'는 上·高·峯·神·太陽을 뜻하는 고어로 삼국시대에 5월과 10월 농공시필기에 태양신에게 제사를 지냈던 신앙에 기초한 것이다.[39]

---

37) 張正龍, 『鄕土民俗과 地方文化正體性』-江陵端午祭 原流와 硏究史를 중심으로-栗谷學會, 2002, 66~76쪽을 수정·보완한 글이다.
38) 張正龍, 『韓·中 歲時風俗 및 歌謠硏究』, 集文堂, 1988, 178쪽.
39) 梁柱東, 『麗謠箋注』, 乙酉文化社, 1954, 103쪽.

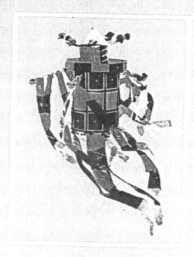

重要無形文化財　第13號

江陵端午祭

主催：江 陵 端 午 祭 委 員 會
後援：文化公報部・文藝振興院・江原道
　　　江陵市・溟州郡
日時：1980年　6月 15日 ～ 6月 19日

1980년 강릉단오제 책자.
가운데 사진은 굿당에 거는 호개등이다.

5월의 파종의례는 10월 수확의례와 함께 『삼국지』위지 동이전 마한전에 의하면 농공시필기의 축제모습을 유추할 수 있으며 한국세시풍속의 교차성으로 파악된다. 즉 5월의 파종의례와 10월의 수확의례는 수릿날과 상달을 동의어로 보기도 한다.[40]

이처럼 우리나라에서는 부족국가시대부터 자연력과 생업력에 따라 성장의례로서 단오주기를 인식한 것으로 보이나 삼국시대에 들어와 민속명절로 자리 잡기 시작하여 의례력으로 확정된 것은 고려시대로 볼 수 있다. 즉 『고려사』권84 금형조에는 세속명절로 원정·상원·한식·상사·단오·중구·동지·팔관·추석 등을 꼽고 있어 민간의 명절로 전승된 것으로 볼 수 있다.

조선조에 들어서 단오는 정초·한식·추석·동지 등과 함께 4명절 또는 5절향에 속하였다. 이처럼 단오라는 중국명절 명칭과 함께 우리나라에서는 수릿날이 전승되었는데 고려시대 월령체가인 <동동(動動)>에 그 풍속을 소개하고 있다.

즉 "五月五日애 아으 수릿날 아츰 藥은 즈믄힐 長存ᄒ샬 藥이라 받줍노니이다"라고 하여 민간에서는 천년동안 살 수 있도록 수릿날 아침에 먹는 익모초, 희렴 등의 약재를 먹는 풍속과 함께 수릿날로 불렸음을 알 수 있다.

다시 말하자면 단오절은 여름철 질병예방의 측면이 강조되었음을 알 수 있다. 그러므로 '善正月, 惡五月'이라고도 하고 '五月爲惡月'이라고도 한다.[41]

즉 양나라 종름(宗懍)의 『형초세시기(荊楚歲時記)』에 "五月俗稱惡月"이라 하고 『하소정(夏小正)』에도 "此日畜藥 以除毒氣"라 하였다. 고려시대에 불려진 월령체가인 <동동>이 삼국시대의 노래임을 알 수 있는데, 『성종실록』권132, 12년 8월조에 우리나라에 온 명나라 사

---

40) 李丙燾, 『韓國史大觀』, 普文閣, 1964, 52쪽.
41) 黃石, 『端午禮俗史』, 臺北 鼎文書局, 1979, 11쪽.

신이 동동춤을 추는 것을 보고 왕에게 "저것이 무슨 춤인가" 묻자 성종은 "이 춤은 고구려 때부터 이미 있었던 것인데 동동춤이라 부른다."라고 했다.(此舞自高句麗時已有之名曰動動舞) 이처럼 신라나 고구려, 백제 등 삼국의 가무와 풍습이 고려조에 계승되고 이후 조선조에도 지속되었음을 알 수 있다. 따라서 <동동>에 등장하는 '수릿날'의 풍습도 삼국시대의 것으로 유추가 가능해진다.

오늘날까지 전승되는 우리의 단오민속은 부족국가시대부터 근원적인 유래를 갖고 있는 파종의례로 출발하여 차츰 벽사진경의 신앙적 의미가 강조되었으며, 이후 그네와 씨름 등 민속예능과 결합되면서 축제양상을 띠게 되었다고 볼 수 있다. 이러한 과정은 중국이나 일본과도 크게 다르지 않은데, 강릉단오제의 경우 표피적(表皮的) 주제는 세시풍속 주기의 단오민속이나 그 이면적 주제는 강릉지역 신화와 민속으로 형성되어 있다.

다시 말해 음력 5월 5일 단오날의 명절만을 지칭하는 것이 아니라 추강선생문집(秋江先生文集)이나 『증수 임영지 (增修 臨瀛誌)』에서 언급된 것과 같이 3월부터 4월, 그리고 5월까지 봄철 파종 후 5월의 성장의례로 진행되면서 길일인 단오날에 정점을 이루는 것이다.

강릉단오제를 기록한 교산 허균의 1603년 기록에는 강릉마을축제의 중심 신격이 성황신이 아닌 대관령 산신으로 좌정한 김유신을 봉안하고 축제가 진행된 것으로 기록하고 있다.

『증수 임영지』에 "江陵則享祀外 別有異者"라 하여 마을에서 봄가을로 행해지는 성황제와 특별히 다른 것이 매년 4월 15일 호장과 무격이 대관령에서 신목으로 국사신을 모셔 와서 봉안하였다가 5월 5일에 무격굿과 탈춤 등으로 신을 즐겁게 한다는 것이다. 이러한 성황제사는 오래된 습속으로, 제사를 지내지 않으면 풍수의 피해와 가축들이 해를 입는다는 것이다. 4월 보름부터 강릉성황제가 시작되어 5월 단오날에 마치게 되는 것이다.

따라서 '특별히 다른 것이 있다'고 표현한 것은 중국에서 들어온 5월의 단오절과 다른 향토신앙제의의 요체를 말하고자 한 것이다. 그것은 삼국통일을 성취한 신라의 김유신을 산신으로, 나말여초(羅末麗初)의 승려 범일(梵日, 810~889)을 국사신격으로 봉안하고 독자적인 축제를 펼쳐왔다는 것이다. 이후 범일국사의 탄생설화는 952년에 편찬된 『조당집(祖堂集)』과 달리 『증수 임영지』에서는 신비한 화소로 신격화되었다.

이처럼 강릉단오제의 원류는 3월부터 5월에 이르는 기간동안 응천순시(應天順時)에 따라 마을의 토착신격을 봉안하고 곡물성장을 도모하는 파종후 성장의례와 하계질병을 예방하려는 주술의례가 중심이 되어 전승되었음을 알 수 있다.

강릉단오제 연구는 비교적 일찍 시작되었으며 현재 그 성과는 다른 부분에 비해 월등하게 축적되었다고 볼 수 있다. 1920년대부터 현재에 이르기까지 개략적인 연구결과를 살펴보고 구체적인 자료를 들어보고자 한다.

먼저 초창기연구는 답사기 정도의 수준에서 출발했는데 일제강점기인 1928년 경성제대 교수 일본인 추엽 융(秋葉 隆)에 의해 시작되었다. 이것은 그의 학문적인 관심에 의한 것으로 시작되었다고 하더라도 당시의 식민지정책에 따른 현실이 반영된 것이며 이후 조선총독부 『생활상태조사보고서』(1931년) 『부락제』(1937년) 등으로 이어졌다.

이후 50년대 전쟁으로 인해 국가적 혼란기를 거쳐 1960년대에 들어서 학계에서 본격적인 관심을 갖기 시작하였다. 당시의 연구자는 임동권, 최상수, 임석재 등이며 1967년 국가지정무형문화재 13호로 지정되었다. 이후 1970년대 향토문화 차원에서 김선풍, 최철, 이보형 등에 의해 연구가 이루어져 1980년대까지 연구되었다. 이후 현재까지 연구자도 늘어났을 뿐 아니라 단행본, 연구논문, 석·박사학위논문, 실태조사 보고서, 백서, 발전방안 등이 출간되었으며, 연구내용도 민속학적 측면 뿐 아니라 향토사, 교육학, 무용, 음악, 사회학, 경제학, 비교민속학, 인류학, 기독교와의 관계 등으로 점차 확대되고 있다.

강릉단오제 연구는 1967년 국가문화재지정 이후 본격화되어 30여 년간 지속적으로 이루어졌다고 평가된다. 그동안 한국인에 의해 행해진 본격적인 연구라고 볼 수 있는 조사보고서나 단행본류의 업적을 중심으로 논의하면 다음과 같다.

(1) 任東權, 『江陵端午祭』, 重要無形文化財 指定資料, 文化財管理局, 1966.
(2) 崔喆, 『嶺東民俗志』, 通文館, 1972.
(3) 金善豊, 『강릉단오굿』, 열화당, 1987.
(4) 張正龍, 『江陵官奴假面劇研究』, 集文堂, 1989.
(5) 文化財管理局, 『江陵端午祭實測調査報告書』, 1995.
(6) 張正龍, 『江陵端午民俗旅行』, 斗山, 1998.
(7) 金善豊·金京南, 『江陵端午祭研究』, 보고사, 1998.
(8) 江陵文化院, 『江陵端午祭 白書』, 1999.
(9) 국립문화재연구소, 『강릉단오제』, 1999.
(10) 장정룡 외, 『아시아의 단오민속』, 국학자료원, 2002.
(11) 장정룡, 『강릉단오제』, 집문당, 2003.
(12) 장정룡, 『강릉단오제 천년사자료집』, 강릉시, 2006.

(1)은 최초의 단오축제 단행본 보고서라는 점에서 의미가 크다. 이전에는 1928년 일본학자 아키바 다까시 즉 秋葉 隆 <江陵の端午祭>가 있었으나 보다 치밀하게 조사하였다는 점에서 단오연구의 선편을 잡은 업적으로 평가된다. 내용은 강릉의 지리적 조건과 역사적 배경에서부터 단오제 유래와 전설, 유적, 단오명칭, 집행부서와 임원, 제일정과 제의, 진설, 홀기, 축문, 제비조달, 무굿, 관노가면극, 금기, 대관령

성황축원가로 구성되어 있다. 조사보고서의 형식으로 1960년 당시의 상황을 자세하게 기술하여 도움이 크다.

(2)는 강릉지역의 총체적 민속지 작업으로 적지 않은 의미를 지닌다. 더욱이 강릉출신으로 강릉교대에 재직하던 글쓴이가 강릉문화 속에서 단오제가 갖는 비중에 대해 여러 측면에서 설명하고 있다. 강릉단오제에 관해서는 3장 부락제와 7장 민속예술, 오락에서 다루고 있으며 1970년대의 단오제 상황을 이해하는 자료로 가치가 높다.

(3)은 단오굿을 중심으로 편집된 사진자료집이지만 글쓴이가 이미 1976년에 저술한 『江陵地方 詩歌의 民俗學的 研究』라는 학위논문에서 단오제에 관한 내용을 수록하고 있으며 이 책은 일련의 작업으로 볼 수 있다. 비록 굿사진을 중심으로 편집되었으나 '제의와 축제로서의 강릉단오제'라는 부제와 같이 앞선 연구보다 진전된 내용을 수록하고 있다. 강릉의 역사, 근원설화, 제의와 일정, 무가, 무의식, 민속놀이, 문화재 지정과정과 전승자, 사회적 기능 등을 포괄적으로 논하고 있다.

(4)는 필자가 관심을 갖고 연구한 강릉관노가면극의 총괄적 연구성과로 1981년의 석사학위논문과 1982년 수상한 민족문화논문공모 대상을 받은 논문을 보완하고 이후 연구된 탈과 망와의 관계나 기예능보유자의 구술자료 수록, 연희본 등을 수록하고 있어 단오축제와 함께 민속극 전체를 조망하고 있다. 이 책에 대한 평가는 다음과 같다.

> 강릉탈에 관해 논급한 학자는 崔常壽, 李杜鉉, 任東權, 張正龍 뿐인 것으로 안다. 이두현의 방대한 저서 『韓國假面劇』에는 단지 몇 줄의 해설이 언급되어 있고, 寡聞한 탓인지 모르나 맨 처음 강릉탈을 만들었던 최상수도 논문은 고사하고 약간의 회고록 내지 手記조

차 남기지 않고 있는 실정이다. 강릉탈에 대한 본격적인 조사와 報告書는 任東權에 의해 시작되었고, 그를 토대로 한 학술적 연구 성과는 張正龍에 의해 이루어졌다.[42]

假面劇에 대한 고찰은 단연 張正龍이 先頭走者이다. 그는 民俗假面劇을 지극히 民俗的인 傳承物로 보며 이를 민속학적 접근을 토대로 문학적 해석과 연극으로서의 이해를 도모하고자 한다. 그는 假面劇의 민속학적 접근으로 演戲의 起源, 연희의 時期 및 場所, 演戲者, 假面, 小道具, 演戲舞臺를 주목한다. 假面劇의 문학적 해석에서는 양반과장에 나타난 諷刺 樣相은 해학성을 통해 캐리캐츄어를 형성하고 있다고 보고, 장자마리는 辟邪進慶의 기능과 穀穗의 人態化의 상징적인 의미를, 시시딱딱이는 역시 辟邪의 기능을 지닌 예방주술적 의미의 인물로 본다. 또한 괫대와 官奴假面劇 근원설화에서는 강릉단오제 주신격인 梵日國師의 설화를 분석하고 이것이 부락신화로 변이됨을 지적한다. 그 외에도 炬火戲와 山遊歌의 상징적인 의미를 밝히며, 연극적 해석에서는 Fretag에 의한 가면극의 전개구조를 파악하여 극으로서의 효과까지도 점검한다.[43]

향토색이 짙은 연구서로서 장정룡의 『강릉관노가면극연구』가 있는데, 이는 강릉지방에 전래되는 탈놀이를 집중연구한 것이다.… 저자는 이 극이 정당한 평가를 받지 못하는 안타까움에 그 중요성을 강조하고, 전통문화의 발굴과 보존·육성이라는 측면에서 열심히 탐구하여 강릉탈춤의 새로운 면모를 보여주었다. 가면극 연구방법의 또 다른 면을 볼 수 있는 연구서이다.[44]

(5)는 문화재관리국에서 처음 실측조사를 시도한 것으로 김선풍, 임동권, 정병호, 최종민, 전경욱, 박성실 교수 등이 역사와 근원설화, 제의, 무속, 무용, 음악, 연극, 복식부분에 참가하여 거둔 성과물이다. 사

---

42) 金善豊, 『江原民俗學』, 創刊號, 강원도민속학회, 1983, 5쪽.
43) 柳仁順, 「江原口碑文學硏究史」, 『江原文化硏究』제11집, 강원대 강원문화연구소, 1992, 246쪽.
44) 윤광봉, 「민속극의 연구」, 『한국민속연구사』, 지식산업사, 1994, 451쪽.

조 선 일 보 　　西紀 1989年 6月 27日 火曜日

진, 악보, 도면 등을 논문과 함께 수록하여 문화재 전승자료의 확보라
는 측면에서 의미가 크다.

(6)은 필자가 강릉단오제를 여러 측면에서 독자의 접근성이 용이하도
록 민속여행이라는 제목으로 고찰한 것으로, 단오제 원류와 역사, 설화
와 의례, 전승과 민속신앙, 관노가면극 역사와 고증, 강릉단오제 비교
와 전파, 연구사와 보유자, 전승자료, 무가구술본, 축문 및 홀기 등에
대해 기술하였다. 특히 그동안 연구의 오류를 바로잡고, 다양한 자료들
을 수록하였다.

(7)은 단오제 배경, 신화, 제신의 성격, 제의, 관노가면극, 축제로서의
강릉단오제 등을 논하였다. 일찍이 강릉단오제 무가와 민요 조사를 시

작한 김선풍 교수와 강릉단오제연구로 박사학위를 딴 김경남 교수가 사제지간으로 그동안 함께 현장조사한 내용과 연구를 중심으로 편집하여 제의와 무가연구에 많은 도움을 준다.

(8)은 1973년부터 1998년까지 연도별 행사내용과 사진을 수록하고, 단오제 기원과 역사(장정룡), 현대적 계승(김경남), 단오굿(황루시), 관노가면극(장정룡), 강릉농악(정문교), 97년 단오행사내용(김기설), 연도별 세입·세출내역을 수록하였다. 실질적으로 단오제를 이끌어온 기관에서 낸 백서라는 점과 오랫동안 연구해온 연구자에 의해 집필되었다는 측면에서 신뢰성을 가지며, 다양한 사진을 수록하여 단오제의 충실한 자료로서 가치가 높다.

(9)는 국립문화재연구소에서 편찬하였으며 한국의 중요무형문화재 시리즈 22권으로 나왔다. 강릉의 지리적 환경과 역사적 배경, 강릉단오제 유래와 관련설화, 준비과정, 절차와 성격, 강릉관노가면극, 강릉단오제의 특성, 부록으로 강릉단오제 기예능보유자, 강릉단오제와 관련유적을 사진과 함께 실었다. 전통문화의 연구와 보존을 위한 중요무형문화재 기록화 사업으로 기획된 이 책은 해설과 사진을 중심으로 강릉단오제 전과정을 기술하였다. 또한 보유단체와 보유자의 기능을 담은 기록영화와 짝을 이루면서 강릉단오제를 이해하기 위해 상호보완적 역할을 할 수 있게 편집되었다. 집필은 정종수(국립민속박물관 민속연구과장), 임장혁(예능민속연구실 학예연구관) 이준석(예능민속연구실 연구원)이 맡았다. 사진은 이은교 작가가 촬영하였다.

(10)의 아시아 단오민속 책자는 장정룡이 국제아시아민속학회 부회장 겸 한국대표로 국제아시아민속학회 회원들을 초청하여 개최한 학술대

회집을 다시 묶은 것으로, 강릉시의 지원을 받아 한중일 3개국 단오민속을 비교하였다.

이 행사는 2002년 6월 13일~14일 이틀간 강릉문화원에서 개최하였으며 이 자료는 몇 년 뒤 강릉단오제를 세계무형문화유산으로 등재하는 데 있어 비교연구자료로 크게 활용되었다. 내용은 1부 한중일 단오민속 연구사 (執筆 陶立璠, 依田千百子, 林美容, 金善豊) 2부 한중일 단오민속비교 (櫻井龍彦, 孟祥榮, 段寶林, 王培泉, 片武永, 劉京宰) 3부 강릉단오제현장론 (任東權, 金京南, 鄭亢敎, 金義淑, 金利淑, 張正龍, 權五聖, 李昌植, 金起高, 趙春鎬, 李淑姬)으로 나누어 글을 썼다.

(11)은 강원학총서 제1권으로 출간한 것으로 전체 157쪽이며 강원발전연구원에서 강원도의 지원으로 낸 책자이다. 내용은 강릉단오제 민속원류, 강릉단오제 제례절차, 강릉단오제 근원설화, 강릉단오제 가면놀이, 강릉단오제 의미세계 등으로 나누어 살폈다. 이 책자에는 그간의 연구 업적들을 총집하여 이해하기 쉽게 집필하였으며 강원학이라는 전체적인 측면에서 단오제를 바라보는 시각을 반영하였다.

(12)는 장정룡이 책임을 맡아 편집한 것으로 전체 178쪽으로 유네스코 세계문화유산 등재이후 전반적으로 관련 자료를 수집 정리한 것이다. 강릉시의 지원으로 장정룡이 책임연구원을 맡고 양언석, 김경남, 김은경, 장영숙 등이 연구원으로 참여하였다. 이 책은 강릉단오제와 관련된 기록과 자료를 전반적으로 수집 편집했으며 각 자료에 대한 해설을 장정룡이 붙여서 이해를 돕고 사진자료들을 수록하였다.

이상의 단오제 관련 연구서 12권에 대한 연구사적 측면을 살펴보면 1967년 강릉단오제가 국가지정무형문화재로 지정된 이후 상당한 부분에서 업적이 축적되었고, 새로운 연구방향과 방법론이 제시되고 있다.

특히 관동대에 재직했던 김선풍 교수의 뒤를 이어 김경남, 김기설, 이창식 교수를 비롯하여 여러 연구자들이 분야별로 연구하여 각론적 성과를 거두고 있다. 아울러 근래 들어 강릉단오제를 국제적인 축제로 향상시키기 위하여 여러 연구기관이 참여하여 다양한 전략과 발전방안, 개선방안 등을 내놓아 눈길을 끌고 있다.

그 예로 『지역축제자원화와 문화적 계승전략』-강릉단오제를 중심으로(장정룡, 강원개발연구원, 1998), 『강릉단오제 중장기발전방안』(한국문화정책개발연구원 이흥재·강릉대 장정룡·관동대 황루시외, 강릉문화예술진흥재단, 2000), 『2001년 강릉단오제 행사평가 및 개선방안에 관한 연구』(배재대학교 관광이벤트연구소 정강환 외, 강릉단오제위원회, 2001) 등이 있다. 위에서 논의한 이외의 개별적인 연구 논문들은 전체 자료가 방대하여 다른 기회에 총괄적으로 제시하고자 하며, 필자 연구만 한정하여 소개하고자 한다.

필자의 강릉단오제 및 관련 연구는 1981년부터 2006년까지 25년 동안 단행본 5권을 포함하여 가면극 13편, 축제 8편, 신앙·굿 6편, 설화 4편, 비교민속 5편, 계승·발전론 6편을 포함하여 총 42편이다.

○ **단행본** (5)

· 『江陵官奴假面劇硏究』, 집문당, 1989.5
· 『강릉단오민속여행』, 두산출판사, 1998.5
· 『아시아의 단오민속』, 국학자료원, 2002.10
· 『강릉단오제』, 강원도·강원발전연구원, 2003.7
· 『강릉단오제 천년사자료집』, 강릉시, 2006.6

○ **가면극** (13)

· 「江陵官奴假面戲硏究」, 중앙대 대학원석사학위논문, 1981.2

- 「강릉관노가면극연구」, 『民族文化 8』, 민족문화추진회, 1982.12
- 「관노가면극과 탈굿고」, 『語文論集 17』, 중앙대 국어국문학과, 1983.12
- 「東海岸別神탈놀음굿연구」, 『關東語文學 3』, 관동대 국어교육과, 1984.1
- 「韓國布假面研究」, 『江原民俗學 2』, 강원도 민속학회, 1984.2
- 「서낭신제 가면극연구」, 『韓國民俗學 17』, 민속학회, 1985.1
- 「강릉관노탈놀음의 고증과 원형론」, 『關東語文學 4』, 관동대 국어교육과, 1985
- 「강릉관노가면극의 기원과 상징」, 『江原民俗學 3』, 강원도 민속학회, 1985.6
- 「강릉관노가면극의 원형론적 검토」, 『黎脈 6』, 강릉여맥문화회, 1986.6
- 「강릉假面과 望瓦考」, 『黎脈 8』, 강릉여맥문화회, 1989.11
- 「강릉관노가면극」, 『강릉단오제백서』, 강릉문화원, 1999.6
- 「강릉가면극의 신화적 구성」, 『韓國戲曲文學史의 研究 VI』, 중앙인문사, 2000.3
- 「강릉가면극 등장인물과 상징」, 『아시아의 단오민속』, 국학자료원, 2002.10

○ **축제** (8)

- 「강릉단오축제의 전승의미론」, 『강릉예총10』, 강릉예술총연합회, 1993. 5
- 「강원도 축제문화의 이해와 반성」, 『江原民俗學 12』, 강원도민속학회, 1996. 6
- 「강릉단오제의 민속학적연구」, 『人文學報 21』, 강릉대 인문과학연구소, 1996. 9
- 「한국지역축제개관·강원도의 지역축제사례」, 『한국의 지역축제』, 문화체육부, 1996.12

· 「강원도 축제문화의 발전방안」, 『강원포럼14호』, 강원개발연구원, 1997. 4
· 「강원도 민속예술의 발전적 고찰」, 『關東民俗學 14』, 관동대무형 문화연구소, 1997.8
· 「강릉단오제 기원과 역사」, 『강릉단오제백서』, 강릉문화원, 1999.6
· 「한국강릉단오제의 의례연구」, 『제8차 국제아시아민속학회 학술대 회논문집』, 베트남 하노이, 국제아시아민속학회, 2005.9

○ **신앙 · 무격굿** (6)

· 「동해안 별신굿놀이의 연극적 고찰」, 『연극학연구 1』, 부산연극학 회, 1989.12
· 「강원도 서낭신앙의 類型的 研究」, 『韓國民俗學 22』, 민속학회, 1989.9
· 「무가 바리데기」, 『江原民俗學 9』, 강원도민속학회, 1992.2
· 「강릉단오굿」, 『比較民俗學 13』, 비교민속학회, 1996.4
· 「동해안 심청굿사설자료」, 『우리문화 2호』, 강릉우리문화연구회, 1996.4
· 「강원도 바리공주무가고찰」, 『민속문학과 전통문화』, 박이정, 1997.6

○ **설화** (4)

· 「嶺東地方 人物神話의 내용고찰」, 『中央民俗學 7』, 중앙대민속 학연구소, 1992.5
· 「동해안 마을신앙과 설화」, 『人文學報 15』, 강릉대 인문과학연구 소, 1993.6
· 「범일국사 전승설화의 변이과정 고찰」, 『人文學報 27』, 강릉대, 1999.6
· 「강릉지역 여성황신 설화의 전승양상」, 『臨瀛文化 30』, 강릉문화 원, 2006.12

○ 비교민속 (5)

· 「강릉단오제 근간신앙의 비교민속학적 고찰」, 『黎脈 7』, 강릉여맥
  문화회, 1987.12
· 「순창과 강릉성황제의 비교고찰」, 『성황당과 성황제』, 민속원, 1998.12
· 「강릉단오제와 정선아리랑제」, 『강원문화의 이해』, 강원사회연구
  회, 2005.3
· 「한·중 단오절 풍속과 근원설화고찰」, 『江陵文化散策, 초당정
  호돈 원장 고희기념논총』, 기념논총발행위원회, 2005.5
· 「단오절 龍舟文化의 연원과 실제」, 『中央民俗學 11』, 중앙대
  한국문화유산연구소, 2006.2

○ 계승·발전론 (6)

· 「강릉민요의 민속학적 이해」, 『석우박민일박사 화갑기념 국어국문
  학논총』, 화갑기념논총간행위원회, 1997.6
· 『지역축제자원화와 문화적 계승전략-강릉단오제를 중심으로』, 강원
  개발연구원, 1998.12
· 『강릉단오제 중장기 발전방안(공)』, 강릉문화예술진흥재단, 2000.11
· 「강릉지역무형문화재 보존과 전승과제」, 『제7차 국제아시아민속학
  회 학술대회요지집』, 한국 강릉시, 국제아시아민속학회, 2004.6
· 「강릉단오제 원형복원과 창의적 발전계획」, 『강릉단오제국제화심
  포지엄 자료집』, 강원일보사, 2005.12
· 「세계무형문화유산으로서 강릉단오제의 의미와 과제」, 『한국관광
  정책』, 한국문화관광정책연구원, 2006.7

The United Nations Educational, Scientific and Cultural Organization

hereby proclaims

Republic of Korea

Gangneung Danoje Festival

a Masterpiece of the Oral and Intangible
Heritage of Humanity

Koichiro Matsuura
Director-General

Paris, 25 November 2005

강릉단오제 유네스코 인증서(2005. 11. 25)

제 II 부

강릉단오제 연행론

Ⅱ. 강릉단오제 연행론

1. 범일국사 전승설화 변이과정

1) 서론

본고는 신라 때 승려로서 강릉단오제 주신으로 신봉되고 있는 범일 (梵日,810~889)에 관하여 전승된 문헌설화를 검토하여 그 변이양상을 파악하는데 목적이 있다. 범일국사에 대한 설화적 전승형태는 비교적 다양하게 나타나므로 범일설화의 형성과정을 살펴보고 그 설화의 원초적 의미를 파악함으로써 지역의 신화적 인물형상화 과정이 드러나게 될 것으로 본다.

강릉단오제는 국가지정 무형문화재 제13호로서 단오제의 중심신격은 대관령국사성황신인 범일국사와 대관령국사여성황신인 정씨녀로 되어 있다. 따라서 강릉단오제는 인물신격을 봉안한 전통축제로서 계승되고 있다고 볼 수 있는데, 강릉지역은 부족국가시대에는 동예국의 거점으로 10월에 무천제를 거행한 것이 기록으로 남아 있다.

9세기경의 인물인 범일국사에 대한 설화는 구전되면서 다양한 변이를 보여주었는데, 서기 9백여 년의 기록에서부터 1970년대까지 천여 년 동안 전해 내려온 설화의 전문을 살펴보아, 구체적으로 무엇이 어떻게 달라졌으며, 그것이 어떤 이유와 의미를 지니는가 고찰하고자 한다.

2) 범일국사의 생애

범일국사는 신라 헌덕왕 2년(810)에 태어나 진성여왕 3년(889)에 입적한 선승(禪僧)으로 신라 구산선문(九山禪門)중 사굴산파의 개창조로 알려졌다. 그에 관한 전기는 『조당집』(952)에 자세히 실려 있으며, 『삼국유사』에도 성은 김씨며 계림출신으로 일명 품일(品日)이라고도 불렀다. 그의 조부는 명주도독을 지낸 김술원이며, 어머니 문씨는 태양을 가슴에 안는 태몽을 꾸고 13개월 만에 범일을 낳았다고 한다.

15세에 출가하여, 20세에 구족계(具足戒)를 받았으며, 홍덕왕 6년(831) 2월 왕자 김의종과 함께 당나라로 갔다. 중국의 고승을 찾아다니던 중 제안(齊安)을 만나 성불하는 법을 묻고 그의 문하에서 6년 동안 머물다가 유엄(惟儼)을 찾아가서 선문답을 나누었다.

『삼국유사』권3, 낙산사 2대성 관음 정조 조신조에 의하면 "굴산조사 범일이 태화 연간에 당에 들어가서 명주 개국사에 이르니, 한 사미가 왼쪽 귀가 없고 여러 중의 말석에 있으면서 대사에게 '나도 고향 사람입니다. 집이 명주 경내 익령현 덕기방에 있으니 스님이 후일에 만일 본국에 돌아가시면 부디 내 집을 지어 주소서'하였다. 대사가 두루 총림법석을 돌아다니다가 법을 염관에게서 받고 회창 7년 정유에 환국해서 먼저 굴산사를 짓고 전교하였다."고 하였다.

범일은 문성왕 6년(844)에 무종이 불교를 박해한 법난(法難)이 일어나자 상산의 산 속에 숨어 반년 정도 지내다가 소주(韶州)로 가서 6조혜능의 탑에 참배하였고, 847년에 귀국하였다. 그 뒤 851년까지 백달산에 머물면서 정진하다가 명주도독의 청으로 굴산사로 옮겨 40여년 동안 후학들을 교화하였다. 그때 경문왕·헌강왕·정강왕이 차례로 국사(國師)로 받들어 계림에 모시고자 했으나 사양하고 수도에 정진하였다. 범일국사의 시호는 통효대사(通曉大師)이며, 탑호는 연휘(延徽)로 제자로는 행적(行寂)과 개청(開淸) 등이 있다.

범일국사 진영(眞影) － 오대산 성보박물관 소장

3) 범일국사 전승설화

[자료1] 『조당집(祖堂集)』(998)

염관(鹽官)의 법을 이었다. 휘는 범일(梵日)이며, 계림의 호족인 김씨였다. 조부의 휘는 술원(述元)이며, 벼슬이 명주도독에까지 이르렀는데 청렴 공평하게 시속을 살피고, 너그러움과 용맹으로 사람을 대하니, 밝은 소문이 아직도 민요에 남아 있고, 그 밖의 것은 전기에 갖추어 전하고 있다.

그의 어머니 문씨는 여러 대를 내려오는 호귀한 씨족으로서 세상에서 부녀의 모범이라 불렀는데 태기가 있을 무렵에 해를 받아드는 꿈을 꾸었다. 그리하여 원화 5년 경인 정월 10일에 태속에 있기 열 석 달 만에 탄생하니, 나계가 있어 특수한 자태이며 정수리에 구슬이 있어서 이상한 모습이었다.

나이 15세가 되어 출가할 뜻을 품고 부모에게 사뢰니, 양친이 함께 이런 말을 하였다. "전생의 좋은 인연을 심은 결과니, 그 뜻을 굽힐 수 없다. 네가 먼저 제도를 받거든 나를 제도해 다오." 이에 속복을 벗고 부모를 떠나 산으로 들어가 도를 닦았다. 나이 스무 살에 서울에 가서 구족계를 받고 청정한 행을 두루 닦되 부지런하고 더 부지런하여 출가인들의 귀감이 되었으며, 동학들의 모범이 되었다.

태화 연간에 이르러 혼자서 맹세하기를 "중국으로 들어가 구법하리라."하였다. 그리고 마침내 조정에 들어 왕자 김의종 공에게 그 뜻을 펴니 공이 선사의 착한 포부를 소중히 여기는 뜻에서 동행하기를 허락함에 그 배를 빌려 타고 당나라에 도달하였다.

이미 숙세의 원을 이루었으므로 곧 순례의 길에 올라 선지식을 두루 참문하던 끝에 염관제안 대사를 뵈니 대사가 이렇게 물었다. "어디서 왔는가?" 선사께서 대답하였다. "동국에서 왔습니다." 대사께서 다시 물었다. "수로로 왔는가, 육로로 왔는가?" "두 가지 길을 모두 밟지 않고 왔습니다." "그 두 길을 밟지 않았다면 그대는 어떻게 여기에 이르렀는가?" "해와 달에게 동과 서가 무슨 장애가 되겠습니까?" 이에 대해 대사께서 칭찬하였다. "실로 동방의 보살이로다."

선사께서 물었다. "어찌해야 부처를 이룹니까?" 대사께서 대답했다. "도는 닦을 필요가 없나니 그저 더럽히지 말라. 부처란 견해, 보살이란 견해를 짓지 말라. 평상의 마음이 곧 도이니라." 선사가 이 말씀에 활짝 깨닫고 6년 동안 정성껏 모시다가 나중에 약산에게 가니 약산이 물었다. "요즘 어디서 떠났는가?" 선사께서 대답했다. "강서에서 떠났습니다." "무엇하러 왔는가?" "화상을 찾아왔습니다." "여기는 길이 없는데 그대가 어떻게 찾아왔는가?" "화상께서 다시 한 걸음 나아가신다면 저는 화상을 뵙지도 못할 것입니다." 이에 약산이 찬탄하였다. "대단히 기이하구나. 대단히 기이하구나. 밖에서 들어온 맑은 바람이 사람을 얼리는구나!"

그 뒤로 마음대로 행각을 다니다가 멀리 서울에 들리니 때마침 회창 4년의 사태를 만나 중들은 흩어지고 절은 무너져 동분서주하여 숨을 곳이 없었다. 때마침 하백의 인도를 따라가다가 산신의 마중을 받아 상산에 숨어서 홀로 선정을 닦는데, 떨어진 과일을 주워 배를 채우고 흐르는 냇물을 마셔 목마름을 달래니, 행색이 바짝 마르고 기력이 부쳐 감히 걸을 수가 없게 된 채로 반 해가 지난 어느 날 갑자기 꿈에 이상한 사람이 나타나 이렇게 말했다.

"이제 떠나시지요." 이에 억지로 걸으려 했으나 도저히 힘이 미치지 못하더니 어느 결에 짐승들이 떡과 먹거리를 물어다가 자리 옆에다 던지니 일부러 주는 것이라 생각하고 주워 먹었다. 나중에 맹세하기를 "소주에 가서 조사의 탑에 예배하리라."하고 천 리를 멀다 않고 조계에 다다르니, 향기 어린 구름이 탑묘 앞에 서리고 신령한 학이 훌쩍 날아와 누대위에서 지저귀니 절의 대중이 모두 이렇게 수근 거렸다.

"이러한 상서는 실로 처음 있는 일입니다. 필시 선사께서 오신 징조일 것입니다." 이때 고향에 돌아와 불법을 펼 생각을 내어 회창 6년 정묘 8월에 다시 뱃길에 올라 계림정에 돌아오니, 정자 위를 비치는 달빛은 현토의 성에 흐르고 교교한 여의주의 빛은 청구의 경계를 끝까지 비쳤다.

대중 5년 정월에 이르러, 백달산에서 연좌하고 있으니, 명주의 도독인 김공이 굴산사에 주석할 것을 청하여 한 번 숲 속에 앉은 뒤로는 40여 년 동안 줄지은 소나무로 도를 행하는 행랑을 삼고, 평평한 돌로써 좌선하는 자리를 삼았다.

어떤 이가 물었다. "어떤 것이 조사의 뜻입니까?" 선사께서 대답했다. "6대에도 잃은 것이 없느니라." "어떤 것이 대장부가 힘써야 할 일입니까?" 선사께서 대답했다. "부처의 계급을 밟지 말고, 남을 따라 깨달으려 하지 말라."

함통 12년 3월에는 경문대왕이, 광명 원년에는 헌강대왕이 모두 특별히 모시는 예를 다하여 멀리서 흠앙하였고, 국사에 봉하기 위해 모두 중사를 보내어 서울로 모시려 했으나 선사께서 오랫동안 곧고 굳은 덕을 쌓았기에 끝내 나아가지 않더니, 갑자기 문덕 2년 기유 4월 끝에 문인들을 불러 이렇게 말했다.

"나는 곧 먼 길을 떠나련다. 이제 너희들과 작별을 고하니 너희들은 세상의 감정으로 공연히 슬퍼하지 말라. 다만 스스로 마음을 닦아서 종지를 추락하지 않게 해야 할 것이다." 그리고 5월 1일에 오른 겨드랑이를 대고, 발을 포개고 굴산사의 상방에서 입멸하시니, 춘추는 80세, 승랍은 60세, 시호는 통효, 탑호는 연휘였다.[1]

---

1) 한글대장경, 『조당집』제17권, 동국역경원역, 1986, 241~244쪽.

[자료2] 『증수 임영지(增修 臨瀛誌)』(1933)

신라 때 양가의 딸이 굴산(崛山)에 살고 있었으나 나이가 들도록 시집을 못 갔다. 우물에서 빨래를 하고 있는데 햇빛이 배를 비추자 돌연히 산기(産氣)가 있었다. 아비가 없이 아들을 낳자 집안 사람들이 이상하게 여길 것 같아서 아기를 얼음 위에다 버리니 새들이 날아와 아기를 덮어 감쌌다. 밤이 되자 하늘에서 상서로운 빛이 비추었다. 아기를 도로 데려다 기르니 이름을 범일(梵日)이라 하였다. 나이가 들어 성장하자 머리 깎고 중이 되었는데 신통으로 성불 세계에 들어 오묘한 조화를 헤아릴 수 없었다. 신복(神伏)과 굴산 두 산에 두 개의 큰 절을 창건하고 탑산(塔山)을 지어 지맥을 보충했다. 후에 오대산에 은거하다가 시적(示寂)하였다.[2]

[자료3] 『명주(溟州)』 6호(1957)

때는 신라(新羅) 46대 문성왕(文聖王)때, 곳은 명주(溟州) (현 강릉시와 명주군 일원) 학산마을에 늙은 부모슬하에 예쁜 무남독녀(無男獨女)의 15세 가량의 외딸, 이렇게 세 식구가 근근히 살고 있었다고 합니다. 그 어느 여름철 새벽에 이 꽃같이 아름다운 아가씨가 일즉히 문전옥답(門前沃畓)가 우물로 물 길러 나갔다고 합니다.

도롱박으로 동이에 찰랑찰랑 차도록 물을 길어 담고, 자고 갓 깬 김이라 목도 마르고 하여 시원한 물을 바가지로 퍼서 한 목음 마시려 하는데 때마침 동녘 바다위로 싱글벙글하는 힘찬 해가 솟아오를 무렵이라 그 해가 우물 속에도 비치고 아가씨는 그 물속에 비친 해를 우연히도 떠먹었더랍니다.

그 후부터 기적(奇蹟)이라 할가. 이상하게도 오조(惡阻)가 생기며 산기(産氣)가 있어 배가 부르게 시작하였더랍니다. 날이 가고 달이 차면

2) 瀧澤 誠, 『增修 臨瀛誌』釋證條, 江陵古蹟保存會, 1933.

서 열 달 만에 이 아가씨는 이목이 뛰어나고 풍채가 비범한 애비 없는 옥동자(玉童子)를 낳았으니 남의 눈도 무섭고 또 늙은 부모는 집안의 망신이라 하여 구박이 심하여 할 수 없이 세 식구가 안방에서 남이 들을 세라 비밀히 의논한 결과 드디어 뒷산 큰 바위틈에 솜으로 싸서 사람 하나쯤 들어가서 능히 비를 피할 수 있는 오목한 곳에 버리기로 하였더랍니다.

이렇게 하여 버리기는 하였으나 모자(母子)의 천륜(天倫)의 정이라 하도 궁금하여 매일 아침이면 그 어린 생명이 하도 가이 없어 어떻게나 되었나하고 남의 눈을 피하여 처녀는 가만히 나가 보았더니 어린아이는 조금도 여윈 기색도 없을뿐더러 아기 누운 자리 밑에는 포근포근한 학(鶴)의 터리가 깔려 있었으며 그 입가에는 젖 같은 액수(液水)가 묻어 있었고 그 바위가에는 학들이 모여 울고 있었더랍니다.

하도 이상한 일이라 하루는 그 바위가의 큰 소나무 그늘 밑에 숨어서 동정을 살피고 있었더니 학들이 번갈아가며 입에서 젖물을 내어 그 아이를 먹이고 있었으며, 그 아이는 자기 엄마의 젖을 빨듯이 해쭉해쭉 웃으며 빨고 있었더랍니다. 이 이야기를 전하여 들은 할아버지와 할머니는 이 아기는 하늘이 내신 아이라고 생각하고 남의 조소를 받으면서도 고히 길러 왔더랍니다.

아이는 잔병 없이 무럭무럭 자라며 겨우 다섯 살이 되어 벌써 글을 배우기 시작하여 열 살이 되면서부터 사서오경(四書五經)을 배우기 시작(始作)했고 하나를 들으면 열을 아는 비상한 재주를 가져 이미 모르는 글이 없게 되자 좀더 배워 아비 없는 서름을 없애고 나아가서는 어머니를 위로할 생각으로 어느 날 편모(偏母)와 결별(訣別)하며 서울(慶州)을 행하여 떠나간 후 이 아이는 어느덧 나중에 국사(國師)가 되어 역사상에 유명한 범일대사(梵日大師)가 되었다고 합니다. 지금도 그 당시의 우물은 학산(鶴山)마을 논 두덕가에 남아 있어 지금은 '신정(神

井)’이라 불리우고 있으며 이 마을을 학산(鶴山)이라고 불리우게 된 것은 아기 범일국사(梵日國師)에게 젖 먹이던 학이 많기로 지금도 유명(有名)하여 학산(鶴山)이라 한답니다.[3]

[자료4] 『강릉(江陵)의 역사변천(歷史變遷)과 문화(文化)』(1961)[4]

양가(良家)의 처녀가 굴산(屈山-지금의 학산리)에 살고 있었는데 나이 많아도 시집을 못가고 있었다. 이 처녀가 석천(石泉)에 물을 길러 갔다가 표주박에 햇볕이 유난히 비쳐 오기에 아무 생각 없이 그 물을 마셨다.

그 후 날이 갈수록 배가 달라지더니 14삭(朔)만에 뜻하지 않은 옥동자를 낳았다. 처녀의 몸으로 아이를 낳은 그는 말 할 나위도 없거니와 부모들은 경악(驚愕)할 뿐 아니라 집안을 그르칠 변고(變故)라하여 부끄럽고 수치스러운 나머지 젖 한 번 빨리지 못한 아이를 포대기에 싸서 학암(鶴岩) 있는 곳에 갔다 버렸다. 내다 버렸으나 죄없는 어린 생명을 죽이기에는 어미된 마음이 편할 리 없어 사흘째 되던 아침 일찍이 버린 아이를 보러 학암을 찾았다.

웬일인가? 죽었어야 할 아이는 포대기에 쌓인 채 잠자고 있지 않은가? 이에 놀랜 어머니는 하룻밤을 새워가며 어린이의 둘레를 살피게 되었다. 눈 속에서 하루밤을 새우기란 결코 쉬운 일이 아니었다. 자정이 되어 갈 무렵 뼈저린 추위를 참을 길 없는 찰나(刹那) 난데없는 백학 한 마리가 날아와 두 나래로 아이를 깔고 덮고 하루 밤을 새워주고 새벽이 되자 입에다 단실(丹實) 세 알을 넣어 주고는 어디론지 사라졌다. 이 신기한 사실을 본 어머니는 어안이 벙벙하여 그대로 돌아 와서 그 다음 날도 계속하여 지켜보았으나 아이는 이상 없이 자라고 있었다.

이러한 사실을 집안에서까지 알게 되자 아이가 범상(凡常)하지 않다

3) 鏡湖, 「梵日國師」, 『溟州』제6호, 溟州社, 1957, 68~70쪽.
4) 崔善萬, 『江陵의 歷史變遷과 文化』, 江陵觀光協會, 1961, 68~69쪽

하여 내버리면 죄를 받을까 두려워서 다시 가져다가 기르게 되었다. 그러나 4~5세 될 때까지도 애비없는 자식이라는 조롱을 받으면서도 말을 못하는 것이었다. 그러던 어느 날 어머니에게 향하여 꿇어앉아서 "나는 정말 아버지가 없읍니까?"하고 질문을 하게 되자 어머니는 깜짝 놀랐다. 도리 없이 아들에게 사실을 솔직히 고백하였다.

말을 듣고 있던 아이는 어머니 앞에 절하고 하는 말이 "불효자는 어머니를 위하여 반드시 큰 사람이 되어 돌아 올 것이니 근심하거나 찾지 말아 달라"는 애석한 한 마디의 고별(告別)을 하고 슬하를 하직한 뒤로 종적이 없었다. 그 후 어머니는 검은 털이 희게 되고 아이는 국사(國師)라는 승가(僧家)의 최고위(最高位)를 점(占)하고 돌아와서 어머니를 봉양하면서 굴산사를 세웠다고 전한다.

[자료5] 『임영지(臨瀛誌) 강릉·명주지(江陵·溟州誌)』(1975)

한 良家의 處女가 堀山(現 鶴山)에 살고 있었는데 하루는 석천에 물을 길러 갔다가 유난히 비추는 햇빛에 無心히 그 물을 먹었더니 그 후 날이 갈수록 배가 불러 오다가 十四個月만에 玉童子를 낳았다. 處女의 몸으로 아이를 낳은 것은 집안의 體面을 損傷한 일이라 하여 그 아이를 鶴岩밑에 버렸다.

母性愛를 이기지 못하여 三日만에 鶴岩에 가서 보니 아이는 곤히 잠들었기에 그 近處에서 지켜보았더니 鶴이 와서 날개로 아이를 싸주며 입에 丹實을 넣어주고 어디론가 가버렸다. 그로 인하여 凡常한 아이가 아닌줄 알고 집에 다려와 養育한 것이 곧 梵日國師로서 堀山寺의 開祖가 되었다고 한다.

한편 다른 說에 依하면 梵日國師는 品日國師라고도 불리우며 姓은 金氏이며 王族이었다 한다. 母는 支氏로 婦德이 훌륭한 분으로서 손으로 해를 받아보는 꿈을 꾸고 잉태하여 낳은 것이 梵日이라 한다.5)

4) 범일국사 전승설화의 비교

상기 설화의 원문을 살펴본 바와 같이 범일은 실존인물이면서도 신화적 인물로 신봉되고 있음을 알 수 있다. 이는 실존인물 범일의 전기적 사실과 기존에 구비 전승되던 건국신화가 서로 결합된 것으로 보기도 하는데,[6] 17세기경 대관령 산신제가 마을성황신제로 바뀌면서 신격의 중심이 범일국사가 되면서 영웅설화적 면모를 갖춘 것으로 추정하였다.[7]

앞에 게재한 [자료1]은 현재 가장 신빙성을 갖춘 전기(傳記)다. 범일국사와 관련하여 특이점은 (1) 문씨 어머니가 태몽으로 태양을 안는 꿈 (2) 13개월만의 출생 (3) 15세 출가를 부모에게 고한 것 (4) 중국에서 산신·수신·동물의 도움으로 위기에서 빠져나온 것 등이다.

구체적으로 본다면 (1)은 태양과 관련된 태몽으로 고귀한 인물의 탄생을 예시하는 것이며, 동시에 신화적 인물로 승화되는 결정적인 화소이다. 이 부분이 전승설화 검토의 중심이 될 수 있는데, 이것을 태몽형이라고 하겠다. 다음 (2)는 비정상적 출생으로 비범함의 상징화소이다. 이는 영웅설화에서 영웅의 일생담과 유사하다. (3)은 승려로서 뛰어난 행각을 예조하는 것이며, (4)는 영웅신화에 나오는 시련의 극복화소와 다르지 않다. 또한 범일이 기아(棄兒)가 되었을 때 학이 보호해주었다든가, 단실(丹實) 세 개를 입에 넣어주었다는 설화와도 연결될 수 있을 것이다.

그러나 이러한 개연성에도 불구하고 [자료1]은 신비한 화소의 제시 정도에 그치며, 이것이 구체적으로 영웅의 일생이나 한 인물의 신격화에 근접했다고 보기는 어렵다. 그러한 측면에서 [자료2]는 중요한 변화를 보여주고 있다.

『임영지』는 강릉의 전승향토지라는 점에서 주민들의 정서나 가치관,

---

5) 臨瀛誌 增補發刊委員會, 『臨瀛(江陵溟州)誌』, 1975, 259쪽.
6) 김종철, 「범일국사 신화의 형성과정 검토」, 운당 구인환 선생 화갑기념논문집, 1989, 673쪽.
7) 장정룡, 『강릉단오민속여행』, 두산, 1998, 98~99쪽.

전승설화가 반영되었을 가능성이 높다. 『임영지』는 전·후·속지의 세 종류가 있는데, 전지는 만력 말년인 1608년에 나왔고, 후지는 영조 무진년(1748), 속지는 정조 병오년(1786)에 간행되었으며, 이것을 구지(舊誌)라고 이른다.

따라서 구지를 바탕으로 내용은 더 보탠 것이 『증수 임영지』로서 [자료2]의 내용은 구지에 없고, 다만 증수하면서 실은 것이다. 구지에는 없는 범일국사 석증조(釋證條)는 일본인 군수 농택 성이 재임하던 1930년대 무렵에 전승된 내용을 실었을 것으로 추정된다. 그러므로 『조당집』의 범일국사 설화와 상당히 다르게 신화적으로 바뀐 내용이 『증수 임영지』이다.

[자료2]를 구체적으로 살펴보면, (1) 양가처녀, (2) 햇빛이 배를 비추어 잉태, (3) 정상적인 탄생, (4) 얼음에 기아(棄兒), (5) 새들의 보호 (6) 굴산사 창건이다. 따라서 [자료2]는 [자료1]에 비해 신비한 상황을 연출하고 있으며, 신성성을 확보하기 위해, 처녀임신·태양·기아·새의 보호 등을 담고 있다.[8]

[자료3]은 [자료2]에 비해 구체적이고 신비적인 내용으로 나타나는데 (1) 신라 문성왕때 15세 처녀 (2) 물속에 비친 해를 떠서 마심 (3) 10달 만에 정상적인 탄생 (4) 바위아래 기아(棄兒) (5) 학들의 보호 (6) 국사이다. 이 자료는 범일국사의 일생을 보다 설화적으로 채색하고 있는데, 아버지로 상징되는 해를 직접 마셔서 잉태를 하여 국사로 승격된 자료이다.

[자료4]는 [자료3]과 큰 차이가 없으나 (1) 양가처녀 (2) 표주박으로 해를 떠서 마심 (3) 14달 만에 탄생 (4) 학암에 기아 (5) 학의 보호, 단실 세 알을 넣어줌 (6) 4~5세가 될 때까지 말을 못함 (7) 국사가 되고 굴산사를 세움이다. 이 자료에는 14달 만에 탄생, 학이 붉은 열매를

---

8) 장정룡, 「嶺東地方 人物神話의 內容的 考察」, 『中央民俗學』3호, 중앙대민속학연구소, 1991, 255쪽.

아기에게 먹여주었다는 것과 굴산사를 세웠다는 내용이 보태어졌다.

[자료5]는 [자료4]의 태양계 구전설화와 [자료1]의 전기적 기록설화를 한데 모아놓은 것이다. 다만 범일이 국사가 된 것이나 굴산사를 세웠다는 내용은 차이점을 보이고 있다. 이것은 범일의 탄생지이고, 그가 개창한 사굴산파의 중심인 굴산사가 위치한 명주 지역의 역사적인 위상과도 일정한 연관성이 있음을 주목할 필요가 있다.

『삼국유사』 혜공왕조를 보면 이때는 중대(中代)에서 하대(下代)로 넘어가는 분기점으로 빈번한 반란이 있었으며 정권교체가 이루어졌다. 혜공왕이 죽고 선덕왕이 왕위에 올랐는데, 그는 무열왕계가 아니고 내물왕 10세손이었다. 선덕왕이 후사가 없이 죽자 신하들이 김주원(金周元) 공을 세우려 했으나 알천의 냇물이 불어 주원이 입성하지 못하는 바람에 김경신(金敬信, 원성왕)을 왕으로 세우게 된다.[9]

『삼국유사』에는 이 일로 김주원 공이 명주로 물러와 살았다고 하였으나[10] 알천의 물이 불어서 등극하지 못하고 왕위가 바뀐 사실은 무열왕계와 내물왕계의 갈등으로 보인다. 실제로 김주원 공은 무열왕계로서 무열왕 6세손이며, 김경신은 내물왕의 12세손이었다. 따라서 두 계파간의 집권에 대한 갈등을 추측할 수 있다.

정의태후(貞懿太后)는 김주원 공을 왕으로 옹립했는데, 그는 내물왕계인 선덕왕의 모후지만 무열왕계인 성덕왕의 딸이었다. 따라서 무열왕계를 왕으로 밀었을 가능성이 높다. 하지만 김경신은 김양상과 함께 실질적으로 혜공왕을 밀어낸 실력자로 그의 왕위 등극은 당시의 역학구조를 감지하게 된다.

한편, 왕위에 오른 김경신(金敬信)은 원성왕(元聖王, 785~798재위)이 되어 김주원의 무열왕계를 위무하는 조처를 취하여 김주원을 명주군왕으로 봉했으며, 김주원 공의 아들 종기가 원성왕 6년 시중에 임명

---

9) 『三國史記』新羅本紀 第10, 원성왕조 참조.
10) 『三國遺事』紀異 卷2, 원성대왕조.

되고, 애장왕 8년에는 김주원의 둘째 이찬 김헌창을 시중으로 임명하였다. 이후 김헌창은 헌덕왕 5년에 무진주 도독이 되었고, 6년에 시중, 8년에는 청주도독, 13년에는 웅천주 도독으로 임명되었으나, 14년(822)에는 헌창이 반란을 일으켰는데, "아버지 주원이 왕이 되지 못했다는 이유로 반란을 일으켰다. 국호를 장안(長安)이라하고 연호를 경운(慶雲) 원년이라 했다."[11] 그러나 반란은 실패하고 이후 헌덕왕 17년(825)에는 헌덕의 아들 범문(梵文)이 고달산적 수신(壽神) 등 백 여명과 함께 반역을 꾀했다고 하였다.[12]

이러한 내용으로 보면 명주군왕 김주원 공이 군림하고 있는 명주지역과 중앙은 세력적으로 대립의 위치에 놓였으며, 김주원의 무열왕계는 상당한 영향력을 행사했을 것으로 판단된다. 그러한 것은 김주원 공의 장자 종기(宗基)를 명주군왕으로 습봉했고, 종기의 아들 정여(貞茹)는 상대등이 되고 명원공(溟源公)으로 봉해졌다는 사실로도 확인된다. 그러므로 경주와 강릉의 두 세력은 화전(和戰)을 병행했던 것으로 보이는데, 이 점이 범일국사가 강릉의 중심적인 인물로 부각되고 결국 그의 신화적 형상화에 기여했을 것으로 생각된다.

그것은 김주원 공과 범일과의 관계라고 하겠는데 김주원의 손자가 범문이었고 범일의 조부 김술원이 명주도독이었으므로 같은 항렬의 친족이라고 볼 수 있다. 그러므로 범일이 당나라에서 돌아와 백달산에 있을 때 당시 명주도독이었던 김공의 청으로 굴산사에 주석했다는 사실이 주목된다. 삼국유사에는 굴산사를 범일이 창건했다고 했으며, [자료4]와 [자료5]에도 그와 내용이 같으므로, 명주 도독 김공이 굴산사의 단월(檀越)로서 범일을 주지로 초치한 것으로 보인다.[13]

명주도독이 범일을 굴산사로 초치한 것은 그가 선승으로 육조해능,

---

11) 『三國史記』新羅本紀 제10, 헌덕왕조.
12) 『三國史記』新羅本紀, 권10, 헌덕왕조.
13) 方東仁, 「굴산사에 대한 연구와 전망」, 『臨瀛文化』9집, 강릉문화원, 1985, 16쪽.

마조도일, 염관제안의 법을 이은 고승이었다는 점이 크게 작용했을 것으로 보이나, 실질적으로 명주지역을 관장한 김주원계의 필요에 의한 것으로 추측된다. 신라 하대에 이르러 성립되는 선종구산파는 그 창시자들이 비진골계인 육두품 이하의 신분이었고, 그 사회적 기반이 왕실이나 중앙귀족이 아닌 지방 세력이었으므로 선종과 지역 기반세력의 접합점이 형성된 것으로 분석된다.

따라서 범일을 중심으로 중앙세력에 대립적 관계이었던 지방세력은 선종을 중심으로 뭉칠 수 있었던 것으로 보인다. 범일이 굴산사에 머물면서 낙산사와 두타사를 중창한 일은 세력권 확장의 일환으로 보인다. 신라 하대 빈번했던 왕위쟁탈과 화엄으로 대표되는 교종의 한계 속에 지방세력의 할거와 선종의 등장이라는 등식이 범일의 위상과도 관계가 있다. 결국 범일은 굴산사를 중심으로 사굴산파를 형성했으며 토착세력에 의해 정신적인 중심위치로 부각되었을 것이다.

이후 사굴산파는 영동권 중심으로 명주 지역에서 기반을 닦았는데, 사굴산파의 2대조인 낭원국사 개청이 보현산지장선원(普賢山地藏禪院)에 주석했을 때 단월은 당시 지명주군주사(知溟州軍主事) 김순식(金順式)이었다. 보현산지장선원은 명주의 호족 알찬(閼湌) 흠풍(欽風) 등에 의해 창건되었고, 낭원국사 개청의 탑비인 오진탑비는 강릉시 성산면 보광리 보현사 입구에 있으며, 국보 제317호로 지정되었다.

이 금석문은 고려 태조 23년(940)에 당시 명필인 구족달(具足達)이 썼는데, "열심히 참수하고 있는데, 홀연히 한 노인이 우러러 바라보는 사이에 변하여 선객이 찬연히 옥빛을 발하고 밝게 흰 머리를 드리웠다. 대사에게 이르되, '스님은 마땅히 빨리 이 길의 끝까지 가서 먼저 굴령을 찾으시오. 거기에는 시대를 타고 출세한 도인이 있으니, 그는 신인이며 능가보월의 마음을 깨달았고, 인도 제천의 종성을 모두 통달하였소'라고 하였다. 대사는 불원천리하여 가서 오대산에 이르러 통효

대사를 알현했다. 통효대사는 말하기를 '왜 그렇게 늦게 왔는가. 너를 기다림이 오래되었다'하고 인하여 뜰에서 추창하는 모습을 보시고는 문득 입시케 하였다. 마음으로 깊이 법을 구하고 예로 스승을 섬김이 지극하였으며, 한 번 도가 깃든 나무 곁에 머무르자 거의 계명의 차례를 뛰어 넘었다."

이것은 화엄종을 공부하던 낭원국사 개청스님이 참선을 하고 있을 때 한 노인이 나타난 굴령에 있던 범일을 찾아가 참문하라는 내용으로 여기에 나오는 굴령은 대관령이다.[14] 이것은 오늘날 대관령 국사성황신이 범일국사로 지칭되는 근거가 되기도 하며, 이 지역의 선종계보가 범일에서 낭원으로 이어지는 실상을 말해주는 내용이다.

신라 말 명주장군이었던 김순식은 범일과 연계된 인물로서 그 스스로 독립된 군사를 거느려 지역에서 상당한 권한을 행사하였던 것으로 보인다. 그가 왕건을 도와 고려왕조의 개국에 기여를 했다는 점에서 왕건이 성을 주어 왕순식으로 바뀌게 되었으므로, 나말여초 명주지역에서 범일의 위치와 그 후계세력은 확고한 위치를 찾게 되었다는 것이다.

김순식은 명주장군으로서 고려 태조에게 항복한 것은 신라 경명왕 6년(922)이었는데, 범일의 제자였으며, 사굴산파의 2대조인 낭원국사 개청의 단월이었다. 이런 면에서 신라 말기 정치적 상황에서 명주 지역을 장악했던 김주원 계로서는 지역에 설득력이 있는 인물로 각인된 범일의 신격화가 필요했을 것으로 추측된다.

명주지역에서 병사를 2만 명이나 동원할 수 있는 능력을 가진 김순식이 대관령의 승사(僧祠)에서 제사를 지내고 기도한 것은 출병한 병사들에게 범일의 존재를 부각시키고 단합을 꾀한 것일 수 있다.

그것은 범일과 김순식이 김주원 계라는 관계를 확증해주는 행동일 수 있기 때문이며, 나아가 왕건에게 명주의 세력동향을 암시해 주는 것이다. 그것은 다음의 왕건과 김순식의 대화에서도 잘 나타나고 있다.

---

14) 장정룡, 『대관령문화사』, 동해안발전연구회, 1996, 6쪽.

태조가 신검을 토벌할 때 순식이 명주로부터 그 군사를 거느리고 회전하여 이를 격파하니 태조가 순식에게 말하기를 "짐이 꿈에 기이한 스님이 갑사(甲士) 3천 명을 거느리고 온 것을 보았는데, 이튿날 경이 병사를 거느리고 와서 도우니 이는 그 꿈의 보응인가 하오." 순식이 말하기를 "신이 명주에서 군사를 데리고 출병하여 대관령에 이르렀더니 이상한 승사(僧祠)가 있어 제를 올리고 기원했습니다. 주상께서 꿈을 꾸신 것은 반드시 이것일 것입니다." 태조가 기이하게 여겼다.[15]

명주장군 김순식이 고려통일의 마지막 전투인 일리천(一利天) 전투에 출병하였고, 그곳으로 가는 도중에 대관령에 있는 승사(僧祠)에서 제사를 지낸 '설제이도'(設祭以禱)의 기록은 당시 명주 지역의 세력있는 승려가 그 대상이었음을 알 수 있다.

대관령산신당. 조선시대 허균 선생의 기록에 의하면, 신라장군 김유신이 사후에 대관령 산신이 되었으며 매년 단오날에 김유신 장군을 모시고 단오제를 연다고 하였다.

15) 『高麗史』列傳 권5, 왕순식조.

『중수 임영지』에 "대관산신 탑산기에 의하면 왕순식이 고려 태조를 따라서 남쪽을 정벌할 때 꿈에 승속 두 신이 병사를 이끌고 와서 구해 주었다. 꿈에서 깨어보니 싸움에 이겼으므로 대관령에 사우를 지어 제사를 올린다"[16]고 하였다.

임동권 교수는 주민들의 말을 인용하여 승려는 범일국사, 속인은 김유신 장군으로 언급하였다.[17] 따라서 나말여초 명주지역의 정치적 판도는 범일과 김유신의 두 세력이 상존했음을 알 수 있으며, 조선조 후기에 범일이 국사성황신으로 신격화 된 것은 세력의 균형이 지역 인물 쪽으로 기울었음을 말해 준다. 대관령에 모셨던 승려의 존재에 대한 의문은 명쾌하게 해결되지 못했다 해도 범일이 그 주인공일 수 있다는 개연성은 강하다고 하겠다.

후대의 기록이지만 허균이 35세인 1603년 대관령 산신제를 보고난 후 쓴 글이 그의 문집 『성소부부고』대령산신찬병서에 실려 있는데, 산신을 김유신 장군으로 분명하게 기록하였다. 그러나 허균의 기록에서 김유신이 산신에게 검술을 배웠다고 하였으므로 그 이전에도 대관령에는 산신이 존재했었음을 알 수 있다. 조선조 후기 강릉단오제의 중심 신격은 대관령의 산신이 된 김유신 장군이 분명하다. 그러나 오늘날 강릉단오제의 중심신격은 범일이므로, 허균이 강릉단오제 신격에 대해 언급한 17세기 이후에 범일이 강릉단오제의 중심신격이 되었다고 볼 수 있을 것이다.

설화 상으로 나타나듯이 범일은 강릉시 구정면 학산리에서 터를 잡은 사굴산파의 개조에서 명주지역의 정신적 지주가 되었음을 알 수 있다. 이에 따라서 범일은 지역의 중심적인 인물로 신격화되어 대관령국사성황신이 된 것은 정치적, 사회적인 복합요인이 작용되었을 것이며,

---

16) 『增修 臨瀛誌』壇廟條 "大關山神塔山記載 王順式從高麗太祖南征時 夢僧俗二神 率兵來救 覺而戰捷 故祀于大關 至于致祭(此與高麗史所記 不同)"
17) 任東權, 『江陵端午祭』, 重要無形文化財指定資料, 文化財管理局, 1966, 16쪽.

내부적으로 범일을 중심으로 구심체를 형성하고자 했던 지방토호세력의 영향력으로 추측된다. 지금까지 논의한 범일설화의 차이점을 도표로 제시하면 다음과 같다.

	자료1 (998년)	자료2 (1933년)	자료3 (1957년)	자료4 (1961년)	자료5 (1975년)
①출생시기	신라	신라	신라문성왕때	신라	신라
②부모	김씨(부)문씨(모)	태양 양가처녀	태양 15세 처녀	태양 양가처녀	태양 양가처녀
③탄생	13달	10달	10달	14달	14달
④기아	없음	없음	있음	있음	있음
⑤조류보호	없음	있음	있음	있음	있음
⑥국사지위	있음	없음	있음	있음	있음
⑦굴산사창건	없음	있음	없음	있음	있음

상기 전승자료를 참고로 살펴보면, 범일국사의 출생 시기는 신라 때로 동일하나 부모의 경우 [자료1]을 제외하고는 양가처녀와 해가 부모로 등장하여 고대신화의 유형인 태양계 신화의 면모를 보여주고 있으므로, 전승과정에서 실질적인 설화상의 화소 변화가 이루어졌음을 알수 있다.

다음은 범일국사의 탄생 중 [자료1]에서는 비범성의 화소가 [자료4] [자료5]에서 계승되어 13달만의 출생이 14달 출생으로 확대 과장되었으며, 영웅의 일대기에서 흔히 드러나는 기아상황(棄兒狀況)의 경우 [자료3]에서부터 보태진 것으로 판단된다. 또한 학의 보호 경우에 [자료2]부터 보태져 지속되고 있고, 국사지위 승격은 [자료2]에서만 빠졌다. 굴산사 창건은 [자료1]과 [자료3]에 언급되지 않고 나머지 자료에는 들어 있으므로 설화전개상 누락으로 보인다. 따라서 현재 전승되는 자료를 통해서 확인되는 사항은 범일국사의 신화적 인물형상화는 1930년대 자료에서부터라고 하겠다.

또한 상기 도표 ①에서 ②까지는 범일국사의 신화적 형상화이며 ⑥
과 ⑦은 추앙받는 승려의 행적과 관련된 화소라고 하겠다. 따라서 범
일국사에 관하여 기록된 자료들은 실존인물의 일대기 및 신성인물의
형상화가 뒤섞여 나타나고 있으며, 신성한 인물로 부각시키기 위해서
전승과정에서 고대 태양신화 화소와 영웅의 일생화소가 첨가된 것임을
알 수 있다.

5) 맺음말

우리나라 대표적인 향토민속축제인 강릉단오제는 국가지정 무형문화
재 13호로 지정되었다. 그것은 축제의 원형이 잘 보존되고 있다는 말
로도 이해될 수 있는데, 중심적 내용은 대관령국사성황제의라고 하겠
다. 따라서 현재 대관령국사성황신으로 전승되고 있는 범일국사에 대한
문헌들을 한데 모아 차이점을 살펴보았다.

강릉시 구정면 학산리 태생의 범일국사에 대해서는 현지에서 다양한
구전자료가 전해지고 있는 것으로 파악하고 있으나 대체적으로 문헌자
료를 기초로 한 것이 대부분이다. 그러므로 범일국사 인물설화에 대한
총체적인 분석이 요망되었다. 이 글은 여러 자료들에 나타난 설화상의
변이요소들을 상호 비교하여 어떻게 그가 신화적 인물로 바뀌어 왔는
가를 살펴보았다.

첫째, 범일국사는 신라 때 당나라까지 알려진 고승으로서 명주지역
에 굴산사를 창건한 인물이다. 따라서 지역의 정치적, 사회적 영향 하
에 국사성황신격으로 부각되었을 것으로 보인다. 둘째, 범일국사의 신
비한 탄생설화와 신격화는 1930년대 무렵의 자료에서 확대되었음을 확
인할 수 있었다. 특히 범일의 아버지가 태양으로 설정된 것이나 어머
니가 처녀인 것은 신성적 신화소의 원형과 근접되어 있으며, 기아적(棄

兒的) 상황과 조류의 보호도 영웅적 인물형상화 유형과 다르지 않다. 그러나 이러한 변이양상은 자료로 볼 때 조선조 후기에 발생되었을 것으로 추정된다.

셋째, 나말여초에 범일 및 김유신이 지역의 신격이 되었을 것으로 추정된다. 김유신이 산신으로 확고한 위치였으나 범일은 선종과 교종의 교체 및 김주원 계의 세력상실 등으로 중심신격이 되지 못했던 것으로 보인다. 따라서 허균의 기록으로 판단할 때, 범일은 조선조 후기인 18세기 후반 무렵에 강릉의 중심신격인 성황신으로 좌정했을 것으로 판단된다.

넷째, 범일국사의 설화는 비교적 고형인 태양계 신화와 영웅의 일생 설화를 차용하여 신격화했던 것으로 보이며, 지금의 단오제 절차로 행해지는 대관령국사성황신인 범일과 국사여성황신인 정씨가녀의 혼배는 신화적 문맥으로 전승된 것으로 볼 수 있다.

다섯째, 범일국사의 탄생신화가 갖는 의미는 그가 존경받는 지역출신으로 정신적 구심점으로 등장되면서 단오제의 중심신격으로 좌정하게 되었으며, 이것은 지역문화사의 필연성이 개재된 것으로 판단된다.

대관령 국사성황신

대관령 국사여성황신

2. 강릉단오제 여성황 설화분석[18]

1) 머리말

강릉단오제는 국내 최고(最古), 최대(最大), 최상(最上)의 수릿날 축제로서 1967년에 국가지정 무형문화재 13호로 지정되었고, 2005년에는 인류구전 및 무형문화유산으로 유네스코에 등재되었다. 이로써 강릉단오제는 세계의 축제로 부각되었다. 그러므로 세계인이 함께하는 국제적인 규모의 축제로서 다양한 노력이 뒤따르고 있음은 고무적이다.

유네스코에서는 강릉단오제의 구술전승을 중시하고 원형보존에 초점을 맞추고 있다. 주지하듯이 강릉단오제의 근간설화(根幹說話)는 대관령국사성황신과 여성황신 이야기다.

즉 나말여초(羅末麗初)의 고승인 범일국사(梵日國師)와 조선시대 정씨가(鄭氏家)의 딸이 성황신부부가 되었다는 신화가 전승되며 유교식 제례와 무속굿, 관노가면극 등을 통해 두 신을 '영신(迎神)-오신(娛神)-송신(送神)'하는 행사가 강릉단오제의 중핵(中核)이라 할 수 있다.

범일국사 신화는 후대에 이르러 태양계 신화로 바뀌는 등 비교적 고형을 유지하고 있는데 반하여, 국사여성황신인 정씨 여신이야기는 구술 내용과 상징성 등이 불명확하고, 이야기 전승상황에 대해서도 집중적 논의가 부족했다고 볼 수 있다.

따라서 강릉단오제의 중심 신격이며 대관령국사여성황신으로 좌정한 정씨가의 딸 신화를 집중 분석하고자 하며, 아울러 대성황당에 봉안된 여신과 동해안의 여신 등을 함께 논의하여 강릉지역 여성신격의 위상과 신화소(神話素) 등을 밝히고자 한다.

---

18) 이것은 『臨瀛文化』30집(강릉문화원, 2006)에 수록된 필자원고를 수정·보완한 것이다.

2) 강릉여성신격의 신화적 위상

(1) 대성황사의 여신

강릉의 향토지인 『증수 임영지』권2에 의하면 강릉의 대성황사(大城隍祠)에는 여성신격으로 초당리부인지신, 성황당덕자모왕지신(城隍堂德慈母王之神), 강문개성부인지신(江門開城夫人之神) 등 3신격이 들어있으며 그밖에 성황각위, 성황지신(城隍之神), 송악지신(松嶽之神), 태백대천왕신(太白大天王神), 남산당제형태상지신(南山堂帝形太上之神), 신라김유신지신(新羅金庾信之神), 감악산대왕지신(紺嶽山大王之神), 신당성황지신(神堂城隍之神), 신라장군지신(新羅將軍之神) 등 12명의 신위를 모셨다고 하는데, 1895년 갑오경장이후 흙 속에 묻혔다고 한다.[19]

임동권 교수의 『강릉단오제 중요무형문화지정자료』에 의하면 일제초기까지 강릉 임영관 부근에 잔존되어있던 여러 칸의 대성황사가 없어지고 그 자리에 측후소가 들어섰다. 현재 한국방송공사 강릉방송국이 들어서 있는 이곳은 원래부터 강릉의 여러 성황신을 모신 제당으로 대관령국사성황신도 이곳에 모서놓고 제사를 지냈다고 한다.

이 지정자료에는 12신 가운데 성황당덕자모왕지신, 초당리부인지신, 서산송계부인지신(西山松桂夫人之神), 연화부인지신(蓮花夫人之神) 등 네 신격이 들어가 있으며 이밖에 송악산지신, 태백대왕신, 당산당제형태상지신, 감악산대왕지신, 신무당성황신(神武堂城隍神), 김유신지신, 이

---

[19] 瀧澤 誠, 『增修 臨瀛誌』江陵古蹟保存會, 1933. "농택 성(다까사와 마꼬도)은 1931년부터 1935년까지 강릉군수를 역임하였다. 그의 업적은 첫째 향교재산으로 오봉·송담서원·유천영당의 제향비를 보조하여 지속시켰으며, 둘째 강릉부사를 역임한 우복 정경세(1613~1615재임)의 흥학비를 향교내에 재건립했고, 셋째 임영지와 향교실기를 편집하였고, 넷째 흉년에 군민을 위해 노력했고, 다섯째 강릉고적보존회를 창건했다. 이밖에 율곡 선생은 흠모하여 외지인에게 전매될 위기의 오죽헌을 고적보존회 명의로 은행보증을 세우고 채무를 분할상환하였고, 율곡선생의 격몽요결 일본어판을 발간하였으며 신사임당의 친필 목각판을 복각보존하였다." 장정룡, 「일제강점기 강릉고적보존회 역할과 고전출판」, 『2005 시사포럼자료집』, 강원발전연구원, 2005. 579~585쪽 참조

사부지신, 범일국사지신 등으로 기록하였다. 성황당덕자모왕지신, 서산 송계부인지신은 여성무속신으로 개성지역과 관련 있는 신들이다. 이들 여신은 초당리부인과 함께 이주형신격이라고 볼 수 있다. 따라서 강릉 의 토착여성의 신격화는 연화부인신이 유일하다고 볼 수 있다.

① 연화부인신

연화부인은 신라 때 강릉에 살았던 강릉박씨이며 월화정(月花亭)은 이 분과 관련된 유적지다. 강릉 김씨 시조로서 명주군왕이 된 김주원 (金周元) 공의 어머니로 알려져 있다. 연화부인은 『고려사』에 전하는 명주가 배경설화의 주인공으로 그와 관련된 이어척소(鯉魚尺素) 설화 는 아름다운 만남으로 전한다.[20] 신라 왕족 김주원 공의 강릉이주 문 제와 함께 강릉출신 연화부인과 경주의 서생 김무월랑의 결연(結緣)에 대한 다양한 형태의 설화가 전한다.

연화부인을 중심으로 한 설화와 가요는 신라 때를 배경으로 하고 있 으며, 잉어로 인해 다시 만나게 되는 상징성이 농후하여 다양한 문화 적 분석이 필요하다. 연화부인설화는 조선 중기 강릉출신 문인 교산 허균의 문집 『성소부부고(惺所覆瓿藁)』에 수록된 별연사 고적기가 가 장 자세하다.

허균의 기록(1596년)에 의해 설화 속 남자 이름은 무월랑, 여자는 명주의 처녀로 알려졌다. 이것이 1930년대 『증수 임영지』에 이르러 연 화부인의 성이 박씨로 나타난다. 또한 김무월랑이 왕의 아우이며, 휘는 유정, 벼슬은 시중으로 유후관으로 명주에 왔다가 연화부인을 만난 것 으로 허균에 의해 밝혀졌다. 이후 『강릉김씨파보』와 『명원산고(溟源散 稿)』 등 자료에 이 내용이 구체적으로 언급되었다.[21] 연화부인이 살았

---

20) 『高麗史』 卷71, 第卷25, 樂2, 溟州.

21) 강릉김씨와 관련된 책자는 강릉김씨파보나 세보, 족보이외에 김봉기에 의해 1917년에 출간된 『溟源寶鑑』과 1937년에 나온 『溟源世紀』가 있다. 이 두 책은 강릉김씨사료

던 양어지의 잉어전서 고사는 중국 고악부 <음마장성굴행(飮馬長城窟行)>과 유사한 것으로 파악되는데, 이와 같이 신이한 형태로 전승되는 것은 안자산이 『조광』7월호(1939)에서 말한 것처럼 '신비적 소설로 된 것'임을 알 수 있다.[22]

경주의 무월랑에게 잉어가 연화부인 편지를 전했다는 것은 실제 편지를 상징적으로 말한 것이다. 쌍 잉어는 편지를 봉할 때 쌍 잉어 모양으로 접어서 매었다하여 유래한 것이다. 그러므로 전승되는 설화에 나오는 표현으로 잉어의 배를 갈랐다는 '부이어(剖鯉魚)'나 잉어를 삶았다는 '팽이어(烹鯉魚)'는 편지를 뜯어본다는 뜻이다.

'척소서(尺素書)'는 한 자 되는 긴 사연의 편지라는 뜻으로, 잉어에게 전한 편지는 비단에 쓴 것이므로 이와 같이 표현한 것이다. 연화부인은 무월랑과의 약속을 지킨 열녀로서 강릉 12신의 한 분으로 신봉되었다. 강릉과 경주의 결연, 경주 왕족과 강릉 호족, 즉 김무월랑과 박연화부인 설화는 신화로 승격되었으며 그 이면에는 정치적·사회적 상징성을 내포한 것으로 파악된다.

김무월랑과 연화부인의 만남에 결정적 역할을 담당한 잉어는 실제 시로 편지를 전한 것임을 알 수 있고, 이것이 설화로 가공되면서 실제의 일로 이야기를 만든 것이다.[23] 명주군왕의 부모인 두 사람의 신비한 만남의 설화는 김주원 공의 위상과도 연관 있을 것으로 생각된다. 연화부인은 사후에 대성황사에 모셔진 강릉의 12신 가운데 한 분으로 추앙되었다.

로 높은 가치를 지니는데, 金澤卿에 의해 1962년에 출간된 『명원산고』는 이 두 책에 누락된 자료를 보완하고 앞의 사료를 재수록하여 계승하고 있는 자료로 가치가 높다. 특히 명주군왕과 매월당에 대한 사적복원 등 관련사실을 수집정리하여 편집한 것으로 강릉김씨대종회사업으로 가치를 지닌다.

22) 張正龍, 「溟州歌 背景說話硏究」, 『玄山 金鍾塤博士 華甲紀念論文集』, 集文堂, 1991, 754쪽.
23) 장정룡, 「강릉 연화부인설화 고찰」, 『說話와 歷史』, 집문당, 2000, 345쪽.

② 초당리부인신

초당리부인은 1920년대인 일제강점기까지 강릉에 있던 대성황사에 모신 12명의 신 가운데 한 분이다. 초당리부인은 원래 충청도 출신으로 강릉 초당지역에 시집와서 최초로 벼농사 짓는 방법을 주민들에게 알려준 인물이므로 지역에서는 그의 업적을 기려서 신격화한 것으로 알려져 있다.[24]

강릉의 향토지인 『임영지』권2에 의하면 강릉대성황사에 초당리부인신이 들어 있고, 일제강점기하 조선총독부의 조사기록[25] 1966년 『강릉단오제 중요무형문화지정자료』에도 들어있어 중요한 신격으로 판단된다. 강릉 임영관 부근 여러 칸의 대성황사가 없어지고 일제강점기에 신사가 들어서고 후에 측후소가 들어서는 등 유적은 훼손되고 말았다.

강릉시에서는 전통문화시범도시 사업의 일환으로 2006년에 임영관을 복원하였는데 차제에 대성황사를 복원하는 것도 의미가 클 것이다. 대성황사가 복원되면 임영관 강릉관아유적과 함께 강릉지역 민간신앙의 핵심공간으로 자리 잡게 될 것이다.

다른 기록에는 성황신이 빠지고 사직신인 부사지신(府社之神), 부직지신(府稷之神)을 모셨다고도 하는데, 이와 같이 기록과 구전으로 전하는 여러 기록에도 초당리부인지신(草堂里夫人之神)은 빠지지 않는다.

이러한 예를 볼 때 강릉지역 성황신 가운데 여성신격은 강릉김씨 시조인 김주원 공의 어머니인 연화부인 박씨, 강문의 개성부인과 함께 지역의 초당리 부인신격은 중요한 치제 대상이 되었음을 간접적으로 알 수 있다. 신앙적 배경으로 볼 때 초당리부인은 우리의 농경문화에서 잉태한 지모신(地母神) 계열로서[26] 강릉지역에서는 도작(稻作)의

---

24) 金善豊, 『韓國詩歌의 民俗學的 研究』, 형설출판사, 1977, 39쪽.
25) 善生永助, 『生活狀態調査 (其三) 江陵郡』 조사자료 제32집, 조선총독부, 1931, 279쪽.
26) 金京南, 「江陵端午祭 諸神硏究」, 『江原民俗學』16집, 강원도민속학회, 2002, 32~51 쪽에는 대성황사의 신을 山神系, 地母神系, 將軍神系, 城隍神系로 나누었으며, 초당

생산력을 상징한 곡신(穀神)으로 추앙된 것으로 파악된다.

(2) 동해안의 여신

① 주문진 진이여신

조선시대 주문진에 살았던 진이라는 여성이 억울하게 죽었으나 마을을 지키는 성황신이 되어 해원한 설화이다. 주문진에는 진이성황당이 있는데 이곳에는 우복 정경세 강릉부사 내외와 진이 그리고 그녀가 낳은 아들의 화상이 그려져 있다. 이것은 마을에 전해오는 설화를 근거로 작성된 것인데, 억울하게 죽은 진이를 위해 정부사가 성황당을 짓게 해준 은덕을 기린 것으로 볼 수 있다.

강릉시 주문진읍 진이성황제. 화상의 중앙에는 조선 광해군시대 강릉부사를 역임한 우복 정경세가 모셔져 있다.

리 부인신을 지모신계로 넣었다.

진이 설화는 김선풍 교수에 의해 1975년 12월 24일 주문6리에 사는 하수조(남.65)씨로부터 처음 조사되었다. 이후 장정룡은 1990년 10월 10일 주문진읍 교항리 박월몽(남.58)으로부터 이와 유사한 내용을 수집하였다. 전자는 진이를 '진이(眞伊)'로 후자는 '진녀(津女)'로 조사하였다. 주문진 진이성황당에는 연곡면 퇴곡리에 있는 우복사(愚伏祠)가 고종 때 철폐되자 후에 주문진 주민들은 우복 정경세 강릉부사 내외의 화상을 모시고 있으며 지금도 매년 제사를 지내고 있다.

설화 내용은 다음과 같다. 조선시대 연곡현감이 미색을 좋아하여 해초를 뜯는 진이를 보고 불렀으나 불응하였다. 현감이 진이의 부친을 괴롭히자 부친은 진이를 삭발한 후 뒷방에 가두었다. 얼마 후 진이는 아기를 낳고 자살을 하였는데 어민들이 풍파피해를 입자 흉조라며 진이의 원혼을 달래기로 하였다. 포구에서 아낙네들이 쌀을 모아 제단을 만들었는데 정우복 강릉부사가 초도순시 차 주문진에 와서 보고 성황당을 짓게 하였다. 50년 전에 우복 정경세의 사당을 현재의 여성황당으로 옮겼다.

이 설화는 관탈민녀형(官奪民女形) 설화의 전형으로 연곡현감의 폭행에 맞선 진이의 죽음은 결국 마을의 흉조와 연관되고 이를 해결한 정우복 부사의 현명한 처결로 마을을 지키는 신으로 믿게 된 해원(解冤)풀이라 하겠다.

정우복 부사는 1613년 강릉부사로 재임 시 선정을 베풀어 흥학비(興學碑)가 세워진 인물이다.[27] 그는 학문을 장려하고 정사를 조화롭

---

27) 鄭碩鎭 編, 『愚伏先生略傳』필사본, 1977, 18쪽 "光海五年(1613) 三月에 강릉부사에 제수되어 四月에 부임하셨다. 선생이 敎化로 治政함에 군민이 즐겁게 따랐다. 이 고을 士族家도 違禮敗俗하는 일이 비일비재여서 예문에 의거하여 모두 고치게 하였다. 이렇게 文風이 大振하게 된 이 고을 사람들이 선생의 공덕을 잊을 길 없어 뒤에 향교 홍문 안에 勸學興敎碑를 세우고 연곡면 퇴천리에 선생을 봉안한 退谷書院을 세웠다. 이제 그 비문을 보면 '선생이 계축년 봄에 우리 고을에 부임 그 행정에 풍속을 교정하는 일을 선무로 하시고 곧 모든 士子를 초치하사 婚과 喪은 예 중에도 중대한 것인데 이곳은 文獻之邦이면서 혹 違禮하는 節目이 있음은 심히 부끄러운 일인 것

게 돌보며 보살펴, 순조 계미년인 1823년에 주민들이 우복사(愚伏祠)를 퇴곡리에 세웠다고 한다.[28] 주문진 어민들에게 여성황신은 자신들을 험한 바다로부터 지켜주는 수호신과 같은 존재이다. 그러므로 주문진 진이는 억울한 죽음을 뛰어넘는 신화적 환생을 통해 어민들의 불굴의 정신사를 강조한 것으로 볼 수 있다.

② 강문동 여신과 동제

강릉시청사에서 동쪽으로 4㎞정도 경포호수로 나가면 '진또배기마을'이라고 쓰여진 팻말이 보인다. 초당마을과 경포호수 사이에 있는 강문마을은 횟집들이 바다 쪽으로 이어져 있다. 강릉의 동해안 관문으로 강과 바다의 출입구인 이곳은 약 천년 전에 형성되었다고 한다. 신라 성덕왕 때 강릉태수로 오던 순정공의 처 수로부인도 이 길로 강릉을 찾았고, 고려사에 전하는 명주가의 주인공인 연화부인 박씨의 편지를 물고 경주로 가서 김무월랑에게 전달한 그 잉어도 강문포구로 빠져나갔다.

이렇게 강문의 지형은 동해바다와 남대천, 경포호수를 둘러싸고 허균의 시혼이 살아있는 초당마을과 맞물려 있다. 아름다운 동해안의 작은 포구인 강문마을의 역사는 오래 전부터 시작되었다. 일제강점기의 기록에 강문도의 기우제를 적었다. 오랫동안 가물면 강문, 안목, 안인 등 바닷가에서는 경포해수욕장 건너편에 있는 가래바위에서 기우제를 지냈는데 가래바위가 놀면, 즉 바위가 움직이는 것처럼 보이면 틀림없이 비가 온다는 것이다. 필자의 조사일시와 제보자는 다음과 같다.

이라 하시고 二三士子와 더불어 敎諭의 방책을 설정하고 효경 소학을 힘써 가르치며 미진한 몇 개 조목을 評定하니 一鄕 婚喪의 그릇된 일들이 거의 歸正하여 민속이 돈후하고 예교가 大備하니 선생의 주심이 크도다. 우리 고을 士子 있음은 오래로되 敎授하는 方途 오히려 진흥치 못하였더니 다행히 선생을 힘입어 오늘이 있게 되었으니 그 어찌 선생의 권학흥교의 뜻을 감히 잊으리오 庸(어리석은 나)은 감히 誌하노라 선생의 諱는 經世요 字는 景任이요 그 號는 愚伏이니 晋陽人이시다. 務功郎前行恭陵參奉 金志顔 謹書 通訓大夫前行江西縣令 李尙馥 謹撰"

28) 瀧澤 誠, 『增修 臨瀛誌』, 名宦條, 江陵古蹟保存會, 1933.

□ 조사일시: 2005년 2월 22일 오후 4시부터 23일 오전2시
□ 제보자: 홍정호 어촌계장(52), 4통 통장 한명용(56), 5통 통장 김
영민(61), 집사 손재복(67), 도가 김윤기(68), 동민 김기호(72) 외

강릉시 강문동 여성황제 여신화상과 제물 모습. 반드시 우랑과 사
족을 쓴다.

동제가 행해지는 강릉시 강문동은 현재 초당동에 편입되어 있으며 4
통과 5통에 약 190여세대가 거주하고 있다. 동제는 5통 86세대 가운데
어촌계원으로 등록된 33명이 매년 집행하고 있다. 강문동은 진또배기

마을로 널리 알려져 있고 인근의 초당 허균·허난설헌 유적지와 경포대, 선교장 등 인근의 아름다운 정자와 함께 강릉의 문화벨트권역에 속한다. 특히 진또배기는 마을의 상징물로 강문교를 비롯하여 곳곳에 진또배기 오리형상물이 설치되어 있고 여름철 해수욕장과 횟집거리로 유명세를 타고 있다.

제당의 명칭은 강문여성황당, 진또배기골맥이성황, 남성황당이라 부르며 세 군데에 있다. 정월대보름에는 춘계예축제, 8월 보름에는 추수제라 하여 여성황당과 진또배기성황에서 동제를 지내고 4월 보름에는 풍어제굿을 5년마다 하고 남성황당을 포함하여 세 군데에서 제를 지낸다.[29]

이 마을의 성황당은 두 곳에 있는데 한쪽은 마을 서편 100m 정도 한 칸으로 된 골매기남성황당이 있고 죽도봉 바로 아래 여성황당은 목조기와 5칸, 단청기둥을 한 제당이다. 남성황당은 내부에 세 신위의 위패가 놓여 있으며, 여성황당의 중앙에는 화상을 걸어놓았는데 족두리를 쓰고 자주빛 당의를 입고 있는 여신과 좌우에 부채를 든 시녀가 그려져 있다.

남녀성황당의 거리는 약 100m 정도 격리되어 있으며 그 남쪽 삼각형의 중간 지점쯤에 '진또배기'라 부르는 조간(鳥竿)이 세워져 있다. 이것은 풍재(風災), 수재(水災), 화재(火災)를 막기 위해 5m정도의 긴 막대 위에 Y자의 나무를 놓고 길이 30㎝ 정도의 오리를 깎아서 올려놓았다. 주민들에 의하면 진또배기는 오리라고 믿고 있으며 옛날에 중국 사신이 오리를 가져왔다가 죽었으므로 나무로 오리를 깎았다고 한다. 근거가 희박하기는 하나 조간의 전래를 암시하는 것으로 의심된다. 진또배기 새는 모두 북향으로 되어 있으며 하단에는 봉분 형태로 흙을 쌓고 금줄을 길게 둘렀다.

---

29) 장정룡, 「강릉지방 솟대연구」, 『江原民俗學』5·6집, 강원도민속학회, 1988, 36쪽.

진또배기 안내설명문에는 "강문진또배기는 옛날 삼한시대 솟대(소도)의 한 형태로 강문부락의 삼재 풍재·수재·화재를 막아 마을의 안녕과 풍년·풍어를 지켜주는 수살간(守殺竿)이다."라고 적어 놓았다. 이 마을 진또배기는 음운변이가 있는 것으로 볼 수 있는데 '진도박이'로 보아서 진도(津渡)의 경계 즉 나루의 경계표로 보기도 하는데 진또는 진대 또는 긴대, 배기는 박이로 볼 수 있어 '진대를 박아놓은 곳'이라는 낱말로도 볼 수 있다.

진대는 짐[荷]과 대[竿]의 복합어로 고려가요 청산별곡 제7연에도 '짊대'가 등장하고 나옹화상의 서왕가에도 '짐대'가 쓰였다. 이 마을에서는 이것을 신성시하여 '짐대성황님'이라고도 부른다. 강릉시에는 강문마을외에도 안목, 월호평동, 송정동에도 진또배기가 세워져 있으나 현재는 강문과 월호평동만 그 모습을 유지하고 동제가 치러진다.

강릉시 강문동 진또배기 성황 모습. 긴 대 위에는 삼재(수재·화재·풍재)를 막아주는 오리를 깎아서 올려 놓았다.

이 마을 진또배기는 김기호(72) 씨가 3년마다 풍어제때 깎아서 새로 세우고 있는데 도구는 주로 낫과 톱을 이용한다. 나무오리의 부리는

길게 만들고 눈은 나뭇가지의 잘라낸 자국에 생긴 흠 자체를 이용한
다. 남성황당은 사방 1m정도의 기와집으로 태풍 루사로 허물어져 새로
지었다. 강문진또배기는 지역의 문화상품으로 활용되고 있으며 진또배
기깎기대회도 열렸다.

제관은 초헌관 어촌계장, 아헌관 4통 통장, 종헌관 5통 통장, 제집
사, 도가 등 10여명이며 여성은 참여하지 않는다. 금년에는 마을에 상
고가 나서 상갓집에 다녀온 선주나 주민들은 동제에 참여하지 않았다.
이들은 여성황당 밖에서 동제가 끝날 때까지 기다렸다가 철상이후 음
복 때에는 함께 자리를 채웠다. 제관으로 선정된 이들은 혹시라도 부
정이 탈까 염려하여 상갓집 근처에도 가지 않았다고 한다.

제사비용은 공동어장 운영자금으로 비축한 어촌계 기금을 활용하며
2005년 춘기서낭제는 40만원 정도 들었다고 한다. 제물은 어물과 주과
포, 나물, 소고기, 우랑, 적, 시루떡 등으로 일반적인 제수와 차이가 없
었으나 특별히 우랑을 어물 위에 올려놓은 것은 여신에게 바치는 제물
이므로 풍어를 기원하는 뜻을 담고 있다고 한다.

제수준비를 하는 도가로 선정된 김윤기씨 집에는 황토를 양쪽으로
세 군데씩 뿌리고 금줄을 쳤다. 도가에서 제물을 장만하여 어촌계회관
에서 놓았다가 저녁 6시에 여성황당으로 가서 제물을 진설한다. 어촌
계회관 앞에도 황토를 양쪽으로 세 군데씩 뿌리고 금줄을 쳐서 외부인
의 출입을 막았다. 제수는 시장에서 물건값을 깎지 않고 사며, 과일은
크고 흠집이 없는 것을 택한다. 백설기 시루떡은 미리 준비하고 위에
는 북어를 올린다.

메는 여성황당에서 숯불로 새옹메를 3그릇 지어 올린다. 입에는 간
단하게 한지를 물기도 하는데 이 날은 그렇게 하지 않았다. 제상의 다
음 줄에는 3탕(무탕, 두부탕, 소고기탕)과 3채(고사리, 도라지, 시금치),
3전(메밀전, 두부전, 고기전) 어물, 간천엽, 소간, 산적을 놓고 과즐은

한과로 유명한 사천 갈골한과를 7층 홀수로 쌓아 올린다. 조율이시(棗栗梨柿)의 순서로 왼쪽에서 진설하며 대추는 쌓고, 밤은 깎아서 층으로 고이고 배는 큰 것으로 1개, 감은 곶감을 쌓아 올린다. 기타 사과도 3개를 놓는데 홀수로 제물을 준비하고 있다.

어물은 매년 정초에 제일 먼저 잡은 생선만을 잘 말렸다가 동두서미(東頭西尾)로 좌측에 놓고 위는 문어를 뒤집어씌우며 그 위에 소의 우랑을 올린다. 제당의 오른쪽 벽에 수부장군상을 걸어 놓는데 여기에도 간단히 제물을 차려놓고 절을 한다. 수부장군은 말을 타고 전립을 쓴 장군모습을 하고 있으며 좌우에 시종을 거느리는데 주민들은 여성황신을 보호하는 신이라고 한다.

제의절차는 일반적인 차례와 다름이 없다. 정초이므로 한 해의 안녕과 풍어를 기원하는 의미를 지니고 있는데 초헌관부터 종헌관, 제집사 및 주민들은 모두 절을 4배씩 하였다. 진또배기성황에서는 두 명의 제관이 돗자리를 펴 제물을 차려놓고 따로 제사를 지낸다. 구체적으로 진행절차를 서술하면 다음과 같다.

① 초헌관인 어촌계장이 향을 사르고 술잔을 올리는 강신 ② 다음은 초헌관이 성황지신, 토지지신, 여역지신 등 세 신위에게 술잔을 세잔 올리면 집사가 고축을 하여 일동 재배하는 참신 ③ 세 그릇의 메에 뚜껑을 열고 수저를 꽂는 개반삽시 ④ 아헌관인 5통 통장의 분향, 헌작, 재배 ⑤ 종헌관인 4통 통장의 분향, 헌작, 재배 ⑥ 종헌관의 분향, 헌작, 재배 ⑦ 어촌계원 일동 4배로 제사를 마침 ⑧ 제관 중 일인이 수부장군신에게 분향, 재배 ⑨ 제사를 마치고 합동 소지를 올리는 사신 ⑩ 철상 후 제관과 주민 일동의 음복으로 진행되었다.

축문은 한자로 '춘추대어제축문(春秋大漁祭祝文), 강문동(江門洞)'(西紀 一九七二年四月, 壬子年)이라고 필사한 것이 있고 현재 사용

하는 축문은 한자의 음만 적어놓은 것이다. 어려운 한자가 많아서 고
축 시에 불편함이 없도록 새롭게 만들었다. 집사인 손재복(67)씨가 성
황신 축문만 읽었는데 한문으로 된 축문을 인용하면 다음과 같다.

維歲次 ○月 ○朔 ○日 獻官○○○ 敢昭告于
伏以土地
后土之主 群靈之宗 惠我生類 莫非神功 貴靈孔敢 有禱報應 陰
騭生類 敢忽其敬
適當斯歲 村運安寧 仰恃俯恃 惟恃神明 玆擇吉日 致敬致誠 怪
鬼遠去 癘氣消滅
一隣俱安 獻賀其極 依稀靜夜 百拜僂僂 伏願神明 左右之佑 使
我一村 俾無後歎
漁則大漁 農則大豊 惟神之功 莫非稱頌 商者興利 學者聰明 玆
將菲薄 虔告謹告

維歲次 ○月 ○朔 ○日 獻官○○○ 敢昭告于
伏以
城隍有神 夙著威靈 呵噤妖邪 驅去凶獰 怪鬼遁跡 毒獸逃形 里
以平靜 民以安寧
玆當吉辰 用虔禮式 爰設靈壇 敢陳香燭 虞將穆祀 百拜告祝 人
有所禱 個個如意
陰賜惠德 轉禍爲福 明明者神 願鑑誠敬 佑我生類 別施律令 捍
禦癘氣 如城斯防
農則大豊 漁則大漁 商工財利 山積海聚 學者聰明 勞務興旺 保
植人民 堅如金石
里內人民 身數旺盛 伏以尊神 庶幾歆格 尙 饗

維歲次 ○月 ○朔 ○日 獻官○○○ 敢昭告于
伏以
癘疫之神 人有所禱 明則爲人 迷則爲鬼 人鬼雖異 相助相依 玆
當斯歲 一里平靜

助我生類 莫非神功 玆當吉日 致敬致誠 陰賜之方 鬼亦活人 壽
運若山 命源如海
惠亦補佐 漁則大漁 人有所禱 尊神報應 里民所願 個個如意 農
漁商工 財運進臻
學者聰明 勞務興旺 庶幾歆格 尙 饗

維歲次 ○月 ○朔 ○日 獻官○○○ 敢昭告于
伏以
痘疫之疾 人所必經 運氣所到 與時偕行 玆當斯歲 聖痘司命 里
有當行 憂慮其竟
玆當吉日 敢陳誠敬 伏惟尊神 正位感應 一隣俱順 莫非之慶 籩
荳旣陳 神其降臨
庶幾歆格 尙 饗

維歲次 ○月 ○朔 ○日 獻官○○○ 敢昭告于
伏以
紅疹之疾 人所必經 運氣到來 善動感行 一里俱安 莫非感賀 一
里通運 莫大之功
高恩厚德 陰賜所禱 雖鬼之功 人自稱頌 所禱誠敬 明明感應 陰
賜恩德 里運平靜
當行之運 無漏如一 庶幾歆格 尙 饗

紙榜
土地之神位 城隍之神位 癘疫之神位 痘疫之神位 紅疹之神位

진또배기성황에서는 간단하게 제물을 차리고 축문은 읽지 않으나 작은 소리로 고축을 하였다. 이곳으로 가는 제관들은 진또배기성황신을 '골맥이'라고 하였다. 고축내용은 "진또배기성황님, 우리 어민들을 위해 멀리서 굽어보시고 그저 삼재를 막아주시고, 바다를 생업으로 삼는 우리들에게 아무런 피해가 없게 해달라고 미련한 인간이 이렇게 제물을 차려놓고 빕니다. 가는 고기 손을 치고 오는 고기 눈을 감겨 그저 풍어로 고기를 많이 가져다 주옵소사"라고 빈다. 죽도봉 여성황당의 유교식 축문읽기와 초헌, 아헌, 종헌과 재배, 소지, 음복으로 이어지는 현장과는 다르지만 동제의 원초적 모습을 보여주고 있다.

여성황당이 위치한 야산은 죽도인데 예로부터 기우제를 지내던 곳이다. 죽도봉 형국이 용의 모습을 띠고 있다고 하며 강문어촌 사람들에게는 신비한 봉우리로 알려져 있다. 용형국이므로 그 앞에는 집을 지을 수 없을 정도로 터가 세다고 한다. 죽도(竹島)라는 이름을 지닌 여타 동해안 일대의 봉우리와 마찬가지로 '떠내려온 산이나 섬' 즉 부래도(浮來島)나 부래산으로 자리 잡고 있다. 어원을 추적해보면 동해안의 양양 인구, 고성 오봉, 강릉 안목의 '죽도'는 한자 뜻대로 대나무 섬이 아니라 '대 섬', 다시 말해 '큰 섬'으로 해석할 수 있다. 필자의 관견으로 '큰 섬'이라는 표현은 크기를 뜻하는 것이 아니라 주민들의 신앙적 표현으로 그곳에는 이들이 크게 여기는 신이 거처하는 강림처라는 신비한 산이라는 의미를 지닌다. 실제로 동해안 죽도봉에는 대체로 해신당이 위치해 있고 마을마다 제의가 진행된다. 그런 점에서 죽도봉과 여성황당은 신화적 상호 연계성을 지닌다.

주민들에 의해 전하는 말을 따르면 죽도봉은 강릉 오죽헌 댓 숲이 있는 뒷산이 심한 폭풍우와 함께 이곳으로 떠서 내려왔다는 것이다. 이때 오래된 궤짝도 함께 떠내려 왔다. 그리고 한 노인의 꿈에 어떤 여인이 현몽하기를 "집을 지어주면 좋겠다" 하여 노인이 바닷가로 나가나 죽도봉에 궤짝 하나를 발견하고 열어보니 빨강, 노랑, 파랑의 삼색 천과 글씨를 쓴 위패가 담겨져 있었다고 한다. 어민들은 이때부터 집집마다 돈과 쌀을 거두어 작은 집을 짓기 시작했으며 고기잡이를 나갈 때면 이곳에 들러 기도를 하였다. 이곳을 다녀간 선주는 반드시 만선의 기쁨을 누렸으며 그러한 믿음은 더욱 가속화되었다. 노인은 꿈에 보았던 족두리를 쓴 여인의 모습으로 그림을 그려 모시고 매년 마을제사를 지내고 며칠 걸려 풍어굿을 펼친다. 이것이 진또배기 성황굿이다.

김기호 씨에 의하면 여성황제를 지내던 중 부정한 제관이 끼어 있어 호랑이가 죽도까지 내려와 울면서 소란을 피웠다는 이야기를 옛날 노인들에게 들었다고 한다. 여성황신은 부정을 꺼리기 때문에 어민들은 마을제사가 있는 동안은 금기하는 일이 많다. 어민 가운데는 꿈에 여성황신이 나타나면 출어서 만선을 이룬다고도 하고, 좋지 않은 일이 생길 것으로 예측한다고도 한다. 해몽은 선주들이 자신들의 상황에 맞추어 풀이한다고 하며 출어하여 어황이 좋지 않으면 따로 제물을 장만하여 여성황신을 찾는다. 여성황신을 잘 위하면 바다에 나가서 위험한 일을 피할 수 있다고 믿는다. 필자가 조사한 강문죽도 성황당 전설은 다음과 같다.

죽도가 어떻게 됐는가 하면, 원래 여기 있는 게 아니고, 옛날 노인들이 말씀하시기를, 무슨 큰 물이 많이 나가주구 그 포락에 이 죽도라는 게 오죽헌 그 뒤에 무슨 정자 짓는 산이 있잖아요? 거게서 그 산이 떼밀려서 이꺼정(여기까지) 내려 왔답니다. 이꺼정 내려오는데, 이 산이 순간적으로 볼 적에는 지금은 끊겼으니까 그때는 용이래요. 산이가 용형국이래요. 그렇게 됐던 겁니다.

그렇게 되구 서낭님이 이 죽도가 떼 밀려와 있을 즉에 그 당시에 포락이 많이 져가주구 서낭님이 여 온 동기가 뭐냐 할 것 같으면, 지금이나 옛날이나 거 미신이라 하는 거 코리(고리짝)란 게 있잖아요? 그게 포락에 떠내려와 가주구 지금 죽도에 거 와서 무슨 나뭇가지 있는데다 걸려 있었는데 이 동네서 노인이 인제 연세 많은 분이 기셨는데, 우리 할아버님이 그 전에 그런 이야기하시더구만요. 선문(현몽)하기를 "내 앉은 여기가 참 내 자린 여기가 됐는데, 내 집을 여게다 좀 지어 줬음 좋겠다."

그런 얘기를 해서 가서 이래 보니깐 코리가 하나 더 있더래요. 그 코리 속을 이래 보니깐 무슨 글로 이렇게 쓰고 뭔 헝겊 쪼가리

(조각)가 세 가지 물색, 파란 물색, 빨간 물색, 노란 물색으로 글씨를 써 놓은 게 뭔 코리짝이 있드래요. "아, 거 신기하다." 해서 요만침(요만큼) 땅을 다듬어가주고 그저 참 양지에다 이리 놔두고 이튿날에 잠을 자는데 여전히 "참 고맙다"고 얘길 하드래요. "아참 이게 이렇구나" 그래서 여기다 완전히 서낭을 모셔야 하겠다구서 흙으로 담을 맨들었답니다. 그래놓고 거기 기우제도 잘 지냈는데, 될 수 있으면 농사나마, 해변에 고기나마 많이 나 달라구 기우제를 지냈는데 그전엔 배가 많지 않았어요. 노저가주구 대니는(다니는) 배들, 그 풍선이 있었지. 이 기계배라는 게 없었습니다.

아침에 '후리'란 게 있었습니다. 여게 송정하구 초당하구 강문하구 세 개 부락의 노인들이 같이 잡습니다. 고기를 같이 잡습니다. 그래 후리를 떡 하는데, 아 그 서낭님을 모시구 아침에 참 떡 나가니 고기가 난데없는 고기가 눈에 비오드랍니다.(보이더랍니다) 그래 가주구선에 그 고길 잡아가지고 그 걸루 알뜰히 모시지요. 그래 거게서 나는 좋은 고기가 있으믄 먼저 갖다가 서낭님께 모시고 그러다가 보니깐 한 해 죽을 뻔한 해가, 운젠가(언젠가) 하므는 그 옛날에 숭년(흉년)이 있었답니다.

그런데 이 부락에는 숭년을 모르고 살았대요. 어부들이 사는게 괜찮더랍니다. 그리고 이 동네 쌀창고 어덴가 할 것 같으면 초당입니다. 여기서는 순전히 고기만 잡어오지 쌀고간은 초당이래요. 그래서 지냑(저녁)거리가 없어도 초당에 올라가 어떡합니까? 쌀 한 되 좀 어떻게 빌려야지. 고기하고 쌀하고 서로 교환해 가주구 먹었어요. 그런 일이 있었어요. 그래 가주구 서낭은 거기 모시고, 실지 그 서낭이 그렇다는 것을 알고 여기 철뚝질(철로길)이 나가주고서 용허리를 끊을 적에 사람 많이 다쳤습니다. 우리도 모르는 순간에 밤새 사람 내갖다 내구 내구 그랬습니다. 그리구 이 전에 그 앞에 집을 한 번 지을라구 했는데 그때도 인폐를 많이 지었습니다. 그래서 용아가리 앞에는 집을 못 지었어요. 언젠가 이 호텔을 지을 당시만 해도 산에서 서낭님, 말하자면 호랭이 짐승이 내려와 가주구 많이 해꼬지를 했어요. 인폐가 아니라 돌두 내굴리구 많이 놀래키구 그랬어요.[30]

---

30) 장정룡, 『강릉의 민속문화』, 대신출판사, 1991, 112~113쪽.

동제는 어촌계장의 주도하여 운영하는데 어촌계의 비축금으로 매년 세 차례 마을제사를 지낸다. 정월 보름, 4월 보름, 8월 보름에 주민들이 참여하는 제를 올리며 선주들이 중심이 되고 횟집을 운영하는 회원들도 있다. 4월 보름은 강릉단오제 영신제때 행해시므로 빈순애 강릉단오굿 기능보유자 등 10명 내외의 단오무당이 이곳의 풍어제 열두 마당을 이틀에 걸쳐 지내준다.

　10여 년 전에는 3년마다 풍어제를 크게 열었으나 근 천 만원이 드는 경비가 부족하여 근래는 5년마다 대어제(大漁祭) 즉 풍어제를 지낸다. 결산은 어촌계에서 계원들과 함께 한 해 동안 사용했던 경비를 연말에 보고하며 이때 동제에 사용된 경비를 결산하고 감사의 승인을 받는다. 강원도 강릉시 해변가에 위치한 어촌마을인 강문동 정월대보름 동제의 특징을 서술하면 다음과 같다.

강릉시 강문동 풍어제굿놀이 현장 (음력4월 보름날)

　첫째, 이 마을에서는 한해 한 차례정도 동제를 지내는 인근의 해변 마을과 달리 한 해 세 번 제사를 지내는데 봄과 가을인 정월보름과 팔월보름에는 춘추제로 예축제(豫祝祭)와 추수제를 지내고 4월 보름에는 풍어제를 지내는데 5년마다 무당을 불러 풍어굿을 행한다. 춘추제는 유교식 홀기에 따라 축문을 읽는 방식이며 풍어제는 무속제의형태로 진행된다. 이처럼 보름제사가 계승되고 있음은 달과 여신의 상관성을 보여주는데 만월주기에 의한 풍요관념으로 분석된다.

둘째, 세 곳에 성황당이 있는데 죽도봉 아래의 여성황당과 마을 논 가운데의 남성황당, 그리고 그 중간지점에 골맥이성황이라고도 하는 진 또배기성황목이 세워져 있어 남녀신격과 조간(鳥竿)의 형태가 병존하고 있다는 점이다.

셋째, 여성황제가 중심이 되는 어촌계원의 비의형(秘儀形) 제의로서 철저한 금기가 지켜지고 제물에는 반드시 우랑이 들어간다. 여성황신의 화상은 옆 마을인 남항진 제당과 유사한 모습으로 풍어를 가져다 주는 신으로 어민들은 믿고 있다.

넷째, 마을의 입구에 세워진 진또배기성황목에는 목조오리를 세 마리 깎아서 올려놓았다. 그 방향은 북향이며 마을로 들어오는 삼재 즉 풍재, 수재, 화재를 막는 살대 또는 액맥이제로서 삼척근덕의 살대세우기 풍속과 같은 기능을 하고 있다는 점이다. 또한 진또배기 하단은 봉분형으로 쌓아올려 인근 견소동 진또배기의 움터형과는 다른 모습을 띤다.

다섯째, 여성황당이 위치한 경포대 호텔 옆 죽도봉은 떠내려온 산인 부래산으로서 신이 강림한 신성영역이라고 볼 수 있으며 구전설화에도 여성황신은 부래신(浮來神)으로 오죽헌 산이 떠내려 올 때 고리짝에 실려 떠내려 왔다고 하였다. 삼국유사의 연오랑세오녀설화와 같은 이동형 신격으로 이 산은 양양의 죽도나 삼척 해망산과 같이 동해안 일대의 부래산 또는 부래도로서 해양신격의 수평적 이동을 보여주는 사례라고 할 수 있다.

③ 안인진 여신

강릉 안인진의 남근봉헌 관련 설화는 해령사에서 행해진 제의와 연계된 것으로 해랑신이 풍어와 안녕을 주는 신으로 설정된 사실은 구전과 기록에서 확인된다. 이러한 토착적인 제의와 기생관련 설화의 상관성에 대해서는 관련 자료를 세밀히 비교 검토해야 할 것으로 본다. 그동안 동해안 어촌마을제의에 대해서는 김선풍이 선편을 잡은 이후 필자를 비롯하여 김의숙, 심기설, 김경남, 강등학과 최근 이승철에 이르기까지 지속적인 과제로 연구가 진행되고 있다.31)

기생 해랑 관련된 설화에 대해서 왜구나 해적에 겁탈 당한 사실을 용으로 미화시켜 구전된 것이라는 견해도 있으나32) 일연의 『삼국유사(三國遺事)』권2 수로부인조 '해가(海歌)'에 나타난 대로 부인이 해룡에게 잡혀갔다는 이야기도 집단무의식적인 제의상황으로 파악해야 할것으로 본다.33) 특히 이곳 해랑신과 함께 봉안된 남자신격인 김대부신(金大夫神)을 실존인물인 강릉김씨 만호공(晩湖公) 김자락공(金自洛公)으로 상정하기도 하는 등 다양한 연구가 진행되고 있다.34) 그동안 조사된 강릉 해령사 관련 자료는 다음과 같다.

　　[자료1] 朝鮮總督府,『生活狀態調査 其三』江陵郡, 調査資料 第32輯, 1931, 283쪽, '安仁津の陰祠'

---

31) 김선풍, 「東海岸 城隍說話와 部落祭考」, 『關大論文集』6집, 관동대학교, 1978.
　　김기설, 「嶺東地方 部落神話에 나타난 部落神」, 『江原民俗學』3, 강원도민속학회, 1985.
　　김의숙, 「東海岸 漁村城隍祭의 生生力 象徵」, 『江原文化研究』5, 강원대학교, 1985.
　　김경남, 「水路傳承의 한 研究」, 명지대 국문과 석사학위논문, 1987.
　　김경남, 「安仁 海娘祠 說話研究」, 『江原民俗學』5·6집, 강원도민속학회, 1988.
　　장정룡, 「江原道 서낭信仰의 類型的 研究」, 『韓國民俗學』22집, 민속학회, 1989.
　　장정룡, 「嶺東地方 人物神話의 內容考察」, 『中央民俗學』3집, 중앙대학교, 1991.
　　김의숙, 『韓國民俗祭儀와 陰陽五行』, 집문당, 1993.
　　강등학, 「동해안의 해신당 전설과 풍어제의 제의양상」, 『전설과 지역문화』, 의재 최운식 박사화갑기념논총, 2002.
　　편성철, 「三陟海岸地域 堂神話 研究」, 경희대 국문과 석사학위논문, 2004.
　　이승철, 「東海岸 漁村 堂神話 研究」, 관동대 국문과 박사학위논문, 2004.
32) 이규태, 「아닌나루의 海娘」, 『한국의 한』, 서울 세종출관공사, 1980, 222~231쪽.
33) 張正龍, 「新羅鄕歌 獻花歌의 背景論的 考察」, 『井山 柳穆相博士華甲紀念論叢』, 1988, 545~548쪽.
34) 金京南, 「安仁津 海娘祠 說話研究」, 『江原民俗學』5·6합집, 1988, 17~27쪽.

[자료2] 崔常壽,『韓國民間傳說集』통문관, 1984, 435~436쪽 '안인진의 해랑당' 강릉군 강동면 박춘섭 씨 제보(1944년 8월 조사)

[자료3] 崔善萬,『江陵의 歷史變遷과 文化』, 강릉관광협회, 1962. 74~75쪽, '해령사' 안인진리 이태일씨 제보(1962년 3월 조사)

[자료4] 任晳宰,『韓國口傳說話』전집 4, 평민사, 112~113쪽, '해랑신' 교동 홍덕우(남.46)씨 제보(1974년 1월 24일 조사)

[자료5] 崔承洵外,『太白의 說話』상, 강릉·명주, 강원일보사, 1974, 109~110쪽, '해령사의 풍어제' '해령사의 여신' 안인진리 李泰一 옹 제보(조사일시 미기재)

[자료6] 金善豊,『韓國口碑文學大系』2-1, 강릉명주편, 한국정신문화연구원,1980, 508~510쪽 '안인해랑사' 안인진2리 이태일(남.80) 제보(1975년12월 24일 조사)

[자료7] 장정룡,『江陵市史』설화편, 강릉문화원, 1996, 889쪽, '안인해랑신' 안인진리 권오인 (남.53)씨 제보(1990년 11월 9일 조사)

[자료8] 두창구,『한국 강릉지역의 설화』, 국학자료원, 1999, 232~234쪽, 정동진리 오동석(남.86)씨 제보(1995년 5월 17일 조사)

[자료9] 장정룡·이한길,『강릉의 설화』, 동녘출판기획, 2003, 171~172쪽, '해랑당 전설' 안인진리 권오인(남.66) 제보(2003년 6월 17일 조사)

강릉시 강동면 안인진리 해랑신 위패와 화상 　안인진 해랑당 김대부신

안인진 해령사의 전승설화는 제의의 구술상관물(口述相關物, oral correlative)로 평가되는 중요한 예화다. 이 설화는 신화적 상징체계를 지닌 것으로 볼 수 있는데 동일한 정서를 지닌 주민들 사이에서 오랫동안 전승되고 있으며 일률적으로 행동화된 제의의 현장이기도 하다. 따라서 안인진 해령사와 관련된 전승설화의 다양한 각편을 통해 그 이면적 상징체계를 이해할 때 제의의 신성성과 연계된 설화의 진면목을 도출해 낼 수 있을 것으로 생각된다.

안인진 해령사 제의는 목각남근을 바치는 성징봉헌형(性徵奉獻形)으로 일정기간 지속되었다는 점에서 전승집단의 의식과 설화가 담보하고 있는 신화화법(神聖話法)을 파악할 수 있는 대상이다. 위에서 차례로 거론한 설화자료 9편 가운데 크게 겹치지 않는 7편만 화소 분석하여 순차적(順次的)으로 살펴보면 다음과 같다. 자료에 따라서는 관련되는 2편 혹은 3편의 이야기를 한데 묶어서 보고한 경우도 있는데 번호를 달리하여 모두 수록하였다.

강릉시 강문동 안인진리 해랑당(해령사) 남근목(1931년, 조선총독부 생활상태조사, 강릉군)

[자료1] ① 옛날 어떤 미녀의 원한이 있었다 ② 그네에서 실족하여 바다에 떨어졌다는 유적 ③ 미녀의 영혼이 마을 사람 꿈에 나타나 소원을 이야기 함 ④ 작은 사당을 짓고 나무로 남자의 성기를 만들어 걸어 놓았다 ⑤ 이후부터 마을의 재앙이 없어지고 어획량이 크게 증대함 ⑥ 지금까지도 성기를 걸고 복을 기원하는 경우가 많다.

[자료2] ① 옛날 안인진 어촌 어부가 살았고 과년이 된 딸이 있었다 ② 그 처녀가 바닷가에 나갔다가 일하는 청년을 발견하고 사모의 정이 타올랐다 ③ 처녀가 청혼을 하러 갔을 때 청년은 고깃배를 타고 떠났다 ④ 그 후로 청년이 돌아오지 않자 처녀는 병들어 죽었다 ⑤ 처녀가 죽은 후 어촌에 고기가 잡히지 않고 재앙이 많았다 ⑥ 한 어민 꿈에 처녀가 나타나 마을 높은 곳에 사당을 짓고 남자의 신을 만들어 걸어주면 고기가 많이 잡힌다고 함 ⑦ 오리목으로 남자의 신을 걸고 빌었더니 그 이튿날부터 고기가 많이 잡히자 그 후로 많이 만들어 걸었다.

[자료3] ① 강릉부사가 관기를 거느리고 해령산으로 소풍갔다 ② 그네를 뛰다가 기생이 떨어져 바다에 빠져 죽었다 ③ 부사는 동민에게 명하여 석단을 쌓고 위패를 해랑지신(海娘之神)이라 써서 꽂고 춘추로 치제(致祭)케 했다 ④ 마을 늙은이들이 남자의 생식기를 나무로 깎아 새끼에 매달고 제사지냈다 ⑤ 생식기 매달고 제사지낸 후 고기가 잘 잡혀 한 해에 한 개씩 더 달아 맴 ⑥ 1930년경 안인진리 구장 부인이 정신이상이 되어 자정에 해랑당에 오르며 김씨를 배우자로 얻었다 함 ⑦ 위패를 모시고 제사지내 달라하여 마을 늙은이들이 위패를 김대부지신(金大夫之神)이라 하고 날을 받으니 제정신이 되었다 ⑧ 이로부터 생식기 매달고 제사하는 것은 없고 제사만 지낸다

[자료4] ① 어부가 고기잡이를 나가려고 해랑신에게 치성하다가 오줌이 마려워 신당 옆에 오줌을 누었다 ② 꿈에 해랑신이 나타나 원하는 것을 바쳤다며 고기 많이 잡힐 곳을 알려주었다 ③ 어부가 오줌 눈 것을 생각하고 나무토막으로 남자의 생식기 모양으로 깎아서 바치자 고기가 많이 잡힘 ④ 이후로 안인진 어부들은 고기 잡

으러 나갈 때 나무로 깎은 생식기를 바치고 치성한다고 함 ⑤ 세월이 흘러 해랑이 시집가고 싶다고 현몽을 하자 시집을 보내고 나무 생식기를 바치지 않음 ⑥ 신당 안에는 해랑신위와 그의 남편인 김씨 신위가 나란히 있다

[자료5] ① 가난한 어부의 딸이 있었다 ② 동네 사공 총각과 약혼을 하였다 ③ 사공은 고기잡으러 나가 바다 돌풍으로 죽었다 ④ 처녀는 봉화산에서 사공이 돌아오길 기다리다 실신해서 죽었다 ⑤ 처녀의 원혼으로 흉어와 사고가 생겼다 ⑥ 동네에서 사당을 짓고 처녀를 해랑지신위로 모셨다 ⑦ 다시 고기떼가 몰리고 사고가 없었다 ⑧ 처녀의 원혼을 풀어주기 위해 남자 성기를 나무로 깎아 매달았다. ⑧ 이태일 노인에 의하면 30년 전 구장 김천오(金天五)씨 부인이 미쳐 해랑신이 실렸다고 하고 설악산에 사는 김대부 위패를 세우라고 호령하였다 ⑨ 해랑신 결혼식을 하자 김씨부인 병이 완치되고 해랑사에서 제사를 지내지 않는다

① 해령사에 강릉부사가 관기와 놀러왔다 ② 그네 뛰다가 한 기생이 바다에 빠져 죽었다 ③ 부사는 죽은 기생을 위해 동민에게 명해 봄가을로 치제를 올렸다 ④ 동네 노인들이 남자의 생식기를 나무로 깎아 제사지낸 후 고기가 잘 잡혔다 ⑤ 1930년에 안인진리 구장부인이 자정에 해령단으로 오르며 김씨를 배우로 얻었다고 하고 위패를 모시고 제사지내라고 하였다 ⑥ 해랑신이 덮친 것으로 보고 위패를 김대부지신(金大夫之神)이라 하고 제삿날을 받으니 구장부인이 제정신으로 돌아왔다

[자료6] ① 해랑당에는 해랑지신과 김대부지신이 있다 ② 해랑이 혼자 있었는데 60년 전 김천오(金千五) 씨 부인이 미쳐서 성황당을 오르내리며 김대부한데 시집간다고 위패를 써 붙여 달라고 함 ③ 주민들이 목수를 불러 위패를 깎아 김대부지신이라고 쓰기로 결정함 ④ 돌무덤에 춘추로 정월 보름, 가을 9월 9일에 제사지냄 ⑤ 두 신이 결혼을 했으니 집을 지어줘야 한다고 동네에서 두 분 위패를 모시자 부인의 병이 고쳐짐 ⑥ 제사를 지낸 지는 한 80여 년 계속되었다.

① 해랑의 시초는 400여 년 전 강릉부사 이 모라는 분이 봉화산에서 기생들과 놀러옴 ② 추천을 하다가 기생 하나가 추천 줄이 끊기며 떨어져 죽음 ③ 부사가 지방 노인들에게 춘추로 제사를 지내달라고 함 ④ 해랑신 혼자이므로 신을 나무로 깎아서 달고 치성 드리면 해사가 잘됨.

① 울진 사람이 후리 하러 와서 치성을 드림 ② 신(腎)을 수십 몇 두름을 깎아서 걸어놓음 ③ 제사를 마치고 아래를 내려가다 평지에서 즉사를 함 ④ 그 후로는 다른 지역에서 오는 사람이 끊어짐 ⑤ 결혼식을 한 뒤에 객 사람들이 신을 바치고 죽자 이후 끊어짐 ⑥ 동네에서 집을 짓고 춘추제사를 지냄 ⑦ 김천오 씨의 부인은 장씨 할머니로서 실존 인물임.[35]

[자료7] ① 강릉부사가 해령산에 놀러 왔다가 그네를 매고 뛰던 해랑이 떨어져 익사함 ② 부사가 당을 만들어 제사지내게 함 ③ 매년 정월 보름날과 9월 9일 두 번씩 성황제와 함께 제를 지냄 ④ 해랑당은 김대부신하고 혼인함 ⑤ 처녀가 죽어서 다시 혼인하기 전에는 신(腎)을 깎아 바치면 고기를 많이 잡는다 함 ⑥ 한 부인이 정신이 잘못돼서 김대부신하고 혼인을 맺어줌 ⑦ 그 후에 남쪽에서 온 사람이 해랑신에게 절을 히고 내려오다가 실족하어 죽음 ⑧ 이미 혼인을 했는데 남근을 깎아 가지고 왔으므로 벌을 준 것임.[36]

이상의 [자료]가 전승되는 강릉시 강동면 안인진리에는 성황당과 해랑당 두 곳이 해령산(봉화산) 중턱과 정상에 있는데 해랑당 관련 설화가 전하는 곳은 정상의 해령사(海靈祠)다. 위에서 살펴본 바와 같이 이들 설화의 중심적 화소는 다음의 네 가지다.

---

35) 金善豊, 「江陵地方 詩歌의 民俗學的 硏究」, 고려대대학원 국문과 박사학위논문, 1976, 56쪽.

36) 金善豊, 「東海岸의 城隍說話와 部落祭考」, 『關大論文集』6집, 관동대학, 1978, 11~12쪽에 의하면 江陵府使는 李某였으며, 1930년경 이 동네 구장 金千午씨 부인인 장분남 여인이 정신이상이 되어 설악산 김대부에게 시집간다고 하였다고 함.

첫째, 처녀(관기)가 미혼으로 죽자 그 억울함을 풀어주기 위해서 제를 지냈다.

둘째, 처녀가 현몽을 하거나 주민들이 풍어와 안녕을 위해 남근을 깎아 걸었다.

셋째, 한 부인에게 신이 내려 김대부와 결혼시켜달라 하여 두 신을 봉안하였다.

넷째, 해랑신과 김대부신을 봉안한 이후로 남근봉헌이 중지되어 행하지 않는다.

상기 중심화소 가운데 첫째 치제(致祭)와 둘째 남근봉헌의 경우에 있어서 관장(官長)의 명에 의한 것과 현몽(現夢)에 의한 것으로 나눌 수 있다. 전자는 강릉부사에 의해 치제가 시작된 경우로 4백 년 전 강릉부사인 이모 씨가 이곳에 함께 놀러 와서 그네 뛰던 관기가 떨어져 죽자 부사가 주민들에게 명하여 춘추로 제사를 지내게 했다는 것으로 [자료3] [자료5] [자료6] [자료7]이다. 이것은 '관기사망→강릉부사 하명→마을치제'의 방식으로 관에서 의뢰하여 제를 지낸 것이다. 즉 [자료6]에 의하면 "내가 데리구(관기를) 놀러 왔다가 죽으니 애석하니 돌무덤이라도 해놓고 춘추로 제사를 좀 지내 주라"고 했다는 것이다.[37] 여기서 강릉부사의 경우 이모 씨로 나타나는데 [자료3]의 경우 "어느때 누구인지 자세치 않음"이라 하였다. 따라서 4백년 전 강릉부사 이씨라는 이야기는 후에 사실성을 부가하기 위해 첨가된 이야기임을 알 수 있고,[38] 결국 마을제의가 관에 의함을 의도적으로 밝히고 있다.

후자는 억울하게 죽은 여성이 현몽하여 주민들이 시작한 경우인데, 처녀(미녀)가 그네에서 실족하여 떨어져 죽은 [자료1]과 사모하던 청년

---

37) 金善豊, 『韓國口碑文學大系 2-1』강원편(강릉시·명주군 편), 명주군 강동면 설화, 1980, 509쪽.

38) 『臨瀛(江陵·溟州)誌』官案條, 臨瀛誌增補發刊委員會, 1975, 480쪽을 보면 4백 년 전인 1600년경 강릉부사로 부임한 이씨 성을 가진 부사는 李俊民(1560년 재임), 李光俊(1592년 재임), 李頤慶(1619년 재임), 李命俊(1628년 재임) 등이다.

이 돌아오지 않자 병들어 죽은 [자료2] [자료5]의 경우로 나눌 수 있다. 즉 '여성사망→현몽→치제'의 경우로 전자와 달리 현몽이라는 신비한 과정을 거치는데 즉 여자의 영혼이 마을 사람 꿈에 나타나 소원을 이야기했다는 것이다. 남근봉헌과 관련된 화소는 해랑이 바치라고 한 [자료1] [자료2] [자료4]와 주민스스로 바친 [자료3] [자료5] [자료6]으로 나눌 수 있는데 주민들 스스로 남근봉헌을 한 자발형이 이 설화의 선행형으로 추정된다.

강릉부사 이 모씨와 관기의 관련설화는 후자에 발생한 것으로 이른바 관장명령의 민간치제 형식을 갖추는 설화적 형상화로 파악된다. 그것은 삼척시 원덕읍 신남마을의 경우와 유사한 [자료2]의 바닷가 처녀 이야기나 [자료4]와 같이 우연히 해랑당에 소변을 보았는데 풍어가 되어 계속 남근을 깎아서 바쳤다는 유감주술형(類感呪術形)에서 유추되는 바다.

[자료1] [자료2]에도 나오듯 해랑신은 미녀 혹은 과년한 여성이 주인공이고 이후 전승되는 [자료3]에는 강릉부사의 관기가 그네 타다가 바다에 빠져 죽었으므로 이를 불쌍히 여겨 석단을 쌓고 제사지낸 것이 시초라 하였다. 그러다가 [자료3]부터 [자료6]까지 나오듯이 여신 혼자이므로 남근을 바치기 시작한 것이 계기가 되어 풍어가 되었고 계속된 남근숭배(phallicism)형태가 존속되었던 것이다.

현재 동해안에는 삼척시 원덕읍 신남리 해신당의 경우 애바위 설화가 전승되며[39] 고성군 문암진 백도마을 해신당의 경우도[40] 시집을 가지 못한 처녀신격의 원사와 해원 과정을 보여주는 단선적(單線的) 설화가 전승되고 현재까지 남근봉헌이 지속되고 있다.[41] 이에 반해 안인진 해령사의 여성신격설화는 전승과정에서 다양한 행위소와 화소가 복

---

39) 1990. 7. 6, 필자조사, 강원도 삼척군 원덕읍 갈남2리 김진철(남.46), 김성철(남.74) 제보.
40) 1992. 2. 7, 필자조사, 강원도 고성군 죽왕면 문암리 김원웅(남.54) 제보.
41) 張正龍 외, 『朝鮮땅 마을지킴이』, 열화당, 1993, 271쪽 참조.

선적(複線的) 구조로 나타나고 있다는 점에서42) 구비전승의 신화분석
에서 비교적 가치가 높다고 할 수 있다.

강릉 안인진 해령사에 봉안된 원혼(冤魂)이 될 뻔한 여성은 주민들
에 의해 치제의 대상이 되었으며 1930년경 구장부인이 빙신(憑神)상태
에서 김대부신(金大夫神)과 혼배하는 과정을 거치게 된다. [자료6] [자
료7]에 나오듯이 신혼(神婚)이후에 미쳤던 마을여성이 제정신으로 돌아
오는 영험의 과정을 보여주고, 남근을 바쳤다가 죽었다는 신벌화소가
첨가되면서 남녀혼배 이후 남근봉헌은 중지되고 이 신화는 마을제의의
신비성을 갖추었다.

하지만 전체적인 이야기는 억울하게 죽은 미혼 여성이 사후에 혼배
(婚配)를 통해 결혼을 하고 이를 통해서 해혼(解冤)을 하여 안인진 신
격(安仁津 神格)이 되었다는 것이다. 혼배과정도 동네의 한 부인에게
해랑신이 강림하여 설악산 김대부신을 모셨으니 위패를 세우라고 호령
함으로써 영혼결혼식을 치루게 되었다.43) 결국 해랑신은 생생력(生生
力)을 통해 풍요를 가져오는 신으로44) 주민들의 의식과 제례의식을 통
해 신화적인 인물로 환치되고 상징적으로 마을제당에 안치되었다. 안인
진 해령사의 여신관련설화의 경우는 원사(冤死), 현몽(現夢), 영험(靈
驗), 혼배(魂配), 신벌(神罰) 등 다양한 행위소가 발견되는데 동일한
내용의 [자료7]을 제외하고 6편을 분석하면 다음과 같다.

    [자료1] 원사+현몽+영험
    [자료2] 원사+현몽+영험
    [자료3] 원사+영험+혼배

---

42) 1991. 12. 3, 필자조사, 강원도 명주군 강동면 안인진리 이종철(남.50) 제보.
43) 崔承洵 外, 앞의 책, 110쪽.
44) '生生力'은 생산력과 유사용어로 영어 'fertility'의 우리말이다. 그 뜻은 인간 및 동물
    의 생식·번식·산육 등을 포괄하면서, 농 어업의 풍요와 계절 및 자연의 우순풍조
    혹은 그 생산성 등을 광범위하게 이르는 말이다.

[자료4] 원사＋혼배
[자료5] 원사＋혼배＋영험＋신벌
[자료6] 원사＋혼배＋영험＋신벌

상기 자료분석에서 나타나듯이 영험화소 6개, 원사화소 5개, 혼배화
소 4개, 신벌화소2개, 현몽화소 2개로 이 설화의 중요한 핵심은 억울
한 죽음으로 원혼이 된 신격이 풍어를 가져다주는 능력을 발휘하는 영
험함을 강조하고 있으며, 나아가 혼배를 통해 화해를 추구하였다. [자
료4]의 경우는 원사화소가 빠져 있는 것으로 전체 6편의 자료는 '원사
→영험→치제→해혼'과 혼배과정이 더 들어간 '원사→영험→치제→
혼배→해혼'의 두 가지 형태를 보여주고 있으며, 신성성의 유지는 '신
벌'과정이 추가로 들어가면서 확장된 것으로 분석된다.[45]

결과적으로 '원혼'이 '해혼'되는 설화원형이 안인진 해령사 여신설화
의 중핵화소로 볼 수 있고 부수적으로 영험함과 신벌화소가 들어간 것
으로 파악된다. 이에 따라 표피주제(表皮主題)는 치제를 통한 풍어추
구이나 이면주제(裏面主題)는 재액방지를 통한 마을의 안녕유지라고
할 수 있다.

3) 강릉단오제 여성황신 설화의 전승

① 여성황신 전승의례

강릉시 홍제동에 있는 대관령국사여성황사에는 조선시대 강릉 정씨
가의 딸이 여성황신이 되었다고 한다. 대관령국사성황신의 신목 행차는
위패와 함께 홍제동에 있는 대관령국사여성황신 제당에 도착하여 단오
제 본제가 시작되는 날까지 함께 봉안된다. 국사성황신과 여성황신이
만나는 음력 4월 15일은 강릉단오제의 본격적인 시작을 알리는 날이

---

45) 장정룡, 「강릉 안인진 해령사 제의와 남근봉헌 설화고찰」, 『江原民俗學』19집, 2005,
   109쪽.

다. 이때는 시내 일원을 순례한 다음 대관령국사여성황사에서 합사를 하고 봉안제(奉安祭)를 올린다. 헌관의 독축과 홀기에 위한 제례가 진행되고 봉안굿이 행해진다. 그러므로 이 날은 대관령국사성황신이 여성황신과 부부가 된 날이라고 한다.

대관령에서 음력 4월 15일 국사성황신을 봉안하고 내려오면 단오제가 열리는 날까지 약 보름동안 이곳 여성황사에 신목과 위패를 함께 모셨다가 단오 이튿날에 남대천으로 모셔 제사를 지낸다. 대관령국사성황신을 모셔가는 날에도 여성황사에서 제사를 지내는데 의례절차는 국사성황제와 동일하고 제물 진설도 대관령국사성황제와 다르지 않은데 합제 축문만 다르다.

전설에 의하면 대관령국사여성황신은 동래부사를 역임한 정현덕(1810~1883)의 딸이라고 한다. 일설에는 조선조 숙종 때 대관령성황신이 초계 정씨인 정완주 씨의 무남독녀인 경방댁 정씨 처녀가 창원 황씨 황수징과 결혼하였으나 시댁이 멀어 친정에 머물러 있다가 호랑이에게 물려갔다고 한다. 대관령국사성황신이 혼자 있는 정씨 처녀를 데리고 오려고 정씨의 꿈에 나타나 청혼했으나 사람이 아닌 신에게 딸을 줄 수 없다고 거절당하자 호랑이를 시켜, 야밤에 머리를 감고 대청마루에 얌전히 앉아있던 처녀를 대관령으로 데리고 가서 영혼결혼식을 했다고 한다. 사람들이 처녀를 찾아 대관령으로 갔더니 처녀의 영혼을 이미 간 데 없고 신체는 비석처럼 서있었다고 전한다. 이러한 전설은 이른바 호환설화의 유형이며 해혼형(解寃形)의 하나로서 호환 당한 처녀가 승화된 신격으로 재생하는 과정을 통해 호환을 방지하고 대관령 험로의 안전과 지역의 안녕, 풍요를 기원하는 축제의 한 요소를 내포하게 된 것이다.

대관령국사여성황사는 기와집 세 칸으로 단청을 하고 내부 정면 벽에는 여성황신의 화상이 그려져 있다. 대관령국사여성황신의 모습은 머리를 길게 따서 좌측 어깨부터 앞으로 느렸으며 앞에는 호랑이와 시녀가 그려져 있다. 화상 앞에는 검은색 목판에 흰 글씨로 '대관령국사영성황신위'라고 쓴 위패가 세워져 있다. 이 여성황사는 남문동에 있었으나 지금은 수도관리사무소 뒤에 있다. 행사는 단오제위원장, 단오제기 예능보유자 등이 제관을 맡아 행하며 진행은 홀기에 따라 진행된다. 대관령국사성황제에 사용하는 제물과 대동소이하고 옷차림은 국사성황 제사와 같이 초헌관, 아헌관, 종헌관은 조선조 조복과 제복이 혼용되는데 초헌관은 7량관에 홍색조복, 아헌관은 5량관에 조복, 종헌관은 3량관에 청색 제복차림이다. 그외 집례복, 행차복, 집사복, 대축복, 찬인복 등을 입는다. 제사비용은 강릉단오제위원회에서 매년 정한 일정한 비용으로 강릉단오제보존회에 속한 도가에서 제물을 장만한다. 대관령국사 여성황사는 홍제동 동사무소 뒤쪽에 위치하고 있는데, 공간이 좁아 전체행사를 하는데 어려움이 많은 관계로 이전을 고려중이다. 축문은 다음과 같다.

세월의 차서는 모년 4월 보름입니다. 모관 모인은 감히 밝게 대관령국사성황신과 대관령국사여성황신에게 아뢰옵니다. 엎드려 생각하오니 두 분은 저희들의 종요로운 위치며 계시는 곳은 동해의 이름난 구역으로 저희가 살며 도로가 이에 통합니다. 신령께서는 이곳의 주인이며 백신의 종주입니다. 주민은 그 덕에 의지하고 나라는 그 공에 힘을 입습니다. 한 번 기뻐하시고 한 번 노여워하심에 따라 화가 되고 복이 됩니다. 인간은 신에 의지하고 신은 인간에게 감명을 받습니다. 때는 4월이라 농사일이 많습니다. 길하고 좋은 날에 제물과 향기로운 술을 갖추었으니 제물이 비록 변변치 못하오니 정성을 다했사오니 더욱 돈독하게 하여 주시옵소서. 안위와 화복을 실로 신께서 주지 않은 적이 없습니다. 엎드려 바라옵건대 강림하시옵소서. 바라옵건대 작은 정성을 살펴 흠향하여 주시옵소서.

(維歲次 某年干支 四月干支朔 十五日干支 某官 某人 敢昭告于 大

關嶺國師城隍之神 大關嶺國師女城隍之神 伏惟 尊靈 位我重鎭 尊靈
所宅 左海名區 人民有居 道路爰通 靈焉主斯 百神之宗 民依厥德 國
賴其功 一喜一怒 爲禍爲福 人依於神 神感於人 際玆孟夏 田事方興
日吉辰良 牲具酒香 物雖非薄 誠則愈篤 安危禍福 莫非實賜 伏願 降
格 庶鑑微誠 尙 饗)

② 여성황신 설화분석

여성이 호환을 당했으나 후에 원한이 풀리는 해혼(解冤)의 한 형태
로 혼배(婚配)하여 여신이 된 경우는 강릉단오제의 주신격인 대관령국
사여성황신인 정씨가의 딸이 있다. 여성황신에 대해서 처음으로 언급된
자료는 1966년 임동권 교수에 의해 작성된 『강릉단오제 무형문화재지
정자료』이다. 이 지정자료집에 여성황신은 동래 정씨인 정현덕(鄭現德)
의 과년한 딸이라고 하였다. 대관령국사여성황사는 홍제동사무소 뒤쪽
산록에 있는데 이곳으로 옮긴 것은 1954년으로 동원여객 이성모 씨가
대지를 기증하여 새로 지었고 청부업자 양 모씨가 건축기금을 기증했
다. 과거 여성황사는 남문동에 있었는데 1930년 후반 일본인들이 헐어
버렸다. 이곳은 대관령국사성황신의 부인 정씨 여성황신을 제사하는 곳
으로 기와 집 정면에는 여성황신 영정이 걸려있다.

이 여성황상은 머리를 길게 땋아 좌측 어깨로 앞에 늘어뜨린 모습에
노랑저고리 분홍치마를 입고 앉아 있다. 그리고 그 앞에는 호랑이가
그려져 있는데 국사성황신의 어마(御馬)로서 여성황신을 데리고 갔다는
설화에 의해 그려진 것이다. 여성황신은 성남동에 살던 동래 정씨 정
현덕 가의 딸로서 국사성황이 매파를 보내 성혼하고자 했으나 거절하
기에 호랑이를 시켜 데려와 성황신의 처로 삼았다고 전한다.

현재 성남동 178번지 소재 최씨 집터는 예전에 동래 정씨 정현덕의
집터라고 전한다. 이 집에 살던 정씨가의 처녀가 여성황신이 되었다고
하므로, 정씨가터는 국사성황신의 처가가 된다. 정씨가터는 강릉의 명

당지로 알려졌다. 전하는 말에 의하면 이 집터에 집을 높게 세우면 귀인이 나고, 집을 얕게 세우면 부자가 된다는 것이다.

최씨가 강릉의 부호가 된 것은 집을 얕게 세운 때문이라 한다. 이 최씨가가 현재의 집터로 옮긴 것은 삼척부사로 지내던 최돈목의 조부 때 일이라 한다. 이때 이 집은 동래 정씨가 살았는데 집안에 흉사가 있어서 내놓게 되었다고 한다.[46]

최철 교수는 "정씨가는 최돈목 씨 집으로 예전에 동래부사였던 정현덕씨 집이다. 그리고 여성황사는 확실하지는 않으나 구한 때, 대원군 시대가 아닌가 한다. 좀 더 구체적인 고증이 필요하다."고 언급하였다.[47] 다음은 여성황신에 대한 자료다.

[자료1] 옛날 江陵에 鄭氏가 살고 있었다. 鄭氏家에는 나이 찬 딸이 있었다. 하루는 꿈에 大關嶺城隍이 나타나 "내가 이 집에 장가오겠노라"고 請했다. 그러나 주인은 "사람 아닌 성황을 사위 삼을 수 없다"고 拒絶했다. 어느날 정씨가 딸이 노랑저고리에 남치마를 입어 곱게 단장하고 툇마루에 앉아 있었는데 호랑이가 와서 업고 달아났다. 少女를 업고 간 호랑이는 山神이 보내 使者로서 "그 少女를 모셔오라"는 분부를 받고 왔던 것이다. 大關嶺國師城隍은 少女를 데려다가 아내를 삼았다. 딸을 잃은 鄭氏家에서 큰 난리가 났으며 마을 사람의 말에 依해서 호랑이가 물어간 것을 알았다. 家族들은 大關嶺國師城隍堂에 찾아가 보니 少女는 城隍과 함께 서 있는데 벌써 죽어 魂은 없고 몸만 비석처럼 서 있었다. 家族들은 畫工을 불러 畫像을 그려 세우니 少女의 몸이 비로소 떨어졌다고 한다. 호랑이가 處女를 데려다 婚配한 날이 四月 十五日이다. 그래서 四月 十五日에 大關嶺國師城隍을 제사하고 모셔다가 女城隍祠에서 두 분을 祭祀하게 되었다.[48]

---

46) 崔喆, 『嶺東(江陵)地方民俗調査報告書』其二, 文教部, 1970, 7쪽.
47) 위의 글 13쪽.
48) 任東權, 『江陵端午祭, 無形文化財調査報告書第九號』, 文化財管理局, 1966, 16~18쪽.

[자료2] 傳說에 의하면 大關嶺 밑에 사는 어느 美貌의 總角이 某處女에게 사랑의 告白을 하였으나 뜻을 이루지 못하고 혼자 속 태우던 나머지 죽어서 國師城隍이 되어서 혼자 짝사랑하였던 女人을 잡아가서 같이 살게 되었다. 이 女人은 죽어서 女神이 되어서 江陵을 지키는 守護神이 되었다. 江陵市民들은 古代로부터 凶年 들거나 洪水나 혹은 疾病이 流行하면 城隍님께서 怒하셨다고 생각하여 每年 五月 端午節을 기하여 巫女로 하여금 城隍님께 祈禱를 올린다. 그러면 國師城隍님께서 나오셔서 生時에 이루지 못한 場面을 聯想한다.[49]

[자료3] 최근세에는 강릉에 사는 정씨에 성장한 미모의 처녀가 있었는데 국사성황이 3일간 걸쳐 처녀 부친에게 장가올 것을 간청하였던 바 거절하였드니, 어느 날 처녀가 스스로 머리를 빗고 나가 호랑이에게 업혀갔다. 국사성황은 호랑이를 보내 업어온 처녀를 놓고 축배를 한 날자가 음력 4월 15일 매년 이날을 대관령국사성황 제일로 정하였다. 대관령국사성황신은 도승인 범일국사를 주신으로 하며 정씨 처녀도 국사성황이라 하여 강릉시 홍제동에 당을 세웠다.[50]

[자료4] 지금 정씨가 살던 집터에는 강릉의 부호인 최준집 씨 자손이 살고 있는데 이 최씨 네에도 예전 자기 집에서 일하던 계집아이가 있었는데 밤에 머리를 감고 단정하게 앉아 있더니 난데없는 호랑이가 와서 그 처녀를 업고 갔다. 그래 이 집안에서는 역시 대관령 산신의 일이 아닌가 한다.[51]

[자료5] 종손 규완의 10대 고모에 해당되는 미혼 고모가 황수징이라고 하는 남자와 혼례식을 올렸으나 당시만 하여도 교통사정이 여의치 않아 시댁문을 열고 시부모와 선조에게 알묘하는 절차만 남아 있었다. 음력 오월 단오절이 도달되었다. 대관령에 봉안되어 있는 국사성황님을 모시고 오는 행렬을 저녁에 담 위에서 보고 있을 때

---

49) 江陵市教育廳, 『郷土教育資料集』, 1966, 72쪽.
50) 권영구, 『郷土教本』, 문왕출판사, 1970, 202쪽.
51) 崔喆, 『嶺東民俗志』. 通文館, 1972, 113쪽.

국사성황신의 밀사격인 호랑이에게 업혀갔다고 전한다.

가족들, 하인들, 기타 종인, 외인 등 많은 인원을 동원하여 수일 간 수색을 벌인 끝에 대관령국사성황당에서 모발하나 흐트러진 것 없는 상태의 시신을 발견하였다. 시신은 홍제동 산 303번지에 있는 생모인 안동권씨 묘계절하에 안장하였으며 매년 부모 전사일에 후예들이 간소하게 제사를 거행한다. 세인들은 대관령국사성황신과의 관계는 천상배필이라고 말해오고 있다. 경방댁 정여인과 만남은 조선시대 제19대왕 숙종 때라 여겨지며 지금부터 300년 전이다.[52]

대관령국사여성황사 제의(음력 4월 15일, 강릉시 홍제동)

이상의 5편 예화는 대관령국사여성황신의 전부라 해도 과언이 아니다. 몇 편의 비슷한 내용으로 수집된 자료도 위의 범주에서 크게 벗어나지 않는다. [자료1]에서 언급된 동래부사 정현덕(1810~1883)의 본관은 동래, 자는 백순(伯純), 호는 우전(雨田)으로 1850년 증광문과에 병과로 급제하였으며 고종 초에 서장관으로 정사 서형순을 따라 청나라에 다녀왔다. 대원군이 집권하자 동래부사가 되어 일본과의 교섭을 담

---

52) 장정룡, 『강릉단오 민속여행』, 두산, 1998, 62쪽.

당하였으며 뒤에 이조참의가 되었다. 대원군이 실각하자 민씨 척족정권에 의해 파면, 유배되었으며 1882년 임오군란이 일어나자 원악도에서 사망했다.

[자료1]에 의하면 국사여성황신은 鄭現德의 딸이라 했는데, 아비지의 본래 이름은 鄭顯德(1810~1883)이며 강릉 경방(經方)에서 살았다.[53] 정현덕은 당시 강릉에 거주했던 정용명(鄭用明)의 아들로 아버지와 교분이 두터웠던 강릉 최씨 신서(莘西) 최하현(崔夏鉉, 1773~1828)을 방문하였는데, 이때 신서는 자신과 교우관계인 용명의 아들 정현덕이 약관의 나이에 시로 이름을 떨친 것을 칭찬하는 시를 썼다.[54]

황현(黃玹, 1855~1910)의 『매천야록(梅泉野錄)』에도 대원군이 정현덕을 평한 이야기가 나오는데, "마행일이라는 사람이 경성의 아전이었다.…운현(雲峴)이 그를 심히 의지하여 일찍이 말하기를 북에 마행일이 있고, 남에 정현덕이 있어서 나는 근심이 없다."고 밝혔듯이[55] 운현은 흥선대원군 이하응으로 남쪽의 정현덕은 바로 우전을 지칭한 것이다.

정현덕은 흥선대원군이 집정하고 있던 당시인 고종 4~6년(1867~1869)까지 동래부사를 지내고 있을 당시 일본의 조선 침략야욕을 극력 저지하다가 이조참의를 지낸 뒤 정적들에 의해 배일주의자(排日主義者)로 몰려 고종 12년(1875) 문천(文川)으로 유배되었다.

정현덕은 '명주(강릉)에 머문 지 수 개월 만에 부사가 자주 서신을 보내 만남을 요청한다'(留溟州數月知府數以書見邀)는 제목의 시를 남겼다.

---

53) [자료1]에는 鄭顯德을 鄭現德으로 썼다.
54) 『莘西遺稿』 贈鄭顯德 用明子 二首중 첫째 수에는 "如玉青春客 殷勤訪此翁"(옥 같은 청춘 객이 은근히 이 늙은이를 방문했네)이라 하고, 둘째수에서는 "有才天賦汝 弱歲以詩鳴"(그대는 하늘이 내린 재주로 태어나 약관의 나이에 시로 이름 날렸네)이라고 칭찬하였다.
55) 黃玹, 『梅泉野錄』卷1 上, "馬行一者鏡城小校也…雲峴甚倚之 嘗曰北有馬行一 南有鄭顯德 吾無憂矣"

관청 버들은 좁은 길에서 여전히 푸르고	官柳夾路翠幢幢
의연한 성곽은 옛 나라의 모습이구려	城郭依然是故邦
완극은 백 년 동안 몇 번이나 마쳤는가	阮屐百年當了幾
구정의 한 개 삿갓 모습 정히 둘도 없구려	歐亭一笠定無雙
구름 갠 고운 달은 가인의 부채에 의지했고	雲開好月依歌扇
바람에 날린 쇠잔한 꽃은 술독에 떨어지네	風捲殘花撲酒缸
잘못이라, 벼슬길에서 자주 잘못을 포용한 것	誤矣朱門頻抱刺
여기와 녹문의 높고 큰 모습에 부끄럽구나	此來慙愧鹿門龐

[자료2]는 '대가면(臺假面)'이라는 제목으로 전하는데 강릉단오제의 근원설화로 보인다. 그러나 이 설화의 수집장소나 제보자에 대한 구체적인 언급이 없어 자료의 신빙성에 의문이나 내용상 국사성황이 나오고 처녀가 여신으로 수호신이 되었다는 것은 신화로서 의미를 부여할 수 있다.

아울러 제목이 가면극과 연관이 있는 명칭이라는 점이 흥미롭다. 즉 국사성황신이 된 주인공인 청년과 여성이 이루지 못한 사랑을 놀이를 통해 연상케 하는 것이라 하였다. 따라서 강릉관노가면극의 양반과 소매각시의 사랑놀이가 국사성황신과 여성황신의 사랑을 연행한 것으로 본다면 가면극을 신화극으로 추정할 수 있을 것이다. 이 신화역시 해원형으로 볼 수 있는 화소가 많다.

[자료3] [자료4] [자료5]는 유사한 내용으로 호환과 관련된 화소가 중심이다. 여성황신이 된 처녀가 부친의 반대에도 불구하고 스스로 호환되어 갔다는 방식으로 구전된다. [자료5]는 정호돈 강릉문화원장이 제공한 자료로, 숙종 때 호환된 여성이 국사여성황신이 되었다고 하였다. 이 내용도 호환의 해원이 여신격으로 숭앙되는 방식을 구연하고 있다.

4) 맺음말

강릉지역 신화에는 여럿 여신이 등장된다. 그러므로 여성신격의 신화적 위상을 살펴본 것이 본고의 목적이다. 강릉대성황사에는 12신격을 봉안했는데 이 가운데 연화부인과 초당부인은 실존인물로 파악되었다. 연화부인은 신라 명주군왕 김주원 공의 어머니로 추앙받은 분이고, 초당부인은 벼농사를 처음 도입한 분으로 곡물신(穀物神)의 위상에 오른 분이다. 그러므로 강릉도호부의 대성황사에서 당당하게 봉헌되었다고 하겠다.

이에 비해 동해안의 여신 신격은 해원형이 많다. 주문진, 강문, 안인진 등의 항포구에는 여성황신을 모신 제당이 있는데 이들 여신을 위한 제의가 지금도 어촌계를 중심으로 매년 행해지고 있다. 동해안 여신은 원혼을 푸는 해원형 신화가 중심이라고 할 수 있으며 강릉의 국사여성황신의 경우도 해원형과 맞물려 있다. 즉 호환을 당한 여성이 신격으로 탄생하는 방식으로 정씨가의 딸은 호환을 당했으나 이는 국사성황신의 어마(御馬)가 데리고 간 것이고, 결국 여성황신이 되었다는 방식이다. 이야기의 전개는 이와 같다고 해도 중심화소는 호환과 신격이다. 이 둘 가운데 호환의 방식이 신의 요청에 의한 불가항력적인 점이 강조되고, 결과는 신격으로 등장하고 있다.

따라서 동해안 여신의 신격화 방식과 다르다고 할 수 있다. 동해안 여신의 경우, 어떤 징조를 통해 해원의 방식을 찾아가는데 예컨대 흉어나 불길한 일이 생기고 주민의 몽조(夢兆)등을 통해 해결방식이 제시된다. 그러나 대관령국사여성황신의 경우는 국사성황신이 점지하고 혼배(婚配)를 요청하고 이를 적극적으로 성취하는 방식이다. 여기서 "사람이 아닌 성황에게 딸을 줄 수 없다"는 장애가 등장하나 큰 문제가 아니다. 어마인 호랑이를 보내서 잡아가는 이른바 호환(虎患)형식을 통해 반강제로 신격으로 등장시키는 의식이 이루어진다.

이에 따라 집안사람들과 주민들은 "성황신이 데려간 것"으로 당연시하고 매년 혼배한 날을 기려 영신제를 지내고, 최씨로 바뀐 친정댁에서는 국사성황신의 행차 때 제물을 차려 맞이하고 있다. 이러한 방식은 동해안 여신이 작은 어촌단위의 치제로 비교적 소규모의 제의라면 대관령국사성황제는 규모가 큰 읍치(邑治)의 성황제로 발전되면서 호환의 정당성을 혼배방식을 통해 부여한 것으로 볼 수 있다.

결론적으로 대관령국사여성황신은 정씨가의 딸로 동래부사를 역임한 강릉출신 정현덕의 여식이 신화의 주인공이 되었음을 알게 되었으며, 신격화는 동해안 여신과 같은 방식인 해원을 강조하기 보다는 국사성황신과 혼배과정을 통해 읍치성황제인 강릉단오제의 주신으로 등장하는 과정을 밟았다고 볼 수 있다.

3. 강릉관노가면극 기원과 고증

1) 연행론적 기원

강릉관노가면극은 필자에 의해 단행본이 간행된 이후 이렇다할 연구성과를 보이지 못하고 있다. 부분적으로는 김문희 「강릉관노가면극의 춤사위연구」(세종대 석사논문, 1983)와 정윤수 「강릉단오제 근원설화와 관노가면극상관성고」(강원대 석사논문, 1990), 심상교 「강릉탈놀이에 대한 정신분석적 연구」(한성대, 1997) 등등의 각론적인 성과가 있었다.

강릉가면극은 그 연희자가 관노라는 신분이었으므로 무형문화재 지정당시에 명명되었으나 강릉탈놀이 또는 강릉가면극, 강릉성황신제 가면극이라 부르는 것이 보다 합리적이다. 이 가면극은 1967년 국가지정 중요무형문화재 제13호로 지정된 강릉단오제의 중요한 연희로 평가되었는데 역사성이나 고증이 충실한 편이다. 채록본은 임동권 「강릉단오제」(1966년 8월 조사), 최상수 『산대 · 성황신제가면극연구』 (1942년, 1958년 조사), 최철 『영동민속지』(1972년), 장정룡 『강릉관노가면극연구』(1981년 석사논문, 1989년 단행본)가 있다.

강릉의 가면극은 연희자들이 관노라는 신분이 공개됨에 따라 전승상 큰 애로를 겪었다. 구한말 개화이후 관노가 없어진지도 수십 년이 지났음에도 불구하고 관노가면극이라고 호칭함으로써 그들의 신분이 공개되고 이에 따라서 연희를 기피했던 것에서 기인한다. 강릉의 향토지인 『임영지』에 의하면 관노방이 8칸이 있었다고 한 것으로 미루어도 대부분 관노들이 여기에 참여했으며 이들 가운데는 무속일에도 관여했던 것으로 나타난다.

김동하, 차형원 기예능보유자는 자신들이 관노였다는 사실을 완강히 부인하다가 결국 털어놓았는데, 1966년 6월 23일 저녁 강릉시 대한여관 2층 방의 일화는 다음과 같다.

> 1966년 여름에 3차 조사에 나갔다. 2~3일 동안 묵는 동안에 안개가 걷히기 시작했다. 전에도 한두 번 만난 적이 있는 고노인들을 상대로 추적을 하는데 서로 미루고 저 사람은 안다고 해서 질문을 하면 모른다고 딱 잡아떼곤 하는데, 어느 날 이야기 도중에 용변을 보러 나왔더니 한 노인이 뒤 따라 나오면서 나에게 "김동하가 여러 해 놀았으니 붙들고 늘어지라"고 귀띔을 해 주었다. (중략) 강릉관노가면희는 관노들에 의해 놀이되었다. 관노라면 낮은 계급으로 천대를 받던 사람들인데 자기가 관노가면놀이를 했다면 관노였다는 것을 고백하는 셈이고, 따라서 지금 양반인 척할 수도 없거니와 남들이 얕볼 것이고 또 자손들도 사회적으로 행세하는데 지장이 있을 것이므로 스스로 내가 체험자라고 자칭하며 나올 리가 없다고 판단되었다. 그래서 그의 자존심을 살려주고 나로서는 자료의 확증도 잡아야 했다. 고노들을 모두 보내고 김동하, 차형원 두 옹만 슬쩍

남기를 청했다. (중략) 두 노인은 주기가 돌고 내 말에 감동되어 자랑스럽게 자기가 놀았다는 것을 실토해 주었다. 소년시절에 많이 보았고 단오제 때에는 서너 번 탈을 쓰고 한바탕 뛰었다는 것이다. 이렇게 해서 두 보유자를 찾아내기에 이르렀고 강릉단오제를 문화재로 지정할 수 있는 여건을 갖추게 되었다.[56]

1967년 1월 16일 강릉 대한여관에서 강릉관노가면극을 설명하는 김동하(좌)·차형원 (우) 노인이다.
(임동권 교수가 촬영한 사진이다.)

이러한 과정을 보면 관노라는 신분에 대한 사회적 속박에서 벗어나지 못한 것을 알 수 있다. 그러나 이들이 스스로 실토한 이야기는 오늘날 강릉가면극의 복원에 절대적인 자료가 됨을 다시 논할 필요조차 없는 것이다.

강릉가면극에 관노들이 참여했다는 것은 일제하 경성제대 교수로 와 있던 추엽 융이 1928년 강릉을 답사하고 당시에는 전승이 끊긴 탈놀이

---

56) 임동권, 「강릉단오제」, 『臨瀛文化』1집, 강릉문화원, 1977, 44쪽.

를 산대회라고 하면서 일본 민속학지 2권 5호에 발표하면서 알려졌다.

물론 강릉에 탈놀이와 비슷한 것이 전승되었다는 사실을 기록한 글이 없었던 것은 아니다. 허균은 그의 문집 『성소부부고』 대령산신찬병서에서 다음과 같이 기록하였다.

> 계묘년(선조36, 1603) 여름이었다. 나는 명주(지금의 강릉)에 있었는데 고을 사람들이 5월 초하룻날에 대령신을 맞이한다(중략) "그리하여 닷 새 되는 날 잡희를 베풀어 신을 즐겁게 해드립니다.

지금부터 390여 년 전의 이 기록에 의하면 당시에는 대관령 산신을 모셔다가 강릉단오제를 개최했던 것이다. 이러한 기록을 꼭 신빙할 수 있느냐는 논란의 여지가 있지만 아직까지 이것을 부인하는 기록이 없는 상황에서 대관령국사성황신을 모셔다가 단오제를 치루는 것은 고증상의 문제점을 안고 있다고 할 수 있다.

더구나 허균이 일반 이속이 아닌 책임감을 지닌 사람의 입을 빌어 산신제가 단오제의 주류임을 밝힌 것은 방증이 분명한 기록인 것이다. 여기서 보면 신을 위한 잡희(雜戲)가 베풀어 졌다고 한 것은 강릉탈놀이의 시원을 밝힌 것으로 유추된다. 실제로 여러 문헌에는 가면을 쓴 사람들이 잡희를 놀았다는 기록이 있어 잡희라는 단어에 관심을 갖지 않을 수 없는 것이다. 그것은 강릉의 향토지 『증수 임영지』(1933년)에 기록된 것과 연계하여 설명하면 확연해진다.

> 5월 5일이 되면…힘이 센 사람에게 들려 앞세우면 무당들이 풍악을 울리며 따르고 창우배(倡優輩)들이 잡희(雜戲)를 하다가 저물어 성남문을 나와 소학천에 이르러 이 놀이를 그친다.

여기서 언급된 창우배의 잡희는 무당들의 풍악과 분별되듯이 가면극의 일종임을 알 수 있다. 창우배는 가면을 쓰고 노는 사람들을 일컫는 말이다. 따라서 이러한 역사를 살펴보면 강릉가면극은 허균이 언급한 잡희로부터 출발하여 창우배로 다시 가면극으로 어휘가 바뀌면서 정립되었다고 볼 수 있다. 그러면 과연 허균이 보았던 잡희와 오늘날의 가면극이 같은 것일까 하는 의문이 남지만 이러한 역사를 가진 강릉의 가면극은 소급해보면 17세기 중엽부터 단오제에 전승되기 시작하여 오늘에 이르렀다는 가설을 세울 수 있을 것이다.

2) 실증적 고증

강릉가면극은 주로 음력 5월 5일 단오 무렵에 행해졌던 것으로 보인다. 관노가면극 연희자였던 김동하(金東夏, 1884년 1월 22일생), 차형원(車亨元, 1890년 9월 5일생) 씨를 대상으로 1966년 조사한 자료를 바탕으로 정리된 문화재 지정조사보고서에 의하면 음력 5월 1일 본제가 시작될 때 화개를 만들고 이때부터 연희가 이루어져 4일과 5일에 걸쳐 이어졌다 한다.

추엽 융의 조사에도 5월 1일 본제 때부터 화개(花蓋)를 꾸미고 가면극을 했는데 화개는 부사청에서 만들었다고 기록되어 있다. 또한 가면극은 4일날 대성황사 앞에서 놀고 5일 날 계속했다고 한다.

연희장소는 강릉 남대천변이 아니라 대성황사를 비롯하여 여러 곳으로 옮겼는데 음력 5월 5일에는 오전 대성황사 앞에서 먼저 행하고 다음에는 화개를 받들고 약국성황당, 제관청, 여성황당의 순으로 순례하며 탈놀이를 했다. 현재는 여성황당만 있고 나머지는 없어졌으므로 남대천 단오터에서 4일간 연희하고 있다.

추엽 융이 1928년 강릉으로 민속조사를 나왔던 때에는 이미 대성황사가 없어졌음을 알 수 있다. 따라서 일제초기에 대성황사가 사라지고 30년대 이후 무렵부터 남대천으로 제장이 옮겨졌다고 볼 수 있다.

나는 강릉에 머무는 동안 비 오는 어느 날 이 신도를 걸어가 봤으나 여성황당은 남대천가에 폐잔의 작은 사우로 남아 있었다. 입구에는 '靈神堂, 庚寅四月上澣 月坡'라고 쓴 현판이 걸렸고, 그 안에는 토지지신위라고 먹으로 쓴 흰 나무의 신위가 있고 약간의 제기도 있어 아직 신앙이 완전히 절멸하지는 않았다는 것을 알 수 있었다. 그러나 대성황당 즉 강릉의 읍성황당은 지금은 완전히 옛날의 모습을 찾아볼 수 없고, 마을 서부 작은 언덕 위에 옛날의 위치를 더듬을 수 있을 뿐이다.

앞서 언급되었듯이 17세기 이래 지속된 것으로 유추되는 강릉가면극이 언제쯤 사라졌을까하는 의문이 남는다. 가면극은 일제하에 추엽 융이 조사할 당시에도 전해지지 않았으며 1966년 무렵 임동권의 조사시에도 이 탈놀이는 전승되지 않았다.

현재로서는 대체로 한일합방을 전후한 시기로 보인다. 『둔호유고』에는 융희 3년(1909) 일본인들에 의해 폐지된 것으로 적고 있고, 추엽 융은 갑오개혁(1894)이래 끊어지고 볼 수 없다고 한다. 임동권 교수에 의해 1966년 가면극 연희자로 파악된 김동하 씨가 당시 84세, 차형원 씨가 당시 78세로 이들은 각각 21세와 17세 때에 본 것이 마지막이라 했다. 임교수는 1960년 7월 24일 1차 답사를 하였으며 1964년 2차답사 1966년 6월 20일 3차 답사를 했는데 김포에서 비행기로 북평비행장에 내려 강릉으로 자동차로 와서 대한여관에 투숙하였다.

이때에 향토사가인 최선만, 홍덕유, 교육장, 된장회사 사장 남기의와 대창역을 답사하였다. 6월 22일 저녁 가면극에 대한 확증을 잡고 6월 23일 대한여관에서 녹음을 실시했다. 당시 교육위원회에서 협조를 해서 교육위원회 직원과 제보자인 차형원(79), 김동하(84), 장대연(88), 최재분(77.무가 제공), 홍재옥(60.오독떼기 제공), 최인수(68.집례맡은 사람), 우동식(80), 함종태(58), 방정자(49), 최돈순(53), 입암동 박씨 등이 참석하였다. 이 자리에서 김동하 옹은 21세, 차형원 옹은 17세 때 관노가면극을 강릉단오제 공연때 보았다고 하며 장대연 무녀는 18세 때에 그 춤을 본 것으로 기억하였다. 이러한 언급을 상고해 보면 1966년 당시로부터 62년 내지 63년 전에 관노가면극이 연희되었음을 알 수 있다.

임교수는 이러한 자료를 바탕으로 조사보고서를 작성하여 1967년 1월 16일 무형문화재 지정을 받았다. 1967년 7월 20일 4차 답사를 하여 관노가면을 제작하였는데 당시 중앙대 조각과 교수였던 윤영자 교수와 함께 와서 삼홍여관에 투숙하고 강릉여고에 보관중인 최상수 씨가 만들었던 가면을 인수하고, 함종태 씨의 조언과 김동하, 차형원 옹의 고증으로 윤교수가 석고로 가면을 제작하였다고 한다. 당시 김옹과 차옹은 여고 가면이 원형에서 거리가 멀다고 하였다. 그러나 당시에 김옹과 차옹이 직접 나무로 가면을 제작하지 못하고 윤교수가 대신 석고로 빚어 놓은 것이 문제점으로 남는다. 당시 임교수는 안동 놋다리 차전놀이 조사차 영주로 가고 없을 때였으므로 석고로 만든 당시 상황에 대해서는 분명하게 알 수 없다.

다만 임교수의 언급에 의하면 두 노인이 서고로 만든 것을 보고 "그만하면 쓰고 놀 수 있겠다"고 언급했다고 한다.[57] 문제는 두 노인이 임교수에게 고증한 내용과 실제로 윤교수가 만든 석고상을 대비해 보면 차이점이 발견되는데 최상수 씨가 지적한 내용은 다음과 같다.

> 그런데 최근에 와서 새로 만든 假面을 보면, 양반은 우리나라 사람의 골격도 아니고, 우리 나라 딴 지방 兩班 假面에서 볼 수 있는 모양도 아니고, 日本 假面에 보이는 貴公子의 얼굴을 본뜬 것 같아, 적합한 것이 못되고, 소매각시 또한 日本의 <히매(妃)>假面 같아, 적합치 않다고 본다. 새로 만든 이 假面의 모양을 보면, 하나도 우리나라 사람 같지가 않다. 어찌하여 앞사람의 오랜 調査 研究와 근

---

57) 필자와 전화대담, 1996년 2월 15일.

거에서 만들어진 것을 존중하지 않고 어떤 이유와 근거에서 그러한 모양의 假面을 또다시 새로 만들어 사용하는지 알고 싶거니와, 빠른 時日內에 이에 대한 公正한 是正이 있어야 할 것이다.[58]

이러한 최씨의 지적은 일면 긍정이 되는 면이 없지 않다. 석고로 빚어 놓다보니 자연히 일본탈의 모습을 본뜨게 된 것인지, 윤교수가 고증하는 내용만을 듣고 만들다보니 자연히 일본 탈을 흉내 낸 것인지 알 수 없다. 문제는 석고로 재현해 만들어진 탈들이 김동하, 차형원 옹의 언급과 일치하지 않는다는 점이다. 그것은 제작상의 미세한 차이가 아니다. 예를 들어 시시딱딱이탈의 경우는 입이나 코, 색상 등 전반적인 인상에 구연 고증한 내용과 현격한 차이를 보이고 있음이 지적된다. 이러한 차이점에 관하여 그동안 제작된 탈을 강릉지역에서 출토된 망와와 대비한 필자의 글을 참고하면 알 수 있다.[59]

강릉관노가면극은 1900년 초기에 사라졌다가 1965년 10월 29일부터 10월 31일까지 서울 덕수궁 뜰에서 행해진 제6회 전국민속예술경연대회에 <강릉성황신제 관노가면회>라는 이름으로 강릉출신 정의윤 선생이 도교육감의 추천 하에 춘천여고생들을 가르쳐서 참가, 장려상을 받으면서 탈놀이가 부활되었다. 당시의 문화재 지정준비상황과 연희정황을 설명하고 있는 『강원연감』의 기록을 보면 다음과 같다.

> 또 4월 27일에도 무당굿과 탈춤이 벌어지며 5월 초하루 날부터 단오놀이가 시작되어 봉안하였던 신목을 괘대에 다시 모시고 풍년 제전에 移安하면서 또다시 무당굿으로 고대적 민속가면무가 등장된다. 그때 등장되는 인물들은 양반광대, 소매각시, 시시닥덕기 등이며 기타로서는 그네, 씨름, 괘대 놀이(힘자랑=물건을 메고 걸어가는 것)로 단오놀이가 시작되었다가 5월 6일 날 신목은 대관령쪽을

---

58) 崔常壽, 『山臺・城隍神祭假面劇의 研究』, 成文閣, 1985, 186쪽.
59) 張正龍, 『江陵官奴假面劇研究』, 集文堂, 1989, 69~70쪽.

1965년 강릉단오제 관노가면극 (강릉여자고등학교 학생들이다.)

1967년 강릉단오제 관노가면극. 현행과 다른 모습이다. (최상수 선생의
고증으로 만든 탈이다.)

향하여 소각해 버리므로서 단오제가 끝났다고 전해지고 있다. 그러다가 불행하게도 5,60년전부터 시대변천과 더불어 관노가면탈춤은 그 자취를 감추고 현재까지는 풍년제와 씨름, 그네, 간단한 체육대회 정도로 유지해왔다.

이렇게 유지해오던 강릉의 端陽놀이가 금년(1966)부터 명칭을 바꾸어 지금부터 60년전 강릉의 고대민속인 대관령성황굿과 관노가면탈춤을 원형대로 부활시켜 무형문화재로 인정받으려고 금년 단오제에 처음으로 시도했던 것이다. 그러나 그 탈춤과 굿이 잘 조화가 되지 않아 當年에는 무형문화재로 인정받기는 어렵고 앞으로 지정을 받을 가능성이 있어 많은 연구와 개선할 점이 많다고 문화재관리위원회 전문위원들은 평가했다. 한편 강릉의 탈춤은 원래 시초가 강릉인 만큼 타지방에서는 할 수 없다.

우리나라에서 탈춤의 민속유래를 갖고 있는 곳이 경남도 영산, 충청남도에 은산, 강원도에 강릉 이렇게 3개소밖에 없다. 그런데 유감스럽게도 강릉 탈춤의 각본은 강릉에 있는 李俊浩 氏가 만들어 강원도 교육위원회에 제출한 바 있는데 이 각본이 춘천에 의해 탈춤 의상이 만들어졌고 또한 전국민속경연대회에 강원도 대표로 춘천에서 출전하여 관노가면 탈춤을 췄다는 사실은 강릉의 고대민속문화를 무시한 처사라고 아니할 수 없다. 그래서 앞으로 이러한 처사는 시정돼야겠다.[60]

당시 강릉관노가면극은 전국민속경연대회에 강원도 대표로 처음 출전하여 부활되었는데 초창기 이 일에 참여한 것으로 언급되는 최상수 씨는 다음과 같이 기록하였다.

음력 5월 5일 강릉에서는 단오굿 때에 주로 관노들의 놀음으로 탈놀음(假面戱)이 있었으니 이조 말 경술(國恥)되던 해까지 연출되었다. (중략)탈놀음은 하나의 여흥으로서 주로 강릉부에 소속되어 있는 官奴들이 5월 5일날 社倉앞 넓은 광장에서 얼굴에 탈을 쓰고 또 가장을 하여 한 바탕 놀음을 노는데 오전 11시경부터 저녁때까

---

60) 江原日報社, 『江原年鑑』, 1966, 522~523쪽.

지 행한다. 이때에 나오는 등장 인물은 수수댁, 小巫각시, 양반, 장
자말이 나와 번갈아 나왔다 들어갔다 하면서 약간의 才談이 있으나
주로 춤이 위주이다.[61]

최씨에 의하면 1964년 이 글을 발표하고 가면희를 부활했으며 1965
년 전국민속예술경연대회에 출연했을 때 해설문인 「강릉성황신제 가면
희에 붙여」라는 글을 발표하였다고 한다. 또한 그해 <중앙일보> 10월
12일자에 「강릉성황신제 가면희의 부활을 위하여」라는 글을 발표하였
다고 술회하였다.[62] 그는 1942년부터 1962년 되던 해에 이르기까지 여
섯 차례 강릉지방 민속을 조사하여 이 탈놀음의 전모를 알게 되었다고
하였다.

또한 이 탈놀음에 대해서 대부분의 강릉 인사들도 그러한 탈놀음이
자기네 고장에 있었던 것조차도 아는 이가 거의 없었고 다만 나이 많
은 몇몇의 노인들만이 소년 시절에 보았다는 이가 있었을 뿐이었다고
회상하였다.[63]

최상수 씨가 조사한 대상은 1942년과 1958년 당시 강릉에서 김도수
(金度洙, 강릉군 강릉읍 홍제리, 1942년 7월조사), 김돌이(金乭伊, 강릉
읍 초당리, 1942년 7월조사), 김동하(金東夏, 강릉읍 교동리, 1958년 7
월, 1964년 8월 조사) 씨가 있었는데 이들의 말을 참고하여 서울에서
조각하는 사람에게 위촉하여 만들었다고 한다.

그러나 예들어 "시시딱떽이는 方相氏 가면을 쓰고 나왔다 해서 방
상씨 가면과 같이 만들었던 것이다"라고 언급한 것과 같이 구체적인
강릉탈의 면모를 구체화시키지 못했음을 간취할 수 있다. 당시의 등장
인물로 시시딱떽이(수수댁), 小梅각시, 양반, 장자말이라 했는데 그 이

---

61) 崔常壽, 「江陵端午祭 탈놀음」, 『20世紀 韓國大觀』, 東亞出版社, 1967, 136쪽.
62) 崔常壽, 『山臺・城隍神祭假面劇의 硏究』, 成文閣, 1985, 185~186쪽.
63) 崔常壽, 上揭書, 185쪽.

전 1928년 추엽 융 조사에는 兩班廣大(yangban-koandai), 少巫閣氏(somai-kaksi), 시시딱딱이(sisittak-tagi), 장자말(chanja-mal)이 기록되었고[64] 조선총독부 생활상태조사보고서에도 양반광대, 소매각씨, 괘대 내용이 다음과 같이 실린 바가 있다.[65]

1978년 제19회 전국민속예술경연대회에 민속극 부문으로 출연한 강릉관노가면희 필자 이름도 들어 있다. (강릉 무형문화연구소)

　　양반광대는 倡優로서 얼굴에 札(나무를 가지고 사람상을 만들어 분장하여 장식하는 것)을 걸고, 머리에는 꿩깃을 만든 뿔 모양의 관을 쓰고, 손에는 큰 그림부채를 쥐며, 몸에는 보통과 다른 옷을 입고, 무용 등을 한다. 소매각시는 倡女로서 찰, 부채, 복장은 전자와 약간 달라도 춤은 같다.

---

64) 秋葉 隆, 『朝鮮民俗誌』, 東京, 六三書院, 1954, 169쪽.
65) 朝鮮總督府 調査資料 第32輯, 『生活狀態調査 其三』, 江陵郡, 1930, 281쪽.

이상과 같이 1965년부터 본격적인 복원작업이 이루어졌으며 전국민
속예술경연대회에 참가하면서 보다 구체화되었다고 할 수 있다. 이어서
1966년 문화재지정자료가 작성되고 1967년 1월 16일 강릉단오제의 한
종목으로 가면극이 인정되어 무형문화재 13호로 지정되어 확고한 전승
체계를 갖추었다.

이에 따라 60여 년간 잠자고 있던 탈놀이가 다시 햇빛을 보게 되었
는데 이후 1960년대 후반부터 강릉여고, 강릉교대가 전수했고 1976년
부터 강릉여고와 관동대가 전수받고, 1990년부터 강릉대에서 이 놀이
를 시작하여 현재까지 이어지고 임영회, 경포국교 등에서 전수를 받고
있다. 필자는 현재 무형문화재로 지정된 강릉시 유천동 주민들을 1983
년 2월부터 석사학위 논문을 통해 연구한 내용을 전수하고 지도하여
권영하 씨(1918년 6월 4일생)가 기예능보유자로 재지정되었으나 1997
년 4월 9일에 타계하였다.

강릉관노가면극 기능보유자 고 권영하씨
(1985. 8. 22. 오죽헌)

그러나 앞서 여러 단체에서 사용한 탈과 놀이내용상 고증이 미흡하고 여러 문제점이 발견됨에 따라 현재는 1966년 김동하, 차형원 옹의 제보로 고증한 내용과 필자의 연구내용을 바탕으로 연희를 충실히 복원하여 전수하도록 애쓰고 있다. 이 탈놀이에 소요되는 시간은 대체로 더운 절기에 행해지므로 고증에도 "한 두어 서너 시간 놀다가 더우니까 그 탈바가지를 벗어 놓는다"고 하였다. 여러 조사보고서에 관노가면극은 무언극으로 이루어지고 있다고 하거나 약간의 재담이 들어 있다고 했는데 이 부분은 인간문화재의 고증에도 분명히 나타난다.

차형원 옹의 언급에 의하면 "그 재담이라는 거는 서루 말을 통하는 거 보담도 그 탈을 씨고 앉아서 서로 찝쩍거립니다. 가서 이렇게 서로 댕기고, 이래 서로 보고 이래, 취미로 그 이래지 뭐 뭔 사전에 뭔 ……." 이렇게 대사가 없다보니 효과적인 몸짓언어가 동원되었다. 탈놀이의 반주음악은 비교적 소상한 고증이 남았는데 차형원 옹은 날라리, 장구, 꽹새, 징 등을 오음육율에 따라 쳤다고 하였다.

등장인물은 모두 개성이 강하게 표출되는데 강릉관노가면극에는 양반광대, 소매각시, 시시딱딱이 2명, 장자마리 2명으로 총 6명이 등장한다. 먼저 양반광대는 호색풍자나 어리석음을 희화화하기 위한 인물로 등장하는데 양반광대의 광대(廣大)는 『고려사』권124, 전영보전에 "우리말로 가면을 쓰고 노는 자를 광대라 한다"는 언급과 같이 탈놀이 하는 연희자를 일컫는다.

특히 양반광대가 쓰고 나오는 변은 일본인 아키바 다카시(秋葉 隆)가 1928년 조사한 조사에 호랑이 수염이 달린 가면에 긴 뿔이 있는 관을 쓴다고 하였고 1931년 생활상태조사 보고서에도 머리에는 꿩 깃으로 만든 뿔 모양의 관을 쓴다 하였다.

이 부분에 대해 차형원 옹은 정자관을 썼다고도 하나 여러 고증에 뿔 모양을 강조하고 있으므로 나장(羅將)이 쓰던 깔대기 전건(戰巾)이었거나 고구려인이 썼던 절풍건형태일 가능성이 크다. 실제로『임영지』에 강릉부에서 나장의 전건을 소장하고 있음을 밝히고 있다.

양반광대의 이러한 깔대기 관은 중국 귀주 산간지방의 나희(儺戲)에서 양반광대의 것과 동형의 흑백 고깔을 쓰고 나타나는 것으로 보아 양반광대 역시 나례인물로 짐작할 수 있는 가능성이 보인다. 그러한 추정은 소매각시의 어원에 이르면 더욱 긴밀해진다.

소매각시는 양반의 상대역이며 호색을 풍자하기 위한 인물로 표상된다. 소매각시에 대해 오해는 소무각시라고 기록한 추엽 융의 강릉단오제 조사보고서에서 비롯된다. 이러한 오류는 "여주인공 소매각시(小巫閣氏)가 꼭 있어야 하는 所以然도 바로 무당없는 굿판이 있을 수 없기 때문이다"라는 언급으로 이어지고 소매각시를 무녀로 파악하기도 하였다.[66) 그러나 추엽 융은 소무각시(少巫閣氏)라고 써놓았지만 괄호 안에 영어로 <Somai>(소매)라고 적어 놓는 치밀함을 보여 주었다.

필자는 소무각시가 소매각시의 착오라는 사실을 1981년 석사학위논문에서 이미 밝혔으며 성현의『용재총화』에도 소매가 나오며, 유득공(1748~?)의『경도잡지』에는 "소매는 역시 옛날미녀의 이름이다.(小梅亦古之美女名)"이라고 한 내용과 "각시는 우리말로 여자이다.(閣氏者東語女子也)"라는 내용을 방증자료로 삼은 바가 있다.[67) 따라서 강릉 가면극의 소매는 나례의 의식에 나오는 소매(小妹, 小梅)를 차용한 것으로 볼 수 있다.

다음에 시시딱딱이는 수수댁, 시시딱떽이, 시시딱대기, 시시닭덕기, 수수딱때기 등으로도 나타나는데 어원을 밝히기가 쉽지 않다. 그러나 추엽 융의 조사에는 방상씨의 가면과 같은 무서운 목제가면을 쓴 것으로 나타나고 기예능보유자의 고증에서도 방상씨가 언급되고 '쉬시 쉬시'하면서 등장한다는 것과 딱딱이패가 놀이패를 말하는 것으로 미루

---

66) 金善豊,「江陵官奴假面劇의 神格構造」,『江原民俗學』3집, 1985, 51쪽.
67) 張正龍,『江陵官奴假面劇硏究』, 集文堂, 1989, 54쪽.

어보면 '시시'라는 축귀어(逐鬼語)에 딱딱이가 합성된 것으로 볼 수 있다. 이 점은 최상수의 고증과도 일치한다.

> 이 假面戲에 나오는 등장인물 중에 그 語意가 불분명한 것이 있으니, 「시시딱떽이」이다. 이 말을 그 지방 老人들도 무슨 말인지 그 말뜻은 모른다. 나의 생각으로는 쓰고 나오는 이 假面이 方相氏 假面인 것으로 보아 「시시(쉬쉬)」와 「딱떽이」가 複合된 말로서, 시시딱떽이란 이 假面을 쓰고 사방의 邪鬼를 쫓아내는 驅儺때에, 방망이를 쥐고 이곳 저곳을 "시(쉬)- 시(쉬)"하고, 또 방망이로 이곳 저곳을 딱딱 때리는 것이므로 「시시딱떽이」란 이름이 붙은 것이라 생각된다.[68]

따라서 이 인물은 벽사를 하는 기능을 가지고 전염병을 예방하는 뜻에 잡귀를 쫓기 위해 오방색 탈을 쓰고 방망이 또는 황토 칠한 칼을 들고 나타난다. 시시딱딱이가 들고 나타나는 것이 방망이냐 칼이냐 하는 문제는 김동하, 차형원 옹의 고증에는 분명히 분홍색 칠을 한 칼을 들고 나타나는 것으로 언급되었는데 이것을 방망이로 볼 수 있는 자료가 소개되었다.

강이천(姜彝天, 1769~1801)이 지은 <남성관희자(南城觀戲子)>에는 1779년 남대문 밖에서 본 산대놀이를 읊었는데 여기에는 시시딱딱이와 유사하게 귀면을 쓴 두 인물이 짧은 방망이를 들고 등장하여 뛰면서 마주 때리고 사라진다.[69] 즉 "髼髮鬼面露(더벅머리 귀신의 낯바닥 나타나) 短椎兩相擊(두 놈이 방망이들고 치고 받고) 跳梁未暫駐(폴짝폴짝 잠시도 서 있지 못하더니) 忽然去無縱(홀연 사라져 자취도 없는데)"라고 한 표현이 그것이다.

『조선의 향토오락』에서도 강릉지방의 오광대놀이라고 소개하면서 목제인형을 만들어 노는 것이 전염병예방을 위한 것이라 한 것으로도 알

---

68) 崔常壽, 앞의 글, 183쪽.
69) 林熒澤 編譯, 『李朝時代敍事詩』下, 창작과 비평사, 1992, 304쪽.

수 있듯이[70] 단오 무렵 질병을 구축하기 위한 상징적 나례의식으로도 파악된다.

장자마리는 장자말, 장재말이라고도 하는데 양반을 뜻하는 장자(長者)의 하인인 마름이 합성된 것으로 유추되기도 하고, 장자방(장량) 설화를 차용한 것으로도 보인다. 이는 시시딱딱이를 창해역사로 볼 때 신화적 연희화의 인물설정이다. 강릉에서 창해역사를 대창리 성황신으로 모셨다. 그를 또한 어마성황신, 육성황신이라고 불렀는데 일제초기까지 신봉하였으나 현재는 당집이 없어졌다. 연희의 배경이 될 것으로 추론되는 장자방과 창해역사의 신화내용을 인용하면 다음과 같다.

상상재가 있고 상산재(高山峙) 밑에는 군정교란 다리가 있는데, 강릉군과 정동면 하고선 그 상간에 있다고 해서 군정교라 했죠. 그것이 군정교에서 이짝으로 가면 경포로 내려가고 군정교를 지나가면 오죽헌으로 들어가지요. 그 위에는 상산재가 있는데 상산재에는 장자방(張子房)이 장량이 왔다 갔다는 설이 있어요.

장자방이 와 가지고서는 군정교를 건네 갔어요. 그때는 다리는 없구 인제 돌로서 석교를 놔가지고서 그 개울을 건너갔는데, 그래 건네 가보니까 노인 한 분이 건너오는데 건너와 가지구선 신짝을 물에 떨군다. 신짝을 떨구면서 작은 청년보구 이 신짝을 좀 주워 달라고. 그러니까 장자방이가 짝으니까 내려가서 건져줬어요. 건져주니까 노인이 어디어디 계십니까?라고 물었다. 승명(성명)이 누구냐고 하니까 승명도 넘겨주지 아니하고 책을 한 권 준단 말여. 황석공 소서 한권을 주는데 이 노인의 성이 황석공이란 노인이라. 그 책은 말하자면 병서도 들고 여러 가지가 든 책이죠.

그래서 장량이가 왜서 강릉에 완고 한즉 진시왕이 그때 집권하고 있을 때에 분서도 하고 그때 유생도 붙잡아 죽이고 머 그랬잖아요. 서화를 마구 불에 태우고 그 폭정이 있기 때문에 장사를 얻어 가지고 가서 진시왕을 죽일려고 계획을 해서 강릉에 왔는데, 강릉에 마춤 역사(力士)가 있었는데 창해역사(滄海力士)란 이가 있었읍니다.

---

70) 朝鮮總督府, 『朝鮮の 鄉土娛樂』, 調査資料 第47輯, 1941, 272쪽.

그래 가지고 창해역사를 구해 들어갔지요. 들어가서 진시왕이 수레를 타고 나가는데 임금이 거동하니 수레가 여러 개가 지나갔죠. 저 차에 진시왕이 탔으리라 하고 쳐들어가선 쳤으나 다음 차를 쳤다. 다음 차를 쳐놓으니까 진시왕은 죽이지 못하고 다음 차를 벌떡 뒤집어 놓으니까 그 다음 창해역사는 그만에 도망쳤어요.

통감에 보면 크게 열흘을 찾았다고 적혀 있어요. 진시왕을 죽일려고 하던 창해역사를 열흘간 찾았는데 붙잡지 못했는지 모르겠습니다. 그러나 대자 십일일라 적혀 있으니 잡기는 잡았겠죠. 창해역사의 성은 여가라고 해요. 검을 여자 여라고 했는데 그것은 창해역사가 남대천 물에서 두루박 같은데 떠내려가는데 그것을 열어 보니까 얼굴이 검게 보이는데 누가 아이를 내버렸던 모양이죠. 그래서 보니까 검게 보여서 그래서 창해역사의 성은 여가라 하지요.(함종태, 강릉시 홍제동 4구, 1979.10.22)[71]

필자가 조사한 자료에 의하면 창해역사는 여승랑이라고 하였다. 다른 자료에는 여강중이라는 이름을 쓰기도 한다. 홍만종의 『순오지』에는 영웅의 일생과 같은 구조를 보이며, 난생계 신화유형으로 나타난다.

구전과 기록의 차이점은 난과 호, 여용사와 여강중, 호환퇴치, 만근종 옮김은 기록, 진시황 저격은 구전에만 나온다.[72] 홍직필(1776~1852)이 쓴 『매산잡지』에도 창해역사 유허기가 전하고 있다.

옛날이나 지금이나 약한 사람은 못살아요. 창해역사라는 사람이 지금 대창동이라는 곳에 살았는데, 옛날 천 칠백년전 중국 진시황이 있을 때 만리장성을 쌓았는데, 왜 쌓았나 하면은 '진망장로호야'라 했거든. 진나라 망한 것은 호의 힘이라 했거든. 그때 장자방이라는 사람이 진시황과 사이가 좋지 못했지. 그러나 돌이 모자라니 통참 거기에 돌이 있단 말야. 옛날 말하자면 예국에, 창해군이라는 데가 있었다. 하루는 이 땅에 몽활이라는 자가 장자석이 밑에 대장이거든. 배를 몰고 와서 통참가서 돌을 실으라 하는 전달이 왔거든.

71) 金善豊, 『韓國口碑文學大系』2-1, 江陵·溟州篇, 韓國精神文化研究院, 1980, 213쪽.
72) 張正龍, 「嶺東地方 人物神話의 內容的 考察」, 『中央民俗學』3호, 중앙대, 1991, 253쪽.

창해군 왕한데 전달이 오니 남의 나라에 와서 아무리 적은 나라라 하더래도 멋대로 실고 가지 못한다고 거절을 했거든. 거절을 하니 진시황에게 고대로 일러 바쳤거든. 그러니 창해군 왕을 불러다가 죽게 했사. 그래서 장자방이가 진시황을 죽일라 하니 당시 힘이 모자라서 소문을 들으니 창해군에 역사가 있단 말야. 창해역사가 누군가 하면은 여승랑이라고 있었사. 그게 창해역사야. 그 사람을 데리고 가서 몇 달을 기다려도 기회가 없단 말야. 죽일려고 하니 기회가 없으니 하루는 기회를 딱 잡았지. 진시황이 거동을 하는데 수레를 타고 다니는데 장자방이 고자질했지. 때리라고 말이지. 창해역사라는 사람이 기운이 좋아서 삼 백근 철퇴를 가지고 수레를 갈겼지. 진시황이 안 맞고 그 다음 수레가 맞았단 말야. 그래서 창해역사가 잡혀 죽었거든.[73]

이렇게 본다면 장자마리는 장자방, 시시딱딱이는 창해역사로 볼 수도 있을 듯하다.[74] 연희에서 장자마리는 양반광대를 해학적으로 조롱하며 놀이를 희극화하는 인물로 회청색 포대를 뒤집어쓰고 불룩한 배를 만들어 이것을 돌리면서 무대를 넓히고 관중을 웃긴다.

옷의 색깔을 땅과 바다를 연상케 하고 표면에는 곡식의 줄기인 나리나 해초인 말치 등을 매달고 나와 풍농어를 기원한다. 그런데 이런 유형의 포대가면은 하회별신극의 주지, 통영오광대의 중광대처럼 신앙적 기능을 갖고 있으며[75] 일본 오키나와의 신가면이나 경우에도 이러한 형태를 띠고 있는 것으로 보고 되었다.[76] 따라서 강릉가면극의 등장인물은 명칭이나 형태에서 나례의 기능인 벽사진경의 의미를 담고 있는 것으로 파악되며 이러한 신앙적 기능은 탈놀이의 원초성을 반영한 것이기도 하다.

73) 장정룡, 「창해역사 여승랑」, 『장정룡 교수의 설화기행, 54』, 관동신문, 1995.7.6
74) 張正龍, 『江陵官奴假面劇硏究』, 集文堂, 1989, 37쪽.
75) 張正龍, 『江陵官奴假面劇硏究』, 集文堂, 1989, 152~164쪽.
76) 外間守善, 「毎日新聞」, 1986년 7월 22일 夕刊, 6쪽.

1974년 강릉단오제 관노가면극. 강릉여자고등학교 학생들이 공연하였다. (임동권 교수가 고증한 탈을 쓰고 있다.)

 등장인물의 춤사위는 고증한 내용을 바탕으로 추려내면 장자마리의 춤사위는 소위 '마당딱이춤'이다. 마당을 닦듯이 추는 춤이라는 뜻인데 매우 독특하다. 이와 함께 '도리깨춤'을 춘다. 배불뚝이 모습으로 도리 깨를 쳐내듯이 마당을 넓게 하는 의도로 추는 춤이다. 차형원 옹의 언 급대로 "장자마리가 맨 먼저 나와서 그 참 마당땍이야. 전부 그 노는 장소를 한 번 멀리도 맨들어 놓고 좁으면 저리 좀 피해라고 사방 이렇 게 물려서 넓직하게 이렇게 맹글어 놓고… 그거는 보통 그 참 누구 말마따나 마뎅이, 그전 옛날 마뎅이 할 때 도리깨 쳐내듯이"라고 한 것으로 짐작된다.
 다음은 양반광대와 소매각시의 춤사위다. 고증에는 점잖게 추는 '맞 춤'과 '어깨춤'에 대한 언급이 들어 있다. 유득공(柳得恭, 1749~?)의 『경도잡지(京都雜志)』에 의하면 "춤은 반드시 대무인데 남자는 소매를 펄럭이고 여자는 손을 뒤집는다"[77]는 표현과 일치한다.
 즉 차형원 옹의 언급에는 "나가서 우선 발 드는 것이 저짝 여자는 왼짝을 듭니다. 남자는 가서 인제 오른짝을 들고 나갑니다. 인제 서로 좌우에 갈라서서 서로 춤을 추고 걸음걸이도 함부덤 안 걸었습니다. 아주 이렇게 자욱을 곱게 이렇게 참 떼어 놓으며 춤을 추고 이렇게 딱 마주합니다. 해가지고는 서로 돌아가고…"라고 하였다.

시시딱딱이 춤사위는 가면극의 상징성을 잘 보여주는데 무서운 탈을 쓰고 칼을 휘둘러 재앙을 쫓는 '칼춤'과 사랑놀음을 훼방하는 '제개는 춤'과 소매각시를 유혹하는 '너울질춤'을 춘다. 즉 차형원 옹은 "아 그 험한 탈을 쓰고 거기가서 인제 가꾸 제갭니다. 이리두 찝쩍, 저리두 찝쩍"한다고 했고 김동하 옹은 "벌건 저 버드낭그로써 깎아서 뻘건 칠을 해서 지레기 요만큼 해서 들었지요. 그속에서 들고 있다가 그저 이렇게 휘둘르고 추고 이러니 그 칼이 이러니 가끔 불쑥불쑥 나오더구만요."라고 말한 것으로 짐작된다.

강릉탈놀이의 기본 사위는 16개로 기존 김천흥 씨가 안무했던 것과 고증 상에 나타난 것을 대상으로 선별하여 필자가 재편성한 것이다. 이 춤사위가 현재 중요무형문화재 제 13호에 속하는 관노가면극의 기본 동작이다.

(1) 기본사위: 양팔을 앞으로 뻗어서 어깨 넓이로 벌려 들고 어깨를 안팎으로 움직이면서 좌우로 번갈아 가며 춘다. 다리는 제자리에서 오른발과 왼발을 교대로 반 장단씩 옆으로 비껴서 들어준다. 무동 춤을 응용한 어깨춤으로 시시딱딱이와 장자마리의 춤사위다.

(2) 여다지: 양손을 가슴 앞으로 모았다가 옆으로 힘차게 펼친다. 이때 다리는 손동작과 함께 교대로 앞으로 90도 꺾어서 들었다가 내린다. 즉 양손을 가슴 앞에 모을 때 오른쪽 다리를 90도 꺾어서 올렸다가, 양손을 옆으로 힘차게 뻗으면서 다리를 내린다. 다음에는 양손을 가슴 앞에 모을 때 왼쪽 다리를 90도 꺾어서 올렸다가, 양

---

77) 柳得恭,『京都雜志』卷1, 聲伎 "舞必對舞 男拂袖 女翻手"

손을 옆으로 힘차게 뻗으면서 다리를 내린다. 이는 장자마리의 춤 사위다.

(3) 회전치기: 돌면서 하는 외사위다. 팔을 교대로 안으로 감았다가 펼친다. 이때 다리는 팔과 같은 쪽의 다리를 90도 꺾어서 올렸다가 내린다. 이는 시시딱딱이와 장자마리의 춤사위다.

(4) 팔뚝잡이: 오른팔을 뒤로부터 앞으로 원을 그리면서 돌려서 앞으로 뻗은 후 손바닥을 엎었다 뒤집었다 하면서 가슴 안쪽으로 끌어당긴다. 양팔을 번갈아가며 이 동작을 하는데 이때 다리는 팔과 같은 쪽의 것을 90도 꺾어서 올렸다가 내린다. 장자마리의 춤사위에 쓰인다.

(5) 멍석말이: 오른 팔을 머리 뒤에서 앞으로 감고 오른쪽 다리를 90도로 꺾어서 오른쪽 옆으로 70도 정도 돌려서 들며 30cm정도 띈다. 이때 왼팔은 수평을 이루고, 오른팔을 감은 상태에서 양손은 수평을 이루며 오른발을 왼발 앞에 놓는다. 왼팔을 머리 뒤에서 앞으로 감는다. 왼다리를 90도 꺾어서 왼쪽 옆으로 70도 정도 돌려서 높이 들며 도약한다. 이때 오른팔은 수평을 이루도록하고 양손을 수평상태에 놓고 왼쪽으로 돌아갈 준비를 한다. 이때 왼발은 오른발 앞에 놓는다. 시시딱딱이와 장자마리의 춤사위다.

(6) 곱사위: 양손을 편하게 내리고 오른팔을 뒤에서부터 머리 앞으로 떨어 뜨려 머리를 빗어 넘기듯 손을 뒤로 넘겼다가 다시 앞으로 가져와 합하면서 원상태로 내린다. 팔을 교대로 하여 동작을 반복하며 이때 다리는 팔과 같은 쪽을 들었다가 내린다. 소매각시와 장자마리의 춤사위다.

(7) 무릎치기: 양손으로 무릎을 치고 기본사위를 춘다. 이때 지상에서 30cm정도로 도약하며 오른쪽다리부터 하고 다음에 왼쪽다리로 옮긴다. 장자마리와 시시딱딱이의 춤사위다.

(8) 고개치기: 오른쪽 다리를 들고 양쪽 무릎사이로 머리와 팔을 넣었다가 하늘을 향해 양팔을 쭉 폈다가 내리면서 다리를 제자리에 놓는다. 양쪽을 반복하는데 장자마리의 춤사위다.

(9) 너울질: 몸을 오른쪽으로 90도 돌려서 오른팔을 앞으로 뻗은 후 손바닥을 엎었다가 뒤집었다 하면서 무릎을 약간씩 굽혔다 폈다 한다. 이때 반대쪽 어깨를 약간씩 앞으로 당겨주며 반복한다. 소매각시의 대표적인 춤사위다.

(10) 직선사위: 양손을 어깨높이보다 10cm정도 높이 들고 손목은 꺾어서 아래로 늘어뜨린다. 오른발을 직선으로 들면서 지상에서 30cm 정도 도약하는데 발을 교대로 하여 반복한다. 양반광대의 대표적 춤사위다.

(11) 마당닦기: 마당을 닦는 것처럼 장자마리가 배로 사람을 밀어내는 춤이다. 배불뚝이 춤으로 허리를 두른 둥근 테를 잡고 좌우로 돌리면서 미는 동작을 한다. 장자마리의 대표적 춤사위다.

(12) 회돌이칼춤: 오른손에 칼을 잡고 앞으로 쭉 편 다음에 팔을 접었다 폈다 하면서 여덟 발자국을 왼쪽 오른쪽으로 휘돌면서 위협적인 칼춤을 춘다. 시시딱딱이의 대표적인 춤사위다.

(13) 어르기: 양팔을 어깨높이로 쳐들고 오른발을 앞으로 내딛으며 왼발을 뒤쪽으로 뺀 후에 고개와 손목을 세차게 좌우로 흔든다. 다시 양팔을 어깨 높이로 들고 오른발을 오른쪽 옆으로 힘차게 내딛으면서 왼발을 왼쪽으로 든 후 다시 고개를 좌우로 흔든다. 이것을 반복하는데 시시딱딱이가 소매각시를 어르는 대표적인 춤사위다.

(14) 손뼉치기: 손뼉을 치고 몸을 좌우로 흔들며 고개를 끄덕이며 추는 기본사위다. 관중을 웃기며 흥을 돋우고 박수를 유도하는 동작으로 장자마리의 춤사위다.

(15) 가세치기: 가위처럼 양발을 모아 다리를 굽혀 앉으면서 팔을 안쪽으로 늘어뜨려 모았다가 높이 뛰면서 X자를 팔로 그린 다음 다시 곧게 팔을 펴서 머리 위로 똑바로 뻗어서 올린다. 가장 힘이 드는 춤사위로 가세는 가위를 말하는데, 이는 호방한 시시딱딱이 춤의 대표적인 것이다.

(16) 맞춤: 양손을 턱 아래로 모았다가 고개를 오른쪽으로 한 번 돌려 끄덕이고 다시 고개를 왼쪽으로 돌려 한 번 끄덕이는 춤사위로 서로 마주보면서 추는 춤사위다. 주로 소매각시가 양반광대와 춤을 출 때 사용한다.

이상의 춤사위는 주로 고증 내용에 따라 편성한 것이며 일부 춤사위 이름은 다른 탈춤의 것을 인용하였다. 전반적으로 보면 여러 해 동안의 노력으로 숨겨졌던 춤사위가 많이 발굴되었으나, 기예능보유자가 실제로 춤을 추지 못했고, 남은 자료도 없는 관계로 고증을 토대로 복원하기가 쉽지 않다.

앞으로 동해안 무속춤이나 강릉농악 춤사위를 보다 폭넓게 원용하거나 같은 부류에 들어가는 하회서낭제탈놀이의 춤사위도 활용한다면 춤사위가 풍부하게 늘어날 수 있을 것으로 판단된다. 특히 장자마리의 춤은 신앙적 행위로 신비로운 벽사춤이 되어야 할 것으로 보이고 양반광대와 소매각시는 어깨춤을 중심으로 한 허튼춤을 꾸준히 추면서 성적인 매력을 위시하여 극적 내용을 몸짓으로 표현하면 좋고, 시시딱딱이 춤은 본격적인 검무가 나와야 할 것으로 지적되는 것은 타당하다.[78)]

아울러 장단도 단조로운 강릉농악 장단을 사용하고 있는데 여기에 구한말 악공들이 연주했던 춤가락을 활용하고 강릉무속음악을 원용하는 방안도 강구되어야 할 것으로 본다. 차형원 옹의 고증에는 날라리, 꽹과리, 북, 장구, 징 등을 사용했고 무당들이 반주음악을 연주했다고

---

78) 정병호, 『江陵端午祭 實測調査報告書』, 문화재관리국, 1994, 275쪽.

한다. 그것은 관노 중에 무격으로 일했던 사람들이 많았고, 탈놀이와 무격회를 대성황당이나 여러 곳을 함께 순례하면서 행했던 이유에서도 기인한다. 따라서 반주음악을 제대로 복원하려면 무속음악을 활용하는 방안도 모색되어야 할 것으로 본다.

탈놀이의 내용은 고증내용에 따라 놀이마당을 분류하면 대체로 다섯 마당으로 가를 수 있다. 첫째 장자마리 개시, 둘째 양반광대 소매각시 사랑, 셋째 시시딱딱이 훼방, 넷째 소매각시 자살소동, 다섯째 양반광대 소매각시 화해이다. 필자가 구성한 연희본 내용은 다음과 같다.

첫째마당: 탈놀이 시작과 함께 먼저 포대자루와 같은 포가면을 전신에 쓴 두 명의 장자마리가 연희를 개시한다. 요란하게 먼지를 일으키며 불룩한 배를 내밀면서 놀이마당을 넓히기 위해 빙빙 돌아다닌다. 관중을 희롱하기도 하고 선 사람을 앉히기도 하며 모의 성적인 행위의 춤도 춘다. 옷의 표면에는 말치나 나리 등 해초나 곡식을 매달고 속에는 둥근 대나무를 넣어 불룩하게 나온다. 장자마리는 희극적인 시작을 유도하며 마당을 정리하고 해학적인 춤을 춘다.

둘째마당: 양반광대와 소매각시는 장자마리가 마당을 정리한 후 양쪽에서 등장한다. 양반광대는 뾰족한 고깔을 쓰고 긴 수염을 쓰다듬으며 점잖고 위엄 있게 등장하여 소매각시에게 먼저 사랑을 구한다. 소매각시는 얌전한 탈을 쓰고 노랑저고리 분홍치마를 입고 수줍은 모습으로 춤을 추며 양반광대와 서로 뜻이 맞아 어깨를 끼고 장내를 돌아다니며 사랑을 나눈다.

셋째마당: 시시딱딱이는 무서운 형상의 탈을 쓰고 양쪽에서 호방한 칼춤을 추며 뛰어 나온다. 양반광대와 소매각시의 사랑에 질투를 하며 훼방을 놓기로 모의하고 때로는 밀고 잡아당기며 훼방하다가 둘의 사이를 갈라놓는다. 시시딱딱이는 무서운 벽사가면을 쓰고 작은 칼을 휘두르며 춤춘다.

넷째마당: 시시딱딱이가 양반광대와 소매각시 사이를 갈라 한쪽에서는 양반광대와 놀고 다른 편에서 소매각시를 희롱하며 함께 춤추기를 권하나 완강히 거부한다. 이를 본 양반광대는 크게 노하며 애태우나 어쩔 수 없이 분통해하다가 시시딱딱이를 밀치고 나와 소매각시를 끌고 온다.

소매각시가 잘못을 빌어도 양반광대가 질책하다 소매각시는 자신의 결백을 증명한다는 구실로 양반광대의 긴 수염에 목을 매려고 한다. 수염에 목을 매어 죽으려는 소매각시의 결백호소에 양반광대는 놀라고 측은한 생각으로 소매각시를 용서한다. 결국 소매각시는 결백을 증명한 셈이 된다. 수염으로 목을 감는 모습은 해학적이며 권위의 상징인 수염을 당기어 결백을 오히려 시인케 하는 내용은 죽음의식을 초월한 희극화된 표현이다.

다섯째마당: 수염을 목에 감고 자살기도하여 결백을 증명하려 했던 소매각시의 의도는 양반광대의 관용과 해학으로 이끌어져 서로 오해가 풀리고 결백이 증명되므로 탈놀이는 흥겨운 화해와 공동체마당으로 끝을 맺는다. 악사들과 꽷대, 구경하는 사람들이 함께 어울려 춤을 춘다.

강릉관노가면극은 글자그대로 관노들에 의해 추어진 탈놀이다. 관노들이 단오제 행사에 참가하였던 것은 제관 중에 삼헌관으로 관노가 있었고 관노가 맨 앞에서 태평소를 불며 일행을 이끌었던 것을 보아도 관노들의 역할이 상당했음을 알 수 있다. 그러나 갑오경장 때 공식적으로 공사노비법을 혁파됨으로써 전승상 어려움을 겪다가 1909년경에는 중단되었다. 심일수(沈一洙)의 『둔호유고(遯湖遺稿)』에 의하면 "융희 3년 기유 5월 단오 대관령 국사성황신을 무격이 맞이하는 것을 일본인이 금지하여 폐지되었다"(隆熙三年 己酉 五月端午 迎大關嶺國師城隍神 巫覡戲 始廢日人 禁止也)고 한다. 이때쯤 관노가면극이 사라졌다가 대략 60여 년이 지난 후에 당시의 연희자들을 찾고 고증하게 됨에 따라 세상에 다시 빛을 보게 되었다.

연희자였던 김동하, 차형원 옹의 고증과 여러 학자들의 노력으로 한국을 대표하는 서낭제탈놀이로 강릉탈놀이는 다시 정립되었다. 이제는 관노라는 이름을 붙일 이유도 없어졌고 신분상의 제약으로 연희가 활성화되는데 지장도 제거되었다. 그것은 이 지역의 주민들이 그 맥을 이어가고 있기 때문이다. 강릉지역성을 반영하는 대표적인 탈놀이로 하회탈놀이와 더불어 많은 발전을 이룰 수 있도록 보다 깊이 있는 연구와 고증, 체계화가 필요하다.

끝으로 연희적인 특징을 언급하면 첫째, 이 탈놀이는 단오제때에 행해진 신성제의극의 성격을 지닌다. 둘째, 국내 유일의 무언극으로 관노들에 의해 연희되었다. 셋째, 양반의 풍자를 해학적으로 이끌며 소매각시의 정조관을 부각시켰다. 넷째, 시시딱딱이를 통하여 재앙을 쫓고 장자마리를 통해서 풍요를 기원한 재화초복의 연희라는 점이다.

1990년 강릉단오제 관노가면극 공연 후 기념촬영. 현재 이 분들 가운데 여러 명이 타계하였다.

4. 강릉관노가면극 신화적 구성

1) 머리말

강릉지역에 전승된 가면극에 대한 정확한 이해는 아직도 부족한 것으로 보인다. 전국 최대의 향토축제로 자리매김한 강릉단오제는 지난 1967년 국가지정 무형문화재 13호로 지정되어 있으며, 그 가운데 중요한 행사로 가면극이 들어 있음에도, 아직까지 강릉가면극이 널리 알려지지 않았고, 관심도 부족한 것으로 나타난다. 이유야 여러 가지 있겠지만 무엇보다 여러 분야의 다양한 연구 성과가 적었고, 전수활동도 미약했음이 지적될 수 있을 것이다.

여기서 다루고자 하는 강릉가면극의 신화적 구성에 대한 논의는 본질적으로 강릉가면극이 지역축제에서 연행되고 있으며 그러한 전통을 계승하고 있음에서 신화와의 연계성을 논의해 본 것이다.

오늘날 강릉가면극은 많은 노력으로 올바른 전승이 가능해졌으나 아직도 연희의 상징성을 해명함에 있어서 부족함이 많다. 그것은 이 가면극이 1900년 초기까지 연희되다가 중단되었으며, 이후 60년대 이후에 복원되면서 연희자가 대부분 타계하였고, 현재는 그들이 남긴 구술자료만 남아 있기 때문이다. 부분적이나마 구술자료를 바탕으로 놀이와 탈이 재현되면서 가면극의 새로운 발전계기를 만들었으나, 아직도 해명되어야 할 내용이 많다.

그동안 원초적 시원에 대한 논의에서 강릉성황신제가 중심이 되는 단오제와 연희의 상관성을 다룬 바가 있었는데, 본고에서는 지역신화와 연계하여 성황제탈놀이가 갖는 상징적 전승의미를 다시 살펴보고자 한다.

강릉가면극은 강릉단오제 기간인 매년 음력 4월 15일 대관령의 국사성황신을 맞이하여 국사여성황신과 합배하고 5월 7일 두 신을 보내는 과정에서 조선시대 강릉관아의 관노들에 의해 연희된 성황신제 가면극이므로 탈놀이의 기원을 해명할 수 있을 것으로 보인다.

2) 강릉가면극과 지역신화

강릉가면극은 연희자가 조선시대 강릉부에 속했던 관노들에 의해 연희되었으므로 관노가면극이라 불렀다. 그러나 갑오경장 이후 관노제가 폐지됨에 따라 강릉가면극의 전승주체는 학생, 농민, 농악대원들로 바뀌었으며 그것은 지금도 유지되고 있다.

따라서 관노라는 명칭상의 특징이 의미가 없게 되고, 지역성이 강조되어야 할 것으로 본다. 가면극에서 지역명이 갖는 의미는 지역문화와 불가분의 관계를 갖기 때문이다. 특히 지역민의 정신적 통합과 문화적 일체감을 유지해 주는 지역신화가 가면극에 일정한 영향을 끼치고 있다고 판단하기 때문이다.

강릉가면극의 신화적 구성을 살펴볼 수 있는 지역신화는 많지 않다. 더욱이 이 내용들은 전승의 시차가 크고, 가면극의 실제 적용에 문제점이 없지 않으나, 등장인물을 중심으로 신화적 구성을 유추해보는 것이 방법론적으로 성황제 탈놀이의 분석에 도움을 줄 수 있을 것이라는 판단이다. 강릉탈놀이의 신화적 배경에 대해서는 필자[79], 김선풍[80], 박진태[81], 정윤수[82], 서연호[83] 등이 언급한 바 있다.

---

79) 張正龍, 「江陵官奴假面戱研究」, 中央大學校 國語國文學科 碩士學位論文, 1981.
　　張正龍, 『江陵官奴假面劇研究』, 집문당, 1989.
80) 金善豊, 「江陵官奴假面劇의 神格構造」, 『강원민속학』3집, 1985, 49~53쪽.
81) 박진태, 『탈놀이의 기원과 구조』, 새문사, 1990, 223~244쪽.
82) 정윤수, 「강릉단오제 근원설화와 관노가면극의 상관성에 대한 연구」, 강원대학교 석사학위논문, 1990.
83) 서연호, 『서낭굿탈놀이』, 열화당, 1991, 110쪽.

(1) 양반광대와 소매각시의 신화구성

강릉가면극의 중심인물은 양반광대와 소매각시라는 남녀다. 물론 이들의 관계는 부적절한 것이라고 하겠다. 당연히 양반광대의 호색을 풍자하기 위한 관계설정인 탓이다.[84]

하지만 그와 같이 평면적인 평가로 강릉가면극을 해석하는 것은 성황제탈놀이라는 신화중심적 연희의 특성을 간과한 것이다. 따라서 가능하다면 가면극의 인물 설정과 지역신화를 대비해 봄으로써 신화가 기초가 된 연희구성을 확인하는 계기가 될 수 있겠다.

양반광대와 소매각시는 강릉단오제의 배위신(配位神)인 국사성황신과 국사여성황신의 연희적 상징화법으로 볼 수 있다. 강릉 학산태생의 나말여초의 고승인 범일국사(810~889)가 대관령국사성황신으로 좌정하기까지 지역의 신화는 다양하게 나타난다.[85]

범일국사 신화 내력담은 중국에서 간행된 『조당집(祖堂集)』(998년)에서 범일이 신라 때 아버지 김씨와 어머니 문씨에 의해 13달 만에 탄생했다는 기록 이래 『증수 임영지(增修 臨瀛誌)』(1933년)이후에는 태양과 양가처녀의 결합에 의한 출생으로 바뀌었다. 이것은 이른바 태양계 신화와 영웅의 일생 설화를 차용하여 신격화한 것으로, 두 신격의 혼배는 신화적 문맥으로 전승된 것이라고 할 수 있다.

조선총독부 자료에는 "양반광대, 창우로서 얼굴에 찰을 걸고, 머리에

---

84) 강릉가면극의 양반광대를 '왕광대'라고 표기하는 것은 기능보유자의 녹음(1966년 자료)을 전사하는 과정에서 노인들의 불분명한 발음을 잘못 듣고 옮긴 강원민속학 1집(김선풍, 「강릉관노가면극의 현장론적 반성」, 1983, 12~13쪽)수록 내용을 그대로 인용해서 쓰기 때문이다. 실제로 강원민속학 1집 13쪽에 보면 양반광대를 '왕왕대' '양광대' '왕왕광대'로 잘못 표기하고 있다. 따라서 필자가 임동권 교수로부터 제공받아 비교적 정확하게 구술내용을 정리한 강릉관노가면극연구 (집문당, 1989, 209~211쪽)를 참조하기 바란다. 이러한 세심하지 못한 오류는 결국 "왕광대라 부르는 것은 우두머리 무당을 왕무당이라 하듯이 우두머리 광대란 뜻으로 그렇게 부르는 것 같으며"(박진태, 「탈놀이의 기원과 구조」, 새문사, 1990, 240쪽)라는 잘못된 견해가 나오게 되었다.

85) 장정룡, 「범일국사 전승설화의 변이과정 고찰」, 『人文學報』27집, 강릉대학교 인문과학연구소, 1999, 1~20쪽.

는 꿩꼬리를 가지고 만든 뿔 모양의 것을 쓰고, 손에는 큰 그림 부채를 쥐고 몸에는 보통과 다른 옷을 입고 무용 등을 했다.”고 정확하게 기록하고 있다.

다음은 양반광대의 상대역인 소매각시에 대한 것으로 범일국사의 상대격인 정씨가의 딸은 강릉시 홍제동 여성황에 좌정하고 있는 여성으로, 호환(虎患)을 당한 이 처녀가 대관령국사성황신의 배위신이 되었다는 설화다. 이 설화는 조선 후기나 숙종무렵의 일로 전승되는데,[86]이른바 처녀 공희(供犧)와 호환이 결합된 신혼(神婚)설화라고 볼 수 있다.

소매각시의 신화적 상징성은 나례(儺禮)와 야희(野戲)에서 그 명칭이 파악된다. 성현(成俔, 1439~1507)의 『용재총화(傭齋叢話)』에서 “소매(小梅) 여럿이 여삼을 입고 탈을 쓰며, 초록 저고리에 붉은 치마를 입고, 손에 긴 장대를 잡는다”고 한 것처럼 벽사진경의 나희(儺戲)에서 유래됨을 볼 수 있다.

또한 유득공(柳得恭, 1749~?)의 『경도잡지(京都雜志)』야희(野戲)의 경우 당녀(唐女)와 소매(小梅)로 꾸미고 춤추는데 소매는 옛날 미녀의 이름이라 하였다. 이처럼 구나의식에 신격으로 등장하던 소매가 『경도잡지』의 기록처럼 들놀음에 등장되었다가 오늘날 산대놀이의 소무, 왜장녀에 잔영을 남기고 있는 것으로 추정된다.[87]

일제강점기 기록에도 “소매각씨, 창녀(倡女)로서 찰(札), 부채, 복장은 전자와 약간 달라도 춤은 같다”[88]고 하였다. 따라서 소매각시는 무당이 아님이 분명하고, 소매각시를 무당으로 추정하고 있음은[89] 전경욱, 박진태 교수 등에 의해 비판받고 있다.

---

86) 장정룡, 『강릉단오 민속여행』, 두산, 1998, 61~62쪽.
87) 李杜鉉, 『韓國의 假面劇』, 一志社, 1979, 202쪽.
88) 朝鮮總督府, 『生活狀態調査』(其三), 江陵郡, 조사자료 제32집, 1931, 281쪽.
89) 金善豊, 「江陵官奴假面劇의 神格 構造」, 『江原民俗學』제3집, 1985, 51쪽 “여주인공 소매각시[小巫閣氏]가 꼭 있어야 하는 所以然도 바로 무당 없는 굿판이 있을 수 없기 때문이다.”

현재 여러 가면극에서 노장을 파계시키는 역할을 하는 소무(小巫)
라는 등장인물의 명칭이 원래 소매(小梅, 小妹)인데, 소무라고 잘못
알려졌다는 사실이다. 1930년대에 한국가면극의 대본을 선구적으로
채록한 임석재 선생은 최근 그의 회고담에서 '소무(小巫)는 무당 후
보쯤 되는 어린 무당이라고 생각해서 썼는데, 후에 다른 기록들을
보니까 소매(小梅)각시라는 술집여자를 지칭하는 말이 있는 것으로
보아도 소무(小巫)보다는 소매(小梅)가 훨씬 맞는 말인 것 같다. 나
는 위와 같은 나의 잘못된 점을 그동안 기회 있을 때마다 얘기했으
나, 후학들이 좀처럼 고치지 않고 고수하는 것 같아 안타깝다'(비교
민속학 9집, 1992, 12쪽)고 토로하고 있다. 또한 조선총독부에서
1931년 간행한 조사자료 제32집인 생활상태조사 (其三, 강릉군)281
면에는 한글로 분명하게 '소매각시'라고 적고 있다. 그러므로 1960
년대 강릉관노가면극을 조사할 당시 김동하·차형원 옹이 한결같
이 양반광대의 상대역을 소매각시라고 증언한 것은 매우 정확한 제
보였던 것이다.[90]

김선풍은 양반광대와 소매각시를 박수와 무녀로 보았는데(「강릉
관노가면극의 신격구조」,강원민속학 제3집, 1985, 51쪽, 「祭儀와 祝
祭로서의 강릉단오제」, 단오굿, 열화당, 1987, 138쪽) 이 같은 견해
는 처용과 그의 아내를 무당으로만 보는 견해와 함께 재고되어야
한다고 본다.[91]

1928년 강릉을 답사했던 추엽 융(秋葉隆) 교수는 등장인물에 대해
"兩班廣大(yangban-koandai), 少巫閣氏(somai-kak,i), 시시딱딱이(sisittak-tagi),
장자말(chanja-mal)"이라고 조사했는데,[92] 소무각시라고 한자로 썼지만 괄
호 속에는 영어발음으로 소매각시임을 분명히 밝혔다. 따라서 여러 정황
을 살필 때 소매각시를 무당이라고 주장하기가 어렵다. 강릉가면극의 양
반광대와 소매각시는 해원적인 의미로 국사성황신과 국사여성황신이 혼

---

90) 전경욱, 「연극」, 『江陵端午祭 實測調査報告書』, 문화재관리국, 1994, 364-365쪽.
91) 박진태, 『탈놀이의 起源과 構造』, 새문사, 1990, 238쪽.
92) 秋葉隆, 『朝鮮民俗誌』, 東京, 六三書院, 1954, 169쪽.

배한 이야기를 신화극으로 재현했을 것으로 생각할 수 있다.

그러한 근거로 「대가면(臺假面)」전승전설을 보면 알 수 있다. 명칭상 가면이라는 용어를 사용하고 있어 탈놀이의 대본으로 성격을 갖는 것으로 보인다. 내용의 신빙성이나 연대를 추정하기 어려운 자료 속성이 있으므로 근원설화의 탐색이나 연대추정은 논외로 하고, 전하는 이 설화를 화소별로 따로 나누어 살펴보면 다음과 같다.[93]

① 대관령 밑에 미모의 총각이 살음
② 어느 날 옆 집 처녀에게 사랑을 고백함
③ 뜻을 이루지 못하고 죽어 국사성황이 됨
④ 그 후 짝사랑한 여인을 잡다 같이 살음
⑤ 이 여인이 강릉 수호신이 됨
⑥ 매년 단오절을 기해 성황굿을 올림
⑦ 성황님이 생시에 이루지 못한 장면을 연상함

상기 화소에서 대관령국사성황신과 여성황신의 혼배과정은 현실에서 사랑을 성취하지 못한 총각이 국사성황이 된 후에 짝사랑한 여인과 결합하는 신화적 원한 풀이과정으로 보인다.

또한 흉년이나 홍수, 괴질 등의 좋지 않은 일이 생길 때 단오날에 무녀가 성황신에게 빌고 나면, 생시에 이루지 못한 장면을 연상한다고 하여 그러한 내용을 연희화 했음을 암시하고 있다. 이러한 내용은 강릉가면극의 시원을 밝힐 수 있는 중요한 언급으로 생각된다.

따라서 풍년을 기원하는 뜻에서 대관령 국사성황과 강릉의 여성황을 혼배(婚配)시켰다고 보는 견해[94]보다 해원을 통한 안녕을 기원하는 제의극의 성격이 강하다고 볼 수 있다.

---

93) 강릉시 교육청, 『鄕土敎育資料集』, 1966, 72쪽.
94) 박진태, 『탈놀이의 起源과 構造』, 새문사, 1990, 240쪽.

(2) 시시딱딱이와 장자마리의 신화구성

시시딱딱이에 대한 신화적 상징의미는 비교적 명확하게 나타나는데 기능보유자였던 차형원 옹의 이야기를 들어보자.

> 시시딱딱이라는 것은 도저히 그 의미가 예방적으로, 그 참 아지만 4월, 5월달이면 홍진에 관계로 그 예방이 돼요. 그래 가서 그 서낭에 가서 빌 때, 그 모든 것을 제사(除邪)해 달라는, 그 흠하게 해서 '그런 병이 돌지 안하게 제사해 주쇼' 이래서 그렇게 흠한 꼴을 맹길어서 내 놉니다.[95]

상기의 언급과 같이 시시딱딱이는 여름철 단오 무렵 홍역과 같은 나쁜 질병을 몰아내는 벽사기능의 인물임을 부인할 수 없다. 그러한 병이 돌지 않게 하는 인물로 방상씨의 기능과 다르지 않다. 따라서 강릉의 마을제당에서 봉안하고 있는 여역신(癘疫神)이나 약국성황신(藥局城隍神)을 상징했다고 볼 수 있다. 그것은 강릉단오제 행차가 약국성황당을 반드시 순례했음에서 알 수 있다.

> 5월 5일에는 오전 8시부터 대성황 앞에서 가면극을 연희하며 신간과 화개를 받들고 약국성황에 가는 도중 시중에 힘깨나 쓰는 젊은이가 모여 다투며 화개를 모시고자 하며, 무격이 주위에서 노래 부르며 옹립한다. 약국성황, 소성황에서 기도와 연극을 행하고 갔던 길을 되돌아 성내의 시장(市場)·전세(田稅)·대동(大同)·사창(司倉) 등 여러 관청 앞에서도 성대한 연희를 한다. 해질 무렵 신간과 화개를 받들고 여성황당에 이르러 여기서도 연희한 후 신간을 대성황 당안에 봉안한다.[96]

---

95) 張正龍, 『江陵官奴假面劇硏究』, 集文堂, 1989, 214쪽.
96) 秋葉 隆, 「江陵端午祭」, 『民俗學』 2卷5號, 東京, 日本民俗學會, 1930, 8쪽.

국사성황 행차가 임당동에 있던 약국성황을 반드시 거쳤던 이유는 질병예방의 벽사기능을 말해준다. 약국성황은 선조 36년(1603)에 설립되어 질병을 치료하고 효를 실천한 강릉의 약국계를 중심으로 운영되었을 가능성이 높다.[97] 시시딱딱이의 벽사기능은 김동하 옹의 언급에서도 방증된다

> 그건 결국 본이 희니께. 희니께 거기더 거저 나쁜 칠을 그저 이렁저렁 해서 보기가 마 희안하곤 하여튼 방상씨예요. 뭐 다시 말할 기 없어요.[98]

필자는 시시딱딱이의 신화적 인물형상화를 창해역사로 추정해본 바 있다. 그것은 창해역사라는 인물의 평전과 그의 행동에서 대호를 물리쳤으며, 후에 강릉의 육성황신이 되었고 어마성황당에 모셨다는 점에서 그러하다.[99]

창해역사와 관련된 사적은 매산(梅山) 홍직필(洪直弼, 1776~1852)의 「창해역사유허기(滄海力士遺墟記)」와 홍만종(洪萬宗)의 『순오지(旬五志)』에서 찾아볼 수 있다. 일제강점기 때 자료에는 다음과 같이 언급되어 있다.

> 옥천정의 신을 모시는 것은 창해역사인 어마장군신과 승불 소성황신이 있으며, 각별히 신당이 있어 그 안에 안치해 놓고 있다. 전하는 바에 의하면 이 창해역사는 그 옛날 강릉 남대천에 흘러내려오다가 우연히 거기서 빨래하고 있던 부인이 주은 한 개 구슬에서 나온 얼굴색이 검은 이상한 아이로 힘이 장사였는데, 성안에 침입한 맹호를 생포함으로써 그 이름을 떨치게 되어 드디어 중국의 장량 귀에 들어갔다. 중국에 불려 가서 강릉의 지명을 따서 창해역사

---

97) 『增修 臨瀛誌』 記事條, 1933.
98) 장정룡 앞의 책, 211쪽.
99) 장정룡, 『강릉단오 민속여행』, 두산, 1998, 54쪽.

라 칭하여 장량의 부탁대로 40근이나 되는 쇠막대를 소매에 감추어 박랑의 사막에서 진시황을 저격했으나 이루지 못했다. 진시황의 조사를 피하여 귀국한 호걸이다. 또 호랑이를 잘 다루었던 까닭에 어마장군이라고 불렀다.[100]

시시딱딱이 두 명은 신격상 여역신인 약국성황신과 육성황신이며 신화적 인물은 창해역사와 관련이 있을 것으로 보인다. 또한 상기의 창해역사와 장량과의 관계를 살펴 볼 때 장자마리는 장자방 즉 장량을 형상화한 것이 아닐까 추정된다.

장자마리의 어원상 장자방, 장자마름으로 보이나, 일설로 부자를 가리키는 장자에 종(宗)·수(首)·대(大)의 뜻을 지닌 '말' '마루'가 첨가되어 복합어를 형성한 것으로 보고 있다. 장자마리의 행색을 차형원 옹은 다음과 같이 언급하였다.

> 장자마리라는 건 그거는 보통 그 참 누구말따나 마뎅이 그전 옛날 마뎅이 하드래도 도리깨 어떻든지 쳐내듯이, 그 아주 그거는 흠하게 앉아서 맹글었어요. 그 자기 의복도 그 말치라고 있는데, 에 바다서 난 풀이라는 게 있습니다. 그 말치를 갖다가 그 의복 위에다가 그냥 덧붙여서 말치를 해서 그 장자마리라고 그 의복을 입혀 가지고 그 사람이 나가서 천 번 마당딱이로 앉아서 그 사람이 나가서 그 춤을 추키게 맹글었습니다.

> 장자마리라는 건 탈이 없어요. 탈이 없구 삐죽한 올라오는 거. 장자마리라는 건 자기의 인상 그 탈이 없습니다. 단지 앉아서 의복만 가지고 그렇게 에, 말치 그 옷을 입히고, 에 이 머리는 수건을 이렇게 덮었습니다. 수건을 덮고 이 얼굴이는 그냥 본색으로 내놓고

> 위에다가 계화라는 거 있어요. 계화라는 걸 하나 꽂구는 내리써요. 폭 내려 씌킵니다.

---

100) 村山智順, 『部落祭』, 朝鮮總督府, 1937, 62쪽.

그 놈이 몸을 놀릴수록 그 놈이 대를 가지고 테두리를 핸 의복궤
도가 그냥 돌아가지요. 사람은 그 안에서 자꾸 이렇게 기계 발동시
키듯이 자꾸 움적거리기만 하면 의복은 저절로 이렇게 돌아갑니다.
마음대로 사용하지요.

이상의 언급을 보면 장자마리의 표면에 말치라는 바다풀을 붙였으
며, 머리 모습은 처용이 사모의 양쪽에 모란화 두 송이를 달고 복숭아
열매와 잎을 꽃은 두만삽화(滿頭揷花)와 비슷하고, '복지구족ᄒ샤 브
르거신 빈예'라고 한 것과 같이 배불뚝이 모습이 일치하고 있다. 따라
서 처용이 동해용신으로 호국신이며 구나신이며 문신이라면 장자마리
두 명은 각각 풍요다산을 추구하는 생산신격으로 말치와 같은 바다풀
을 매달고 나오는 동해신의 역할과 같다고 볼 수 있다.

또한 강릉지역에서는 매월당 김시습을 소성황신으로 신봉하였고, 단
오제의 신격행차가 약국성황과 마찬가지로 승불성황신인 김시습을 모
신 소성황신을 거쳤던 것으로 볼 때 토지신의 성격을 유추해 볼 수 있
다. 설화에 의하면 매월당은 풍수사로서 여러 지역에 전승되고 있으므
로[101] 그러한 유추도 가능하고 2명의 장자마리 중 한 명은 장자방 다
른 한 명은 소성황신을 형상화했을 가능성도 없지 않다.

장자마리와 같이 포가면을 쓰는 형태의 등장인물이 신격을 상징하는
것은 오키나와 일대의 해안가 연회에서도 그러한 공통점이 발견되고
있다.[102] 강원 영동지역의 대부분 성황당에는 성황신, 여역신, 토지신
의 세 신위를 모시고 있으며, 동해바닷가에는 따로 용왕신을 모시고
있으므로 이들 넷의 신격을 상징했을 것으로 추정된다.

---

101) 장정룡, 「매월당 김시습의 설화적 형상화」, 『人文學報』18집, 강릉대, 1994, 33쪽.
102) 外間守善, 「每日新聞」, 1986, 7월 22일, 석간 6면.

1980년대 강릉관노가면극 대원의 모습이다.
(앞줄 가운데 지팡이를 잡고 있는 분이 고인이 되신 제관기능보유자 김진덕 옹의 모습이다.)

김동하	차형원	권영하	김종군	주영건	안병헌
1884 ~ 1978	1890 ~ 1972	1918 ~ 1997	1942 ~	1948 ~	1962 ~
1967. 1. 16 인정	1967. 1. 16 인정	1993. 8. 2 인정	2000. 7. 22 인정	2000. 7. 22 전수조교	2008. 8. 18 전수조교

3) 맺음말

지금까지 논의한 신화인물의 형상화가 구체적으로 가면극에 대입되면서 수행한 역할을 정리하고자 한다. 필자가 강릉가면극과 지역신화의 관련성을 언급한 이래 여러 학자들에 의해 구체화 되었으며, 이러한 작업들을 참고로 비교하고 필자 나름의 의견을 다시 정리하여 결론으로 삼으면 다음과 같다.

	장정룡	김선풍	박진태
양반광대	국사성황신 (범일국사)	박수무당	범일국사
소매각시	국사여성황신 (정씨여성)	무녀	정씨녀
시시딱딱이 (2명)	육성황신(1) (창해역사) 약국성황신(2) (여역신)	여역지신 (강감찬)	약국성황, 대창성황
장자마리 (2명)	소성황신(1) 토지신 (김시습) 동해용왕신(2) (장자방)	토지지신 (창해역사), 동해지신 (김이사부장군)	육성황 (창해역사) 소성황 (김시습)

5. 강릉학산마을 농요 오독떼기

1) 강릉 학산마을의 문화적 배경

강릉지방은 옛 글에 '江陵山水甲天下'라고 하여 전국에서 으뜸으로 살기 좋은 곳이라는 글이 있는데 이 가운데 학산은 '생거모학산(生居 茅鶴山) 사거성산지(死居城山地)'이라는 유명한 말이 전하듯이 강릉에서 가장 살기 좋은 곳이다. 이것은 '살기에 좋은 곳은 모산과 학산, 묘자리로 좋은 곳은 성산'이라는 뜻이다.[103] 그러므로 학산은 우리나라에서 가장 빼어난 곳으로서 산이 좋고 물이 좋고 인재가 많으며, 인심이 좋은 곳이라고 말한다.

이처럼 음양의 풍수를 두루 갖춘 강릉에서 양택풍수로 살기 좋은 학

---

103) 장정룡, 『강릉의 민속문화』 대신출판사, 1991, 12쪽.

산리인데 유서 깊은 학산 팔경은 오래 전부터 전해온 이야기다. 이 마을은 군자봉으로 둘러싸여 있고 갈미봉에서 발원한 물줄기가 삼석천을 따라 금광평과 같은 넓은 들판을 형성하여 산과 들과 물이 조화를 이루고 있다. 또한 백두대간의 오대산으로부터 기봉한 산자락이 대관령과 성산, 매봉으로 십여 개의 산봉우리가 이어져 마을을 감싸 안아 마치 학이 날개를 펴고 있는 형상이다.[104]

모산에서부터 이어진 한 일자 문필봉이 학산마을에 이르러 일찌기 인재가 많이 나온 지역으로 명당길지라 전한다. 문곡골에서는 글읽는 소리가 그치지 않았으니 진사급제를 한 사람이 많아 사부향(師父鄕)이라했고 자손들을 키우기 좋아 양자손(養子孫)할 곳이라 하였다. 이 마을에는 아직까지 최진사댁, 김진사댁, 정참봉댁, 조진사댁 등의 택호가 불려지는 것이 여기에서 유래했다.

또한 굴산사를 창건한 범일국사가 탄생하고 사찰을 건립한 곳으로 불교전통이 이어지는 곳이며, 굴산사 부도탑, 당간지주는 보물로 지정되었으며, 유명한 오독떼기 민요가 강원도 무형문화재로 지정받은 곳으로 유·무형문화재가 도처에 자리잡고 있다.

강릉지방은 옛 예국의 땅으로 한나라 무제가 사군을 설치할 때 임둔에 속했고 고구려 때 하서량, 하슬라로 부르다가 통일신라시대 명주가 되고 이후 1260년 고려 원종때 오늘과 같은 강릉이라는 이름을 얻었다. 학산마을은 1955년 강릉읍이 성덕면과 경포면을 합쳐 강릉시가 될 때 그 나머지 지역이 명주군 구정면 학산리가 되었다. 이후 1995년 도농통합으로 강릉시와 명주군이 통합되어 강릉시에 편입되었다. 구정면에서는 각 리마다 특징을 정해서 구정팔경을 정했는데 학산마을 가운데에는 범일국사 어머니가 마신 우물인 석천이 있어 굴산석천이라 정

---

104) 崔白洵, 『東湖勝覽』卷之三, 大東印刷所, 1934 "五溪(횡계·임계·목계·산계·옥계)와 九山(왕산·구산·회산·학산·담산·모산·두산·운산·봉산)이 있어, 산수가 수려하고 자연이 청정하므로 장수하는 고장으로 壽鄕이라 한다."

했다고 한다.

학산리는 강릉시 남쪽 6㎞에 위치한 350여 호 3개 리로 구성된 농촌마을로 마을에는 군자봉을 비롯하여 작은 산이 자리 잡아 보기 드문 개척대 넓은 평야가 펼쳐지고, 칠성산에서 발원한 깨끗한 학산천이 마을을 가로질러 동해로 흘러든다. 멀리 서쪽으로는 강릉의 안산인 대관령, 남쪽에는 칠성산 남동쪽은 망덕봉 등 수려한 산세가 감싸고 있다.

학산리는 3개 리가 있는데 1리는 양지마을과 버당마을, 음지마을, 서지골이 있고 2리는 새잇마을, 뒷골, 재궁마을, 설래, 옥봉이 있고 3리는 개척대, 광명마을로 구성되어 있다. 이 마을은 특히 쾌나무, 감나무, 은행나무, 소나무가 많고 보리, 감자, 고구마, 수수 등의 작물과 배추, 고추, 무 등의 채소를 경작한다.

학산마을은 빼어난 아름다움을 지니고 있어 수향(秀鄕)이라고 하는데 이를 모아 학산팔경이라고 한다. 그 첫째는 천 년이 넘은 다섯 그루 은행나무로 이것은 학산의 역사이며, 둘째는 그곳에 자리 잡은 수천 마리 흰 학들은 학산의 기상을 보여주고, 셋째는 봄이 되어 온 동네 가득하게 피는 쾌꽃은 학산의 향기로움이며, 넷째로 고려역사를 말해주는 왕고개와 장안성은 역사의 땅이며, 다섯째로 신라 범일국사는 강릉의 수호신이 되었으며, 여섯째로 굴산사지와 석천우물은 국가문화유적이며, 일곱째 풍년을 노래하는 학산오독떼기는 우리나라 대표농요로, 여덟째 집집마다 글 읽는 소리는 문향(文鄕)으로서 문헌지방(文獻之邦) 선비마을의 전통을 이어주고 있다.[105]

학산리의 문화재는 여덟 개로 한 마을에 이처럼 많은 유무형문화재

---

105) 장정룡, 『강릉단오제』강원발전연구원, 2003, 9~10쪽 "강릉지역 사람들이 학문의 배움과 글을 숭상했다는 '상학문(尙學文)'의 숭문전통에서 많은 인재가 배출되었으며, 서로가 먼저 예의를 차리는 '예의상선(禮義相先)'의 미풍양속이 오늘날 강릉을 살기 좋은 고장으로 만들었다. 향교에 흥학비가 선 우복 정경세(1613~1615재직) 강릉부사는 '강릉은 선비가 많고 풍속의 아름다움이 강원도에서 으뜸이며, 본디 문헌의 고장(文獻之邦)이라 불러왔다'고 평하였다.

가 있는 곳은 아주 드물다고 할 수 있다. 국가지정 보물인 굴산사터 부도가 85호, 굴산사터 당간지주가 86호로 지정되었으며, 굴산사터와 석불좌상은 강원도 지방기념물 11호와 문화재 자료 38호로 지정되었고, 정의윤 가옥은 강원도 유형문화재 93호, 조철현 가옥은 문화재 자료 87호이며, 학산오독떼기는 강원도 무형문화재 5호로 지정되었고, 강원도와 강릉시 보호수로 은행나무 3그루와 소나무 한 그루가 지정되었다. 이 가운데 학산오독떼기는 1988년 5월 18일 지정되어 강릉을 대표하는 농요로 널리 불리고 있다.

2) 강릉학산오독떼기 농요의 특징

(1) 학산오독떼기의 유래와 어원

강원도 소리는 "강릉오독떼기, 삼척메나리, 정선아라리"라고 말한다. 이 세 가지가 대표적인 전통가락으로 이어진다는 뜻인데 이처럼 강원도에는 지역성을 살린 민요가 독특하게 전승되고 있다. 이 학산오독떼기는 명칭도 특이하지만 소리 역시 메나리나 아라리와 달리 논농사를 지을 때 김매기 소리로 불려지고 있다. 삼척메나리는 밭농사에 주로 불리고 정선아라리는 생활 속에 언제 어느 때나 다양하게 불려지고 있다. 따라서 순수한 농업노동요로서 논농사와 관련된 소리는 강릉오독떼기라고 할 수 있다.[106]

오독떼기는 강릉을 중심으로 남쪽으로는 옛 강릉권이었던 동해시 망상으로부터 북쪽으로 양양군 현남지역인 남부지역까지 분포되어 논김맬 때 부르는 농업노동요다. 한 해 동안 농사과정에서 모찌기, 모내기, 김매기, 벼베기, 타작소리 등 각기 다른 소리가 불려지나 논맬 때 부르

---

106) 장정룡, 「강릉민요의 민속학적 이해」, 『석우 박민일박사화갑기념국어국문학논총』 1997. 271쪽

는 소리가 다양하고 음악적으로 높은 평가를 받고 있으므로 오독떼기를 주된 이름으로 삼아 무형문화재로 지정되었다.

1983년 강릉단오제 향토민요경창대회(강릉문화원) 좌측 두번째가 고 동기달씨, 셋째가 윤흥용, 다섯째가 김철기 기능보유자이다.

1978년 강릉단오제 제1회 향토민요경창대회.
(좌측이 고 동기달 기능보유자, 우측이 황석관 옹의 모습이다.)

학산사람들은 흔히 자신들은 "소리를 떠나서 살 수 없다"고 한다. 그것은 이 소리가 농촌생활 속에 침잠되어 일과 소리가 함께 공존한다는 뜻이라고 볼 수 있다. 그러므로 농업노동요이면서도 가슴으로 부르는 혼의 소리, 땀의 소리라고 할 수 있다.

학산에는 "소리를 잘해야 일꾼, 소리를 못하면 꼴꾼"이라는 말도 전한다. 진정한 농군은 소리를 잘 불러야 한다는 뜻이다. 들판에서 힘든 일을 할 때 오독떼기를 불러야 일꾼 값을 한다고 하는데 소리를 못하면 풀이나 베는 꼴꾼이라는 것이다. 소리를 하면서 일을 해야 힘도 안 들고 기운이 버쩍버쩍 난다고 하는 것도 힘든 일에는 힘든 소리가 격에 맞는다는 뜻이다.

학산마을 사람들은 태어나면서부터 죽을 때까지 소리와 함께 산다고 해도 지나친 말이 아니다. 마을회관에 써놓은 원류전승(原流傳承)이라는 굳은 정신과 함께 구전심수(口傳心授)라는 흙냄새 나는 방법으로 이 소리를 불러왔다. 특별한 기교나 화려한 장식이 없는 오독떼기 소리를 오죽하면 "똥꼬(궁둥이) 힘으로 부른다"고 한다. 그러므로 강릉오독떼기는 그 소리의 형태나 구성, 음악성 등을 살펴보면 역사가 아주 멀리 거슬러 올라갈 수 있는 고대형의 소리라고 할 수 있다.

그러한 역사는 멀리 삼국시대 진평왕 때까지 거슬러 올라간다. 『삼국사기』 잡지 악조에 의하면 이곳에는 덕사내(德思內)라는 노래가 있었는데 이것이 하서군악(河西郡樂)이라는 것이다. 이 노래는 내용이나 가락을 정확히 알 수 없지만 "이것은 시골 사람들이 음악을 좋아하는 까닭에 만들어진 것이다."(此皆鄕人喜樂之所由作也)라는 설명으로 미루어 농촌에서 불려진 소리임을 알 수 있다.

이 소리가 조선조에 전승된 것을 확인할 수 있는 자료는 조선 세조 임금이 오대산을 가면서 영동의 소리꾼을 불러서 농요대회를 개최한 사실로도 확인할 수 있다. 『조선왕조실록』에 따르면 세조 임금이 오대산 상원사에 가기 위해 1466년 윤 3월 10일 동해 바다신에게 제사하게 하고 11일 간성 명파리에 머물렀다가 13일 낙산사를 거쳐 14일 강릉 연곡리에 머물렀다.

"세조12년 윤 3월 14일 대가가 강릉 연곡리에 머물렀을 때, 명하여 농민으로 농가를 잘 부르는 자를 모아서 장막 안에서 노래를 부르게 했는데 양양의 관노 동구리가 가장 잘 했다. 명하여 아침과 저녁을 먹이고 악공의 예로 가마를 따르게 하고 옷 한 벌을 선물로 주었다."고 기록하였다.[107]

이때 부른 농가 즉 농업노동요는 지금도 불려지는 오독떼기로 추정할 수 있다. 당시에 강릉인근의 내놓으라고 하는 소리꾼들이 거의 모였던 것으로 짐작되는데 연곡과 멀지 않은 학산마을에서도 유명한 소리꾼들이 참석하여 불렀을 것으로 볼 때 지금부터 500여 년 전에도 오독떼기 소리의 명성은 널리 퍼졌다고 하겠다.

또한 학산마을에 전하는 이야기로 옛날 어느 원님이 이 고을에 왔는데 고려가 망할 때 공양왕이 피신해서 넘었던 고개라는 전설이 담긴 왕고개를 넘다가 오독떼기를 듣고 어찌나 그 소리가 좋던지 향청으로 불러 노래를 늘었다고 한다. 왕고개가 구정면 소재지에서 학산으로 넘어가는 길목이므로 원님이 들은 농요는 냇골 즉 학산과 여찬리 부른 농민들이 부른 오독떼기였을 것으로 추정된다. 이밖에도 이 소리가 사방 오리까지 퍼져서 근처를 지나던 높은 관원들이 듣고 모두 찬탄했다는 이야기도 전한다. 이러한 '강릉오독떼기'에 대하여 그 기원과 유래에 대한 설들이 많으나 대표적인 몇 가지를 설명하면 다음과 같다.

첫째는 신라 때 화랑도와 관련된 노래에서 기원했을 것으로 보는 견해다. 강릉지방의 한송정을 비롯하여 경포대 등은 신라시대 화랑들이 낭도를 거느리고 풍류도를 수양하기 위하여 아름다운 산수를 찾아 소

---

107) 『朝鮮王朝實錄』, 世祖實錄 卷38, 12年 (1466)

요하던 곳이다.

이곳에 머물던 화랑의 무리들이 즐겨 따라 부르던 '덕사내'라는 노래가 지금까지 전해오는 '오독떼기'라 하며 가사는 시대에 따라 변해 왔으며 곡조만 면면히 세승되어 오늘에 이른 것이라고 히는 설이다. 이것은 신라 화랑과 연관지어 진평왕 때 그들이 따라서 부른 덕사내를 이 지역 민요로 생각한 것이다.[108]

두 번째는 농사방식에 따른 어원으로 '오독떼기'를 "동서남북 중앙의 오독(五瀆)을 떼기(개척)한다"는 뜻이라 볼 수 있다. 지금도 이 지역 사투리로 논과 밭을 논떼기, 밭떼기라고 하는데 김을 맬 때 다섯 논두렁을 멘다는 뜻으로 오독떼기라 불렀다고 하는 것이다. 그러므로 '오독'이라는 한자어와 '떼기'라는 고유어가 합성된 것이다.

세 번째는 음악적 분석에 따른 어원으로 학산 사람들은 흔히 "다섯 번 꺾어 부른다"한다. 이 '꺾어 부른다'는 뜻은 다섯 악구로 나뉜다는 뜻으로 분석된다. 일반적으로 우리나라 민요는 노랫말이 4.4.4.4체나 4.4.5.4체로 2악절 네 악구가 기본인데, 학산 지역만 2악절 다섯 악구로 나뉜다. 이것이 학산오독떼기의 특징이라고 볼 수도 있는데, 처음 1.2 악구를 독창으로 메기고, 3.4.5악구는 제창으로 함께 부르는 선입후제창방식이며 선창자가 제 2악절의 첫 음과 노랫말을 띄어주는 것이 특징이다.

예를 들면 "강릉이라/남대천에" 2악구를 한 사람이 메기면 나머지 사람들이 "빨래/방망치/둥실떴네"로 3악구를 함께 받아서 부르는 형식인데 뒷 부분 3악구의 시작인 '빨래'의 '빨'자를 선창자가 '띄워준다'며 먼저 불러준다. 그러므로 앞 뒤 악구를 합치면 모두 5악구다. 따라서 소리를 다섯 악구로 떼어서 부른다고 하여 오독떼기로 추정하는 것이다.

네 번째는 오독떼기의 이름이 풀이름 어원에서 유래했을 가능성이다. 오독떼기는 '낭독'이라는 식물의 이름인데 우리말로 오독도기, 오독

---

108) 張正龍, 「寒松亭曲研究」, 『嶺東文化』4, 관동대 영동문화연구소, 1992, 21~27쪽

또기라고 부르며 한자로는 오독독지(五獨毒只)라고 한다. 오독떼기와 유사한 이름으로는 '오들떼기' 또는 '오돌떼기', '오돌또기'가 있는데, 따라서 농사를 지으러 나갈 때 흔히 보이는 풀이름을 차용하여 이름으로 지었을 가능성이 있다.

이 밖의 설로 사방 5리까지 퍼져서 오독떼기라고도 하고 세조 임금이 '오'자가 들어간 곳에 가면 덕을 입는다고 하여 오대산 가는 도중에 이 소리를 들었다고 하여 세조와 연관지어 지어진 명칭이라고도 한다.

(2) 학산오독떼기 가사와 분류

오독떼기 가사는 향토색 짙은 것이 특징인데 특히 모심을 때 아리랑을 부르고 점심 먹고 한 참, 두 번 참을 먹게 되는데 김을 매면서 '참'때가 되면 배가 출출해지므로 "지어가네(늦어가네) 지어가네 점심 참이 지어가네"라는 이 오독떼기를 부르면 논 주인이 알고 새참을 가지고 온다고 한다.

또한 석양녘에 부르면 소리가 구슬프고 멋이 들어가는데 "이슬아침 만난 동무 석양 전에 이별일세"라는 가사가 이때 불려지며 그 소리가 사방 5리까지 간다고 한다.

그러나 오독떼기는 부르기가 힘들어 수십 년 부른 가창자들도 목에 힘줄이 생길 정도로 고음과 장식음, 세목을 사용하여 부르며 곡조를 제일 중요시하여 지금도 가락이 맞지 않으면 가창을 불허하는 불문율이 남아 있을 만큼 원형에 가장 가까운 음곡을 내야 한다고 한다. 학산사람들은 '참매미소리가 나야한다'고 하는데 김맬 때 무릎을 꿇고 벼포기를 잡고 김매기 소리를 하면 눈이 튀어나올 정도로 힘이 든다고 한다.

학산오독떼기 가사는 전체 16자 내외이며 한 곡을 부르는데는 55초가 걸리는데 강릉지방에서도 지역에 따라 약간씩 곡조가 다르다. 이것을 세 가지로 나누는데 냇골(內谷)오독떼기, 수남(水南) 오독떼기, 하평(下坪) 오독떼기다. 냇골 오독떼기가 원류라고 하며, 학산오독떼기는 내곡동과 접한 냇골로 학산물이 더 세고 소리도 세다고 한다. 또한 하평오독떼기는 느리고 소리가 순하며 냇골 오독떼기는 빠르고 강하여 학산오독떼기를 냇골오독떼기 또는 자진오독떼기라고도 부른다.

학산오독떼기가 주목을 받고 방송에 모습을 나타낸 때는 1968년으로 강릉KBS방송국에 황석관·정덕화·김세중·동기달·김철기·김문기·정대화 씨가 처음 외부로 나가 출연하였다. 이후 1970년 황석관·정덕화·조각현씨의 고증으로 학계에 알려졌으며 웃말의 황덕억, 아랫말의 김덕문씨가 특히 잘 불렀으며 1971년 제12회 전국민속예술경연대회에 강원도 대표로 학산오독떼기가 출연하여 전국에 소개되었다.

당시 부른 가사는 "남문열고 파래치니 계명산천 밝아오네" "강릉이라 남대천 물에 빨래 방망치 계둥실 떴다 (떴네)"를 비롯하여 "해 넘어간다 해 넘어간다 용수골 너머로 해넘어간다" "매어주게 매어주게 욱신욱신 매어주게" "요 질매고 저 질매고 임의 논질을 매어주게" "안국절 중놈 세모시 고깔은 정방 처자의 솜씨로구나" 등이 있었고 이밖에 채집된 가사는 다음과 같다.

1. 동해 동천 돋는 해는 서해서산으로 넘어간다
2. 점심 참이 진다 말고 일심 받아서 매어주오
3. 머리 좋고 실한 처자(처녀) 줄뽕남에 걸 앉았네
   (註) 좋고: 길고. 뽕남: 뽕나무
4. 줄뽕 참봉 내 따주마 백년언약(百年言約) 나와 맺자
5. 술 맞좋고 딸 둔 집에 아침 저녁 놀러가세
6. 너로 구나 너로 구나 오매불망(다시 보니) 너로구나
7. 양구 양천 흐르는 물에 배채 씻는 저 처자(녀)야 (저 아가씨야)

(註) 배채: 배추

8. 오늘 해도 건주 갔네 골골마다 정자졌네

(註) 건주: 거의. 정자: 그늘

9. 해는 지고 저문 날에 어린 선비 울고 가네

10. 양근 지평 썩 나서니 경기 바람 완연하네

11. 연줄이 가네 연줄이 가네 해 달 속으로 연줄이 가네

12. 상돌 빗돌 받침석 하니 망두석이 마주 섰네

13. 말을 몰고 꽃밭에 드니 말발굽에서 향내가 난다

14. 오동동 추야월에 달도 밝고 명랑하다

15. 오동 목파 거문고 타고 나니 돈 달란다

16. 저녁을 먹고 썩 나서니 월편에서 손짓한다

17. 일락 서산에 해가 지고(해 넘어가고) 월출동령(녁)에 달 솟았네

18. 만두레미(맨드라미) 봉숭아(봉선화) 꽃은(을) 동원 뜰이 달 붉혔 었네

19. 방실 방실 웃는 님을 못다보고 해 넘어가네

20. 월정이라 오대산 물은 청심대로 돌아든다

21. 삼척이라 오십천 물에 빨래 방망치 두둥실 떴네

22. 이슬 아침 만난 동무 해질 거름에 이별이라

23. 술렁술렁 배 띄워놓고 강릉 경포대 달마중가자(세)

(註) 달마중: 달맞이

24. 오동추야 달밝은 밤에 임의 생각이 절로 난다

25. 임아 임아 정든 임아 날 버리고 어디로 가나

26. 천 길 만 길 떨어져 살아도 님 떨어져선 못 살겠네

학산오독떼기를 비롯한 학산농요는 12가지 내외가 작업순서에 불려지는데 먼저 모심을 때 자진아라리를 불러 소리와 일을 맞춘다. 다음

2004년 12월 CD로 제작한 강릉학산오독떼기. 내용 집필을 장정룡이 맡았다.

은 사리랑으로 이것은 '사리 살짝 넘어가는소리'라 하는데 잡가와 더불어 김매기소리다. 다음은 김맬 때 오독떼기를 부른다. 오독떼기는 '엉덩이와 똥꾸로 뀐다'고 하는데 아랫배에 힘을 주고 힘들여 높은 음으로 불러야 한다.

다음은 논 김매는 것이 끝날 무렵 둥글게 모여 김을 매는 것이 마치 쌈을 싸 듯 한다고 하여 싸대라 부른다. 그리고 벼를 베는 소리로 '불림'이라고도 하고 벼베기 흥조라고도 한다. 다음은 물푸레나무로 만든 도리깨를 돌리며 타작을 하는 타작소리가 있는데 일명 마댕이소리라고도 한다. 이외에도 물푸는 소리인 파래소리, 소모는 소리, 모찌는 한춤소리, 볏단을 지고 오는 등짐소리가 있으며 영산홍이라는 민요로 해마다 대관령국사성황신을 모시고 내려올 때 부르는 영신가가 있다.

이처럼 강릉학산오독떼기에 포함된 민요는 곡조상 메나리조가 중심이며 곡조의 변조방식도 정해진 가락을 반복하면서 사설을 다르게 부르는 유절형식의 노래가 대부분이다. 그리고 노래는 불규칙한 리듬이 많이 쓰이는데 농사현장에서 불려지고 전승되기 때문이다. 대부분 농업노동요로서 가사에는 작업내용이 포함되며 오독떼기 사설은 삼척메나리와 서로 혼용된다.

강원 동해안에서 강릉을 제외한 남쪽의 삼척과 북쪽 양양, 속초, 고

성에는 논매는 소리로 메나리가 불려지는데 사설은 오독떼기와 같은 것이 많으나 곡조상 남쪽 메나리는 단순하고 짧고 북쪽은 복잡하고 화려하고 장식음이 많아 오독떼기와 유사한 점이 많다. 이것은 옛날의 양양이나 속초권이 강릉오독떼기문화의 영향권을 공유한 것으로 파악된다.

다만 오독떼기는 16자 내외의 사설을 다섯 개의 악구로 나누어 부르고 메나리는 4개의 악구에 충실하게 부른다는 점이 크게 다르다고 할 수 있다. 그러므로 강릉학산오독떼기는 소리의 구성과 곡조에서 강원도 영동지역 내에서도 독특한 영역을 가지고 있는 역사 깊은 농요라고 말할 수 있다.

3) 학산오독떼기 보존활동과 가창자

학산농요보존회는 1987년 5월 11일 황근각 선생을 초대 회장으로 결성되었으며 각종 민속예술경연대회와 민요경창대회, 향토민요발표회, 언론매체 등을 통해 학산오독떼기의 우수성을 알리고 있다. 현재 최종설 보존회장을 중심으로 매년 발표회와 구정초등학교 학생들을 대상으로 전수교육을 활발히 하고 있다.

그동안 활동사항은 1971년 제12회 전국민속예술경연대회에 강원도 대표로 참가한데 이어 1980년과 1981년 강릉문화원 초청으로 강릉단오제때 정기발표회를 가졌으며 1984년 한국브리태니커에서 출반한 뿌리깊은 나무 팔도소리 강원편에 명주농사짓기소리로 학산농요가 수록되었다.

학산농요보존회의 활동은 1987년 6월 28일 제5회 강원도 민속예술경연대회 종합우수상을 차지함으로서 1988년 5월 18일 '강릉학산오독떼기'라는 이름으로 강원도지정 무형문화재 제5호가 되었다. 지정 당시의 기능보유자는 동기달·김철기·윤홍용·최찬덕 씨였으며 현재 동기달·최찬덕씨는 타계하고 현재는 김철기·윤홍용·최삼영·정완화 씨가 보유자로 활동하고 있다.

그러므로 학산농요의 1세대는 황덕억, 김덕문씨였으며 2세대는 황석관, 정덕화, 조각현 씨, 3세대는 동기날, 최찬덕, 김철기, 윤홍용씨로 이어지고 4세대는 현재 최삼영, 정완화로 이어지고 있다고 할 수 있다.

강원도 무형문화재 5호 강릉학산오독떼기 가창장면.
좌로부터 기능보유자 최삼영, 고 동기달, 윤홍용, 고 조규은, 고 최찬덕, 김철기 씨 등이다.(1991년 강릉단오제)

1994년 MBC문화방송의 한국민요대전 강원편에 모심기소리로 자진아라리, 논매기소리로 오독떼기, 꺾음오독떼기, 잡가, 사리랑, 담성가, 싸대소리와 벼베기소리인 불림소리, 타작소리로 도리깨질소리가 담겼고 이밖에 벼등짐소리, 영산홍, 긴난봉가 등이 실렸다.

또한 1994년 3월 25일 서울KBS에 '땅의 소리 땀의 노래'라는 제목으로 전국에 라디오로 방송되었으며 1994년 6월 28일 서울MBC라디오

기획특집으로 학산농요가 방송되었고 1994년 12월 6일 강릉KBS에서 학산오독떼기로 전국에 TV로 방송되었다. 또한 매년 자체적으로 학산 오독떼기경창대회와 발표회를 개최하여 전승활동에 노력하고 있다. 학산오독떼기 고증자, 기예능보유자는 다음과 같다.

[고증자]

황덕억, 김덕문, 김세중, 황석관, 정덕화, 조각현

[보유자]

고 조영원, 1916년 12월 6일생, 1988년 5월 18일 인정
고 조경재, 1917년 3월 20일생, 1988년 5월 18일 인정
고 동기달, 1925년 12월 25일생, 1988년 5월 18일 인정
고 최찬덕, 1923년 2월 14일생, 1991년 5월 9일 인정
윤홍용, 1925년 5월 17일생, 1991년 5월 9일 인정
김철기, 1928년 9월 12일생, 1988년 5월 18일 인정
최삼영, 1938년 8월 17일생, 2003년 4월 25일 인정

[전수교육보조자]

고 구기오, 1930년 3월 1일생, 1992년 6월 9일 인정
고 조규은, 1933년 8월 5일생, 1992년 6월 9일 인정
정완화, 1938년 12월 20일생, 2003년 4월 25일 인정

[전수장학생]

김근한, 1937년 7월 23일생, 2003년 12월 29일 인정
권태현, 1949년 12월 10일생, 2003년 12월 29일 인정
임성규, 1952년 1월 14일생, 2003년 12월 29일 인정
함영길, 1953년 4월 28일생, 2003년 12월 29일 인정

[자료1] 강릉오독떼기(民謠) 자료집[109]

- 제12회 전국민속예술경연대회(1971년, 전주) -

(1) 개요

'오독떼기'는 강릉지방 고유의 민요로서 그 가사보다는 가락(曲調)이 독특하여 한국 전래의 전통적 정서가 깃든 순수한 서민의 생활감정을 바탕으로 하여 지역적인 특색을 잘 표현하고 있는 민요이다. 이 '오독떼기'에 대하여 그 기원과 유래에 대한 설들이 많으나 대표적인 몇 가지만을 골라 기록하면 다음과 같이 분류할 수 있다.

신라시대 화랑들이 낭도를 거느리고 풍류도를 수양하기 위하여 현 관동지방의 明媚한 산수를 찾아(변경을 개척하는 중책을 맡아) 소요하던 곳이며 그 중심지가 강릉지구였다.

이 화랑의 무리들이 즐겨 부르던 노래가 지금까지 전해오는 '오독떼기'라 하며 가사는 시대에 따라 변해 왔으며 곡조만 면면히 계승되어 오늘에 이른 것이다.

'오독떼기'의 어원은 '동서남북 중앙의 五瀆을 떼기(개척)한다'는 뜻이라 하며, 지금도 사투리에 논과 밭을 논떼기, 밭떼기라고 불리운다. 또한 '다섯 번 꺾어 부른다'하여 '오독독'이라고도 한다. 한편 '오들떼기' 또는 '오돌떼기'라고도 불리우는데, '오'는 신성하고 고귀함을 뜻하며, '들떼기'는 들판을 개간·개척함을 뜻하며 신라시대 강릉지방이 변경에 속하여 있어 농경지를 확장할 때 이 노래를 불러 단결과 협동 그리고 일의 능률을 고취시키는 데 활용되어 왔으나 현재는 김매는 때에 제일 많이 불리우는 집단 노동요이다.

---

109) 『강릉오독떼기자료집』, 제12회 전국민속예술경연대회 (전주) 강원도 대표, 1971, 1~17쪽

가사는 단편적인 것 뿐으로 일관성 있는 내용은 없으나 향토색 짙은 것도 간간이 있어 순후한 농민에게 그 곡조를 제일 중요시하여 現今에도 가락이 맞지 않으면 가창을 불허하는 불문율이 남아 있을 만큼 원형에 가장 가까운 音曲으로 즉흥적인 가사도 많이 삽입되어 그 독특한 가락만을 위주로 하고 가사에 대하여는 크게 신경을 쓰지 않는 민요임이 그 특색이라 할 수 있다.

강릉지방에서도 그 지역에 따라 약간씩 곡조가 다르나 대체적으로 대동소이하다. 이것을 세 가지로 나누는데 1) 냇골(內谷)오독떼기 2) 수남(水南) 오독떼기 3) 하평(下坪) 오독떼기 인데 냇골 오독떼기가 조종이라고 전해온다.

또한 고노들이 전하는 바에 의하면 신라 12坊에 각각 곡이 있었는데 강릉지방 것을 명주곡(德思內)이라 하였다 하며 이조실록 세조 조에 세조대왕이 東巡時 강릉의 농민으로 하여금 善歌者를 뽑아 크게 찬탄하고 시상하였다는 기록이 있는데 이것이 다 이 '오독떼기'였다고 한다. 지금도 5년 이상을 배우지 않으면 그 진수를 체득하기 힘드는 곡인 만큼 전승을 위한 후계자 양성이 시급하며 이 '오독떼기'가 길이 전해지기를 염원하는 마음 간절할 뿐이다.

(2) 가사(歌辭)

[출연가사]

① 남문(南門)을 열고 파래를 치니

　　계명산천이 밝아온다 (오네)

(註) 남문: 남향주택의 앞문. 파래:짚으로 땋아 만든 것으로 끝에 삼끈을 맨 것. 바른 손에 쥐고 머리 위로 빙빙 돌리다가 땅에 차면 소리나는 것. 신호용 도구. 새 쫓을 때도 썼음. 파대라고 씀. 계명산천(啓明山川): 새벽 아름다운 원근산천 또는 '鷄鳴山川'으로 닭이 울

어 새벽을 알린다는 뜻.

② 강릉이라 남대천 물에 빨래 방망치
　　게둥실 떴다 (떴네)
(註) 남대천: 강릉시내를 흐르는 시냇물. 방망치: 방망이 방치, 방망
치라고 씀. 게둥실: 두둥실

③ 매어 주게 매어 주게 욱신욱신
　　매어주게
(註) 매어주게: 김매어 달라는 뜻. 욱신욱신: '힘차게'의 형용사

④ 지어 가네 지어 가네 점심(담배)
　　참이 지어 가네
(註) 지어 가네: 늦어 간다. 지나간다. 참이: 때, 휴식시간. 지어 가네
를 지어 간다로도 씀.

⑤ 요 질매고 저 질매고
　　임의 논질을 매어주게 (마주매세)
(註) 요질: 이 논뱀(강릉사투리). 마주: 마지막. 끝으로.

⑥ 안국절 중놈 세모시 고깔은
　　정방 처자의 솜씨로구나
(註) 안국절: 명주군 성산면 보광리 안국골에 있던 安國寺. 지금은
절터만 남아 있음. 세모시: 가는 모시. 정방: 경방(經方)의 변한 말.
강릉시 남문동에 있는 지명. 처자: 처녀(處女)

⑦ 해 넘어간다 해 넘어간다

용수골 너머로 해넘어간다

(註) 용수골: 지명. 서쪽골의 총칭

⑧ 싸대

(註) 싸대: 논 김매는 것이 끝날 무렵 둥글게 모여 들어 쌈싸듯이 마지막을 장식하는 장면과 발성 상태

[채집가사]

1. 동해 동천 돋는 해는 서해서산으로 넘어간다
2. 점심 참이 진다 말고 일심 받아서 매어주오
3. 머리 좋고 실한 처자(처녀) 줄뽕남에 걸 앉았네

    (註) 좋고: 길고. 뽕남: 뽕나무

4. 줄뽕 참봉 내 따주마 백년언약(百年言約) 나와 맺자
5. 술 맛좋고 딸 둔 집에 아침 저녁 놀러가세
6. 너로구나 너로구나 오매불망(다시 보니) 너로구나
7. 양구 양천 흐르는 물에 배채 씻는 저 처자(녀)야 (저 아가씨야)

    (註) 배채: 배추

8. 오늘 해도 건주 갔네 골골마다 정자졌네

    (註) 건주: 거의. 정자: 그늘

9. 해는 지고 저문 날에 어린 선비 울고 가네
10. 양근 지평 썩 나서니 경기 바람 완연하네
11. 연줄이 가네 연줄이 가네 해 달 속으로 연줄이 가네
12. 상돌 빗돌 받침석 하니 망두석이 마주 섰네
13. 말을 몰고 꽃밭에 드니 말발굽에서 향내가 난다
14. 오동동 추야월에 달도 밝고 명랑하다
15. 오동 목파 거문고 타고 나니 돈 달란다

16. 저녁을 먹고 썩 나서니 월편에서 손짓한다

17. 일락 서산에 해가 지고(해 넘어가고) 월출동령(녘)에 달 솟았네

18. 만두레미(맨드라미) 봉숭아(봉선화) 꽃은(을) 동원 뜰이 달 붉혔었네

19. 방실 방실 웃는 님을 못나보고 해 넘어가네

20. 월정이라 오대산 물은 청심대로 돌아든다

21. 삼척이라 오십천 물에 빨래 방망치 두둥실 떴네

22. 이슬 아침 만난 동무 해질 거름에 이별이라

23. 술렁술렁 배 띄워놓고 강릉 경포대 달마중가자(세)

    (註) 달마중: 달맞이

24. 오동추야 달밝은 밤에 임의 생각이 절로 난다

25. 임아 임아 정든 임아 날 버리고 어디로 가나

26. 천 길 만 길 떨어져 살아도 님 떨어져선 못 살겠네

27. 차문주가하처재(借門酒家何處在)요 목동요지행화촌(牧童遙指杏花村)이라

28. 건곤불로월장재(乾坤不老月長在)하니 적막강산금백년(寂寞江山今百年)이라

29. 천증세월인증수(天增歲月人增壽)하니 춘만건곤복만가(春滿乾坤福滿家)라

30. 삼산반락청천외(三山半落靑天外)하니 이수중분백로주(二水中分白鷺洲)라

31. 만경창파욕모천(萬頃蒼波欲暮天)하니 천어환주유교변(穿魚換酒柳橋邊)이라

32. 권군갱진일배주(勸君更進一盃酒)하니 서출양관무고인(西出陽關無故人)이라

33. 매화만국청모적(梅花萬國聽暮笛)하니 도죽잔년수백구(桃竹殘年愁白鷗)라

[명단]

① 보유자(전원 남자)

강릉시 남문동 신제술(73)
강릉시 내곡동 최달집(66)
강릉시 운정동 김호영(68)
강릉시 죽헌동 김철진(61)
강릉시 죽헌동 김홍기(63)
강릉시 죽헌동 김병기(57)
강릉시 포남동 김은석(63)
강릉시 죽헌동 최금수(36)
강릉시 유산동 박용구(61)
강릉시 장현동 김형삼(39)
명주군 구정면 금강리 김홍기(61)
명주군 구정면 여찬리 김영진(60)
명주군 구정면 여찬리 김복진(60)
명주군 구정면 금강리 김진상(55)
명주군 구정면 금강리 최돈수(50)

학산오독떼기 1세대 가창자
고 황석관 씨

학산오독떼기 가창자
고 정덕화(좌) 씨

강릉단오제 기예능보유자

제관 金信默(1893. 3. 18일생)
1967. 1. 16 지정, 작고

제관 金振憙(1910. 5. 20일생)
1982. 2. 1 지정, 작고

제관 曹圭燉(1947. 9. 24일생)
2000. 7. 22지정

관노가면극 金東夏(1908. 1. 22일생)
1967. 1. 16 지정, 작고

관노가면극 車亨元(1890. 9. 5일생)
1967. 1. 16 지정, 작고

관노가면극 權寧夏(1918. 6. 4일생)
1993. 8. 2 지정, 작고

관노가면극 金鍾軍(1942. 3. 5일생)
2000. 7. 22 지정

무녀 張在仁(1907. 4. 25일생)
1967. 1. 16 지정, 작고

제관 朴龍女(1912. 12. 18일생)
1976. 6. 30 지정, 작고

무녀 申石南(1930. 2. 28일생)
1990. 5. 8 지정, 작고

무녀 賓順愛(1959. 2. 1일생)
2000. 7. 22 지정

제 III 부

강릉단오제 비교론

III. 강릉단오제 비교론

1. 한·중 단오절풍속과 근원설화[1]

1) 머리말

한국과 중국의 단오원조에 대한 논란은 현재진행형이다. 그것은 강릉시가 강릉단오제를 1967년 국가무형문화재로 지정 받고, 2005년 유네스코에 인류구전 및 무형유산걸작으로 등록하려는 움직임에 대하여 중국당국에서 "단오절은 중국기원이니 자신들의 것을 다른 나라에 넘겨줄 수 없다"는 논조로 반발하면서 야기되었다. 이러한 국제적 사건은 두 나라의 인식차이에서 비롯된 것이다. 향후 이 문제가 어떻게 전개될 것인지 그 전망이 쉽지 않으나 단오절 기원에 대한 공통적 이해가 선행되고 서로의 차이점을 인정할 때 자연스럽게 원조논란도 종식될 것이다.

---

[1] 이것은 『江陵文化散策』, 초당정호돈원장고희기념논총, 2005, 348~376쪽에 실린 필자의 글을 수정한 것이다. 이 글을 쓴 이후 강릉단오제는 2005년 11월 25일 유네스코에 '인류구전 및 세계무형문화유산걸작'으로 단독등재 되었다.

최근 우리의 고구려사에 대한 중국 측의 의도적 왜곡과 맞물려 양국 간에는 이성적 분석보다는 감정적 대립이 앞서가는 느낌이 적지 않다. 따라서 반달리즘(Vandlism)에 의한 '문화약탈자'라는 곱지 않은 시선이 교차하고 있음을 볼 때, 문화전쟁의 시대가 눈앞의 현실로 다가서고 있다고 해도 과언이 아니다.

엄격히 말하자면 고구려사 왜곡은 중화중심론의 패권적 시각에서 출발한 문화적 침탈행위이다. 중국에 현존하는 우리의 고구려사를 의도적으로 날조하여 자신들의 변방사로 끌어들이려는 음모가 숨어 있는 것이나 단오절 기원논란은 중국 측의 인식부족에서 비롯된 것이다. 따라서 단오절에 대한 양국의 인식차이를 좁히고 차이점을 분명하게 밝히는 것만이 이 문제를 해결하는 첩경이 될 것이다.

근래 중국의 학자사이에는 단오원조문제에 대하여 단오가 중국고유의 명절이라고 단호하게 주장하는 부류와 한국과 중국이 공유하는 문화유산으로 인식하는 부류, 내용상 본질적으로 다르다고 보는 세 부류가 있다고 본다. 문제는 단오절이 중국고유의 문화라고 주장하며 강력하게 반발하고 있는 정부관계자와 학자, 국민들을 어떻게 이해시키고 설득할 것인가가 세계문화유산지정의 관건이 될 것이다.

양국의 단오가 본질적으로 다르다고 보는 학자들은 강릉단오제를 전통적인 향토축제문화로 인식하고 있으며 단순한 명칭수용의 한 형태로 보고 있으나 그 목소리는 지극히 조심스럽고 작은 편이다. 이러한 문제에 대해서 아시아권의 학자들이 모여서 두 차례 국제학술회의를 한 바 있으며, 대체적으로 강릉단오제가 세계문화유산으로서 독특한 가치가 있다고 평가한 바 있다.[2]

그러나 이러한 평가에도 불구하고 중국당국의 공식적 입장을 헤아리기가 쉽지 않다. 중국에서는 민족문화보호차원에서 2002년 10월 28일

---

2) 장정룡 외, 『아시아의 단오민속』-한국·중국·일본, 국학자료원, 2002.
  장정룡 외, 『世界無形文化遺産과 民俗藝術』, 국학자료원, 2004.

'중화인민공화국문물보호법'을 통과시켰으며, 곧이어 2004년부터 '민족·민간 전통문화법'을 작성 중에 있으므로 단오절도 이러한 법적 관점에서 다룰 가능성이 매우 높다고 예측된다. 중국정부는 '전통문화는 민족 단결 및 국가통일의 기초'라는 입장에서 단오절의 법정휴일 제정, 단오원류 고수 등으로 이 문제를 접근할 것이며 중국 단오의 발상지라는 호남성 악양시를 중심으로 범국가적 차원에서 우리의 세계문화유산 등록을 차단하려고 하거나 한중 공동등록이라는 입장으로 선회할 가능성도 없지 않다.3) 이러한 상황은 한국정부 기관인 문화관광부, 문화재청, 강원도, 강릉시가 원하는 바가 아니다. 그러므로 여러 상황에 맞는 대안을 강구하면서 철저한 대책을 마련해야 할 것이다.

결국 여러 가지 난제를 극복하고 지정을 받는 길은 강릉단오제에 대한 올바르고 정당한 국제적 평가에 달려있다. 세계무형문화유산으로서 강릉단오제가 중국단오절과 다른 독특하고 우수한 가치를 지니고 있다는 것을 국제심사위원단에게 어떻게 인식시킬 것인가에 맞춰져 있다고 볼 수 있다.

무형문화유산은 만질 수 없는(Intangible) 자산(資産, Asset)으로서 한 국가의 문화적 성제성, 장조성, 다양성을 확인하는 좋은 대상이다. 하지만 이것은 무형의 구전표현(口傳表現)을 지니고 있다는 점에서 소멸과 오염의 위험을 극복하고 전통의 지속성을 확인시키고 관리실행, 보존대책의 체계적 계획이 마련되어야 세계무형문화유산이 될 수 있다.

그런 점에서 강릉단오제의 세계화를 위해서는 국내적으로 그동안의 연구성과를 정리하고, 나아가 한중 단오전공 민속학자를 중심으로 문제가 되는 부분에 대한 공동조사연구가 추진되어야 한다. 본고는 이 점

---

3) 「조선일보」2004.5.10 '단오절 세계문화유산추진 중서 논란' 「동아일보」2004.5.10(월) '중 단오절은 우리 명절' 「연합뉴스」2004. 5. 10 '단오절 세계문화유산등록추진 중국서 논란' 과 중국「인민일보」2004.5.6, 안휘성「강회신보」2004. 5. 8일자 등의 기사를 종합한 내용임.

을 염두에 두고 양국의 단오절 기원과 신화에 대한 인식의 차별화를 시도하고자 한다.

2) 단오절과 수릿날의 의미

강릉단오제는 국가지정 향토축제로서 5월 파종과 10월 수확의 농경 시필기에 행해진 세시축제의 한 축이다. 세시풍속을 기반으로 하고 있는 향토축제는 일월성신(日月星辰)의 천상(天象)과 기후변화의 기상(氣象), 동식물 계절변화에 따른 물상(物象)이 합쳐진 것으로 우주의 질서에 순응하는 천체력, 계절의 변화에 대응하는 자연력, 사람들의 전통적인 생활을 중심으로 형성된 생활역법이 근간이다.

이러한 원칙에 따라 관상수시(觀象授時)와 대응천시(對應天時), 응천순시(應天順時)의 근본적 원리를 지닌 명절축제로서 절후(節侯)와 예속(禮俗)이 합쳐져 오늘의 단오절을 형성하고 있다.[4]

단오절이 들어있는 음력 5월은 하절기 세시풍속의 중심으로 24절기에 망종(芒種)과 하지(夏至)가 들어 있다. 망종은 농작물의 성장을 도모하기 위한 전통이 있는데 그 대표적인 풍속이 단오절이다. 이 기간에는 재앙을 쫓고 복을 부르는 벽사진경(辟邪進慶)과 각종놀이가 진행된다.

음력 5월 5일 단오의 '端'은 '시작' 또는 '처음'이라는 뜻도 있고 '으뜸'이라고도 하는데 『설문해자(說文解字)』에 直·正·萌·始·首라 한 것으로 미루어 명절의 으뜸, 성장의 시작이라는 의미를 갖는다. 오(午)는 양(陽)의 개념으로 단양(端陽)이라 하며 12지의 일곱째로서 동물은 말, 시간은 정오, 방위는 정남, 달로는 5월이다. 따라서 '端'과 '午'는 천체 주기상 같은 개념이다.[5]

---

4) 張正龍, 「端午節傳承與神話探討」, 臺灣中央研究院 民族學研究所月例演講論文, 2004.11.1

단오(端午)는 음력(陰曆) 5月 5日로 오월절(五月節)이라 한다. 추석(秋夕)을 만월명절(滿月名節)로 팔월절(八月節)이라 하듯이 5월의 대표적 명절이며 태양절이다. 한국에서 단오명절을 지내기 시작한 것은 신라 때로 '단오'를 향찰로 표기하여 '수리'라 부른 것으로 보면 이 명절의 연원은 삼국시대까지 올라간다고 추정된다. 한글로 '수리'라 기록한 <동동> 이외 문헌에는 한자로 '車衣' '戌衣' '水瀨' 등으로 다르게 쓰였으나 향찰식 표기이다.

> ◦五月五日애 아으 수릿날 아츰藥은 (樂學軌範 '動動')
> ◦俗以端午 爲車衣(金富軾, 三國史記 卷二, 文武王)
> ◦端午 俗名戌衣 戌衣者 東語車也(洪錫謨, 東國歲時記)
> ◦國人 稱端午曰水瀨 謂投飯水瀨 享屈三閭也(金邁淳, 洌陽歲時記)

'수리'는 태양과 신을 뜻하는 한국고대어로 삼국시대 5月과 10月 농공시필기(農功始畢期)에 태양신에게 제사한 민간신앙에 기초한 것이다. 이에 대하여 양주동은 다음과 같이 언급하였다.

> "投飯水瀨는 말할 것도 없고 車輪狀 艾餻로써 수리를 설명코저 함도 本末의 顚倒이다. 수리의 語原은 차라리 高·上에서 찾을 것이다.…上과 峯(峯수리-峯우리)의 古訓이 並히 수리(特히 峯의 義의 '수리나미고개'는 車踰로 對譯됨)인즉 무릇 '높은꼭대이이'가 수리이니 端午日의 午時를 漢語에도 '天中'이라 함과 合致된다. 이러한 推想은 一方 嘉俳의 語原이 '半·中'의 義임과 對照하야 興味있는 일이다."[6]

『동국세시기(東國歲時記)』에 "단오의 속명은 술의일로서 술의는 우

---

5) 장정룡, 『강릉단오 민속여행』, 두산, 1998, 22쪽.
6) 梁柱東, 『麗謠箋注』, 乙酉文化社, 1954, 103쪽.

리말로 수레바퀴를 뜻한다."라 하였는데[7] 여기서 수레바퀴는 태양이며 수레바퀴를 돌리는 신은 태양신으로 유추된다. 그것은 고구려 고분유적인 중국 집안 5호 무덤 천장의 수레바퀴를 끄는 신선 그림이 새겨져 있는 것과 연상하면 선명해진다.[8]

그러므로 단오날에 먹는 수레바퀴 모양으로 만든 시절음식의 차륜형(車輪形) 떡은 태양을 상징한 것으로 양기를 받아들이는 의미로 해석할 수 있으며, 이 날을 '水瀨日'이라 하여 밥을 수뢰(水瀨)에 던져 굴삼려(屈三閭)를 제사한 것에서 나왔다는 것은 중국기원설에 따른 것이다.[9] 강릉단오제는 행사내용에 있어서 용선경주 중심의 현존 중국 단오풍속과 달리, 풍년과 안녕을 기원하는 마을굿이나 기우제, 탈놀이, 농악, 민요, 그네뛰기, 씨름 등 전통적인 내용들이 중심을 이루고 있다. 따라서 풍농기원설과 재액방지의 기능, 세속적 해방일의 기능을 가지고 있다.[10]

5월의 파종의례(播種儀禮)는 10월 수확의례(收穫儀禮)와 함께 『삼국지(三國志)』위지 동이전 마한전에 의하면 농공시필기(農功始畢期)의 축제모습이며 한국세시풍속의 교차성으로 파악된다. 즉 5월의 파종의례와 10월의 수확의례는 수릿날과 상월(上月)을 동의어로 보기도 한다.[11] 이처럼 한국에서는 부족국가부터 자연력(自然曆)과 생업력(生業曆)에 따라 성장의례로서 단오를 인식한 것으로 보이나 삼국시대에 들어와 민속명절로 자리잡기 시작하여 의례력(儀禮曆)으로 확정된 것은 고려시대(918~1392) 이후로 볼 수 있다.

---

7) 洪錫謨, 『東國歲時記』, 端午條, 1849년.
8) 『고구려문화』, 사회과학출판사, 1975, 도판 39쪽.
9) 金邁淳, 『冽陽歲時記』1819年, "國人稱端午日 水瀨日 謂投飯水瀨 享屈三閭也"
10) 장정룡, 「강릉단오제의 기원과 역사」, 『강릉단오제백서』, 강릉문화원, 1999, 3쪽.
11) 李丙燾, 『韓國史大觀』, 普文閣, 1964, 52쪽.

단오풍정(端午風情, 신윤복 그림)

단오씨름(김홍도 그림)

『고려사(高麗史)』권84 금형조(禁刑條)에는 세속명절로 원정(元正)·상원(上元)·한식(寒食)·상사(上巳)·단오(端午)·중구(重九)·동지(冬至)·팔관(八關)·추석(秋夕) 등을 선정했다. 조선조에 들어서 단오는 정초, 한식, 추석, 동지 등과 함께 4명절(名節) 또는 5절향(節享)에 속하였다. 이처럼 단오라는 중국명절 명칭과 함께 한국에서는 수릿날이 전승되었는데 고려시대 월령체가요(月令體歌謠)인 <동동(動動)>에 그 풍속을 소개하고 있다.

조선시대 단오날에는 첩자를 승정원에서 만들어 대궐에 올리면 대궐에서는 관상감에서 주사로 쓴 천중부적을 여러 신하들에게 내렸다. 또한 공조에서 단오부채를 만들어 대궐에 올리면 임금이 신하들에게 나누어주는 것을 단오선(端午扇)이라 하였다. 『경도잡지(京都雜志)』에서 "서울의 옛 풍속에 단오날의 부채는 관원이 아전에게 나누어주는데 동짓날의 달력은 아전이 관원에게 바친다. 이것을 하선동력이라 한다."고 하여[12] 하선동력(夏扇冬曆)이라는 나눔의 미풍양속이 계승되었다.

단오절은 양기가 극성에 달하는 때이므로 다양한 행사와 음식 등을 통해 질병예방의 측면이 강조되었음을 알 수 있다.[13] 그러므로 중국에

---

12) 柳得恭, 『京都雜志』, 卷二, 歲時.
13) 吉野裕子, 『十二支』, 人文書院, 1994, 160쪽.

서는 '善正月, 惡五月' 또는 '五月爲惡月'이라고도 한다.[14] 중국의 단오민속은 그 유래가 초국(楚國) 문장가인 굴원(屈原)과 관련하여 물에 빠진 영혼을 구출하기 위해 용주경도(龍舟競渡)를 하고 종자(粽子)를 물에 던지는데 이러한 유래는 특정 인물과 관련지은 것으로 실질적인 단오명절의 원류로 보기가 어렵다.

한국과 중국의 단오풍속을 가장 자세히 설명하고 있는 자료는 홍석모의 『동국세시기』와 종름의 『형초세시기』이다. 동국세시기는 저자가 형초세시기의 체제를 따르고 내용을 인용하고, 양국 간의 유사점을 찾았다. 따라서 두 세시풍속지는 시공을 넘어 일정한 연계성을 추구하고 있다고 볼 수 있으며 동국세시기에는 55개 항목에서 중국세시기가 반영되어 있다. 따라서 대부분 기원을 중국으로 잡고 있으나 석전, 널뛰기, 수리치떡은 한국고유의 것으로 볼 수 있고, 세화(歲畵), 나무시집보내기[嫁樹], 나무그림자점[木影占] 등은 양국에 공통적으로 거론되고 있어 다소의 변이와 동화를 엿볼 수 있다.[15]

양나라 때 중국 양자강 중류지방인 형초(중국의 옛 강릉)지역 세시풍속지인 『형초세시기』에는 다음과 같이 당시의 중국 단오풍속을 전하고 있는데 ① 5월을 악월이라 부름, 지붕 덮는 것을 금하는 금기풍속 ② 욕란절 명칭과 답초풍속, 사람모양의 쑥인형, 창포활용, ③ 경도풍속과 약초채집, ④ 오채색실의 벽병(僻病)풍속, ⑤ 종자먹기 등이다.[16]

① 5월, 세속에서 악월이라고 하는데 지붕 덮는 것을 금기한다.

『이원(異苑)』에 의하면 "신야(新野)의 유식(庾寔)이 일찍이 오월에 자리를 말리다 별안간 한 어린애가 자리 위에 죽어 있는 것을 보았다.

---

14) 黃石, 『端午禮俗史』, 臺北 鼎文書局, 1979, 11쪽.
15) 張正龍, 『韓·中 歲時風俗 및 歌謠研究』, 集文堂, 1989, 37쪽.
16) 梁 宗懍, 『荊楚歲時記』, 欽定四庫全書, 史部十一, 臺灣中央研究院傅斯年圖書館所藏本

갑자기 그 형체가 없어지더니 그 후 식의 자식이 죽었다." 혹시 여기서 비롯되었는지 모른다. 『풍속통(風俗通)』에 말하길 "오월에 지붕 위에 올라가면 사람 머리가 대머리가 된다." 어떤 이가 동훈에게 물었다. "세속에서 오월에 옥상에 올라가지 않는데, 혹시 올라가 그림자를 보면 혼이 곧 떠난다고 합니다." 훈이 대답하였다. "대개 진시황이 스스로 금기를 만들어 여름에 행할 수 없었고 한(漢), 위(魏) 때까지 바뀌지 않았다. 『월령』에 의하면 "중하(仲夏)에 가히 고명한 곳에 머물러 멀리 경치를 바라보고 산릉(山陵)에 올라가 대사(臺射)에 머물러야 한다." 정현(鄭玄)이 여기기를 양을 따라 위에 오를 일이다. 오늘날 옥상에 오르지 못하게 하는 것은 예와 상반된다. 경숙(敬叔) 운, 어린아이 죽은 것을 보아 햇볕에 자리 말리는 것을 금하는 것이 무슨 다른 점이 있는가, 속인들이 오월을 기피하는 것이 어느 대인들 없었는가? 단 그 잘못된 점을 마땅히 고쳐 바르게 잡을 따름이다.

② 5월 5일은 욕란절(浴蘭節)이라 한다. 사민이 모두 풀을 밟는 놀이를 하며, 쑥을 뜯어 사람을 만들어 출입문에 걸고 독기를 막는다. 창포를 잘게 썰거나 가루를 내어 술에 띄운다.

『대대례(大戴禮)』에 의하면 "5월 5일 난을 모아 목욕한다. 『초사(楚辭)』에 말하길 "난탕에 목욕하고 방화에 머리감도다." 지금 이를 욕란절이라고도 하고, 또 단오라고도 한다. 백초를 밟는 놀이는 곧 지금 사람들이 백초지희를 겨루는 것과 같다. 종칙(宗則)의 자는 문도(文度)로 항상 5월 5일 닭이 울기 전에 쑥을 뜯어 사람과 닮은 것을 보고 모아 이를 취해 뜸을 뜨면 효험이 있었다. 사광점(師曠占)이 말하길 "해마다 병이 많으면 병초가 먼저 돋아난다. 쑥이 이것이다." 지금 사람들이 쑥으로 호랑이 모양을 만들거나 소호 모양으로 전채하여 쑥잎을 붙여 머리에 꽂는다.

③ 이날 경도(競渡)가 있으며 약초 채집을 한다.

생각하면 5월 5일 경도를 하는데 세속에서 굴원이 멱라수에 투신한 날로 그 죽음을 애상하기 위함이다. 고로 아울러 주즙(舟楫)으로 하여 그를 건지게 한다. 가주(舸舟)는 그 가볍고 날램을 취하여 비오(飛鳧, 날으는 물오리)라 부르는데 수차(水車)라 하기도 하고, 수마라고도 한다. 주, 군의 장관 및 토착인들은 모두 물가에서 이를 구경한다. 대개 월나라 사람들은 배를 수레로 삼고 노로써 말을 삼는다.

한단순 조아비문에 "5월 5일 오군(伍君)을 맞으러 나갔는데 파도에 거슬러 올라가 물의 덮치는 바가 되었다. 이것 또한 동오(東吳)의 세속 으로 자서(子胥)와 관련된 일이며, 굴평(屈平, 굴원)과는 관련이 없다" 하였고, 월지전에 말하길 "월왕 구천에서 비롯되었다"고 했는데 자세한 것은 알 수 없다. 이날 다투어 잡약을 모은다. 『하소정(夏小正)』에 이 르길 "이 날 약을 모아 두어 독기를 제거한다"고 하였다.

④ 오채의 고운 비단 색실을 팔에 걸어 벽병(辟病)이라 부른다. 사 람으로 하여금 유행병에 걸리지 않게 한다. 또 조달 등 직조잡물을 서 로 주고받으며, 구욕을 취해 말을 가르친다. 생각건대 『효경 원신계』에 이르길 "중하에 고치가 나오기 시작하면 부녀자들이 모두 모여 누이고 물들이는 작업을 한다. 일월성신, 조수의 형상을 무늬로 수놓거나 금박 으로 아로새겨 존장자에게 바친다." 일명 장명루·속명루·벽병증· 오색사·주삭으로 불리우며 유사한 이름이 매우 많다. 적청백흑을 사 방에 두고, 황을 중앙에 수놓아 벽방이라 부른다. 가슴 앞에 달아 부녀 자들의 잠공을 표시한다. 시에 이르길 "팔에 감는 쌍조달이라고 말한 것이 이것이다." 어떤 사람이 오병을 막는 도를 묻자 포박자가 말하길 "5월 5일 적령부를 만들어 가슴 앞에 단다." 지금의 채두부(釵頭符)가 이것이다. 이 달에 구욕의 새끼 털이 새로 생긴다. 세속에서는 흔히 둥

지에 올라가 잡아 기른다. 필히 먼저 혀끝을 잘라 말을 가르친다.

⑤ 하지 절기에 종(糭)을 먹는다.

주처(周處)의 『풍토기(風土記)』를 살피건대 각서라 일컬었고, 사람들이 모두 새로 난 대나무로 통종(筒糭)을 만든다. 연엽을 머리에 꽂고 오채를 팔에 걸어 장명루라 하였다.[17]

『동국세시기』는 홍석모(洪錫謨, 1781~1857)가 지은 세시풍속지로 이자유(李子有)가 쓴 서문에 보면 헌종 15년인 1849년에 작성된 것으로 볼 수 있다. 홍석모는 풍산(豊山)홍씨로 1781년 7월 29일 태어나 1857년 10월 19일 타계하였으며 초명은 석영(錫榮), 자는 경부(敬敷), 호는 도애(陶厓)다. 희준(羲俊)의 외아들로 대제학을 지낸 이계(耳溪) 홍양호(洪良浩, 1724~1802)는 희준의 생부이다. 1804년 생원이 되었으며 음사로 남원부사를 역임하였다. 1826년(순조 26)부터 1년 간 정사인 아버지를 따라 북경에 자제군관으로 따라갔으며 이곳에서 1827년 러시아 정교 신부 카멘스키를 만나기도 하였다.

그의 문집 『도애십(陶厓集)』은 시문집으로 풍속에 대한 관심과 농가의 풍물묘사가 돋보이며, 『유연고(游燕稿)』는 아버지를 따라 북경에 가서 보고들은 것을 풍물시로 쓴 것이다. 1826년 10월 27일 임진강을 건너 청나라로 가는 일정부터 이듬해 3월 20일 다시 임진강을 건너 올 때까지 여정에 따라 날짜를 적고 그 아래 각지의 명승을 시로 읊어 모두 473수를 수록하였다. 이외에도 서울풍속을 시로 읊은 도하세시기 속시(都下歲時紀俗詩) 등을 남겼다. 그의 묘는 천안군 서면 용암리 봉서산 간좌에 있으며 묘갈은 영의정 정원용이 쓰고 묘지는 참판 송지양이 썼다.

---

17) 상기숙 역주, 『荊楚歲時記』, 집문당, 1996, 112~120쪽.

이 책에 수록된 한국의 단오풍속은 다음과 같다. ① 쑥호랑이 하사, ② 천중부적 만들기, ③ 제호탕 만들기·옥추단 달기, ④ 창포탕 목욕·창포비녀꽂기, ⑤ 그네뛰기·씨름 ⑥ 수리치떡먹기·익모초·희렴 말리기·대주나무 시집보내기, ⑦ 석전·씨름·김유신 맞이·오금잠제·선위대왕제 등이다. 구체적인 내용을 인용하면 다음과 같다.[18]

① 애호를 각 신하들에게 하사한다. 잔 짚을 사용하여 비단 조각으로 만든 꽃을 묶었는데, 그 나풀나풀하는 것이 마치 갈대 이삭 같다. 생각하건대 『세시잡기(歲時雜記)』에 "단오날 쑥으로 호랑이 모양을 만드는데 혹 비단을 잘라 작은 호랑이를 만들고 쑥잎을 붙여 그것을 머리에 꽂는다"고 했다. 우리나라 제도도 여기에서 비롯되었다.

② 공조에서는 단오부채를 만들어 바친다. 그러면 임금은 그것을 각 궁에 속한 하인과 재상, 시종신 등에게 나누어준다. 그 부채 가운데 가장 큰 것은 대나무 살이 흰 화살 같은데 40개부터 50개가 된다. 이것을 백첩이라 하고 칠을 한 것을 칠첩이라 한다. 이를 얻은 사람은 대개 금강산 일만이천봉을 그린다. 그리고 기생이나 무당 등이 가진 것은 근래 풍속에 버들개지, 복사꽃, 연꽃, 나비, 흰 붕어, 해오라기 등의 그림을 그리기를 좋아한다. 생각하건대 『계암만필(戒菴漫筆)』에 "단오날에 경관에게 궁중의 부채를 나누어 주는데 대살에 종이를 바르고 새나 짐승의 그림을 그렸으며 오색의 비단으로 감았다"고 했다. 애호란 것이 바로 이것이다. 전라도와 경상도의 감사와 통제사는 절선을 올린다. 그리고 또 예에 따라 조정의 신사와 친지 등에게 선사한다. 그리고 부채를 만든 수령도 진상하고 선사한다. 부채는 전주와 남평에서 만든 것이 가장 좋다. 승두선, 어두선, 사두선, 합죽선, 반죽선, 외각선, 내각

18) 洪錫謨, 『東國歲時記』, 朝鮮光文會, 1911.

선, 삼대선, 이대선, 죽절선, 단목선, 채각선, 소각선, 광변선, 협변선, 유환선, 무환선 등 만든 모양이 각기 다르고, 청·황·적·백·흑 및 자·녹, 검푸른색, 운암색, 석린색 등 모든 빛깔의 부채가 갖추지 않은 것이 없다. 그러나 통속적으로 백, 흑색 두 빛의 것과 황색 칠과 흑색 칠을 한 두 개의 접는 부채와 기름칠 한 것을 좋아한다. 청색의 부채는 신랑을 위한 것이고, 백색의 부채는 상제를 위한 것이며, 기타 여러 빛깔의 것은 부인들과 아이들이 갖는다. 단선에도 오색이 있고, 또 오색을 섞어 붙여 알록달록한 것도 있다. 그런데 그 모양에 따라 동엽선, 연엽선, 연화선, 초엽선 등이 있다. 이것 중에는 혹 기름칠을 하거나 혹 검은 칠을 한다. 남자들은 집에 있을 때 이것을 부친다. 색선은 부녀자나 아이들이 갖는다. 또 색종이를 바르고 댓살의 폭이 넓고 큰 것을 윤선이라 하는데 자루가 달려 있어 그것을 펴면 마치 우산 같다. 그것은 어린이들이 햇빛을 가리는 도구로 사용한다. 또 자루가 긴 크고 둥근 부채가 있는데 이것은 잠자리에서 파리나 모기를 쫓는 도구로 사용한다. 혹은 반죽의 껍질과 빛깔 있는 비단으로 만들고 구슬로 장식한 것은 신부들이 얼굴을 가리는 도구로 사용한다. 혹 큰 파초 잎 모양으로 만든 것도 있는데 이것은 대신들의 장식물로 사용한다. 또 장사꾼이 만들어 파는 부채는 정밀하게 만든 것, 엉성한 것, 교묘한 것, 질박한 것 등 만든 것이 똑 같지 않다. 그러므로 중국인들이 고려사람은 겨울에도 부채를 쥔다하여 그 풍속을 기록하고 있다.

③ 관상감에서는 주사로써 천중절의 붉은 부적을 박아 대궐 안으로 올린다. 그러면 대궐에서는 이를 문설주에 붙여 불길한 재액을 막는다. 경사대부의 집에서도 이를 붙인다. 그 부적의 글은 "오월 오일 천중절에 위로는 하늘의 녹을 받고 아래로는 땅의 복을 얻어 치우의 신의 구리머리, 쇠 이마 붉은 입, 붉은 혀의 4백 4병이 일시에 없어져라. 빨리

빨리 법대로 시행하라"하였다. 생각하건대 한나라 제도에 "도인으로 악한 기운을 멈추게 한다"하였고, 『포박자』에도 "적령부를 만든다"고 하였다. 이것이 모두 단오의 옛 제도이며 지금의 부적 붙이는 제도가 여기에서 나온 것이다.

④ 내의원에서는 제호탕을 만들어 바친다. 또 옥추단도 만들어 금박으로 싸서 바친다. 그러면 그것을 오색실에 붙들어 매어 차고 다니며 재액을 제거한다. 또 그것을 가까이 모시는 신하들에게 나누어준다. 생각하건대 『풍속통』에 "5월 5일 오색실을 팔에 붙들어 매어 귀신과 병화를 쫓는다. 그것을 장명루 또는 속명루, 일병 벽병중이라고 한다."고 했는데 지금 풍속에 옥추단을 차는 것이 이런 종류일 것이다.

⑤ 남녀 어린이들이 창포탕을 만들어 세수를 하고 홍색과 녹색의 새옷을 입는다. 또 창포의 뿌리를 깎아 비녀를 만들고 혹 '壽'나 '福'자를 새기고 끝에 연지를 발라 주로 머리에 꽂는다. 그렇게 함으로써 재액을 물리친다. 이것을 단오장(端午粧)이라 한다. 생각하건대 『대대례』에 "5월 5일에 축란으로 목욕한다."했다. 또 생각하건대 『세시잡기』에 "단오에 창포와 쑥을 자르는 것은 어린이들을 위해서요, 혹 호로의 모양을 만들어 차는 것은 액을 물리치는 것이다."했다. 지금 풍속에 창포로 목욕하고 뿌리를 머리에 꽂고 하는 것이 다 여기에서 비롯된 것이다. 또 생각하건대 『완서잡기』에 "연도(북경)에서는 5월 1일부터 5일까지 작은 아씨들이 모양을 내어 아주 예쁘고, 이미 출가한 여자도 친정에 근친을 가므로 이날을 여아절이라 한다."고 했다. 우리나라 풍속도 북경과 가까우므로 그 모양내는 것이 북경의 풍속을 답습한 것 같다.

⑥ 항간에서는 남녀들이 그네뛰기를 많이 한다. 생각하건대 『고금예

술도』에 "북쪽 융적들이 한식날 그네뛰기를 하여 가볍게 뛰어 오르는 연습을 한다. 그것을 후에 중국여자가 배운 것이다."라고 했다. 또 생각건대 『천보유사』에 "궁중에서 한식 때가 되면 다투어 그네를 매는데 이것을 반선희(半仙戲)라고 한다."했다. 그런데 지금 풍속에는 단오날로 옮겨졌다.

그네그림의 단오담배갑 표면

1971. 8. 2 발행 씨름우표

젊은이들이 남산의 왜장이나 북악산의 신무문 뒤에 모여 각력(씨름)을 하여 승부를 겨룬다. 그 방법은 두 사람이 서로 상대하여 구부리고 각자 오른손으로 상대방의 허리를 잡고 왼손으로는 상대편의 오른발을 잡고 일시에 일어나며 상대를 번쩍 들어 팽개친다. 밑에 깔리는 자가 지는 것이다. 내구, 외국, 윤기 등 여러 자세가 있고 그 중 힘이 세고 손이 민첩하여 내기로 자주 이기는 사람을 도결국이라 한다. 중국인이 이를 본받아 그것을 고려기라고 하기도 하고 또 요교라고도 한다. 단오날 이 경기는 매우 성하여 서울을 비롯해서 각 지방에서도 많이 한다. 생각하건대 『예기』월령에 "초겨울이 되는 달에 장수들에게 명하여 무예를 강의하고 활쏘기, 말타기를 연습하여 힘을 겨루게 한다."고 했다. 지금의 씨름이 바로 이것으로 곧 군사들의 힘내기인 것이다. 또 생각건대 장평자의 『서경부』에 "각저의 묘기를 드러냈다."고 했다. 그러므로 한나라 때도 이런 것이 있었으니 오늘날의 씨름과 비슷한 것이다.

⑦ 이 날 쑥잎을 따다가 빻아 멥쌀 가루 속에 넣고 녹색이 나도록 반죽을 하여 떡을 만든다. 수레바퀴 모양으로 만들어 먹는다. 그러므로 술의일(戌衣日)이라고 한다. 떡을 파는 집에서는 시절음식으로 이것을 판다. 『본초강목』에 "천년이 된 쑥을 중국 사람은 구설초라 한다."고 했는데 바로 이것이다. 쑥잎의 등이 흰 것을 볕에 쬐어 말려 화융을 만든다. 이것을 술의초(戌衣草)라 한다. 생각건대 무규의 『연북잡지』에 "요 지방 풍속에 5월 5일 발해의 주자가 쑥떡을 올린다."고 했다. 우리나라 풍속도 여기에서 기원한 것 같다. 정오에 익모초와 희렴을 뜯어다가 볕에 말려 약용으로 만든다. 또 대추나무를 시집보낸다. 생각하건대 『화력신재』에 "대추나무 시집보내는 것은 단오날 정오가 마땅하다. 또 단오날 정오에 도끼로 여러 과일나무의 가지를 쳐내려야 과일이 많이 달린다"고 했다. 지금의 풍속이 여기에서 비롯된 것이다.

⑧ 김해풍속에 매년 4월 초파일부터 아이들이 떼로 모여 성남에서 석전을 하며 단오날에 이르면 청년들이 모두 모여 좌우로 편을 갈라 깃발을 세우고 북을 치며 고함을 치면서 달려들어 돌을 던지면 마치 비가 오는 것 같다. 결국 승부가 나서야 끝난다. 비록 사상자가 나더라도 후회하지 않고 수령도 금지시킬 수 없다.

대만 단오절 용주경도

금산풍속에 효령의 서악에 김유신 사당이 있는데 속칭 삼장군당이라 한다. 매년 단오날에 그 고을의 수석 아전이 그 고을 사람들을 데리고 역마로 깃발을 들고 북을 치며 가서 신을 맞이해서 동네로 내려와 제사한다.

삼척풍속에 그 고을 사람들이 오금으로 만든 비녀를 작은 상자에 잘 담아 동헌 동쪽 모퉁이에 있는 나무 밑에 감추어 두었다가 매년 단오에 아전이 꺼내어 제사를 지내고 다음날 도로 감추어 준다. 전설에 그 오금비녀가 고려 태조 때 것이라 한다. 그러나 그 제사지내는 뜻이 무슨 까닭인지 알지도 못하고 그냥 행사가 되어 버렸다. 이를 관에서도 금지하지 못한다. 안변풍속에 상음신사가 있어 선위대왕과 그 부인을 모시고 있다고 한다. 매년 단오날이 되면 선위대왕 부부를 모셔다가 제사를 지낸다.[19]

이상에서 인용한 바와 같이 중국 단오풍속은 악월, 지붕 덮는 것을 금하는 금기풍속, 욕란절, 답초풍속, 사람모양의 쑥인형 만들기, 창포활

---

19) 李錫浩 譯,『東國歲時記』, 乙酉文化社, 1969, 91~99쪽.

용, 경도(競渡), 약초채집, 오채색실 벽병풍속, 종자(糉子)먹기 등이다.

한국의 단오풍속은 쑥호랑이 하사, 천중부적 만들기, 제호탕 만들기
·옥추단 달기, 창포탕 목욕, 창포비녀꽂기, 그네뛰기, 씨름, 수리치떡
먹기, 익모초·희렴말리기, 내추나무 시집보내기, 석전, 씨름, 김유신맞
이, 오금잠제, 선위대왕제 등으로 다양하다.

두 기록에 나타난 양국의 단오절풍속을 보면 한국의 단오풍속이 중
국과 같은 것도 있고 다른 것도 있다. 따라서 양국 간의 풍속은 어느
한 쪽의 영향만이 있다고 볼 수 없고, 기원이나 유래도 한쪽에서 온
것으로만 보기도 어려운 일이다. 중국의 단오풍속은 종름의 기록 이후
에 중국 전역의 전승민속을 보아도 용주경도(龍舟競渡), 종자(粽子)먹
기 등이 대종을 이루어 지역별, 시기적 편차가 크지 않은 편이다.[20]
하지만 강릉단오제는 그 독자적 유래와 전통적 문화기층이 다른 지역
단오제와 확연하게 차이가 난다. 따라서 강릉단오제를 국가지정무형문
화재로 지정함에 따라 향토문화제로서의 가치는 국가적 문화재로서 평
가를 받았다고 할 수 있다.

오늘날까지 전승되는 한국의 단오민속은 부족국가시대부터 근원적인
유래를 갖고 있는 파종의례(播種儀禮)로 출발하여 벽사진경(辟邪進慶)
의 신앙적 의미가 강조되었으며, 이후 그네와 씨름 등 민속예능이 결
합되면서 명절축제의 양상을 띠게 되었다고 하겠다. 이러한 과정은 중
국이나 일본과도 크게 다르지 않은데, 강릉단오제의 경우 표피적 주제
(表皮的 主題)는 세시풍속 주기이나 그 이면적(裏面的) 주제는 강릉지
역신화와 민속예능(民俗藝能)으로 형성되어 있다.

다시 말해 음력 5월 5일인 단오날의 명절만을 지칭하는 것이 아니라 3
월부터 4월, 그리고 5월까지 춘계 파종 후 5월의 성장촉진의례로 진행되면
서 길일에 정점을 이루는 것이다. 추강(秋江) 남효온(南孝溫, 1454~1492)
의 『추강선생문집(秋江先生文集)』권5, 유금강산기(遊金剛山記)에서 오늘

---

20) 胡撲安, 『中華全國風俗志』上下 各 十卷, 1922.

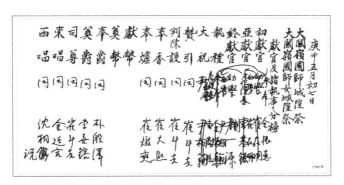

1980년 음력 5월 7일 강릉단오제 대관령 국사성황제, 국사여성황제 헌관 제집
사 분방이다. 김진덕, 최두길 제관의 명단이 들어 있다.

날 한국의 대표축제로 국가지정 무형문화재 13호로 지정된 강릉단오제의
원류인 영동 산신제와 고을 풍습에 대해 기록하였다.

강릉단오제를 기록한 교산 허균의 1603년 기록은 중심 신격으로 대
관령 산신으로 좌정한 김유신 장군을 봉안한 것으로 기록하고 있다.
이러한 내용은 『증수 임영지(增修 臨瀛誌)』에도 "강릉에는 제사지내
는 외에 특별히 다른 것이 있다(江陵則享祀外 別有異者)"라 하여 마
을에서 봄가을로 행해지는 일반적 마을성황제와 특별히 다른 것이 매
년 4월 15일 호장과 무격이 대관령에서 신목으로 국사신(國師神)을 모
셔와서 봉안하였다가 5월 5일에 굿과 탈놀이 등으로 신을 즐겁게 한다
는 것이다.

따라서 '특별히 다른 것'으로 표현하고자 한 것은 중국 단오와 다른
토착제의의 요체를 말하고자 한 뜻이다. 그것은 삼국통일을 성취한 신
라의 김유신을 산신으로, 나말여초(羅末麗初)의 승려 범일을 국사신격
으로 봉안하고 독자적인 축제를 펼쳐왔다는 것이다.

성황사 춘추제와 달리 특별히 다른 단오축제의 원형을 말해주는 남
효온(南孝溫)의 문집에는 "영동민속에 매년 3·4·5월 중에 날을 가

려 무당과 함께 바다와 육지에서 나는 음식을 아주 잘 장만하여 산신
제를 지낸다. 부자는 말 바리에 음식을 싣고 가고 가난한 사람은 등에
지고 머리에 이고 가서 신의 제단에 제물을 진설한다. 피리불고 북을
치며 비파를 뜯으며 연 3일을 즐겁게 취하고 배불리 먹은 후 집으로
돌아와 비로소 매매를 시작한다. 제사를 지내지 않으면 조그만 물건도
얻을 수도 없고 주지도 않는다"고 하였다.[21]

1960년 음력 5월 29일 강릉단양위원회 주최 배구대회 중등부 우승상장(강
릉 명륜 중학교) 당시에는 단오제라 하지 않고 '단양(端陽)대회'라 불렀다.

이것은 추강 선생이 1471년에 영동지역을 다닌 것을 기록한 것으로
산신제를 지내고 축제를 여는 모습이 강릉단오제와 흡사하다. 특히 3
월부터 축제준비를 하여 4월과 5월 단오날을 택해서 제를 지내는 모습
이 그러하다. 실질적으로 강릉단오제가 시작되는 4월에는 축제분위기가
고조되는데 4월 15일 대관령산신제를 전후하여 어촌인 강릉시 강문동
마을에서는 성황당에서 별신제 풍어굿을 올리고 산촌인 강동면 심곡마
을에서는 마을 뒷산에 올라가 산맥이제를 지낸다.

---

21) 南孝溫, 『秋江先生文集』卷五, 遊金剛山記 "嶺東民俗, 每於三四五月中擇日迎巫,
極辦水陸之味以祭山神, 富者駄載, 貧者負戴, 陳於鬼席, 吹笙鼓瑟, 嬉嬉連三日醉
飽, 然後下家, 始與人買賣, 不在卽尺布不得與人"

이처럼 강릉 일대의 어촌과 산촌에서도 3월부터 5월까지 마을제례를 치르고 있는 현실로 보면 추강의 기록은 강원도 산간마을의 산맥이제나 별신제와 유사한 점도 발견된다. 임동권 조사에 의하면 강릉단오제는 음력 3월 20일 신주빚기로 시작되어 4월 15일 산신제, 5월 5일 단오제를 지내는 50여 일의 행사라고 하였다. 현재는 국사성황신을 주신으로 봉안하고 제를 지내는데 앞서 여러 문헌에 의하면 대관령산신을 모시고 축제를 열었다. 범일국사 전승담에서도 파악되듯이 가상에서 현실적인 신격화가 되면서 전승상의 변화를 초래한 것으로 보인다. 그것은 산신신격에서 성황신 신격으로의 전이과정에서 신화적 화소가 형성된 것으로 유추된다.

오늘날의 단오제는 중심신격이 범일이라는 강릉출신의 실존 승려를 국사성황신격으로 봉안하고 있는 점이 기록과 다른 점이다. 『고려사』에 전하는 김순식 장군이야기는 그가 고려 태조 왕건을 도와 출병하였을 때 태조의 꿈에 이상한 중이 군사 삼천 명을 거느리고 왔는데 그 이튿날 군사를 거느리고 와서 도왔다는 꿈 이야기를 하자 김순식은 자신이 대관령에 이르렀을 때 이상한 승사가 있었으므로 제단을 만들어 기도했다는 기록이 저음이다.

조선 경종 무렵 『강릉지』풍속조 대관산신탑산기에 의하면 왕순식이 고려 태조를 따라서 남쪽을 정벌할 때, 꿈에 승속(僧俗) 두 신이 병사들을 이끌고 와서 구해주었다. 꿈에서 깨어보니 싸움에 이겼으므로 대관령에 사우를 지어 제사를 올린다"고 하였다. 임동권 교수는 주민들의 말을 인용하여 승려는 범일국사, 속인은 김유신 장군으로 적고 있다.

더욱이 대관령산신은 허균의 문집에 의해 김유신 장군으로 확인된 바가 있는데 승려에 관한 언급은 확인할 수 없다. 다만 1900년대 이후 기록에 의존한다면 강릉지역의 고승으로 이곳 출신 범일국사가 마땅히 신격화되었을 것으로 추측하는 것은 무리가 없을 것이다. 이처럼 대관령은 신성한 제장으로 일찍이 인정되었음을 알 수 있다. 신성한 산으로 믿어져온 대관령의 산악신앙과 지역인물이 합쳐져 단오제의 중심 신격으로 승화되었다고 볼 수 있다.

1950년 강릉단오제 서커스장.
空中그네, 曲芸 등의 깃발이 보인다. (필자 소장 사진)

1950년대 강릉단오제 씨름대회.
심판은 중절모자를 쓰고 넥타이를 매었다. 구경꾼의 모습이 진지하다.
(필자 소장 사진)

허균은 조선 선조 36년(1603) 여름, 그의 나이 34세 때에 당시 수안군수를 역임하고 잠시 모친과 함께 외가인 강릉 사천의 애일당(愛日堂)에 내려와 약 4개월 간 머물렀을 때 강릉단오제를 보았던 것이다. 그의 문집 『성소부부고』권 14, 문부11, 대령산신찬병서에는 당시 명주사람들이 5월 길일을 택해 대관령 산신인 김유신 장군을 맞이하여 부사에 모신 다음 온갖 잡희를 베풀어 신을 즐겁게 해준다고 하였다. 신이 즐거우면 하루종일 화개(華蓋. 괫대)가

대관령산신 화상(김유신 장군이라고 전한다.)

쓰러지지 않고 그 해는 풍년이 들고 신이 화를 내면 이것이 쓰러져 그 해는 반드시 풍재나 한재가 있다고 말한 수리(首吏)의 이야기를 그대로 적고 있으며, 이 말을 듣고 자신도 이상하게 여겨 그 날에 가서 보았더니 과연 괫대가 쓰러지지 않아 고을 사람들이 모두 좋아하고 환호성을 지르고 경사롭게 여겨 서로 손뼉을 치며 춤을 추었다 하였다.

이러한 기록을 살펴보면 지금부터 대략 400여 년 전에는 강릉단오제의 주 신격(神格)은 김유신 장군이었다는 사실을 의심할 수 없다. 강릉의 단오제가 산신제의 성격에서 성황제로 옮겨가는 시기는 조선조 영조 무렵으로 추정된다. 영조 임오년(1762) 여름 부사 윤방(尹坊)이 삼척에서 사람을 죽인 사건을 살피는 검사관으로 갔는데, 금부에 있는 서리를 파면했다는 이유로 이규(李逵)라는 사람이 명을 받고 관아에 와서 아전의 우두머리를 정실인사를 했다면 문책하려고 할 때 최광진(崔光振)이 호장(戶長)이었다고 한다.

아전이 그를 부르니 바로 이 날이 5월 5일 국사성황신을 모셨다가 보내는 날이었다. 호장이 성황사에서 일을 보다가 시간이 흐른 뒤 관

아에 도착했다. 이규의 성격이 조급하여 사람을 시켜 결박하고, 마패로 마구 때리면서 "너는 성황신만 중히 여기고, 나를 천박하게 대우하니 대체 성황은 어떤 신령이냐? 너는 비록 성황신을 존경할지 모르나 나에게는 무슨 상관이 있느냐?"고 히면서 흉악한 말을 하자 갑자기 사지가 뒤틀리고, 뼈 속을 찌르는 아픔을 느끼고 결박당하듯이 정신이 혼미하며 비로소 겁을 내면서 목구멍으로 넘어가는 소리를 하는데 "나는 이제 죽는구나"하고 피를 토하면서 죽었다고 한다.

이 기록에 의하면 조선조 후기에 성황신의 위엄과 신앙적 기반이 지속적으로 강조된 것으로 보인다. 특히 강릉단오제는 향리가 주관한 것으로 초헌관을 향직의 우두머리격인 호장이 맡았고 관노들이 탈춤을 추고, 나팔수와 신목잡이의 역할을 맡고, 삼헌관으로 수리(首奴)가 성황신 행렬에 참가하고 있다. 산신에서 성황신으로 신격의 변화는 1600년경의 허균의 김유신 산신기록이 150년 뒤에는 국사성황신으로 바뀌고 있다는 점이다. 그러나 구체적으로 국사성황신이 누구인가는 밝혀지지 않았으나 범일(梵日)이 국사로 추증(追贈)되었다는 사실이 국사성황신으로서 위상설정에 기여했을 것으로 판단된다.

한편 '국사'라는 칭호는 국사봉・구수봉・국수봉이라는 지명이 전국에 퍼져 있으며 동시에 그 뜻이 가락국의 시조인 김수로왕을 맞이하던 구지봉에서 불려진 영신가인 <구지가(龜旨歌)>의 거북이나 신라 성덕왕 때 강릉태수와 오던 순정공의 아내 수로부인 연기설화(緣起說話)에 들어있는 <해가(海歌)>에 나타나는 거북이와 그 의미가 같다고 할 수 있다.[22)]

구지봉(龜旨峰)의 '龜'나 해가의 구(龜)는 신을 뜻하는 고대어 '굼'으로 신이 거처하는 봉우리 또는 해신(海神) 또는 용신(龍神)이라는 의미를 지니고 있으며,[23)] 이것이 굿봉, 또는 구수봉, 국수봉으로 전음

---

22) 張正龍, 「新羅鄕歌 獻花歌의 背景論的 考察」, 『江原道 民俗研究』, 國學資料院, 2002, 150쪽.

(轉音) 변화되면서 신이 좌정한 곳의 뜻을 담고 있음을 감안할 때 대관령을 신성한 봉우리로 인정하고 여기서 산신제를 지낸 것이 신라 때의 국사로 칭송되던 범일과 연계된 것이 아닐까 생각된다. 신격의 계통으로 보면 국사당(國師堂)은 서울 남산과 주로 서북지방에서 사용되는데 한자로 國土堂, 國祀堂, 國祠堂, 局司壇 등으로 쓰이며 이를 산신계로 분류하고 있다.[24]

축제중심신격의 변화는 지역사회 정치적, 사회적 변화와 맞물려 이루어진 것으로 추정이 가능하다. 단오제의 신격이 산신에서 성황신으로 변화된 것은 강릉단오제의 시원이 신라 이래 고려에 이르기까지 대관령과 관련된 산악형 산신신앙에서 출발하였다가, 조선 중기 이후 차츰 마을신앙 형태로 그 성격이 바뀌어 감에 따라 신격의 변화가 뒤따른 것이 아닐까 생각된다.

이러한 이유는 구정면 학산리에 범일국사가 창건한 나말여초(羅末麗初) 사굴산파의 시원인 굴산사가 선종과 교종의 교체기에 향촌세력의 판도변화와 함께 그 중심에 있던 굴산사가 고려 초기에 없어지고 조선조 때 이르러 민중들 속에 잠재된 의식이 지역의 신화적 인물로 범일승려를 탄생시켰다고 볼 수 있기 때문이나. 『증수 임영지』에는 범일승려의 일대기를 신성시하여 전설을 신화적인 단계로 승화시킨 이야기가 수록된 것으로 짐작할 수 있는 일이다.

즉 앞서 범일국사의 전승담에서 확인된 것과 같이 범일국사의 모친이 문씨부인(文氏夫人)에서 양가처녀(良家處女)로 바뀐 것이라든지 태몽을 꾼 것에서 햇빛이 잉태시켰다는 신비한 화소로 달라졌으며 영웅의 일생과 같이 기아(棄兒)의 단계를 거쳐 국사(國師)로 숭앙되는 과정을 서술하고 있는 사실에서도 감지(感知)된다.

결국 강릉단오제는 10월 상달의 예국 무천제와 연계된 5월 수릿달

23) 박지홍, 「龜旨歌研究」, 『國語國文學』16호, 國語國文學會, 1957, 8쪽.
24) 趙芝薰, 「累石壇・神樹・堂집 信仰研究」, 『文理論集』, 제7집, 1963, 52쪽.

1950년대 강릉단오제 그네대회.
(한복을 입고 그네 뛰는 모습이다.)

의 축제로 이미 정착되었다가 중국단오민속을 명칭수용하면서 길일인 단오날을 택해 축제를 열었다. 예국의 무천세는 시기가 지남에 따라 산신제와 성황제로 바뀌어서 전승되었으며 현대에 이르러 강릉 고유의 전통문화를 중심으로 한 지역전통의 향토축제로 자리매김했다. 특히 강릉단오제는 향토적, 지리적, 인물 배경을 중심으로 형성된 자생적 축제문화로서 신성한 공간과 비범한 인물, 특별한 일자를 수용한 형태로 기반이 형성되어 있다는 점이 독창성을 확보하고 있다. 따라서 '대관령-범일국사-수릿날'이 상징적 신화적 삼각구성으로 맞물리고 '제의-굿놀이-탈춤'이 내용상 상호연계 발전되면서 지역의 정신적, 신앙적 구심체로 승화된 것으로 볼 수 있다.

이러한 배경을 바탕으로 강릉단오제는 3월부터 5월에 이르는 기간동안 응천순시(應天順時)에 따라 마을의 토착신격을 봉안하고 곡물성장을 도모하는 파종 후 성장의례와 질병예방의 주술적 의례(呪術的 儀禮), 신과 인간이 소통하는 축제요소가 섞여 다양한 모습으로 전승 확장되었다고 하겠다.

3) 강릉단오제와 범일국사 탄생설화

강릉단오제의 중심신격인 대관령국사성황신은 범일국사라고 전승된다. 이러한 전승의 근거는 확실하지 않으나 고려 태조 왕건의 꿈에 승려가 병사 3천명을 데리고 와서 도와주었다는 몽조(夢兆)로부터 김순식 장군이 명주에서 대관령을 넘어가면서 이상한 승사(僧祠)에서 제단을 마련하고 기도하였다는 이야기에서 그 승려가 누구인지 궁금증이 있었고 후대에 이를 범일국사로 확증하였다.[25] 일부의 기록에 승속(僧俗) 2인이 도와주었는데 승려는 범일국사, 속인은 김유신 장군이므로 성황신과 산신으로 숭봉된다고 하였다.

여하튼 범일국사는 강릉이 낳은 나말여초의 고승으로 그 분의 일대기는 『조당집』에 수록되어 있고, 당나라에서의 행적은 『삼국유사』에, 탄생설화는 강릉의 향토지 『증수 임영지』에 들어있다. 따라서 이 지역에서는 단오제와 연관하여 지역을 수호한 신격으로 실존인물인 범일국사를 등장시켰다고 할 수 있다. 이러한 화소(話素)를 분석하면 대관령과 범일이라는 중요한 모티브가 존재하는데 대관령국사성황신으로 범일국사가 숭배되는 이유에는 여러 가지 문화적 배경이 영향을 끼쳤을 것으로 볼 수 있다. 실제로 범일국사설화에는 태양계 탄생신화로서의 구조가 나타나고 있다는 점에서 태양의 축제인 단오제와 일정한 연관성을 지닌다는 점이다.[26] 먼저 관련 자료를 보면 다음과 같다.

[자료1] 靜·筠, 『祖堂集』第十七卷, 952년

> 염관(鹽)의 법을 이었다. 휘는 범일(梵日)이며, 계림의 호족인 김씨였다. 조부의 휘는 술원(述元)이며, 벼슬이 명주도독에까지 이르렀는데 청렴 공평하게 시속을 살피고, 너그러움과 용맹으로 사람을

---

25) 『高麗史』卷 92, 列傳 卷第 5, 王順式條, "태조가 신검을 토벌할 때 순식이 명주로부터 그 군사를 거느리고 회전하여 이를 격파하니 태조사 순식에게 말하기를 '짐이 꿈에 이상한 중이 갑사 삼천을 거느리고 온 것을 보았는데 이튿날 경이 군사를 거느리고 와서 도우니 이는 그 몽조로다'하니 순식이 말하기를 '신이 명주를 떠나 대현에 이르렀을 때 이상한 승사가 있었으므로 제단을 마련하고 기도하였는데 주상이 꿈꾼 바는 반드시 이것일 것입니다.'하는 지라 태조가 이상하게 여겼다."

26) 장정룡, 「범일국사 전승설화의 변이과정 고찰」, 『江原道 民俗研究』, 국학자료원, 2002, 79쪽.

대하니, 밝은 소문이 아직도 민요에 남아 있고, 그밖의 것은 전기에 갖추어 전하고 있다.

그의 어머니 문씨(文氏)는 여러 대를 내려오는 호귀한 씨족으로서 세상에서 부녀의 모범이라 불렸는데 태기가 있을 무렵에 해를 받아 드는 꿈을 꾸었다. 그리하여 원화 5년 경인 섣달 10일에 뱃 속에 있은 지 열석 달 만에 탄생하니, 나계가 있어 특수한 자태이며 정수리에 구슬이 있어 이상한 모습이었다. 나이 15세가 되어 출가할 뜻을 품고 부모에게 사뢰니, 양친이 함께 이런 말을 하였다. "전생의 좋은 인연을 심은 결과니, 그 뜻을 굽힐 수 없다. 네 먼저 제도를 받거든 나를 제도해 다오" 이에 속복을 벗고 부모를 떠나 산으로 들어가 도를 닦았다.

나이 스무 살에 서울에 가서 구족계를 받고 청정한 행을 두루 닦되 부지런하고 더 부지런하여 출가인들의 귀감이 되었으며, 동학들의 모범이 되었다. 태화 연간에 이르러 혼자서 맹세하기를 "중국으로 들어가 구법하리라"하였다. 그리고 마침내 조정에 들어 왕자인 김의종 공에게 그 뜻을 펴니 공이 선사의 착한 포부를 소중히 여기는 뜻에서 동행하기를 허락함에 그 배를 빌려 타고 당나라에 도달하였다.

이미 숙세의 원을 이루었으므로 곧 순례의 길에 올라 선지식을 두루 참문 하던 끝에 염관제안 대사를 뵈니 대사가 이렇게 물었다. "어디서 왔는가?" 선사께서 대답하였다. "동국에서 왔습니다." 대사께서 다시 물었다. "수로로 왔는가, 육로로 왔는가?" "두 가지 길을 모두 밟지 않고 왔습니다." "그 두 길을 밟지 않았다면 그대는 어떻게 여기에 이르렀는가?" "해와 달에게 동과 서가 무슨 장애가 되겠습니까?" 이에 대해 대사께서 칭찬하였다. "실로 동방의 보살이로다."

선사께서 물었다. "어찌해야 부처를 이룹니까?" 대사께서 대답했다. "도는 닦을 필요가 없나니 그저 더럽히지 말라. 부처란 견해, 보살이란 견해를 짓지 말라. 평상의 마음이 곧 도이니라." 선사가 이 말씀에 활짝 깨닫고 6년 동안 정성껏 모시다가 나중에 약산에게 가니 약산이 물었다. "요즘 어디서 떠났는가?" 선사께서 대답했다. "강서에서 떠났습니다." "무엇 하러 왔는가?" "화상을 찾아왔습니다." "여기는 길이 없는데 그대가 어떻게 찾아왔는가?" "화상께서 다시 한 걸음 나아가신다면 저는 화상을 뵙지도 못할 것입니다." 이에 약산이 찬탄하였다. "대단히 기이하구나. 대단히 기이하구나. 밖에서 들어온 맑은 바람이 사람을 얼리는구나!"

그 뒤로 마음대로 행각을 다니다가 멀리 서울에 들리니 때마침 회창 4년의 사태를 만나 중들은 흩어지고 절은 무너져 동분서주하여 숨을 곳이 없었는데, 때마침 하백의 인도를 따라가다가 산신의 마중을 받아 상산에 숨어서 홀로 선정을 닦는데, 떨어진 과일을 주워 배를 채우고 흐르는 냇물을 마셔 목마름을 달래니, 행색이 바짝 마르고 기력이 부처 감히 걸을 수가 없게 된 채로 반 해가 지난 어느 날 갑자기 꿈에 이상한 사람이 나타나 이렇게 말했다.

"이제 떠나시지요." 이에 억지로 걸으려 했으나 도저히 힘이 미치지 못하더니 어느 결에 짐승들이 떡과 먹을 것을 물어다가 자리 옆에다 던지니 일부러 주는 것이라 생각하고 주워 먹었다. 나중에 맹세하기를 "소주에 가서 조사의 탑에 예배하리라."하고 천 리를 멀다 않고 조계에 다다르니, 향기 어린 구름이 탑묘 앞에 서리고 신령한 학이 훌쩍 날아와 누대 위에서 지저귀니 절의 대중이 모두 이렇게 수군거렸다.

"이러한 상서는 실로 처음 있는 일입니다. 필시 선사께서 오신 징조일 것입니다." 이때 고향에 돌아와 불법을 펼 생각을 내어 회창 6년 정묘 8월에 다시 뱃길에 올라 계림정에 돌아오니, 정자 위를 비치는 달빛은 현토의 성에 흐르고 교교한 여의주의 빛은 청구의 경계를 끝까지 비쳤다.

대중 5년 정월에 이르러, 백달산에서 연좌하고 있으니, 명주의 도독인 김공이 굴산사에 주석할 것을 청하여 한 번 숲 속에 앉은 뒤로는 40여 년 동안 줄지은 소나무로 도를 행하는 행랑을 삼고, 평평한 돌로써 좌선하는 자리를 삼았다. 어떤 이가 물었다. "어떤 것이 조사의 뜻입니까?" 선사께서 대답했다. "6대에도 잃은 것이 없느니라." "어떤 것이 대장부가 힘써야 할 일입니까?" 선사께서 대답했다. "부처의 계급을 밟지 말고, 남을 따라 깨달으려 하지 말라."

함통 12년 3월에는 경문대왕이, 광명 원년에는 헌강대왕이 모두 특별히 모시는 예를 다하여 멀리서 흠앙하였고, 국사에 봉하기 위해 모두 중사를 보내어 서울로 모시려 했으나 선사께서 오랫동안 곧고 굳은 덕을 쌓았기에 끝내 나아가지 않더니, 갑자기 문덕 2년 기유 4월 끝에 문인들을 불러 이렇게 말했다.

"나는 곧 먼 길을 떠나련다. 이제 너희들과 작별을 고하니 너희들은 세상의 감정으로 공연히 슬퍼하지 말라. 다만 스스로 마음을 닦아서 종지를 추락하지 않게 해야 할 것이다." 그리고 5월 1일에 오른 겨드랑이를 대고, 발을 포개고 굴산사의 상방에서 입멸하시니, 춘추는 80세, 승랍은 60세, 시호는 통효, 탑호는 연휘였다.[27)

[자료2] 一然,『三國遺事』卷三, 낙산사 이대성 관음정조 조신조

굴산조사(堀山祖師) 범일(梵日)이 태화 연간에 당에 들어가서 명주(明州) 개국사(開國寺)에 이르니, 한 사미가 왼쪽 귀가 없고 여러 중의 말석에 있으면서 대사에게 "나도 고향 사람입니다. 집이 명주(溟州) 경내 익령현(翼嶺縣) 덕기방에 있으니 스님이 후일에 만일 본국에 돌아가시면 부디 내 집을 지어 주소서"하였다. 대사가 두루 총림법석을 돌아다니다가 법을 염관(鹽官)에게 받고 회창(會昌) 7년 정유에 환국해서 먼저 굴산사(堀山寺)를 짓고 전교하였다.

大中 12년 무인 2월 15일 밤 꿈에 개국사에서 봤던 사미가 창 앞에 와서 하는 말이 "전날 명주 개국사에서 스님과 언약이 있어서 이미 허락까지 받았는데 어찌 그렇게 늦습니까?"한다. 굴산조사가 놀라 꿈을 깨고 수십 명을 데리고 익령현에 가서 사미가 살던 곳을 찾고 있었다. 한 여자가 낙산 아랫마을에서 산다 하여 이름을 물으니 덕기(德耆)라 한다. 그 여자가 아들이 하나 있는데 나이는 겨우 8세이고 항상 동리 앞 돌다리 밑에 나가 놀면서 어미에게 말하기를 '나와 같이 노는 아이 중에 금색 동자가 있다."는 내용을 굴산조사에게 말했다. 조사가 기뻐서 그 아이를 데리고 놀던 다리 밑을 찾아가니 물 속에 한 석불이 있어 꺼내보니 왼쪽 귀가 떨어지고, 전에 봤던 사미와 비슷하니 곧 정취보살(正趣菩薩)의 존상이라, 이때 간자(簡子)를 만들어서 집 지을 터를 점치니 낙산 위가 좋다 하므

---

27) 南塘 招慶寺 靜・筠 二禪德編著,『祖堂集』日本 花園大學圖書館藏 高麗覆刻本. 臺灣 中央研究院 傅斯年圖書館 所藏本, 한글대장경, 동국역경원 역『조당집』제17권, 1986, 241~244쪽.

로 이에 법당 삼 칸을 짓고 그 성상을 봉안하였다.

[자료3] 瀧澤 誠, 『增修 臨瀛誌』, 강릉고적보존회, 1933년

　　신라 때 양가의 딸이 굴산(崛山)에 살고 있었으나 나이가 들도록
시집을 못 갔다. 우물에서 빨래를 하고 있는데 햇빛이 배를 비추자
돌연히 산기(産氣)가 있었다. 아비가 없이 아들을 낳자 집안사람들
이 이상하게 여길 것 같아서 아기를 얼음 위에다 버리니 새들이 날
아와 아기를 덮어 감 샀다. 밤이 되자 하늘에서 상서로운 빛이 비
추었다. 아기를 도로 데려다 기르니 이름을 범일(梵日)이라 하였다.
나이가 들어 성장하자 머리 깎고 중이 되었는데 신통으로 성불 세
계에 들어 오묘한 조화를 헤아릴 수 없었다. 신복(神伏)과 굴산 두
산에 두 개의 큰 절을 창건하고 탑산(塔山)을 지어 지맥을 보충했
다. 후에 오대산에 은거하다가 시적(示寂)하였다.[28]

　이상의 세 자료는 강릉단오제의 중심 신격인 범일국사의 탄생담과
관련하여 핵심적인 자료로 평가된다. 특히 [자료1]은 중국에서 기록한
것으로 범일국사의 생애사라고 할 수 있을 정도로 자세하며, 태몽형
탄생설화를 기록하고 있다. [자료2]는 중국에서의 행적과 꿈 이야기를
하고 있으나 태몽에 대한 것은 들어있지 않으나 [자료3]은 일본인 군
수 농택성(다까사와 마꼬도, 1931~1935년 재임)이 중심적인 역할을 한
강릉고적보존회에서 간행한 자료에 범일국사의 탄생과 관련된 태몽이
야기가 태양계 신화의 화소로 바뀌었다.
　[자료1]과 [자료3]의 가장 큰 차이점은 범일국사의 부모에 대한 것
으로 전자에는 부친 김씨, 모친 문씨 사이에서 출생한 사실을 기록하
고 있으나 후자는 신라 때 학산마을 양가의 처녀가 어머니라는 사실만
밝혀져 있고, 회임기간이 13달과 10달로 차이가 난다.[29]

---

28) 瀧澤 城, 『增修 臨瀛誌』 釋證條, 江陵古蹟保存會, 1933.
29) 장정룡, 『강릉단오제』강원학총서1, 강원발전연구원, 2003, 94쪽.

그러므로 두 자료사이에서 크게 드러나는 것은 태양의 역할인 셈인데, [자료1]은 지아비가 있는 어머니가 태몽으로 태기가 있을 무렵에 해를 받아드는 꿈을 꾼 것, [자료3]은 지아비가 없는 양가집 처녀가 실제로 우물에서 빨래를 하는데 해가 배를 비추자 돌연 신기(産氣)기 생겼다는 것이다. 이것은 꿈과 현실의 차이를 보여주고, 부인과 처녀라는 확연한 화소의 차이를 나타낸다. 따라서 후자는 처녀잉태라는 신화적 화소가 강조되어 신성화(神聖化)를 위한 설화전승상의 단초를 만들고 있다는 점이라고 하겠다.

강릉단오제는 이러한 신화적 배경이 근원설화로 전승되고 있다는 측면에서 자생적 기원에 기초를 두고 있는 수릿날의 태양숭배 전통에 신라이후 중국으로부터 들어온 외래적인 단오절 일자와 명칭을 수용하여 오늘에 이르고 있다고 볼 수 있다.

4) 맺음말

한국과 중국의 단오풍속은 유사한 점이 있으나 본질적으로 다른 점을 찾을 수 있었다. 그것은 한국의 단오절이 태양숭배의 전통과 태양신화를 배경으로 형성된 것이라는 점이다. 특히 강릉단오제는 이러한 점을 확실하게 전승하고 있는데 강릉이 해가 뜨는 정동이며, 단오제의 중심신격인 범일국사가 태양계 탄생신화를 모티브로 하고 있다는 점에서 중국의 굴원설화와는 다른 배경을 지닌다.

양국의 세시풍속 고전인 형초세시기와 동국세시기를 살펴보면 시대적 거리가 있으나 오늘날 중국학계나 세시풍속연구자들이 문화원형으로 삼고 있는 자료라는 점, 동국세시기가 형초세시기를 의식하면서 작성된 자료라는 점에서 연관성이 없지 않다고 할 수 있다.

중국 단오풍속은 이날에 지붕 덮는 것을 금하는 금기풍속, 욕란절 답

초풍속, 사람모양의 쑥인형, 창포활용, 경도풍속과 약초채집, 오채색실의
벽병풍속, 종자먹기풍속 등으로 나타나는데 반해 한국의 단오풍속은 쑥
호랑이 하사, 천중부적 만들기, 제호탕 만들기 · 옥추단 달기, 창포탕
목욕 · 창포비녀꽂기, 그네뛰기 · 씨름 수리치떡먹기 · 익모초 · 희렴말리
기 · 대추나무 시집보내기, 석전 · 씨름 · 김유신 맞이 · 오금잠제 · 선위
대왕제 등으로 외래적 풍속과 함께 자생적 풍속이 다양한 점이다.

　이와 같은 배경으로 형성된 강릉단오제는 오랫동안 전해온 문화들과
혼용되고 적응하면서 상염성풍(相染成風)과 이풍역속(移風易俗)의 원
리에 따라 천자백태(千姿百態)의 다양한 모습은 지니고 있으며, 중국
단오절과는 명실상부(名實相符)가 아닌 화이부동(和而不同)으로서 독
자적 생성원리를 지니고 있다고 파악되었다. 그것은 고대부터 10월 상
달의 예국 무천제와 연계된 5월 수릿달의 축제로 이미 정착되었다가
중국단오민속을 명칭수용하면서 길일인 단오날을 택해 축제를 열었다
는 것으로 정리할 수 있다. 다시 말해 고대 동예국(東濊國)의 하늘태
양축제인 무천제(舞天祭)가 신라이후 정치제도의 정비와 고유문화의
지속에 따라 산악중심의 산천신제와 마을중심의 성황제로 의미를 바꾸
어가면서 조선시대까지 전승되었으며 근 · 현대에 이르러서 강릉 고유
의 전통문화로서 강릉시의 정체성(正體性)을 대표하는 C · I(city identity)
의 원천문화로 자리 매김 하였다.

　또한 강릉단오제는 향토적, 지리적, 인물 배경을 중심으로 형성된 자
생적 축제문화로서 '대관령(신성한 장소)-범일국사(비범한 인물)-수릿날
(축제적 배경)'이 축제의 원천으로 기층화되었고 여기에 '제의-굿놀이-탈
춤'이 축제판의 동력으로 작용하면서 신성화와 세속화가 어울린 정신적,
신앙적, 민속적 전통축제 구심체로 승화된 것으로 볼 수 있다.

　이러한 마을축제의 요건들을 바탕으로 강릉단오제는 3월부터 4월, 5
월에 이르는 3개월 이상의 기간동안 길일을 택해 응천순시(應天順時)

에 따라 토착신격인 산신과 남녀성황신을 봉안하고, 대관령의 행로안전과 마을의 풍요를 기원하며, 곡물성장을 도모하는 성장의례와 질병예방의 주술의례가 습합되어 다양한 전통축제로 전승·확장될 수 있었다.

2. 강릉성황제와 대만하해성황묘

1) 머리말

이 글은 강릉단오제연구의 일환으로 한국과 대만의 민간신앙 중에서 양국이 긴밀한 것으로 나타나는 성황(城隍,서낭)신앙에 대하여 강릉의 대관령국사성황사(大關嶺國師城隍祠)와 필자가 1986년 대만 중앙연구원 민족학연구소에서 연구할 당시 조사한 대북시(台北市) 하해성황묘(霞海城隍廟)를 중심으로 유래와 변천, 설화 등을 비교민속학적 시각으로 상호 연관지어 서술하고자 한다.[30]

이는 중국의 성황신앙과 그 전래의 이해를 통하여 한국의 대표적이고 광범한 분포를 보이는 서낭신앙의 본질을 파악하고자 함이며 이러한 민간신앙의 집약적인 탐색으로 양국의 문화교섭과 정신사적 맥락을 더듬어 보려는 의도인 것이다.

오늘날 누석(累石)과 신수(神樹), 당집의 형태로 나타나는 서낭신앙의 대부분이 중국의 성지신(城池神)인 성황(城隍)으로 표기되어 있으며, 더욱이 이것이 고유한 우리의 신앙형태로 바뀌어가는 면모를 찾을 수 있는 현실에서 서낭신앙은 무엇이며, 선학들이 단편적으로 언급한

---

30) 이 글은 필자의 「江陵端午祭 根幹信仰의 比較民俗學的 考察」, 『黎脈』7호, 여맥문화회, 1987, 120~133쪽을 수정·보완한 것이다.

중국의 성황신과의 습합(習合) 수수관계(授受關係)는 어떠하였고, 그것이 어떠한 형태로 변모하여 정착되어 가는가 하는 문제들이 충분히 논해져야 할 것으로 본다.

2) 한·중 성황신앙의 개념과 실제

조지훈 교수는 대표적인 우리의 민간신앙으로 서낭신앙 전승을 들었으며 그 계열로는 천왕당(天王堂)·산신당·선왕당(仙王堂)·국사당(國師堂)·불당·성황당·부군당(府君堂)계로 광범하게 나눈 바 있다. 그는 이러한 계열의 신앙대상은 천신·산신·부락신이 삼위일체로 동격화되어 나타난 것이라 하였다. 성황계열에 대해서는 외래민속으로 조선조의 숭화(崇華)사상에 영합되어 고유신앙의 표면을 덮어 쓴 신앙형태로 보았다.

우리나라에 전하는 서낭계열의 당집 종류로는 김태곤 교수가 조사한 내용에 의하면 전국 분포로 서낭당·선왕당·성황당·성황단이 있고 강릉의 국사성황당, 서울의 사신(使臣)서낭당·자지(紫芝)서낭당· 각시서낭당, 충남의 진대서낭당, 경남일대의 골모기로 다양하다.

이와 같이 다양하게 불리는 서낭신앙을 중국의 성황신앙과 대비하여 살피고자 하는 의도는 주지하듯이 자연물을 지칭한 성황이 신격화되어 자연신으로 되었고, 이것이 인격신으로 정착하는 과정을 통한 관념변화는 한국 전래후의 변이와 융합을 추적, 민간신앙의 토착화 과정과 신앙인들의 심리추이를 엿보려는 것이다.

이러한 시도로 한국과 중국의 민간신앙인 성황신앙을 비교 민속의 측면에서 양자를 논하려고 한다. 우리나라에 중국의 성황신이 들어와서 치제한 기록으로는 고려 문종 9년(서기1055년) 선덕진(宣德鎭)에 새 성을 쌓고 그곳에 성황신사를 지어 춘추로 제사를 지낸 것을 시작으로 보는데, 이때는 중국의 송나라 때로 성황신앙이 전국각지에 널리 퍼져있던 시기이다. 『시용향악보(時用鄕樂譜)』에는 작자와 연대 미상인 <성황반(城隍飯)>이란 고려가요가 실려 전한다.

東方에 持國天王님하
西方애 廣目天子天王님하
南無西方애 增長天王님하
北方山의사 毘沙門天王님하
다리러 다로리 로마하
디렁디리 대리러 로마하
도람 다리러 다로링 디러리
다리렁 디러리
內外예 黃四目天王님하

이 <성황반>은 서낭당에 제물상을 차려놓고 사방의 수호신인 사천왕과 황사목천왕에게 고하는 무가(巫歌)로 노래에 여음이 들어 있는 형태로 보아 <군마대왕> <별대왕> 등과 같은 신앙요라 하겠다. 『고려사』에는 성황의 명칭뿐 아니라 성황당, 성황신, 성황신사 등이 언급되어 있음을 보아도 고려의 성황반은 이때에 불려진 무격의 노래로 보인다.

중국에서 처음으로 성황이 나타나기로는 『주역』상사태괘(象辭泰卦)에 처음 보인다. 『주역정의(周易正義)』에 의하면, "자하가 말하기를 성과 성 밑을 둘러싼 연못은 임금과 신하의 관계와 같이 상호 도움을 주는 인사(人事)에 비유된다"고 하였다.

이 말에 따르면 성황은 성벽과 그것을 보완하는 도랑의 구조임을 알수 있는데 비유하면 성은 임금, 황은 신하로 상호보완의 관계를 보여주어 외적에 대한 방어의 구실을 의미하는 것에서 나타난 것이다. 중국에서 신격화하여 제사를 치루고 인물신격으로 변모하게 된 때는 언제인지 살펴보고자 한다.

『예기』교특성(郊特性)에 요임금이 예의 팔사(八蜡)의 하나로서 일곱째인 수용(水庸), 즉 성지신(城池神)을 제사한데서 비롯된 것을 알 수 있다. 고대의 천자들이 빌었던 여덟신 중에 '수용'은 성황으로는 수(水)는 황(隍), 용(庸)은 성(城)을 이른다. 이를 보면 '수용'은 곧 성황을 제사지낸 기원임을 알 수 있으며, 그 방식도 단지 토단만을 쌓아놓고 치제하였던 것이다. 이는 후세에 나타나는 성황의 화상이나 신상, 당집 등이 아닌 원초적 모습인데 우리의 초기 민간신앙에서 돌을 쌓아 치제한 원시형태와 유사함을 알 수 있다.

그리하여 팔사(八蜡)의 수호신적 의의와 농업신적 의미를 우리의 '볼신'과 그 '8신'의 음이 통하고, 10월 상달의 전공고성(田功告成)과 같은 제천의 행사로 통하는 바가 있다고도 한다. 현존 우리의 서낭계통 민간신앙은 대부분 '성황'으로 현판과 위패가 쓰여 있는 것으로 보아 확연한 영향의 흔적을 엿보이고 성격상 유사성을 띤다는 점을 유추하게 된다. 이규경(李圭景)은 『오주연문장전산고(五洲衍文長箋散稿)』에서 선왕당(仙王堂)은 성황(城隍)의 오류라고 하였고, 손진태도 선왕(先王)은 성황의 와전이라는 등의 언급을 편 바 있다. 그러나 이것은 조지훈 교수의 논고에서도 강조된 바 있듯이 성황은 즉 선왕의 오류로서 주객전도의 착각으로 볼 수 있다는 것이다.

조선 초의 『동국여지승람(東國輿地勝覽)』에서 팔도 각읍에 1묘(廟) 3단(壇)이 있다고 했는데 3단은 사직단, 성황단, 여단(厲壇)으로 보편화되었다. 실제로 여지승람 중 성황사의 분포를 통계 내보면 경기도 44, 충청도 54, 경상도 67, 전라도 58, 강원도 26, 황해도 23, 함경도 22, 평안도 42개소로 모두 336개소로 나타난다. 이를 보면 고려 문종이후 조선조에 들어와 국령으로 설치되어 전국적으로 확산되었고 이는 고유한 민간신앙들과 융합되는 계기가 되었다.

김영수(金映遂)는 성황당이 산왕당(山王堂)의 변화로 산신당과 통한다고 하였다. 이와 같이 고려초에 수입된 성황신 숭배의 유풍은 중기에 이르러 전국을 풍미하였고 점차 토속화하여 말기에는 토속적 고유신앙인 산신 숭배 등과 합류되었던 것이다. 고려 때 김부식은 서경에서 묘청의 난을 토벌함에 따라 사람을 보내어 성황신을 제사하였고, 고종 23년에는 몽고병을 격파하였음을 성황신 밀우의 공이라 하여 군성황신의 호를 가봉(加封)하였고, 공민왕 9년에 난을 토벌하자 도·주·군의 모든 성황신에게 전첩을 감사하기도 하였다.

조선 초기에 이르러 성황신은 산신의 관념과 혼동되기도 하였는데 이에 따라 이직(李稷)은 태종 12년에 "성황이 비록 높은 산에 있고 이미 성황이라 하였으나 소위 산천제와는 같지 않으므로 구별하여 제를 지낼 것"을 상청하기도 하였다. 이와 같이 시대의 변화에 따라 성격을 달리하기도 하여 재래의 신앙과 혼동되며 당우(堂宇)의 형태가 아니더라도 길목이나 고목과 같은 수목과 누석단(累石壇)이 동일시되면서 지방민들이나 개인적으로 숭배되는 신앙체로 서낭신앙은 굳어져 갔다.

이 서낭당은 중부지방은 보통 서낭으로 부르고, 전라도 일대는 할미당, 그 밖에는 발귀당, 국시당, 국사당 등으로 불리는 것이며 국사당과 성황당의 혼합형으로 국사성황당으로 불리는 예도 생겨나 승려의 직급으로 서낭신을 관념화시키기도 하였으나 국사당의 이름이 많은 점으로 미루어 다른 각도로 의심해 볼 수도 있을 것이다. 그리하여 "국사당을 속설에 고승으로 국사(國師)된 이를 섬기는 것이라 하나 문자 그대로 본 후인들의 부회일 뿐 국사는 산신"이라는 조지훈의 견해는 산신과 성황신앙의 결탁을 생각하게 한다.

유홍렬은 한국의 산토신 숭배에 대한 글에서 성황신은 인도의 조신(祖神) 즉 산토신(産土神)으로 중국을 거쳐 북진하여 우리나라까지 들어오게 되었고, 이에 암석 숭배와 도로수호신과 주대(周代)의 대공 망

(望)의 전처 전설이 부합되었던 일설을 소개하기도 하였다. 이와 같이 성황신앙은 재래의 산신과 서낭계 신앙과 합일되어 그 이름을 포용한 것으로 생각된다.

중국에서 성황제를 지냈음이 확실하게 보이기로는 삼국 남북조시대로 『명사(明史)』권49에는 안휘성 무호현에 오손권이 성황사를 건립했음이 나타나고, 그러한 신력의 영험함을 『북제서(北齊書)』에는 적었다. 이것을 보면 이미 '수용'의 의미를 떨치고 속신으로 변화하여 복선화악(福善禍惡)을 관장한 것으로 볼 수 있는데 『양서(梁書)』에는 무령왕이 성황제를 지냈다고 하였다.

당송시대에 들어와 성황신앙은 더욱 활발해져 전국 각지에 사우가 생기고 당시 문인 이양빙, 장설, 허원, 한유, 장구령, 두목, 이상은 등은 성황제문을 짓기도 했는데, 대부분 기우나 구청(求晴), 초복(招福), 양재(禳災) 등 다양하였다. 이양빙(李陽氷)은 진운 현령에 재직시 비가 내리지 않자 "5일후에 비가 오지 않으면 장차 그 성황사를 불에 태우겠다"는 제문을 써서 읽었더니 마침내 비를 얻었다고 하며, 한유는 조주자사시절에 비를 그쳐달라는 기청문을 지어 성황신에게 고하였다. 때는 헌종 원화 14년(서기 819년)으로 여름에 한유가 광동성 내현에 속한 조주지방에 좌천되어 벼슬을 하던 시기이다. 이를 보면 당대의 성황신앙은 이미 강남을 거쳐 화남지방에까지 퍼졌음을 알게 된다.

송 태조 건륭이후 성황신앙은 멀리 퍼져 조정에서는 사액을 하거나 봉작을 내기도 하였다. 『송사(宋史)』에도 예8로는 성황이 들어감을 기록하였다. 명청 시대에는 명태조 주원장이 성황을 극히 신봉하여 수도 근방의 성황은 명령왕(明靈王)이라는 칭호를 주고 나머지 부성황(府城隍)은 위령공(威靈公)이라는 공작의 직위를 주고, 주에는 후작인 영우후(靈右侯), 현에는 백작의 현우백(顯佑伯)의 칭호를 내렸다. 고려 문종 때 선덕진의 성황사에는 숭위(崇威)라는 호를 내렸음을 『고려사』에 기록하였다.

　이를 보면 명대에는 성황신앙이 극성하였음을 알 수 있는데 후대로 오면서 지방관직의 책무를 부여하여 판관, 사관, 경찰 등의 임무를 설정했던 것이다. 청대에도 춘추로 성황제를 지냈음이 『회전(會典)』『통례(通禮)』 등에 수록되어 있다.

　대만의 성황신앙은 청대 강희(康熙) 47년(서기 1708년)에 대만현에 장굉이란 사람이 처음 창건하였다. 그 후 각지에 많이 생겨나 1986년 현재는 천여 군데가 넘는 것으로 집계되었다. 이중에서 하해성황묘는 역사가 오랠 뿐 아니라 그 영험성으로 가장 많은 사람들이 모여들고 있다. 대북시(臺北市) 송산구(松山區) 팔덕로(八德路)에 위치하고 있는 이 성황묘는 함풍(咸豊) 9년(서기 1859년)에 건립되었다.

대만 하해성황의 역사소개　　　　　　　　대만 하해성황신 사진

주신(主神)으로는 하해성황과 성황부인이 있으며, 종사(從祀)로는 검동(劍童)·인동(印童)·문판(文判)·무판(武判)·우장군(牛將軍)·마장군(馬將軍)·금장군(金將軍)·산장군(山將軍)·사장군(謝將軍)·범장군(范將軍)·인동동자(引童童子)·복덕정신(福德正神)·흑호장군(黑虎將軍)·성황부인 시녀가 있다. 배사(配祀)로는 의용공(義勇公)38인을 모시고 있다. 연간 제목(祭目)과 행사는 다음과 같다.

정월 1일: 원단 하정(賀正)
초 4일: 접신개시(接神開始)
1월 15일: 원소야(元宵夜) 현등
3월 1일: 의용공분묘제
5월 6일: 제전 및 회원대회
5월 11일: 방군(放軍)
5월 11일~12일: 야간 영암방(迎暗訪)
5월 13일: 성황대제일
5월 18일: 수군(收軍)
5월 22일: 경축연회
6월 7일: 개천문(開天門)
7월 28일: 우란분회
8월 15일: 중추절 경축
9월 4일: 성황부인 탄일
11월 1일: 의용공 영위제(靈位祭)
12월 24일: 송신(送神)

위에서 본 바와 같이 5월 13일은 하해성황탄일로 속칭 '성황야생'(城隍爺生)이라 한다. 이때는 수십만 인파가 영신행렬에 참가하여 길거리는 사람들의 행렬로 차도가 막힐 정도이다. 제전은 5월 11일 오후부터 실질적으로 시작된다. 각 상가 및 군중들이 모여 들기 시작하며 이들 중에는 검동·인동·문판·무판·우마·산·금·사·범 등 여섯 장군으로 꾸며서 개시를 하는데 이때는 나발을 불고 북을 치는 행동을 하지 않고 '암방(暗訪)'이라 하여 묵묵하게 행진을 하며 다음날까지 계속된다. 드디어 13일이 되면 본격적 신탄일의 축하가 시작되는데 인근 집집마다 등을 달고 향을 피우고 촛불을 붙여 신을 맞이힌다.

성황신은 오전 9시에 각종 음악을 부는 악대를 앞세우고 성황신을 태운 신의 가마는 거리를 순시한다. 이때에 거리에서 성황신을 만난 사람들은 합장하여 예를 표하고 소원을 빌기도 한다. 신의 가마 앞에는 종이로 형구(刑具)인 가(枷)를 만들어 끼우고 검은 치마를 입은 10여명의 여자들이 머리를 늘어뜨리고 맨발로 거리를 걷는데 스스로 부끄러운 존재임을 나타내는 표시라 한다. 더러 발이 가시나 깨진 병에 찔리어 피가 나오기도 한다. 제전은 11일에 시작되어 18일에 모든 행사가 끝을 맺게 되는데 이를 '수병'(收兵) 또는 수군(收軍)이라 한다. 22일에는 38인의 의용공을 위로하기 위하여 인형극 등의 연희를 행한다.

대만하해성황신 부적

단오절 오시부적(한국)

하해성황묘 연혁지를 보면 이 성황야는 명대 무종(武宗) 연간에 임해문(臨海門)이란 편액을 받았으며, 하해는 그 분묘(分廟)라 한다. 명말청초에 하점향에 성황묘를 세우고 개명하여 하해성황이 되었다. 그런데 진금 융씨와 이주한 장천 사람들 간의 싸움으로 함풍 3년(1853년)에 화재를 만나 당시 이 지방에 살던 임반 등 38인이 성황야 및 신상 등을 구하려다 사망하여 이들의 원혼을 위로하기 위하여 의용공이라 하여 성황의 측면에 봉안하고 있다. 함풍 6년(1856년) 주민들이 뜻을 합하여 재건하여 오늘에 이르렀으며 민국23년(1934년)에 중수하였다.

중국 성황신의 변천을 정리하여 본다면 처음에는 자연물로 성벽과 성 밑의 연못을 지칭하였다가 다음은 이를 정령(精靈)숭배의 자연신으로 생각하여 천자(天子)로 하여금 제단을 쌓고 치제를 하게 되었으며, 차츰 자연신의 성격에 변화를 가져와서 집을 짓고 신상을 만들어 인격신으로 바뀌어 갔다고 생각된다. 이것은 성황신이 자연신으로서의 면모를 떨쳐 버리고 지방관으로 수호신이 되어 사액과 봉작을 받게 됨에 따라 구체화 되었다고 하겠다. 그리하여 그 부속으로 18사(司)와 36신장(神將)을 두어 검찰관의 역할을 하게 되었고 성황부인까지 배사(配祀)하기에 이르렀다.

성황의 직능은 지방관으로서 그 책무를 수행함에 있어 사관(司官)과 판관(判官), 경찰을 든다. 사관에는 장선사(奬善祠)·벌악사(罰惡祠)·규찰사(糾察祠)·속보사(速報祠)·증록사(增祿祠)·연수사(延壽祠)를 두었으며, 판관에는 문판관과 무판관, 경찰에는 금(金)·산(山)·우(牛)·마(馬)·가(枷)·쇄(鎖)·칠(七)·팔야(八爺)가 장군으로 성황신을 보좌한다. 그러므로 성황신은 지방행정신으로 사법신에 해당하며 토지공 복덕정신이나 연평군왕과 같은 수호신의 뜻도 담고 있음을 볼 수 있다. 이는 한국의 서낭신이 표상하고 있는 마을 수호신의 관념과 일치된다고 하겠다. 그러면 한국의 강릉 대관령 국사성황신의 제사일과 배경 등을 설명하고 양국의 성황신화를 살펴보기로 한다.

대관령은 험준한 고개로 이곳에서 치제를 한 기록은 고려초기로 거슬러 올라간다. 오늘날 음력 5월5일 단오날로 국사성황신의 제사일이

정하여졌으나 이전에는 산신신앙에서 비롯한 모습으로 시작됨을 엿 볼 수 있다.

현재 전하는 대관령 국사성황신은 신라말기의 굴산사의 승려 범일(梵日)로 알려져 있으며 실제로 그러한 실화가 전하고 있다. 범일스님(서기 810~889)은 신라 때 고승으로 품일 또는 통효 대사라고도 한다. 속성은 김씨로 당나라에 유학 후 847년에 귀국하여 40여 년을 명주의 굴산사에 머물렀으며 경문왕, 헌강왕, 정강왕이 국사를 삼으려 했으나 사양하였다. 선문구산중 사굴산파의 개조인데, 대관령 국사성황신을 범일국사로 보는 탄생설화가 명주군 학산리에는 전하고 있다.

성황신은 범일 승려로 보고 있으며 산신은 김유신 장군으로 허균 이래 여러 선학들이 언급하였는데 손진태 선생도 논한 바 있듯이 국사당이 서낭당을 지칭하고 있음을 보아 김태곤 교수의 천신설과 산신신앙의 습합이 서낭신과 혼동되어 나타난 것이 아닌가 의심하게 된다. 이

대관령에서 국사성황신이 강신한 신목을 선정하는 장면(신목잡이는 안병현 씨가 맡았다)

는 조선조 때 추강 남효온이 영동지방의 민속을 3·4·5월중 택일하여 산신제를 지낸다고 한 내용이나 허균이 그의 문집에서 명주(강릉)의 5월에 택일하여 대관령 산신인 김유신 장군을 맞이하여 각종 잡희로 신을 즐겁게 한 내용 등으로 뒷받침되고 있으나 범일 승려가 산신이 되었는지 서낭신이 되었는지에 관한 기록이 없는 점에서 대관령 승사가 있었다는 기록을 성황신사로 보아야 할지는 의문이다. 다만 국

사라는 칭호가 승려를 나타낸다는 점에 있어 범일승려와 연관된 부락
신화가 탄생되었음은 충분히 유추할 수 있는 것이며 이것은 고유신앙
인 산신 신앙과 불교사상의 융화로 볼 수 있을 것이다.

3) 한·중 성황설화의 비교

구연전승상 차이가 있으나 강릉의 대관령 국사성황신의 탄생설화는
충분한 신화소를 갖고 있음을 볼 수 있다. 해를 마셨다는 잉태설화나
학의 보호, 바위, 붉은 열매 등이 이를 뒷받침하고 있으나 그가 성황신
으로 등장되었음은 향촌사회와 민속학적 고찰을 요하는 문제라 하겠다.

따라서 마을 수호신적 요소를 충분히 갖추고 있으며 더욱이 5월의
축제와 연관되어 삼한의 5월 파종의례의 흔적을 유추하게 하며 5월의
나무인 서낭수와 5월의 노래인 산유가가 신가로 불려지고 있어서 고대
제천의식의 유풍이 오늘에까지 계속되고 있음을 보여주고, 예의 10月
무천제와 연계된 의미가 있다고 하겠다.

음력 4월 5일 강릉 칠사당에서 단오제에 사용할 신주빚기 행사 장면
(빈순애 기능보유자 무녀가 축원굿을 함)

강릉의 대관령 국사성황신은 4월 15일 대관령에서 강릉시로 내려와 여성황사에 함께 모셔두는데, 성황신의 혼배는 대만 하해 성황과 동일함을 보여준다. 임동권, 최철, 김선풍 교수 등의 조사를 보면 거의 같은 내용으로 되어있다.

대관령 성황사나 현재의 홍제동 여성황사에 호랑이가 그려져 있는 것은 이러한 연유라고 한다. 국사성황사는 대관령에 위치해 있는데 강릉시로부터 서쪽으로 약 20㎞를 가면 해발 870m의 험준한 99구비를 넘게 되는데 숲이 우거진 곳에 약 5평되는 당우로 기와집이며 '城隍祠'라는 현판이 걸려 있다.

당내의 정면 벽에는 화상이 있고 그 앞에 위패와 제상이 놓여있다. 성황당은 4월 12일에 금줄을 쳤다가 15일 제사를 지낼 때 거두며 철저히 금기를 지킨다. 이를 어기면 부정을 탄다고 한다. 현재의 화상은 활을 어깨에 맨 무사의 모습에 백마를 타고 있다. 『중수 임영지』에는 성황신의 영험함을 보여주는 여러 실화가 전한다.

강릉 성황신제의 의의는 여러 면에서 높게 평가되는 바가 있는데, 그 중에서도 성황신을 중심으로 마을 주민 전체가 공동의 제전의식을 거행하는 유풍을 이어받아 풍년제와 풍어제, 행로안전, 마을의 안녕을 기원하며 무격의 무축과 관노가면극으로 온전한 마을축제를 유지하고 있다는 점이다. 여기에는 유교, 불교, 민간신앙이 융합되고, 산천제와 산악숭배, 용왕제가 부수되며, 단오의 의미를 통하여 파종의례와 벽사진경, 성황신을 중심으로 풍속을 교정하고 신성성을 구축하여 마을의 안녕과 행복을 추구하고 있다.

따라서 그 명칭은 중국의 성황신을 따랐으나 우리의 고유한 산악숭배의 관념과 민간신앙이 공동축제를 통하여 일치점을 이룬 향토축제로 규정된다고 할 수 있을 것이다. 단오날을 기해서 행해진 마을 축제는 경남 영산의 문호장굿이나 자인의 한 장군놀이, 안변의 상음신제, 삼척의 오금잠제 등 많이 나타나고 있는데 강릉의 단오제는 고유한 풍속의 수릿날에 파종의례로 행해진 삼한의 오월제 유속으로 후에 중국의 단오나 성황신적 개념이 부합된 원초적 형태의 부락공동축제로 볼 수 있지 않을까 생각한다.

『대만수이(臺灣搜異)』에 전하는 중국의 성황설화를 소개한다. 하해성황묘는 대만 전역의 많은 신자들이 모여드는데 특히 이곳은 예전에 과거를 보던 시대에 시험을 보려는 사람들은 반드시 이곳에 응시하기 전에 와서 성황의 앞에 향을 한 개 피우고 소원을 빌면 금방제명(金榜題名)을 하게 된다고 한다. 요즘에도 보수적인 가정에서는 시험을 보기 전에 찾아와서 빌고 가는 예가 많음을 볼 수 있다. 대만 성황신의 영험함을 보여준 예로서 가의(嘉義)성황묘 설화는 다음과 같다.

> 일본인이 대만을 점령하고 있던 시대에 시윤(市尹)이란 사람은 성황묘우를 철거하라는 임무를 부여받았는데 하루는 꿈에 괴상하게 생긴 사람이 나타난 이후 심리적으로 다음날부터는 불안감을 느끼고 정신도 혼란하였다. 결국 병이 나서 자리에 눕게 되었는데 의사의 약도 효과를 보지 못하고 오히려 밤마다 악몽으로 시달리게 되었다.
>
> 시윤은 본래 선한사람이나 일본의 신사에 관련된 일을 하는 관계로 어쩔 수 없었다. 그의 부인은 시윤의 병세가 점점 중해지자 심히 걱정을 이기지 못하여 유지급 인사에게 이야기를 함에 그가 시윤을 방문하게 되어서 꿈 이야기를 하자 그는 고령의 노인에게 물어본즉 가의성황묘 내에 있는 칠야와 팔야임을 알게 되고 이를 다시 시윤에게 말하여 기괴한 인물이 아니고 성황신을 돕는 장군이란 말을 듣고 크게 안심을 하였다.
>
> 시윤은 느끼는 바가 있어서 그의 부인과 함께 상의하여 성황묘를 찾아가서 살펴보니 그곳에서는 꿈속에서 본 바 있는 칠야와 팔야가 버젓이 서 있는 것이다. 이에 시윤은 마음을 달리 먹고 성황신 앞에 무릎 꿇고 기도하기를 시작하자 병이 호전되었다고 한다. 그리고 묘

우를 개축하는데도 앞장을 서게 되었고 많은 사람들을 감동시켜 성
황묘는 남게 되었다고 한다.

이밖에도 탈장의 중세를 앓던 대만성의원의 아들이 그 부모가 성황신
에게 빌었던 관계로 꿈에 팔야의 모습을 본 후 치병을 하였다는 이야기
나 그 외에 많은 신이한 이야기와 함께 전하는 내용으로, 대관령 성황
신 때문에 재운을 얻은 나그네에 관한 재미있는 설화나 이규의 폭사에
얽힌 이야기와 유사성을 띤 성황설화의 범주에 드는 경우이다.

강릉의 대관령국사성황신과 혼배한 여성황신의 이야기와 같이 '성황
야취부인(城隍爺娶夫人)'의 설화가 있다. 이를 소개하면 다음과 같다.

> 대만의 한 지역에 산을 낀 조그만 촌락에 성은 유(俞) 이름은 삼
> (三)이라는 농부가 있었는데 그의 부인은 공씨였으며 나이는 40세였
> 다. 슬하에는 겨우 한 명의 딸이 있었는데 이름은 아주(阿珠)였다.
> 아주는 총명하여 부모의 사랑은 지극하였으며 점차 커감에 따라 그
> 모습은 옥과 같이 빛났다.
>
> 장차 시집을 갈 나이가 되어 부부는 일찍이 손자를 보고 싶은 마
> 음이 간절하였다. 이때 아주의 나이는 18세로, 9월 13일 돌연하게
> 병도 없이 죽었다. 유삼 부부의 애통함은 끊이지 않았다. 하루는 한
> 무녀가 와서 유삼에게 말하기를 "당신은 울지를 마시고 기뻐해야
> 합니다. 당신의 딸 아주는 이미 성황야의 부인이 되어 음간에서 부
> 귀영화를 누리고 있습니다."
>
> 무녀는 계속하여 "2개월 전 성황야는 이 마을을 순시하다가 아주
> 를 보고 즉시 그녀를 사랑하게 되었고 재차 생각한 연후에 아주와
> 부부와의 연분을 고려하여 아주를 처로 삼기로 결정하였는데 13일
> 은 아주가 사망한 날이며 이 날이 그가 시집온 날입니다."
>
> 무녀는 다시 말하기를 "성황야는 당신들에게 딸을 시집보낸 댓가
> 로 큰 보물을 예물로 지불하고 왕모에게 부탁하여 한 아이를 주겠
> 다고 합니다." 이야기를 들은 부모는 졸도할 단계에 이르렀는데 무
> 녀를 쫓아가다가 그들의 앞에 한 구멍이 있어서 그 속을 보니 물

항아리가 있는데 그 속에는 보물이 있는지라 반신반의 하였다. 그러나 왕모낭랑에게 부탁하여 아이를 점지해 주겠다는 말을 생각하였다. "어떻게 그들에게 아이를 줄 수 있는가". 공씨 부인은 크게 비웃으며 그녀의 딸을 생각하며 비통해 하였고, 유삼은 "많은 보물로 아이를 바꿀 수 있겠는가" 하고 원통해 하며 많은 재물에도 기뻐하지 않았다.

그의 부인이 말하기를 "이미 나는 아이를 가질 수 없이 경도가 멈추었는데 어떻게 왕모 낭랑이 아이를 줄 수 있단 말인가?"하며 애통해 하였다. 그런데 믿기지 않는 일이 벌어졌으니 공씨 부인의 몸이 10개월 후에 남자아이를 낳게 된 것이다. 이러한 이상한 일이 있은 이후에 부근의 많은 사람들은 성황의 영험함을 느끼고 성황신묘를 신축하고 음력 12월 초3일을 성황결혼의 날로 정하였다.

1986년 8월 30일 대만 중앙연구원 민족학연구소에서 연구원으로 재직하던 당시의 필자. 뒤쪽의 배는 원주민 아미족이 직접 깎은 것이다.

3. 강릉과 순창 성황제 비교[31]

1) 머리말

이 글은 순창과 강릉성황제의 기원과 내용을 상호 검토하여 우리나라 성황제의 토착적 양상을 살펴보기 위한 것이다. 성황제는 마을 단위의 대표적 신앙으로 정착되어 있으며, 오늘날 토착사상과 결합되어 기층신앙의 면모를 갖추고 전승된다. 따라서 순창과 강릉성황제의 기원과 신격, 절차 등을 비교·검토하여 성황제의 민속신앙적 의미를 살피고자 한다. 그동안 민속학이나 사학계에서는 성황제에 관한 전래 사료가 희소함으로 인해 연구가 활발하게 진행되지 못했다. 그러나 다행스럽게 순창 지역에서 1563년에 제작된 '성황대신사적(城隍大神事跡)' 현판이 발견됨으로써 이 방면 연구의 중요한 계기를 맞게 되었다.

강릉단오제는 국가지정 무형문화재 13호로 지난 1967년에 지정되었다. 주지하듯이 대관령국사성황신과 여성황신을 중심으로 치러지는 단오제는 영동 최대의 민속축제로 자리매김하고 있다. 성황제의 한국적 현상이라는 측면에서 본다면 강릉단오제는 순창성황제와 많은 점에서 유사성을 발견할 수 있다.

순창 성황제가 『고려사』에 기록된 것과 같이 1281년에 작호를 받아 가봉작(加封爵)된 국가적 봉정치제(封定致祭)라는 점에서 그 전통을 현대적으로 계승해야 마땅하다. 이 글에서는 순창성황제와 강릉성황제의 전통적 면모들을 되새겨 비견(比肩)함으로써 기층신앙의 지역적 특성을 드러내는 성과를 거둘 것으로 기대된다.

---

31) 이 글은 『성황당과 성황제-淳昌城隍大神事跡記 硏究』 민속원(1998)에 실린 필자의 「淳昌과 江陵城隍祭의 비교고찰」, 359~376쪽 글을 수정·보완한 것이다.

2) 순창과 강릉 성황제 비교

(1) 성황제의 기원

순창과 강릉성황제의 기원은 유사한데 우선 지역의 역사적 인물을 봉안하고 있다는 점이다. 즉 순창 성황신은 설공검(薛公儉, 1224~1302)으로 『고려사』에 등재된 인물이며, 강릉 성황신은 범일(梵日, 810~889)이란 승려다.

설공검은 순창군의 토착세력으로 그의 아버지 설신(薛愼)과 삼형제가 중앙벼슬을 했으며, 설공검 자신도 과거시험을 거쳐 중찬으로 벼슬을 하여 충렬왕묘에 배향될 정도로 명망이 있었다. 따라서 순창의 성황신으로 숭봉될 수 있었을 것으로 생각된다.

강릉의 범일은 승려였으나 사후에 성황신으로 모셔졌다. 『조당집(祖堂集)』에 의하면[32] 그의 조부는 술원으로 명주도독에 있었으며 누대한 씨족의 문씨 어머니에게서 태어났다. 범일은 15세에 출가하여 왕자 김의종과 당나라에 유학하고 돌아와 굴산사에 머물며 수도하였는데 헌강왕·경문왕이 국사로 봉할 정도로 명망이 있었다. 이와 같이 두 지역의 성황신격은 역사 인물이 중심이다. 물론 성황제의 기원이 반드시 지역 인물로부터 시작되었을 것으로 보기는 어렵다. 그러므로 인물신격의 성립 연대는 자세한 고찰이 필요하다.

순창 성황신인 설공검의 경우 순창성황대왕에게 작위를 주던 때가 1281년으로 이때는 설공검이 생존해 있었다는 점이다. 그러므로 설공검을 성황신으로 받든 것은 그가 사망한 1302년부터 첫 번째로 현판을 만들었던 1536년 사이로 서영대 교수는 추정하였다. 설공검이 성황신으로 봉안될 수 있었던 것은 그 자신의 뛰어남도 있었지만, 그의 할

---

32) 이 책은 전체 20권으로 중국 천추 초경사에 있던 정·균 두 선사에 의해 서기 952년에 편찬되었다. 범일국사 전승담은 17권에 수록되어 있다.

머니가 여덟 아들을 낳았고 그 중 세 아들이 등과했다는 사실도 다산과 부귀를 바라는 당시 사람들의 염원에 합당했을 것으로 보는 견해도 있다.[33]

강릉성황신인 범일의 경우 허균이 『성소부부고』에서 강릉 성황제를 언급한 내용으로 보면 1603년 당시에는 성황신격으로 범일에 대하여 기록한 내용은 없고, 다만 김유신 장군을 산신으로 봉안하여 이를 모셔다가 제사를 올린다고 한 사실로 미루어 보면 강릉성황신제가 범일로부터 기원했다고 보기는 어려울 것이다.

실제로 대관령에서 치제한 예가 고려 초기에 있었다. 『고려사』에 의하면 김순식 장군이 대관령에 이르렀을 때 이상한 승사가 있었으므로 제단을 만들어 기도했다는 '설제이도(設祭以禱)'가 처음이다. 김순식은 왕건의 성을 따라 왕순식으로 바꾸었다.

대관령에 있었다는 이상한 승사(僧祠)와 승려는 누구인지 살펴볼 필요가 있다. '이상하다'고 표현한 것으로 보면 산신이나 산신당, 또는 성황신과 당집이었을 것으로 추측해 볼 수 있다.

조선조 경종 무렵에 만든 『강릉지』 풍속조 "대관산신탑산기(大關山神 塔山記)에 의하면 왕순식이 고려 태조를 따라서 남쪽을 정벌할 때 꿈에 승속(僧俗) 두 신이 병사를 이끌고 와서 구해 주었다. 꿈에서 깨어 보니 싸움에 이겼으므로 대관령에 사우를 지어 제사를 올린다"하였다.

임동권 교수의 『강릉단오제』조사보고서에는 주민들의 말을 인용하여 승려는 범일국사, 속인은 김유신 장군으로 추정하였다. 이러한 견해를 중심으로 살펴보면 나말여초의 승려인 범일과 김유신 장군이 신격으로 등장하고 있음을 알 수 있다. 순창 성황신의 경우 <성황대신사적>에 인용된 1281년과 1297년 첩문(貼文)을 보면 국가에서 가봉작(加封爵) 했음을 알 수 있다. 또한 첩문에 이르기를 다음과 같다.

---

33) 南豊鉉, 「淳昌城隍堂 懸板에 대하여」, 『古文書研究』7, 한국고문서학회, 1995, 76쪽.

해마다 5월 1일에서 5일까지 鄕史 5명을 번갈아 정하여 각자 그
의 집에 당을 설치하여 대왕이 부인을 거느리게 하고 큰 깃발을 세
워 표시하였다. 무당의 무리들이 어지러이 떼 지어 모이고 나열하
여 呈才를 하며 순행하여 제사를 받드니, 지금껏 폐지되지 않은 것
은 신령스런 신의 은덕이 사람들 눈에 엄숙하게 보였기 때문이다.

이처럼 단오날을 중심으로 행사를 치렀으며 무당들이 참여하여 연희
를 베풀었던 것으로 보인다. 이러한 점은 강릉 성황제가 단오날 제의
로 전승되고 『임영지』의 표현대로 태평소가 앞을 서고 그 뒤를 무격
이 따랐다는 '畵角前導, 巫覡隨之'하였음을 볼 때 상호 유사한 점이
나타난다. 즉 순창 성황제는 <성황대신사적>의 표현대로 '巫覡之輩
粉粉群聚羅列呈才巡行奉祀'라는 것과 강릉 성황제를 기록한 『임영
지』의 기록에서 '巫覡等作樂隨之倡優輩進雜戱'라는 기록도 상통한
다. 여기서 무격회와 창우배의 잡회는 분리된 개념으로 잡회는 관노가
면극 놀이로 볼 수 있다.[34]

강릉의 경우 음력 3월부터 5월 중에 길일을 가려 제사를 지냈는데
5월 수릿달에 이르러 본격 제의를 펼쳤다. 따라서 두 지역은 중국의
명절인 음력 5월 5일 단오날을 중심으로 성황제가 열렸음을 알 수 있
다. 실제로 강릉성황제인 단오제 본제가 시작되는 날이 5월 1일이며
이날을 5단오라고 한다.[35]

다음은 성황제에 관계한 인물들이 두 지역에서 향리층(鄕吏層)임을
알 수 있다. 앞서 언급했듯이 순창은 향리 5명이 번갈아 진행했으며
강릉의 경우도 허균이 기록한 자료에 보면 수리(首吏)에게 여러 가지
를 묻고 있으며, 수리가 자세히 대답하고 있는 것으로 볼 때 향리들이
중심이었음을 알 수 있다.

---

34) 張正龍, 『江陵官奴假面劇硏究』, 集文堂, 1989, 49쪽.
35) 장정룡, 「강릉단오제의 민속학적 연구」, 『人文學報』21, 강릉대, 1996, 42쪽.

이상의 기록에서 살피면 순창과 강릉 성황제를 주도한 세력은 향리층임을 알 수 있고, 제의 기원은 순창 지역이 대모산성(大母山城)의 봉정성황제(封定城隍祭)에서 출발했다면, 강릉은 대관령 일대 대공산성(大公山城)의 성황제의로부터 기원하여 인물 중심의 산신 신격으로 정착되었던 것으로 생각된다. 그러나 고려 말기에 오면 성황신앙과 산신신앙이 혼효되어 나타나는데 이는 두 신격이 수호신의 성격을 갖고 있었고 우리나라에는 산성이 많았기 때문이었다고 보기도 한다.[36]

김태곤은 서낭신앙과 성황신앙을 분리하여 서낭신앙의 기원을 산왕에서 출발한 것으로 보기도 했는데 서낭이라는 말은 성황의 와오(訛誤)가 아니라 산왕(山王)으로부터 전음(轉音) 고착된 재래 서낭이라 하였다.[37] 이러한 견해에 대하여 필자는 신라 화랑의 풍류도 신선사상과 연관시켜 '仙王'에서 '서낭'이 나왔을 것으로 추정하고, 중국의 성황과 우리의 서낭은 본래 다른 개념이나 고려 이후에 뒤섞여 나타난 것으로 보았다.[38] 즉 최치원의 글에서 밝힌 신라 고유의 현묘지도가 오늘날 서낭신앙으로 하늘신앙·산악신앙·산신신앙·샤머니즘 등을 흡수하고 융합한 풍류도가 한국의 국교적 위치에 있었으므로 밝음을 추구하는 풍류도에서 서낭의 어원과 신앙적 기원이 나왔을 것으로 추찰된다. 필자의 조사 결과로서 강원도 삼척시 근덕면 대평리 4반에는 '仙王大神神位'를 모시고 있었다.[39]

요컨대 순창과 강릉성황제는 본디 성곽(城郭)과 성지(城池)의 자연신인 성황신 성격을 받아들여 그 신앙체계를 지속하다가 고려시대에 들어와 설공검과 범일이라는 인격신을 성황신으로 배향한 것으로 생각해 볼 수 있다.

---

36) 金甲童,「高麗時代의 山岳信仰」,『한국종교사상의 재조명』상, 원광대출판국, 1993, 13쪽.
37) 金泰坤,『韓國民間信仰研究』, 集文堂, 1983, 105쪽.
38) 張正龍·朱剛玄,『朝鮮땅 마을지킴이』, 열화당, 1993, 263쪽.
39) 장정룡,『삼척지방의 마을신앙』, 삼척문화원·삼척군 1993, 80쪽.

순창 성황대신사적기 현판(1563년)

2) 성황제의 신격

순창성황제는 고려 충렬왕 7년(1281)에 고려 조정에서 공식적으로 설공검을 순창성황대왕(淳昌城隍大王)으로 봉작하였다. 교지의 첩문에는 '金紫光祿大夫三韓功臣門下侍·將軍'으로 작위를 내렸는데 이는 호국신으로 장군작위를 내린 것으로 볼 수 있다. 설공검이 성황신으로 배향될 수 있었음을 송화섭은 고려 때 성황신앙의 제도화와 확대에 따른 것으로 보고 있다.

순창의 성황신이 후대에 설공검으로 배향되기 이전에는 어떤 형태였는지 강릉의 예를 통해 추정해 보면 대관령 일대에 조성된 대공산성(大公山城)을 보호하기 위한 자연신격이었을 가능성이 높다. 대공산성은 보현산성이라고도 하는데 이 성은 고구려 때 쌓은 성으로 추측되고 있다. 고구려가 멸망한 지 30년이 지난 698년 진국(振國)을 세우고 713년 나라 이름을 발해로 고친 고구려 출신 대조영(大祚榮)은 영토 확장으로 강릉까지 진출했다. 이때 쌓은 성이라는 견해가 있다.

그런가 하면 신라가 성을 쌓은 것으로 보기도 하는데 『삼국사기』에 의하면 신라 자비왕 12년(429) 고구려와 말갈이 동북쪽의 국경을 자주 침범하자 지금의 강릉 땅인 하슬라 주민들을 동원하여 성을 쌓았다. 15세 이상의 남자들이 성을 쌓은 이하(泥河)가 어디인지 정확치 않으나 양양 쌍천 또는 진고개가 있는 연곡천 일대로 보기도 한다.[40]

그런 측면에서 살피면 순창의 성황사는 마을 수호의 대모산성(大母山城)에 치제한 자연신적인 의미로 출발하여 후대에 인격신으로 바뀌었을 것으로 생각되고 여기에 배위신격이 등장했다고 할 수 있다. 따라서 강릉의 대공산성과 순창의 대모산성은 성황신앙의 시원으로 추정되는 바가 크다. 대공산성은 강원도 기념물 28호로 지정되어 있는데 높이 2m, 길이 4km 정도의 자연석으로 되어 있다. 전설에 의하면 백제의 시조인 온조왕이 이곳을 도읍지로 정하고 군병을 훈령시키기 위하여 축조했다고도 하고, 발해의 왕인 大氏 성을 가진 사람이 쌓았다고 하여 대공산성이라 불리운다고도 한다.[41] 일설에는 신비한 능력을 가진 마고할미가 쌓았다고도 하는데, 순창의 대모설(大母說)과도 관련이 있을 듯하다.

우리나라에서 방어시설인 성황에 치제한 기록은 고려 문종 9년(1055)으로 함경남도 정평군 선덕면 선덕진(宣德鎭)에 새롭게 성을 쌓고 여기에 성황신사를 설치하여 춘추로 제사했다는 기록처럼[42] 순창의 경우에도 <성황대신사적>에 대모산성이 언급되고 있음에서 알 수 있다. 먼저 순창의 남녀 신격과 대모신에 대하여 언급하고 다음에 범일과 정씨 처녀신에 대하여 서술하기로 하겠다.

순창의 성황사에는 가정 42년(1563) 내지 건륭 8년(1743)에는 부부의 신상이 봉안되어 있다. 이는 <성황대신사적> 가정 계해년 기록에 '大王率夫人 表其大旗'라고 한 것과 건륭 연간의 기록에 '乾坤神像'이 있었다고 한 것에서도 알 수 있다. "건곤의 신상을 공경히 아름답게 했는데 그 분칠한 얼굴 모습과 모양이 살아있는 것과 흡사하여 사람들로 하여금 눈을 씻고 보게 하였다"고 한 것으로 보면 남녀 신상을 모신 것이 확인된다.

40) 진용선, 『강원도 산성기행』, 집문당, 1996, 47쪽.
41) 江原道, 『江原文化財大觀』, 1993, 324쪽.
42) 『高麗史』卷63, 志 卷17, 禮5, 雜祀.

실제로 1940년경 성황당 근처에 거주했던 우재일(禹在一)씨는 당집에 사모관대를 한 남신상과 원삼 족두리를 쓴 여신상이 있었고 그 앞에는 설대왕신위(薛大王神位), 양씨부인신위(楊氏夫人神位)라는 위패가 있었다고 증언했다.[43] <성황대신사적>에 보면 순창성황대부(淳昌城隍大夫)와 삼한국대부인(三韓國大夫人)이 나오는데 이것이 남신격과 여신격을 지칭한 것으로 볼 수 있다.

성황대부를 설자승, 대부인을 설공검의 할머니며 설신의 어머니인 조씨 부인으로 추정하기도 한다. 조씨 부인이 후대에 와서 양씨 부인으로 바뀌었을 것으로도 본다. 여하튼 남녀 신격을 함께 봉안했음은 분명하다. 후에 설자승이 설공검으로 바뀜에 따라 조씨 부인도 바뀌었을 것으로도 짐작할 수 있다.

순창의 대모에 대해서는 "옛부터 전하기를 원나라 초기에 대모가 아홉 명의 자식을 거느리고 성곽을 쌓았다. 그들은 성안에 웅거하면서 곡식을 비축하였으며, 그 곡물이 관가의 국곡이 되었다"고 하였다. 대모가 누구인지는 자세히 고증할 수 없으나 노구(老嫗) 또는 노모(老母)라고도 부른 여산신으로 파악된다. 대모산신이 여성신일 것으로 보이는데 실제로 대모산성을 할미성, 홀어미산성이라고도 주민들이 부르고 있다. 신통력과 조화력이 뛰어난 대모는 강릉 대공산성을 쌓았다는 마고할미 설화와도 연관된다.

조선 후기에 나온 『임영지』의 기록은 고려조에 간행된 『조당집(祖堂集)』의 범일 승려 탄생설화와 차이점을 보인다. 『조당집』에는 범일의 부모가 구체화된 인물로 명시되어 문씨 부인에 의한 태몽형 탄생설화로 기록되었는데 후자는 신비적인 화소가 들어가 바뀌었는데 이러한 내용은 범일의 이름을 뜰 범(泛)자 '泛日'로 바꾸어 해가 뜬 물을 마시고 잉태했다는 태양계 신화유형으로 볼 수 있다.[44] 이러한 신화적

---

43) 楊萬鼎, 「淳昌城隍大神事蹟懸板의 발견과 그 고찰」, 『玉川文化』1, 옥천향토문화연구소, 1993, 61쪽.

화소는 범일 승려의 배위신으로 신봉되는 여성황신의 전래담에도 드러난다.

순창과 강릉 성황제의 신격은 남녀 배위신으로 되어있는데 순창 성황신 부부는 국가로부터 봉삭을 받아서 공식적으로 치제된 신격임을 알 수 있다.

강릉단오제 홀기를 점검하는 단오제례 기능
보유자 고 김진덕 옹(1998. 5. 30)

3) 성황제의 절차

순창 성황제와 강릉 성황제는 단오날을 택하여 행해진다는 점이 같다. 음력 5월 5일의 중일민속(重日民俗)은 중국 세시풍속의 특성으로

---

44) 張正龍, 「嶺東地方 人物神話의 內容的 考察」, 『中央民俗學』3, 중앙대, 1991, 255쪽.

파악하고 있는데,[45] 한민족도 단오를 수릿날이라 불러 5월제의 독자적 문화영역을 확보하였다. 그것은 옛날 수릿날을 상일(上日), 신일(神日)로 풀 수 있기에 10월 상달과 동의어로 보았다.[46] 순창성황제를 <성황대신사적>에 따라 살펴보면 다음과 같다.

> 4월 30일: 아전들의 목욕재계 후 제사 준비
> 5월 1일: 제례의식 시작, 성황신 순례, 무당굿(본제)
> 5월 2일~5일: 유교식 제례 및 성황신 순례, 무당굿
> 5월 5일: 송신

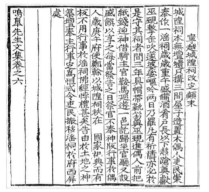

정간(鄭幹, 1692~1757)의 『명고선생문집』에 들어있는 '영월성황사개정전문'의 내용. 1750년 성황사를 부의 서쪽 외진 곳으로 옮겼다.

이상에서 보면 순창성황제는 4월 30일(晦日) 성황제를 지내기 위해 제관들이 성황당을 정비하고 주변에 금줄을 치고, 황토를 뿌려 부정을 막는다. 또한 선출된 제관들은 목욕재계를 한다. 기록에 의하면 "제물을 정견히 준비하고 안전에 부리는 믿을 만한 아전을 보내어 제사지내는 전일에 재계를 하고 정성을 다하여 제사를 행하였다"고 한 것으로 알 수 있다. 그리고 "5월 초하룻날 또는 吏房 邑世彦, 醫生 吳仁豪와 축문을 맡은 貢生 林大春을 보내어 역시 재계를 하고 지성으로 제사하였다"고 한 내용으로 보면 이때부터 본제가 시작되었다.

다음 "해마다 5월 1일에서 5일까지(중략) 무당의 무리들이 떼 지어

45) 張正龍, 『韓·中 歲時風俗 및 歌謠硏究』, 集文堂, 1988, 252쪽.
46) 梁柱東, 『麗謠箋注』, 乙酉文化社, 1954, 103쪽.

모이고 나열하여 묻才를 하며 순행하여 제사를 받들었다"고 한 표현에서 무악이 들어갔음을 알 수 있다. 그러나 "무당들의 무리들이 어지럽고 혼잡스러우며 심지어 마을에 횡행하기까지 하여 그 폐단이 헤아릴 수 없이 많으니 참으로 부당하였다. 陰邪를 물리치고 左道의 어지러움을 바르게 하였다"는 표현에서는 무당굿이 빠졌음을 암시한다.

따라서 서영대 교수가 지적한 것과 같이 고려시대에는 순창 성황제가 국가제사의 대상이었으나 조선시대에 국가적 치제 대상에서 빠지게 되었다. 실제로 1563년 능성 양씨 (綾城 梁氏)가 군수로 부임하여 제사일을 매월 삭망으로 바꾸고 무당을 배제했으며 아전들을 파견하여 유교식 의례로 거행하였다. 그러므로 16세기 전후부터는 무격 중심의 제의가 유교식으로 변했다고 보이나, 이후에도 무격이 완전히 배제되지 않고 일제시대 철거 당시에도 정선천이란 무녀가 신당을 지켰다.[47]

순창성황제는 본제가 시작될 때 설공검 신위와 함께 여성황신도 함께 제사를 지냈던 것으로 보인다. 여성황신은 대모산성에서 모셔오는데 아홉 아들을 데리고 성터를 쌓았다고 하는데 전하기는 양씨대부인이라고 말한다. 성황신과 여성황신 이야기는 대모산성에 전한다.

> 이곳에서 양씨 광부가 살고 있는데 설씨 총각이 결혼을 요구하자 양씨 부인이 "내가 이 산에 성을 쌓은 동안 총각은 나막신을 신고 서울을 다녀오기로 하고, 만약 성을 다 쌓지 못하면 청혼을 허락하겠다"고 언약했는데 마지막 성돌을 올리기 전에 이미 설씨 총각이 돌아왔다. 양씨 부인은 설씨의 청혼 약속을 어길 수 없었으나 정절을 지키고자 성안의 연못에 몸을 던져 자결했다.[48]

이 정절형 설화는 순창성황신과 관련된 것으로 설씨 총각은 성황대신이며 양씨부인은 성황대부인이라고 추정하고 있다. 설씨는 순창 설씨이고

---

47) 徐永大, 「城隍神仰史에서 순창 城隍大神事跡記」, 1996, 35쪽.
48) 송화섭, 「城隍大神事跡記를 통해서 본 淳昌의 城隍祭」, 1996, 51쪽.

양씨는 남원 양씨로 두 가문은 고려말 이 지역의 토착세력이었으므로 명망 있는 가문과 경제력이 막강한 집안의 결합이라고 볼 수 있다. 상기의 설화와 유사한 해원형 설화가 강릉성황신과 관련되어 전하고 있다.

> 전설에 의하면 대관령 밑에 사는 어느 미모의 총각이 살았었는데 어느 날 옆집 처녀에게 사랑을 고백하였으나 뜻을 이루지 못하고 혼자서 속만 태우면서 살다가 죽어서 국사성황이 되었다 한다. 그 후 짝사랑하던 여인을 잡아다 같이 살게 되었는데 이 여인이 죽어 강릉을 지키는 수호신이 되었다 한다. 강릉지방 주민들은 옛부터 흉년이 들거나 홍수 또는 괴질이 유행하면 성황님께서 노하였다고 믿고 매년 단오절을 기하여 무녀로 하여금 성황님께 기도를 올린다. 그러면 성황님께서 나와 생시에 이루지 못한 장면을 연상한다.[49]

두 설화는 유사성을 지니는데, 어떤 이유로든 생전에 남녀가 결합을 성취하지 못했으나 사후에 지역의 신격이 되어 존숭되는 해원형(解冤形) 설화의 면모를 보여준다. 이러한 과정을 거쳐 남녀 신격이 하나가 되었으며 그 과정을 성황제 때 재현하고 있다. 순창성황제에서 남녀신이 합사되는 모습은 강릉성황제때 음력 4월 15일 범일 국사성황신 위패를 대관령에서 모시고 와서 강릉 홍제동 정씨여성황사 위패와 합사하는 것과 같은 절차다.

순창성황제를 본당에서 매일 제사를 지내고 "향리 5명을 번갈아 정하여 각자 그의 집에 당을 설치하여 대왕이 부인을 거느리게 하고 큰 깃발을 세워 표시하였다"는 것으로 보아 성황신의 순례가 있었음을 알 수 있다. 이러한 과정은 강릉 성황신이 5월 5일날 순례와 같다.

> 5일에는 辰時(오전 8시)부터 대성황 앞에서 가면극을 연희하며 神竿과 華蓋를 받들고 약국성황에 가는 도중 시중에 힘깨나 쓰는 젊

---

49) 권영구, 『鄕土敎本』, 강릉 문왕출판사, 1970, 200쪽.

은이가 모여 다투며 화개를 모시고자 하며 무격이 주위에서 노래 부르며 옹립한다. 藥局성황, 素성황에서 기도와 탈춤을 행하고 갔던 길을 되돌아 성내의 시장, 田稅, 大同, 司倉 등 여러 관청 앞에서도 성대한 연희를 한다. 해질 무렵 신간과 화개를 받들고 여성황당에 이르러 여기에서도 연희한 후 신간을 대성황당 안에 봉안한다.[50]

순창성황제와 강릉성황제의 내용을 검토한 결과 두 지역 제의절차가 유사한 점이 많다는 것을 알 수 있었다. 우선 제사일을 단오날로 고정시키고 있다는 것과 남녀신격을 합사(合祀)하는 것, 남녀 성황신의 순례 등이 전통적인 한국 성황제의 전형을 보여주고 있다고 생각된다.

4) 맺음말

지금까지 언급한 내용을 요약해 보면 첫째, 순창의 대모산성과 강릉의 대공산성에 치러진 자연신격 제의에서 기원했을 가능성이 높다. 둘째 순창의 설공검과 강릉의 범일 성황신은 지역 출신의 인격신으로 주민의 정체성을 확립시키고 문화적 자긍심을 고취하였다. 셋째, 순창과 강릉성황제는 남녀 신격을 봉안하고 제의와 무속이 복합된 향토제의로서 향리층에서 주관하였다. 넷째, 강릉성황제가 마을 단위의 제의로 정착되었다면, 순창성황제는 국가적 차원의 제의에서 마을 단위로 계승되었다. 다섯째, 순창과 강릉의 성황제는 길일인 단오날을 중심으로 신성한 제의와 세속의 놀이문화가 결합된 형태이다. 여섯째, 순창성황제의 복원은 우리나라 토착신앙의 현대적 계승이라는 측면에서 중요하다. 강릉 성황제가 1967년 국가지정 무형문화재 13호로 지정되어 향토 축제로 신앙적 기반을 다지고 있으므로 순창과 성황제 현판의 문화재 지정과 함께 순창성황제례의 마을 축제화가 필요할 것으로 생각된다.

---

50) 秋葉隆, 「江陵端午祭」, 『民俗學』2-5, 日本民俗學會, 1930, 130쪽.

4. 강릉단오제와 정선아리랑제[51]

1) 강원축제의 어제와 오늘

강원도는 고대 예맥국 시대부터 근래에 이르기까지 축제문화를 지속
해 왔다. 시대의 변화에 따라 축제내용도 다양해지고, 역사성과 사회성
을 반영하면서 고유의 제의전통이 계승되고 있음은 다행스런 일이다.
3세기경 고대 예국 사람들은 매년 10월이면 하늘에 감사하는 무천제를
거행했는데, 『삼국지』 위지 동이전에 보면 "항상 10월 절이면 하늘에
제사를 지내고, 밤낮으로 술 마시며 노래하고 춤을 춘다"고 하였다. 또
한 신라 때는 태백산과 설악산에서 국가적 차원의 봉정산제인 천제를
지냈고, 고려 때는 강릉 정동진 동해신묘에서 용왕신에게 올리는 제사
를 별제와 상제로 나누어 지냈다. 이처럼 강원도민들은 하늘, 산악, 바
다에서 정성껏 제사를 올려 안녕과 풍요를 기원하였으며 조선시대에
들어와서도 산천을 소중히 여기고 자연을 좋아한다는 '중산천(重山川)'
과 '호자연(好自然)'의 전통은 계승되었다.

1900년대 초기 일제강점기에 미신행사라고 폄하되면서 위축된 지역
축제는 5,60년대를 거쳐 1970년대에 들어와 지역문화 부흥운동의 차원
에서 과거의 전통을 계승하여 부활하거나 새로운 형태의 지역축제를
창안하여 주민화합을 도모하였다. 따라서 2000년대에 들어와 강원도내
에서 축제라는 이름으로 개최되는 행사는 대폭적으로 늘어나 전체 120
여 개에 달하여 18개 시군은 평균적으로 5개 이상의 축제를 개최하고
있다.

---

51) 이것은 『강원문화의 이해』, 한울아카데미, 2005, 265~285에 실린 필자의 글을 수정
한 것이다.

1997년 조사한 강원도내 문화예술축제 일람표를 보면 당시 110여 개로 축제의 기간을 날짜로 환산하면 평균 3일에 1회씩의 행사가 개최되고 있음을 알 수 있다. 지역축제만들기 신드롬은 전국 시군을 대상으로 조사한 지역축제가 1970년대 말까지 300여 개에 불과했으나 1990년대에 1,000여 개로 증가했으며, 2000년 한 해에 150개가 새로 추가되어 현재 1,200여 개에 이르고 있다는 점에서 놀라운 양적 성장을 보여주고 있다.

이러한 현상은 지역축제가 정체성 확립과 경제활성화라는 두 가지 목표를 달성할 수 있는 호재라는 점에서 우후죽순격으로 늘어난 결과이기도 하다. 그러므로 향토축제와 이벤트의 난립, 개념혼재와 이념부재라는 암영을 드리우고 있음도 지적할 수 있다. '황금알을 낳는 거위'라는 축제가 거꾸로 '황금을 삼키는 공룡'이 되어 이른바 늘어난 축제를 통폐합하기 위한 '지역축제조정위원회'와 같은 기구가 생겨나고, 위원회의 조정과 통폐합 결과를 거부하는 일도 생겨나 진퇴양난에 빠져있는 자치단체가 생겨나고 있다.

그러나 풍요 속에 생겨난 빈곤현상을 제대로 진단하여 치료하고 올바른 방향을 제시한다면 강원축제의 미래가 어둡지만은 않다고 할 수 있다. 유구한 역사와 문화적 배경, 경쟁력 있는 소재, 주민들의 노력과 자치단체의 창의력이 합쳐진다면 성공하는 축제가 되는 길이 얼마든지 있기 때문이다. 이러한 측면에서 강릉단오제와 정선아리랑제가 강원도를 대표하는 축제로 인정받고 있다는 점에서 여타 시군에서 귀감으로 삼을 타산지석의 의미가 크다고 하겠다. 이들 축제는 강원문화의 전통을 어떻게 지속화해야 하며 동시에 오늘에 맞는 창의적 모습으로 변화할 강원지역축제의 방향성을 모색하는 전형이 될 수 있을 것이다.

2) 강릉단오제와 정선아리랑제의 유래

강릉단오제는 국가지정 무형문화재 13호로 지정된 향토축제로서 5월 파종과 10월 수확의 농경시필기에 행해진 축제의 한 축이다. 단오절이 들어있는 음력 5월은 하절기 세시풍속의 중심으로 24절기 상 망종과 하지가 들어 있다. 망종은 농작물의 성장을 도모하기 위한 전통이 있는데 그 대표적인 풍속이 단오절이다. 이 기간에는 재앙을 쫓고 복을 부르는 벽사진경의식과 각종놀이가 진행된다.

오늘날까지 전승되는 우리의 단오민속은 부족국가시대부터 근원적인 유래를 갖고 있는 파종의례(播種儀禮)로 출발하여 벽사진경의 신앙적 의미가 강조되었으며, 이후 그네와 씨름 등 민속예능이 결합되면서 명절축제의 양상을 띠게 되었다고 하겠다. 이러한 과정은 중국이나 일본과도 크게 다르지 않은데, 강릉단오제의 경우 세시풍속 주기이나 그 이면적(裏面的) 주제는 지역신화와 예능으로 형성되어 있다. 다시 말해서 음력 5월 5일인 단오날의 명절만을 지칭하는 것이 아니라 3월부터 4월, 그리고 5월까지 춘계 파종 후 5월의 성장촉진의례로 진행되면서 길일에 정점을 이룬다는 것이다.

강릉단오제는 향리가 주관한 것으로 초헌관을 향직의 우두머리격인 호장이 맡았고 관노들이 탈춤을 추고, 나팔수와 신목잡이의 역할을 맡고, 삼헌관으로 수노(首奴)가 성황신 행렬에 참가하고 있다. 산신에서 성황신으로 신격의 변화는 1600년경의 허균의 김유신 산신기록이 150년 뒤에는 국사성황신으로 바뀌고 있다는 점이다. 그러나 구체적으로 국사성황신이 누구인가는 밝혀지지 않았으나 범일이 국사로 추증(追贈)되었다는 사실이 국사성황신으로서 위상설정에 기여했을 것으로 판단된다.

축제중심신격의 변화는 지역사회 정치적, 사회적 변화와 맞물려 이루어진 것으로 추정이 가능하다. 단오제의 신격이 산신에서 성황신으로 변화된 것은 강릉단오제의 시원이 신라이래 고려에 이르기까지 대관령과 관련된 산악형 산신신앙에서 출발하였다가, 조선 중기이후 차츰 마을신앙 형태로 그 성격이 바뀌어 감에 따라 신격의 변화가 뒤따른 것이 아닐까 생각된다.

예국의 무천제는 시기가 지남에 따라 산신제와 성황제로 바뀌어서 전승되었으며 현대에 이르러 강릉 고유의 전통문화를 중심으로 한 지역전통의 향토축제로 자리매김했다.

정선아리랑제는 정선에서 약 600여 년 전부터 불려진 아리랑을 중심으로 펼쳐지는 향토축제다. 한국인에게 쌀과 같은 아리랑의 원조라는 평가를 받아 강원도 무형문화재 1호로 지정되는 명예를 지니게 되었다. 정선아리랑을 널리 알리고 이를 계승 발전시키기 위한 목적으로 한 최초의 개최는 1976년이었다.

최초로 개최한 한 해전인 1975년 12월 13일 박수균 군수를 비롯한 군소재지 각급 기관장 및 지방유지 홍태식, 신기희, 김영수 외 18명이 참석한 가운데 정선아리랑제 발기인총회를 갖고 14만 군민의 염원을

모아 정선아리랑제를 연례적으로 개최하기로 결의하였다. 이듬해인 1976년 9월 24일부터 26일까지 3일간에 걸쳐 제1회 정선아리랑제를 봉양초등학교 교정에서 개최하였다.

당시 행사종목은 전야제로 광하리 충의 전민준 공 추모제로 시작하여 가장행렬경연대회, 등불행렬, 불꽃놀이, 정선아리랑경창대회 예선이 있고, 행사 첫날에는 개막식 마스게임, 국악인 초청공연, 한시백일장, 시조경창대회가 있었고, 둘째 날은 학생문예발표회, 테니스대회, 건전가요 경창대회, 복권추첨을 비롯하여 산업전

사 갱목조립 경연대회가 거행되었다. 1977년 10월 1일 제2회 정선아리랑제때에는 정선읍 봉양7리 비봉산 중턱에 정선아리랑비를 제막하였다. 정선아리랑제의 시작과 아리랑 기원을 설명해주는 내용은 다음과 같다.

> 예도 옛적 고을이름은 무릉도원(武陵桃源)이더라. 산이 높고 울울청청하여 머루랑 다래랑먹고 살고 철따라 복사꽃 진달래꽃 철죽꽃 강산을 불태웠다. 네휘 도는 골짜기에 굽이치는 강물은 흥건한 젖줄기가 되어 물방아 돌고 철철 콸콸 청렬(淸冽)하게 흘러 욕기(浴沂)하면 마음은 등선하고 아우라지 뱃사공에게 떠나가는 임을 근심하던 아낙네의 그윽한 정한(情恨)이 서럽도록 그립던 터전이었노라. 자연 따라 인심 또한 정결하고도 의연하매 우국충절의 기개도 산세처럼 준렬(峻烈)하던 고장이 여기가 아니었던가. 그래서 삶의 애환이 구성진 선율을 타고 넘나들고 나라사랑의 애정과 불의에 항거하던 의기가 그칠 줄 모르게 이어지는 유장(悠長)한 가락 속에 스며 있는 정선아리랑은 우리 선조들의 얼과 멋이 승화된 빛난 이 고장의 문화재이러니 아득한 옛날부터 토착민의 생활과 더불어 자연스럽게 표출되어 불러오던 이 토속적 풍류가락은 고려말엽에 이르러 불사이군(不事二君)의 충절을 지켜 지금의 남면 거칠현동에 낙향은 거하였다는 선비들의 애틋한 연군(戀君)과 망향의 정한이 더하여져 더욱 다감한 노래가 되었으리라. 본래는 '아라리'라고 일컫던 것이 세월이 흘러감에 어느새 보편적인 '아리랑'으로 그 이름이 바뀌었으니 아리랑이란 누가 나의 처지와 심정을 '알리'에서 연유된 듯하더라. 이에 무형문화재 정선아리랑은 정녕 우리들의 영원한 마음의 고향이니라. 그러므로 우리는 이 문화유산의 전통 속에서 내일을 살 아름답고 풍요한 꿈을 가꾸고 향토애와 민족혼을 불사를 슬기와 용기를 키울진저 이를 기려 자자손손 만대에 전하고자 향토민의 뜻을 모아 여기 아로새겨 기념하노라. 1977. 10. 1

이후 매년 10월 초에 개최되어 2004년 현재 29회를 맞이하고 있으며 많은 발전을 거듭하고 있다. 이른바 전통문화축제로 확대되면서 지

역발전과 군민화합을 목적으로 정선아리랑시연, 백이산신령굿, 뗏목아리랑시연, 아리랑주막거리 재연, 아리랑경창대회, 정선아우라지뗏목재연 등 다양하게 펼쳐지고 있다.

제18회 정선아리랑제 심포지엄(장정룡 발표, 1993.10.9)

정선아리랑제는 가장 중심적인 행사가 정선아리랑 부르기다. 무려 1,300여수가 넘는 정선아리랑의 유래에 대해서 여러 설이 있는데『정선군지』(1978)에 따르면 정선아리랑이 이 고장에서 불려지기 시작한 것은 지금부터 5백여 년 전인 조선초기라고 한다. 당시 고려왕조를 섬기던 선비들 가운데 7명이 불사이군의 충성을 다짐하면서 송도에서 은신하다가 정선 남면 거칠현동으로 은거지를 옮겨 일생동안 산나물을 캐먹고 살면서

라후족의 신년축제 무용(태국 치앙마이)

지난날에 섬기던 임금을 사모하고 충절을 맹세하며 또 입지시절의 회상과 멀리 두고 온 가족들을 그리워하면서 부른 것이 정선아리랑의 시원이라 한다. 그러나 정선아리랑을 거칠현동에 머물던 칠현이 처음 불렀다기 보다는 당시 정선지역에서 불리던 아리랑 음조에 한문 가사를 붙여 기록으로 남겼을 것으로 보는 것이 타당할 것이다.

그 후 사화로 낙향한 이 지방 선비들과 불우한 처지에 있던 사람들이 애창하였고, 또 전란과 폭정 시에는 고달픈 서민생활을 푸념하며 노래하던 것이 조선후기 경복궁 중수 시에 와서 전국방방곡곡에서 불리던 '아리랑 아리랑' 하는 음률을 붙여 지금까지 내려온다고 한다. 한일합방 후부터 일제 말까지 나라 없는 민족의 설움과 울분을 가락에 실어 민족의 슬픔을 달래어 왔으나 민족사상이 담긴 노래는 탄압되고 자연히 애정과 남녀관계의 정한을 소재로 한 새로운 노래가 많이 불렸다고 한다.

우리나라를 대표하는 서정민요인 아리랑은 국경과 지역을 넘어 한민족이 살고 있는 곳이면 어디에서나 애창되고 있으며 그 기원도 다양하다. 1790년 이승훈이 지은 『만천유고』에는 '아로롱(啞魯聾)'이라 처음 기록되어있으며, 1865년 대원군이 경복궁을 건설할 때 민중들이 "차라리 귀가 먹었으면 원납을 하라는 소리를 안 들었을텐데"하고 탄식함에 따라 '아이롱(我耳聾)'에서 나왔다는 설도 있다.

또한 '곱고 그리운 님'이라는 뜻으로 '아라리'는 가슴앓이하는 상사병의 뜻이 있어 '아리랑 아리랑 아라리오'를 '곱고 그리운 님 곱고 그리운 님, 상사병이 나도록 사무치게 그리워라'로 풀기도 한다. 또한 '아이랑(我理郎)'은 "참 나를 아는 즐거움"이라는 뜻으로도 쓰였을 것으로 보기도 하며, 정선에서는 "누가 내 뜻을 알아 주리오"라는 뜻으로 '아라리'가 불렸다고도 전한다. 이밖에도 알영설, 낙랑설, 아리설, 아랑설, 아리고쓰리다설, 후렴설 등 다양한데, 필자는 아리랑의 기원을 태국과 중국 운남성 일대에 거주하는 라후족의 신년가와 대비하여 아리랑을 하늘의 신에게 바친 신가(神歌)로 해석하였다.

3) 강릉단오제와 정선아리랑제 내용

강릉단오제는 국가지정무형문화재 제13호로서 그 내용은 제례와 관노가면극, 굿을 중심으로 행해지는데 기·예능보유자로는 1967년 1월 16일 지정된 김신묵(金信黙, 1893년 3월 18일생, 작고) 씨의 뒤를 이어 1982년 2월 1일 지정된 김진덕(金振悳, 1910년5월 20일생, 작고)의 뒤를 이어 조규돈(曹圭燉) 씨가 2000년 7월 22일 보유자가 되어 집례를 맡고 있다. 제례와 함께 행해지는 무속행사는 장재인(張在仁, 1907년 4월 25일생, 작고) 무녀의 뒤를 이어 박용녀(朴龍女, 1912년 12월 18일생, 작고)와 신석남(申石南, 1930년 2월 28일생, 작고) 무녀가 지정되었으며 현재는 신석남 무녀의 며느리인 빈순애(賓順愛) 무녀가 2000년 7월 22일 보유자로 지정되어 있다. 관노가면극은 1967년 1월 16일 김동하(金東夏), 차형원(車亨元)의 뒤를 이어 1993년 8월 2일 권영하(權寧夏)가 지정되었으나 타계하였고, 현재는 김종군(金鍾群) 씨가 2000년 7월 22일 지정되었다.

구체적으로 강릉단오제 지정문화재 행사인 제례, 굿, 관노가면극 이외에도 민속행사로 강릉농악, 향토민요경창, 시조경창, 그네대회, 씨름대회, 궁도대회 등 수릿날의 전통풍속과 지역민속놀이가 있으며 체육행사와 경축행사가 열린다.

강릉단오제의 제례는 전래의 유교식 제례양식으로 복식과 홀기, 축문을 갖추고 헌관 및 집사들이 산신제, 성황제, 영신제, 봉안제, 조전제, 송신제를 거행한다. 제전행사의 제물은 도가에서 정성껏 마련하며 신주는 칠사당에서 제관들과 무당이 주관하여 빚는다. 제례진행은 강릉시장을 위시하여 각급기관장, 사회단체장 등이 제관이 되어 향토의 안녕과 풍요를 기원한다.

산신제와 국사성황제는 대관령 북쪽 능선에 산신당과 성황사에서 행한다. 음력 4월15일 헌관들이 산신당에서 제사를 지내고 그 40m 정도 아래에 있는 국사성황사에 성황제를 지낸 다음 성황신을 모셔온다. 산신당은 한 칸의 기와집으로 '山神堂'이라고 쓰인 현판이 걸려 있으며 내부에는 나무 제단이 있고 산신화상과 '大關嶺山神之神'이라고 쓴 위패를 세워놓았다. 산신은 김유신 장군이라고 전하는데 호랑이와 함께 있는 고승의 모습으로 그려져 있다.

음력 4월 15일 아침 10시부터 대관령 산신당에서는 산신제가 행해지는데 초헌관, 아헌관, 종헌관의 헌작과 홀기에 따라 행해지는 유교식 제례다. 국사성황신제는 11시경부터 행해지는데 '城隍祠'라고 쓰여 진 한 칸의 기와집에 제물을 차려놓고 지낸다. 내부에는 '大關嶺國師城隍之神'이라고 쓴 위패를 세워 놓았으며 벽 쪽에 걸린 화상은 범일국사로서 전립을 쓰고 말을 타고 있는 모습이다.

국사성황신이 대관령 아흔 아홉 굽이를 내려오다가 조선조 때 역원이었던 구산에 이르면 구산성황당에 이르러 잠시 머무른다. 이곳에는 성황지신, 토지지신, 여역지신 이외에도 영산지신을 모시고 있을 정도로 대관령과 관계가 깊다. 그래서 국사성황신의 아들 성황신이라고까지 말하고 있다. 국사성황신행차가 윗반쟁이, 아랫반쟁이, 제민원, 굴면이를 지나 도착하면 주민들은 싸리나무와 관솔을 묶어서 만든 횃대에 불을 붙여들고 신을 영접을 했다고 한다. 이것은 조선조 초기까지도 그와 같이 했는데 이렇게 횃불을 들고 신을 맞이할 때 주민들은 산유가라는 영신가를 부른다.

한 해 동안 헤어져 있던 대관령국사성황신과 홍제동에 모셔져 있는 정씨가의 딸인 국사성황신이 만나는 날이므로 이들 신격뿐만 아니라 주민들도 들뜨게 된다. '어서바삐 가자서라'고 부르는 민요는 국사성황신 행차를 재촉하지만 국태민안을 빌고 시절의 평안과 풍년을 기원하며, 소원도 비는 것이다.

학산성황제는 강릉시에서 5㎞정도 떨어진 구정면 재궁말 마을성황제를 지내는데 대관령국사성황신인 범일국사의 탄생지이고 당나라에 유학하고 돌아와 굴산사를 짓고 입적을 한 유적지이므로 1999년부터 이곳을 순례하고 있다. 이 마을은 범일국사의 탄생설화가 깃들어 있는 석천과 학바위가 있는데 국사성황신이 고향을 둘러보는 것이다. 학산리 성황당은 마을 입구에 있는데 당집은 없고 소나무 숲이 우거진 곳에 높이 1m 정도에 돌담을 빙 둘러 쳐놓았다. 이곳에 대관령국사성황신과 제관, 무격 일행이 도착하면 마을에서 제물을 차려놓고 굿을 한다. 성황제가 끝나면 대관령국사성황신을 모신 위패와 신목이 석천을 비롯하여 마을을 한 바퀴 돈 다음에 단오제가 시작되기 전까지 국사성황신을 모실 홍제동 대관령국사여성황사로 행차한다.

영산홍 민요를 부르면서 신목 행차는 위패와 함께 홍제동에 있는 대관령 국사여성황신 제당에 도착하여 단오제 본제가 시작되는 날까지 부부성황신이 함께 봉안된다. 국사성황신과 여성황신이 만나는 음력 4월 15일은 강릉단오제의 본격적인 시작을 알리는 날이다. 이때는 시내 일원을 순례한 다음 대관령국사여성황사에서 합사를 하고 봉안제를 올린다. 헌관의 독축과 홀기에 위한 제례가 진행되고 봉안굿이 행해진다. 이 날은 대관령국사성황신이 여성황신과 부부가 된 날이라고 한다. 대관령국사여성황사는 기와집 세 칸으로 단청을 하고 내부 정면 벽에는 여성황신의 화상이 그려져 있다.

대관령에서 음력 4월 15일 국사성황신을 봉안하고 내려오면 단오제가 열리는 날까지 약 보름동안 이곳 여성황사에 신목과 위패를 함께 모셨다가 단오 이튿날에 남대천으로 모셔 제사를 지낸다. 이 기간동안 서로 떨어져 있던 국사성황신 부부는 함께 있게 된다. 대관령국사성황신을 모셔 가는 날에도 여성황사에서 제사를 지내는데 의례절차는 국사성황제와 동일하고 제물 진설도 대관령국사성황제와 다르지 않은데 합제 축문만 다르다.

강릉시내 여성황신의 친정인 경방댁에 들린 국사성황신 부부는 현재 이 집에서 살고 있는 최씨 집안에서 장만한 제물 앞에 머무른다. 이 집주인은 제례를 지내기 전 3일전에 금줄을 치고 황토를 뿌려 부정을 막고 행동을 조심하고 근신을 한다.

조선조 때 정씨가 살던 이 집은 최씨가 이사 와서 지금까지 후손들이 살고 있으므로, 영신제 때 집안사람들이 나와서 위패와 신목 앞에 절을 하고, 무녀들은 친정나들이를 축하하는 굿을 한 다음 두 신을 상징하는 위패와 신목을 필두로 남대천으로 향한다.

이렇게 국사성황신 행차가 시내를 한바퀴 도는 신유행사를 마치고 나면 남대천을 건너 가설제단에 봉안된다. 이때 무녀들이 영신굿을 하여 신을 좌정 시키고 단오행사를 마칠 때까지 각종 제사를 행한다. 관노가 면극은 조선조 말 강릉부에 속했던 관노들이 주인공으로 연희한 탈춤으로 등장인물은 양반광대, 소매각시, 시시딱딱이, 장자마리이며, 모두 다섯마당으로 장자마리개시, 양반광대와 소매각시 사랑, 시시딱딱이 훼방, 소매각시 자살소동, 양반광대와 소매각시 화해의 내용으로 진행된다.

음력 5월 4일부터 매일 아침에 단오제를 마치는 날까지 유교식으로 제를 지내는 행사가 조전제다. 홀기에 따라 유교식 복장을 갖추어 입고 제례부분 기능보유자가 함께 진행하는데 지역의 단체장이나 인사들이 지역의 안녕을 기원하며 제사를 지낸다.

강릉단오제의 꽃으로 보일 만큼 무당굿은 많은 사람들을 불러모은다. 강릉단오제에서 전통성이 가장 강한 것으로 12거리 전체를 단오제의 마지막날인 7일까지 연행한다. 단오제 행사는 무속행사가 주요한 절차로 이루어지는데 주민들을 각자의 소원을 빌고 무녀들은 단오제를 잘 지내 풍년도 되고 평안한 마을이 되도록 굿을 한다.

강릉단오굿의 구성은 시대에 따라 변화를 보이는데, 1937년대에는 12神樂으로 ① 부정굿 ② 감응굿(가족의 安幸을 축원) ③ 군웅굿(가축의 번식을 축원) ④ 시중굿(豊年祝) ⑤ 성황굿(城隍祝) ⑥ 지신굿(地神祝) ⑦ 맞이굿(海神祝) ⑧ 별상굿(疫神祝) ⑨ 조상굿(祖先祝) ⑩ 성조굿(家神祝) ⑪ 조왕축(竈神祝) ⑫ 거리풀이굿으로 행해졌다. 근래 행해진 굿의 내용은 경우에 따라 여러 가지가 들어가는데 ① 부정굿 ② 청좌굿 ③ 화해동참굿 ④ 세존굿 ⑤ 성주굿 ⑥ 군웅굿 ⑦ 심청굿 ⑧ 칠성굿 ⑨ 지신굿 ⑩ 손님굿 ⑪ 제면굿 ⑫ 용왕굿 ⑬ 꽃노래굿 ⑭ 뱃노래굿 ⑮ 등노래굿 ⑯ 탈굿 ⑰ 대맞이굿 ⑱ 환우굿으로 구성된다.

송신제는 단오제 행사를 마치는 음력 5월 7일날 저녁 7시에 마지막으로 성황신을 대관령과 홍제동 여성황사로 모시는 제사다. 이때는 제관들이 단오제 기간동안 신격이 잘 흠향했는지 묻고 마을의 안녕과 풍요를 기원하게 된다.

1930년대 강릉 별신굿 시루떡과 제물

2000년 강릉시 강문동 동해안 별신굿 제물과 만선기

정선아리랑을 잘 부른 명창들도 많았을 것이나 현재까지 그 계통을 잇고 있는 계보는 고덕명으로부터 시작된다. 고덕명(高德明)은 정선에서 태어나 1876년 10세의 어린 나이로 함경도 원산까지 가서 정선아리랑을 불러 이름을 떨쳤다고 하며, 특히 애정편 가사를 잘 지었다고 전한다. 김천유(金千有)는 1885년 정선군 북면에서 태어나 명창으로 알려졌으며, 박순태(朴順泰)도 북면에서 1896년에 태어나 13세부터 함경도 원산, 회령 등지를 여장을 하고 다니며 정선아리랑을 불러 이름을 떨쳤다고 한다. 그 후 30세가 되던 해에 경복궁에서 개최한 민요경연대회에 입상하여 음반을 냈다고 한다. 나창주(羅昌柱) 명창은 1922년 동면 북동리에서 출생하여 1970년 정선아리랑레코드 취임하는 등 활약이 돋보였으며 1971년 12월 도무형문화재 1호로 지정되었으나 1981년 2월에 타계하고 김병하 명창이 뒤를 이었다. 이들은 모두 타계하였으나 박순태와 이웃에 살았던 최봉출(崔鳳出) 명창은 생존하여 정선아리랑학교장을 역임하는 등 활발한 활동을 하고 있다.

최봉출 기능보유자는 1919년 4월 4일 정선군 남면 문곡리 135번지에서 출생하여 부친 최승화에게 정선아리랑을 처음 배웠고 이후 정명로(鄭明魯)에게 혹독하게 아리랑을 배웠다. 그러므로 고덕명에게 사사했다는 설은 사실이 아니다. 정명노는 1900년에 출생하여 정선에 살았는데 일제강점기에 정선아리랑을 불러 일등을 차지할 정도로 명성이 높았다고

최봉출 정선아리랑 기능보유자

한다. 어린 최봉출이 정선아리랑을 부르는 소리를 들은 정명노의 부인이 수양아들로 삼아 자신의 집에서 묵도록 해서 소리를 배웠디고 한다. 최봉출 씨는 현재는 사북읍 도사곡에 살고 있으며, 1961년 12월 27일 정선에서 개최한 민요경연대회에 입상하였고, 1970년 아리랑음반을 취입했으며, 이후 1971년 12월에 강원도 무형문화재 제1호 기능보유자가 되었다. 훌륭한 인품에서 좋은 소리가 나온다는 구전심수(口傳心授)의 방법으로 김남기, 홍동주, 김춘래 등 훌륭한 후계자를 배출하였다.52)

유영란(劉英蘭) 명창은 1954년 6월 5일 평창군 평창읍 하리 157번지에서 출생하여 7세가 되던 해 부모가 정선으로 옮겨 살게 되면서 정선아리랑을 접하였다. 1970년 정선아리랑 음반을 취입했으며 그 해 10월 제 11회 전국민속예술경연대회에 참가하여 입상했고, 1972년 3월 정선아리랑 레코드 취입, 1971년 12월 강원도 무형문화재 제1호 기능보유자로 18세에 되었으며 현재도 아리랑창극공연 등 활발한 모습을 보여주고 있다.

김병하(金炳河) 명창은 1946년 3월 19일 정선군 북면 고양리에서 출생하여 1976년 9월 26일 제1회 정선아리랑 경창대회에 입상했으며, 1981년 타계한 나창주 명창의 뒤를 이어 1984년 6월 2일 기능보유자가 되었다. 1984년 10월 한라제 전국민요경창에서 최우수상을 받아 이름을 떨쳤으며 장구창법과 소리로 인기를 모은 그는 정선군청에 근무하며 활발한 활동을 하였으나 병환중이다.

김남기(金南基) 명창은 1941년 12월 10일 북면 고양리에서 출생하

---

52) 장정룡, 『정선의 구비문학』 설화편, 정선군, 2005, 203쪽.

여 1955년부터 할아버지에게 아리랑을 배웠으며 가장 정선다운 토종소리를 내는 소리꾼으로 알려져 있으며 활동적인 모습으로 정선아리랑 전승에 공로가 많아 2003년 4월 25일 도무형문화재 1호 기능보유자가 되었다. 스승 나창주의 영향을 받아 엮음아리랑을 잘 부른다. 나창주, 최봉출의 계보를 잇는 그는 배귀연으로 계보를 잇고 있다.

김형조(金炯調) 명창은 1952년 1월 13일 정선읍 광하리 875번지에서 출생하여 1983년 10월 3일 제8회 정선아리랑제 아리랑경창대회 입상 후 전국민요경창대회, 전국민속예술경연대회 등에 참가하여 좋은 성적을 거뒀으며 향토적 소리를 보존하고 계승한 공로로 2003년 4월 25일 도무형문화재 1호 기능보유자가 되었다. 김병하 명창의 사사를 받은 그는 애절함을 담은 소리로 잘 알려져 있다.

김길자(金吉子) 명창은 1968년 11월 20일 정선군 북면 고양리 151번지에서 출생하여 1980년 정선아리랑제 아리랑경창 학생부 입상을 시작으로 많은 수상경력을 가지고 있으며 부친 김병하 명창으로부터 소리를 전수 받고 정선아리랑계승에 많은 노력이 인정되어 2003년 4월 25일 도무형문화재 1호 기능보유자로 지정되었다. 이외에도 배귀연, 홍동주, 신기선, 정도진, 전금택, 김순덕, 전제선 씨 등이 정선아리랑을 널리 알리는데 공헌하고 있다.

2004년 10월 6일부터 10일까지 5일간 20만 여명이 참가한 제29회 정선아리랑제는 "천년의 소리 한민족의 혼"이라는 주제로 정선공설운동장 및 아라리촌 일원에서 행해졌다. 태풍피해로 인해 두 해를 거른 정선아리랑제는 한민족 최대의 소리축제로 발전할 가능성을 보여주었다는 점에서 기대를 갖게 한다. 전체 행사는 5개 부문의 68개 행사로 구성되어 있는데 세부적으로 지정문화재 행사 12종목, 초청공연행사 13종목, 민속문화행사 14종목, 민속경연행사 14종목, 경축부대행사 15종목이다. 전반적으로 정선아리랑을 계승 발전시키기 위한 목적성 행사가 중심적인 위치로 부각되어 관광문화축제 프로그램으로 다양화된 모습이고 체육행사를 폐지하는 등의 가시적 노력이 이루어지고 있다.

전체 행사 가운데 아리랑과 관련된 행사가 늘어나 칠현제례, 정선아리랑심포지엄, 학생아리랑예술제, 정선아리랑난타공연, 정선아리랑 춤시연, 정선뗏목아라리재연, 정선아리랑창극공연, 정선아리랑경창대회, 정선아리랑체험의 장 등으로 전통성을 강화하고 다른 축제와 차별화를 시도하고 있음은 고무적이다. 특히 지난 1999년부터 운행을 시작한 정선 5일장 관광열차는 현재까지 43만 명이 이용하여 정선관광 및 특산물 구입에 240억원을 사용한 것으로 나타나 정선지역 경제부양에 효자역할을 하고 있다.

최근 정선아리랑의 국가지정 중요무형문화재 등록추진 및 문화재청에 아리랑역사연구소 설립 등이 가시화되는 현실에서 정선아리랑제의 세계화 전략이 대두되고 있다. 이에 따라 2005년부터는 정선이 한민족 아리랑역사를 주도하도록 진도, 밀양, 북한, 중국, 미국, 러시아 등 국내외 동포들이 참가하는 한민족 아리랑소리축제로 확대하기 위한 정선아리랑제의 개편안이 마련될 것으로 알려지고 있다.

4) 강릉단오제와 정선아리랑제 특징

강릉단오제와 정선아리랑제는 가장 강원도적인 전통성이 풍부한 축제로서 인정받고 있다. 강릉단오제의 핵심은 마을신앙이며 정선아리랑제는 아리랑이다. 민속신앙과 소리가 오랜 문화적 적층과 지역적 특성을 갖추고 이를 총체적 삶의 문화로서 재현해 내고 있는 축제가 두 대상이라고 할 수 있다. 축제를 통한 전통문화의 계승 및 발전을 도모하고 지역문화를 활성화시키고자 하는 목적에서 본다면 강릉단오제와 정선아리랑제는 성공의 길로 들어선 것으로 평가할 수 있다. 그러나 이들 축제가 바람직한 축제모습이라고 하기에는 부족한 점이 없지 않지만 두 축제는 각기 차이점과 독창성, 전통성, 창의성을 확보하면서 특성 있는 전통축제로 발전하는 과정에 있다고 하겠다. 그 특징을 설명하면 다음과 같다.

첫째, 강릉단오제와 정선아리랑은 무형문화재 가운데 국가와 도의 지정이 가장 빠른 시기에 이루어졌다는 점이다. 그것은 두 축제가 문화재의 가치와 축제의 타당성을 확보한 것으로 볼 수 있는데, 강릉단오제는 1967년 1월 16일 국가지정무형문화재 제13호로, 정선아리랑은 1971년 12월 16일 강원도 무형문화재 제1호로 지정되었고 1976년부터 정선아리랑제가 시작되었다.

둘째, 강릉단오제와 정선아리랑은 천년 이상의 역사와 전통성을 유지하고 있다. 강릉단오제는 나말여초의 강릉출신 승려 범일국사를 대관령국사성황신으로 봉안하고, 고려초기 김순식 장군의 대관령 제사로부터 시원을 잡고 있으며, 정선아리랑도 고려 말 유신들이 거칠현동에 은거하면서 정선에서 널리 불려지던 아리랑에 자신들의 처지와 심정을 담아 부른 소리로서 '천년의 소리, 한민족의 혼'을 지금까지 전하고 있다. 따라서 역사적 배경을 근간으로 한 축제로서 손색없음을 보여주고 있다고 하겠다.

셋째, 강릉단오제와 정선아리랑제는 독창적인 지역성을 바탕으로 전자는 지역출신 인물을 중심으로 한 신앙과 신화가 배경이 되고 있으며, 후자는 민중의 소리로 구전된 민요가 중심이라는 점이다. 강릉단오제는 실질적으로 수릿날에 행해진 강릉향토신앙제의이며 태양의 축제이다. 그러므로 날짜만 음력 5월 5일 수용했으나 3월 20일 신주빚기부터 4월과 5월에 걸쳐 근 50여 일간 행해지는 전통문화행사이며 파종의례의 성격이 강하다. 이에 비해 정선아리랑제는 10월에 행해져 추수감사제의 성격을 지니고 있는데 이것은 옛 삼한시대의 5월과 10월에 행해진 농경시필기의 춘추제를 계승한 것으로도 의미가 있다.

넷째, 강릉단오제와 정선아리랑제는 현재의 발전단계상 종합형 전통문화축제를 지향하고 정착화 과정에 있다고 볼 수 있다. 나날이 외연을 넓히고 내용도 충실도를 더하여 평균 5~60여개 행사를 포괄하고 있으며 특히 국제적인 축제로 발돋움하기 위한 노력이 더하여 세계화의 길로 나서고 있다. 강릉단오제는 2005년 세계무형문화유산으로 등재되어 있으며, 정선아리랑제도 한민족아리랑제로 확대되고 나아가 세계적인 월드뮤직페스티벌로 글로벌화하는 등 세계아리랑엑스포 개최를 위한 기반조성이 이뤄지고 있다. 이것은 강원도의 축제가 한반도를 넘어 세계인의 축제가 되는 대상이 될 수 있다는 점에서 앞으로의 육성 발전을 위한 노력이 뒤따라야 하겠다. 이미 많은 성과를 거두고 있는 아리랑학교를 집중 육성하고, 정선아리랑촌을 삶의 느껴지는 공간으로 가꾸어야 하며, 앞으로 세워질 아리랑박물관과 아리랑문화타운을 축제와 연계하는 기획과 노력이 요구된다.

다섯째, 강릉단오제와 정선아리랑제는 무형문화재로 기예능보유자를 확보하고 있다는 점이다. 강릉단오제는 제례, 관노가면극, 단오굿의 보유자가 지정되어 있고 정선아리랑제는 아리랑가창자가 지정되어 있다.

그러나 이들 문화재가 국가와 도로 나뉘어 있으며 국가지정의 경우 도나 시의 지원을 위한 별도의 조례제정이나 보호대책이 마련되어야 하겠다. 아울러 정선아리랑도 국가문화재로 승격시켜 국제화를 위한 조건을 구비해야 하겠다.

현재의 상황이나 여건으로 본다면 강릉단오제나 정선아리랑제의 기예능보유자를 늘여나갈 필요가 있으며 생계보호와 전승보존기금도 확대하는 등 기능보존과 전승을 위한 다양한 행정적, 재정적 조치가 요구된다. 강릉시는 조례제정을 통해 강릉단오제 기예능보유자의 지원과 후계자 양성에 나서고 있으므로 정선의 경우도 향후 국가지정에 대비하고 진도나 밀양아리랑 등 타지역 아리랑에 우위를 지키기 위한 노력과 가창자의 발굴과 기능보유자 확대를 위한 노력이 있어야 하겠다.

5) 강릉단오제와 정선아리랑제 전망

강릉단오제는 향토축제에서 국가축제로 그리고 국제축제로 발전하는 과정에 있다고 말할 수 있다. 그것은 지역주민들의 집단적 신명과 문화적 적층에서 비롯되는 것으로 추론된다. 놀이하는 존재로서 그 놀이를 뛰어넘는 신화적 가치를 중시하며, 산업화로 인해 파괴된 동질성을 되찾는 놀라운 힘이 축제를 통해 발현된 것이다. 다시 말해 민중축제의 가장 보편적 가치를 실현하며 축제주인이 '우리'라는 민간주도형 공동체축제의 전형을 강릉단오제가 지니고 있다는 평가다.

2004년 강릉국제관광민속제가 성공적으로 개최되어 강릉단오제의 국제화에 물꼬를 튼 것으로 평가된다. 2005년 세계무형문화유산으로 인정받게 되어 강릉단오제는 세계인이 어울리는 전통 축제판을 펼쳐 보였다.

정선아리랑제는 그 시원에서 보여주듯이 한국아리랑의 시원이며 강원도 민요의 원조로서 강원도를 가장 잘 보여주고 있으며 정선아리랑의 전승에 많은 기여를 하고 있음에도 규모의 확대에 따른 내용의 질적 향상이 이뤄지지 못하는 한계에 이르기도 했다. 2004년에 들어와 체육행사를 폐지하고 한반도 및 세계한민족 아리랑의 메카가 되기 위한 여러 노력을 본격화하고 있다는 점에서 희망을 갖게 한다.

아울러 국가차원에서 아리랑을 문화재로 승화시키고 한국을 대표하는 문화상징화하려는 분위기는 정선아리랑의 세계화에 큰 힘이 될 것으로 볼 수 있다. 그러나 이러한 움직임이 오히려 정선아리랑의 고유한 향토적 가치를 저해할 수도 있다는 점에서 세심한 득실을 따져야 하고, 먼저 확고한 토착화가 이뤄진 다음단계로서 장기적인 비전을 갖고 순차적으로 발전되어야 하겠다. 전체적으로 선택과 집중을 통한 경쟁력 있는 중심적인 행사와 행사장 조성, 축제시기 조정, 홍보와 수용체계 마련, 조직과 운영의 개선을 통한 관광상품화가 추진되어야 할 것으로 본다. 정선아리랑제에 정선이라는 지역적 특성이 빠져서도 안되지만 아리랑이라는 중심주제가 약해지면 약해질수록 정선의 고유한 문화적 정체성도 상실될 수 있다. 따라서 이러한 위기감과 함께 변화가 곧 기회라는 생각으로 정선아리랑제를 세계인이 공유하는 소리축제로 만들어나가겠다는 의지와 행동이 필요한 시점이다.

정선아리랑 가사에도 나오는 정선 백전의 물레방아. 강원도 유형문화재로 지정되었다.

5. 단오절 용주문화 연원과 실제[53]

-臺灣 宜蘭縣 龍舟競渡를 中心으로-

1) 머리말

단오절(端午節)은 춘절(春節), 중추절(仲秋節)과 함께 삼절(三節)이라 하여 중국에서는 3대 명절에 속하고 시식나누기와 음주가무, 부채청산, 휴가와 휴업 등 다양한 행사가 전한다.[54]

또한 이때가 음력 5월 5일이므로 '중오절(重五節)'이라 부르는데 이밖에 특성에 따라 '단양절(端陽節)' '천중절(天中節)' '욕란절(浴蘭節)' '오일절(五日節)' '오일절(午日節)' '육종절(肉粽節)' '시인절(詩人節)' '여아절(女兒節)' '오월절(五月節)' '천신절(天申節)' '오독일(五毒日)' '용주절(龍舟節)' '종자절(粽子節)' '포절(蒲節)' '당오(當午)' '하절(夏節)' 등 다양한 명칭이 전한다.

단오절이 속한 음력 5월은 '백독지월(百毒之月)' 또는 '악월(惡月)' '악오월(惡五月)'이라 하여 '선정월(善正月)'과 다르게 불길하다고 여기는데, 창포와 관련하여 '포월(蒲月)'이라고도 하고 중오(重五)의 뜻으로 '오월(午月)'이라 불렀는데 이 시기가 본격적인 여름철로서 각종 모기나 벌레들이 활동하므로 질병 예방하는 측면에서 약초를 활용한 '약초절(藥草節)'이라고도 하였다.[55] 최근 중국에서는 단오절 시식인 쫑즈

---

53) 이것은 『中央民俗學』11호, 중앙대 한국문화유산연구소, 2006, 93~113쪽에 실린 필자의 글을 수정한 것이다.

54) 尙秉和, 『歷代社會風俗事物考』臺灣商務印書館, 1986 6판, 448쪽 "至淸則以端午中秋, 與歲首並稱三節, 至時則商賈歇業, 百工休暇, 官吏士民, 於前一日卽衣冠賀節, 端午糭子, 中秋月餠, 饋遺紛紜, 凡錢債至五月節, 八月節必淸結, 謂之節關, 而中秋視端午尤重, 卽鄕僻小民, 必飮酒食肉, 與元旦同"

55) 林美容, 「臺灣 '五日節' 民俗及其意義的流變-兼籲訂端午節爲 '藥草節'」『臺灣文獻』第54卷 第2期, 國史館臺灣文獻館, 2003, 33~48쪽. 이 논문을 쓴 林美容 臺灣中央

(粽子)를 다양한 먹거리로 개발하여 이를 축제화한 '종자문화절(粽子文化節)'이 새로 생기기도 하였다.[56]

이처럼 특정한 날짜를 중심으로 한 네 계절의 특별한 풍속인 세시풍속은 때를 가르쳐주는 역법(曆法) 순행에 의한 것이나 내실은 천상(天象)과 기상(氣象), 물상(物象)이 합쳐진 것으로 우주와 기후의 변화원리, 동식물의 계절변화에 따른 주기적 대응이라고 볼 수 있다.[57] 따라서 세시풍속을 기반으로 하고 있는 전통축제는 우주의 질서에 순응하는 천체력, 계절의 변화에 대응하는 자연력, 사람들의 전통적인 생활을 중심으로 형성된 생활력법을 근간으로 삼는다고 하겠다.

이러한 원칙에 따라 관상수시(觀象授時)·대응천시(對應天時)·응천순시(應天順時)의 세 원리를 지닌 세시풍속은 절후(節侯)와 예속(禮俗)이 하나로 융합된 것이며[58] 천인합일(天人合一)과 천인감응(天人感應)의 관계라고 볼 수 있으므로[59] 단오절 기원에 대한 연구도 천지인(天地人)의 변화와 그 적응현상을 분석해야 하며, 구체적으로 용주(龍舟)문화에 대한 이해와 해석도 이러한 범주에서 수행되어야 한다.

현재 중국전역 단오절의 대표적인 행사는 시식으로 종자먹기와 민속놀이로 용주경도(龍舟競渡), 제의로 단오절 굴원제사가 이루어지고 있으며 이것은 모두 애국시인 굴원을 기일을 추념하는 절일의 용주경도로 진행된다.[60] 중국에 거주하는 중국조선족의 경우도 단오명절을 중

研究院 民族學研究所 研究員은 2002년 6월 12일~15일 江陵端午祭를 參觀하고 한중일 3개국 端午國際學術大會에 參席하여 臺灣 端午節에 대해 發表한 바 있다. 筆者는 2004년 2월~2005월 2월까지 1년간 臺灣中央研究院 民族學研究所에 客員教授로 있었는데 端午節에 對한 林教授의 많은 助言에 感謝를 表한다. 林美容, 「대만 단오민속 및 그 의미의 변모」, 『아시아의 단오민속』국학자료원, 2002, 36~40쪽에 발표문이 실려 있다.

56) 강릉시와 국제자매도시인 중국 절강성 嘉興市에서는 단오절과 관련한 제1회 粽子文化節을 2005년 5월 14일~16일 사이에 개최했는데 강릉시 관계자들이 방문하였다.

57) 張正龍, 「세시풍속의 역사」, 『江原道 民俗研究』, 국학자료원, 2002, 595쪽.

58) 張正龍, 「端午節傳承與祉話探討」, 臺灣中央研究院 民族學研究所月例演講論文, 2004.11.1

59) 李永匡·王熹, 『中國節令史』, 文津出版社, 1995, 2쪽.

시하나 용주경도는 하지 않고 씨름, 널뛰기, 그네뛰기 등 한민족 고유의 단오민속을 유지하고 있다.[61]

이에 비해 대만의 단오절은 중국본토 남방지역의 단오절 행사에서 크게 벗어나지 않고 전통을 고수하며 현대적 적응의 모습을 보여주는 것으로 파악되었다.[62] 따라서 이 글에서는 한중 단오문화의 차이점을 살펴보고, 대만 단오절 용주경도 행사의 전통과 변화된 상황을 현장조사를 중심으로 서술하고자 한다.

2) 한·중 단오절과 용주문화(龍舟文化)

한국의 단오절은 일찍이 '수릿날'이라 불렸는데, 고려 때 김부식(金富軾)은 "俗以端午爲車衣(속칭으로 단오를 술의라 한다)"(三國史記 卷二, 文武王)라 하였고, 고려 말기 원천석(元天錫)도 "新羅是日號爲車(신라때 이 날을 수레라 불렀다)"라 했으며,[63] 조선시대에 들어와 홍석모(洪錫謨)는 구체적으로 "端午俗名戌衣, 戌衣者東語車也(단오의 속명은 술의로서 술의는 우리말로 수레를 말한다)"(東國歲時記)라 하여 '수릿날'이라고 한글로 기록한 고려시대 속요 <동동(動動)>[64] 이외 문헌에는 한자로 '車衣' '車' '戌衣' '水瀨' 등으로 다르게 쓰였으나, 그 뜻은 대체로 '태양' '상(上)' '고(高)' '신(神)' 등으로 모두 '높다'는 함의(含意)를 지닌 향찰식 표기로 볼 수 있다.[65] 우리나라에서

---

60) 何培金 主編, 『中國龍舟文化』 湖南省 三环出版社, 1991, 40쪽, 이 책에서는 경도의 종류를 原始競渡·戰爭競渡·節日競渡·龍舟競渡 등으로 나누어 분석하였다.

61) 劉京宰, 「단오절을 통해본 문화변용」, 『아시아의 단오민속』, 국학자료원, 2002, 113쪽.

62) 黃麗雲, 「臺灣龍舟賽的現狀調查」, 『臺灣文獻』37期 4號, 1986, 91~102쪽.

63) 元天錫(1330~?), 『耘谷詩史』卷5 "新羅是日號爲車, 州郡鄕風不一科, 此邑今年除古格, 王家舊澤絶餘彼"

64) 『樂學軌範』, 動動歌 "五月五日애 아으 수릿날 아츰 藥은 즈믄힐 長存ᄒᆞ샬 藥이라 받ᄌᆞ노이다 아으 동동다리"(띄어쓰기 필자)

65) 윤호진 편역, 『천중절에 부르는 노래』2003, 민속원, 21쪽에는 유만공의 『세시풍요』

단오명절을 지내기 시작한 것은 신라 때로 '단오'를 '수리'라 부른 것으로 보면 이 명절의 연원이 삼국시대까지 올라간다고 추정된다.

수리의 의미와 같이 단오의 '단'(端)은 시작 또는 처음이라는 뜻도 있고 으뜸이라고도 하는데『설문해자(說文解字)』에 '直·正·萌·始·首'라 한 것으로 미루어 명절의 으뜸, 성장의 시작이라는 의미를 갖는다. '오'(午)는 양(陽)의 개념으로 단양(端陽)이라 하며 12지(支)의 일곱째로서 동물은 말, 시간은 정오, 방위는 정남, 달로는 5월이다. 따라서 '단(端)'과 '오(午)'는 천체 주기상 같은 개념이다.66)

5월의 파종의례(播種儀禮)는 10월 수확의례(收穫儀禮)와 함께 3세기경 중국의 진수가 쓴『삼국지(三國志)』위지동이전 마한전(魏志 東夷傳 馬韓傳)에 의하면 농공시필기(農功始畢期)의 축제모습이며 한국 세시풍속의 교차성으로 파악된다. 즉 5월의 파종의례와 10월의 수확의례는 수릿날과 上月을 동의어로 보기도 한다.67)

이처럼 한국에서는 부족국가부터 자연력(自然曆)과 생업력(生業曆)에 따라 성장의례(成長儀禮)로서 단오를 인식한 것으로 보이나 삼국시대에 들어와 민속명절로 자리잡기 시작하여 의례력(儀禮曆)으로 확정된 것은 고려시대(918~1392) 이후로 볼 수 있다.

조선시대 단오날에는 첩자를 승정원에서 만들어 대궐에 올리면 대궐에서는 관상감에서 주사로 쓴 천중부적을 여러 신하들에게 내렸다. 또

121번째 작품 주석에서 단오를 "俗稱戌依日"이라 하고 별주에 "端午衣日戌衣"라고 한 근거에서 단오날 모시옷을 입는 것만을 '수리'라고 한 것이 아닌가 의심하였다. 그러나 홍석모는『동국세시기』에는 "남녀 어린이들이 창포탕을 만들어 세수하고, 홍색과 녹색의 새 옷을 입는다. 또 창포뿌리를 깎아 비녀를 만들되 혹 壽福자를 새기고 끝에 연지를 발라 머리에 꽂는다. 그렇게 하여 재액을 물리치는데 이것을 端午粧이라 한다."하여 이 날 세수하고 새 옷을 입고 창포비녀를 꽂는 등의 일체행위가 단오빔인 셈이다. 단오빔의 '빔'은 머리를 '빗다'와 같은 어원의 治裝을 뜻하므로 굳이 옷을 입는 것만이 '수리'가 아니라 수릿날 행해지는 다양한 민속이라는 뜻으로 '수리'를 새겨야 한다.

66) 장정룡,『강릉단오민속여행』, 두산, 1998, 22쪽.
67) 李丙燾,『韓國史大觀』, 普文閣, 1964, 52쪽.

한 공조에서 단오부채를 만들어 대궐에 올리면 임금이 신하들에게 나누어주는 것을 단오선(端午扇)이라 하였다. 『경도잡지(京都雜志)』에서 "서울의 옛 풍속에 단오날의 부채는 관원이 아전에게 나누어주는데 동짓날의 달력은 아전이 관원에게 바친다. 이것을 하선동력(夏扇冬曆)이라 한다."고 하여[68] 나눔의 미풍양속이 계승되었다.

한국의 단오풍속은 단오빔입기, 쑥호랑이 하사, 천중부적 만들기, 제호탕 만들기 · 옥추단 달기, 창포탕 목욕, 창포비녀꽂기, 그네뛰기, 씨름, 수리치떡먹기, 익모초 · 희렴말리기, 대추나무 시집보내기, 석전, 씨름, 김유신 맞이, 오금잠제, 선위대왕제 등으로 다양하나 중국과 같은 민속놀이로 용주경도는 전승되지 않는다.

『동국세시기(東國歲時記)』에는 단오가 수레바퀴를 뜻한다고 하였는데[69] 여기서 수레바퀴는 태양이며 수레바퀴를 돌리는 신은 태양신으로 유추된다. 그것은 고구려 고분유적인 중국 길림성 통화현 집안시 집안(集安) 5호 무덤 천장의 수레바퀴를 끄는 신선 그림이 새겨져 있는 것과 연상하면 그 의미가 선명해진다.[70]

그러므로 단오날에 먹는 수레바퀴 모양으로 만든 시절음식인 차윤형(車輪形) 떡은 태양을 상징한 것이며 이 떡을 먹는 행위는 고려가요 <동동>에서 노래한 것과 같이 천년을 살 수 있는 약이기에, 영생(永生)과 생산력 상징의 양기를 몸으로 받아들이는 의미로 해석할 수 있다.[71]

『동국세시기』에는 55개 항목에서 중국세시기가 반영되어 대부분 기원을 중국으로 잡고 있으나 석전, 널뛰기, 수리치떡은 한국고유의 것으로 볼 수 있고, 세화(歲畵), 나무시집보내기[嫁樹], 나무그림자점[木影占] 등은 양국에 공통적으로 거론되고 있어 다소의 변이와 동화를 엿

---

68) 柳得恭, 『京都雜志』卷二, 歲時
69) 洪錫謨, 『東國歲時記』, 端午條, 1849년.
70) 『고구려문화』, 사회과학출판사, 1975, 도판 39쪽.
71) 장정룡, 『강릉단오제』, 집문당, 2003, 147쪽.

볼 수 있다.[72]

한국의 단오풍습은 중국과 일정하게 교섭되어 있으나 국가지정무형문화재 13호인 강릉단오제는 중국단오와 달리 나말여초 강릉출신 고승인 범일국사를 대관령국사성황신으로 모시고 풍년과 안녕을 기원하는 마을굿이나 기우제, 탈놀이, 농악, 민요, 그네뛰기, 씨름 등 전통적이고 지역문화에 기원을 둔 자생적 향토적인 내용들이 중심을 이루고 있다. 또한 그 의미상 풍농기원설과 재액방지의 기능, 세속적 해방일의 기능을 가지고 있어서[73] 중국의 성황신제와는 의미를 달리하는 신화와 마을제의로부터 출발하고 있다.[74]

강릉단오제는 10월 상달의 예국 무천제와 연계된 5월 수릿달의 축제로 이미 정착되었다가 중국단오민속을 명칭수용하면서 길일인 단오날을 택해 축제를 열었다고 볼 수 있다. 예국의 무천제는 시기가 지남에 따라 산신제와 성황제로 바뀌어서 전승되었으며 현대에 이르러 강릉 고유의 전통문화를 중심으로 한 지역전통의 향토축제로 자리매김했다.

특히 강릉단오제는 향토적, 지리적, 인물 배경을 중심으로 형성된 자생적 축제문화로서 신성한 공간과 비범한 인물, 특별한 일자를 수용한 형태로 기반이 형성되어 있다는 점이 독창성을 확보하고 있다. 따라서 '대관령(신성공간)-범일국사(신화적 인물)-수릿날(신성한날)'이 신화상징의 세 요소로 조직되고 '제의-굿놀이-탈춤'이 축제내용으로 상호연계 발전되면서 지역의 정신적·신앙적 구심체로 승화된 것으로 볼 수 있다.

이러한 배경을 바탕으로 강릉단오제는 3월부터 5월에 이르는 기간동안 응천순시(應天順時)에 따라 마을의 토착신격을 봉안하고 곡물성장을 도모하는 파종 후 성장의례와 질병예방의 주술적 의례(呪術的 儀禮), 신과 인간이 소통하는 축제요소가 섞여 다양한 모습으로 전승 확

---

72) 張正龍,『韓·中 歲時風俗 및 歌謠硏究』, 集文堂, 1989, 37쪽.
73) 장정룡,「강릉단오제의 기원과 역사」,『강릉단오제백서』, 강릉문화원, 1999, 3쪽.
74) 장정룡,『강릉단오민속여행』, 두산, 1998, 179~185쪽.

장되었다고 하겠다. 용주경도를 굴원과 연관시킨 경우가 많은데 조선조 때 학자 김매순(金邁淳)의 『열양세시기(洌陽歲時記)』에서 밥을 수뢰(水瀨)에 던져 굴삼려(屈三閭)를 제사한 것에서 나왔다고 해석하는 것은 중국기원설에 따른 것이라고 할 수 있다.[75]

이러한 견해에 대하여 양주동은 "수리의 語原은 차라리 高·上에서 찾을 것이다.…上과 峯(峯수리-峯우리)의 古訓이 並히 수리(特히 峯의 義의 '수리나미고개'는 車踰로 對譯됨)인즉 무릇 '높은꼭대이이'가 수리이니 端午日의 午時를 漢語에도 '天中'이라 함과 合致된다. 이러한 推想은 一方 嘉俳의 語原이 '半·中'의 義임과 對照하야 興味있는 일이다."[76]라 하였다.

중국의 용주경도(龍舟競渡)는 명절에 행해지는 절일경도(節日競渡)로서 오(吳)나라 주처(周處)의 『풍토기(風土記)』에 단오날 경도를 언급한 것이 시초다. 경도(競渡)는 배를 저어 강을 빨리 건너는 내기로서 경주(競舟), 경조(競漕)라고도 한다. 중국의 호남, 호북지역 단오절에 이러한 절일경도가 행해졌음을 알 수 있다.

그러나 구체적으로 용주경도의 기원은 초나라 삼려대부로 이소를 지은 애국시인 굴원(屈原)이[77] 단오날에 악주(岳州) 멱라강으로 투신하자 초나라 사람들이 이를 애통해하며 시신을 구하기 위해 배를 몰았던

---

75) 金邁淳, 『洌陽歲時記』1819年, "國人稱端午日, 水瀨日, 謂投飯水瀨, 享屈三閭也"
76) 梁柱東, 『麗謠箋注』, 乙酉文化社, 1954, 103쪽.
77) 굴원은 중국 전국시대 초나라의 충신이며 시인이다. 원명은 平이고, 별호는 靈均이며 많은 것을 들어 뜻이 굳고 난세를 다스리는데 밝았다. 초나라에 벼슬하여 삼려대부가 되어 회왕의 총애를 받았으나 근상 무리의 중상으로 물러났다. 그는 <離蘇>를 지어 왕에게 간하였으나 경양왕 때 다시 참소를 받아 강남으로 귀양을 갔다. 어부사 등을 써서 충정을 호소했으나 받아들여지지 않았고 진나라 군사가 남하하여 초나라가 멸하자 멱라수에 몸을 던져 순국하였다. 그의 작품은 울분과 애국심으로 가득 차 있는데 초사에 수록된 25편 가운데 이소, 천문, 구장, 구가 등이 대표작이다. 사기 권 84 굴원가생 열전 24에 의하면 굴원이 멱라에 큰 돌을 안고 빠져 죽자 지방민들이 물고기가 그의 시신을 뜯을까 두려워 노를 급히 저어 粽子를 던지며 그의 시신을 건진 것에서 5월 5일 종자를 만들어 먹으며 競舟를 하는 풍습이 전한다고 한다.

것에서 시작했다는 설이 전하고 있다.[78] 중국 양나라 때 세시풍속지인 종름(宗懍)의 『형초세시기(荊楚歲時記)』에는 용주경도가 굴원과 관련이 없는 것으로 설명하고 있다.

이날 競渡가 있고 雜藥을 모은다. 살피건대 5월 5일 경도를 하는데 세속에서는 굴원이 멱라수에 투신한 날로 그 죽음을 애상하기 위함이다. 그러므로 아울러 舟楫(배의 노)으로 하여 그를 건지게 한다. 舸舟(큰배)는 그 가볍고 날램을 취해 飛鳧(나는 물오리)라 부르는데 水車, 水馬라 하기도 한다. 州郡의 장관 및 토착인들은 모두 물가에서 이를 구경한다. 대개 월나라 사람들은 배를 수레로 삼고 노로 말을 삼는다. 한단순의[79] 曹娥碑에[80] 이르길 "5월 5일 伍君을[81] 맞으러 나갔는데 파도가 거슬러 올라가 물이 덮쳤다. 이것 또한 동오의 세속으로 자서와 관련된 일이며 굴평과는 관련이 없다. 월지전에 이르길 월왕 구천에서[82] 비롯되었다고 하였다.[83]

굴원이 빠져 죽었다는 멱라수는 강서성에서 발원하여 호남성 상강지

---

78) 梁, 吳均, 『續齊諧記』, "楚大夫屈原遭讒不用, 是日投汨羅江死, 楚人哀之, 乃以舟楫拯救, 端陽競渡, 乃遺俗也"

79) 邯鄲淳은 삼국 위나라 潁川人으로 동한 말(132년)부터 위초 무제 때까지 생존했다. 일명 竺이라 하며, 자는 子叔이며 曹操와 교우가 깊었다. 벼슬은 魏博士 給事中에 올랐으며 笑林 3권을 편찬했다고 한다.

80) 조아비는 한단순이 曹娥를 위해 쓴 誄辭다. 뇌사는 죽은 사람의 생전 공적을 찬양하고 슬픔을 나타낸 글로 이를 비에 새긴 것이다. 효녀 조아의 기록은 후한서 열녀전에 전한다.

81) 오군은 춘추시대 초나라 사람 員이며 자는 子胥이다. 그의 부친과 형이 楚平王에게 죽자 오나라로 달아나 초나라를 치고 평왕의 무덤을 파헤치고 시체를 삼백 번 쳐서 원수를 갚았다고 한다. 사기 권 66 열전에 수록되어 있다.

82) 월지전은 태평어람 권919에 수록되어 있으며 구천은 춘추시대 월나라 2대왕이다. 臥薪嘗膽 끝에 부차에게 당한 치욕을 씻었다. 와신상담은 오왕 부차가 섶나무 위에 자면서 월에 복수할 것을 잊지 않았고, 월왕 구천이 쓸개를 핥으면서 오왕에게 복수할 것을 잊지 않았다는 고사이다.

83) 『荊楚歲時記』, "是日競渡採雜藥, 按五月五日競渡, 俗爲屈原投汨羅日, 傷其死所, 故並命舟檝以拯之. 舸舟取其輕利, 謂之飛鳧, 一自以爲水車, 一自以爲水馬. 州將及土人, 悉臨水而觀之, 蓋越人以舟爲車, 以楫爲馬也. 邯鄲淳, 曹娥碑云, 五月五日, 時迎伍君, 逆濤而上, 爲水所淹, 斯又東吳之俗, 事在子胥, 不關屈平也, 越地傳云, 起於越王句踐"

류로 흐르는데 상음현의 북쪽에 있는 강으로 멱수(汨水)와 라수(羅水)가 합류하여 이룬 강이다. 멱라연(汨羅淵), 굴담(屈潭) 등으로 부르는데 굴원이 투신자살하여 물에 빠져 죽은 귀신을 뜻하는 멱라지귀(汨羅之鬼)라는 말도 나왔다.

중국 단오풍속의 기원은 크게 네 가지로 나뉘는데 용의 명절설, 난초목욕설, 춘추전국시대인물관련설, 고대무속설 등이다.[84] 이 가운데 춘추전국시대 인물 중 진(晉)나라 개지추(介之推) 기념설, 초(楚)나라 애국시인 굴원기념설, 오(吳)나라 명장 오자서(伍子胥) 기념설 등으로 다양하다. 따라서 중국의 단오기원이 중국 초나라 때 애국시인 굴원이 멱라수에 빠져죽은 날과 관련되었다는 것은 주로 호북과 호남일대 지역에 전승된다.

문숭일은 용주경도의 기원을 ① 경도사본초굴원(競渡事本招屈原) ② 속전경도양재(俗傳競渡禳災) ③ 화선부독양재(划船不獨禳災), 차이복설(且以卜歲) 이 세 가지 가운데 굴원관련 초혼관련설이 가장 우세하나 이것은 일반전설에 의한 것이며, 비교적 정확한 견해는 재앙을 쫓는 양재(禳災)와 한 해를 점치는 복세(卜歲)에서 기원했다고 설명하였다.[85]

또한 용주경도는 와신상담(臥薪嘗膽)의 고사가 전하는 월왕 구천에서 시작되어 굴원에 의해 확대된 것으로 보는데 "五日競渡起於越王勾踐, 後以爲拯屈原, 世人遂以爲戲"(歲時雜記) "因勾踐以成風, 屈原以爲俗"(韓鄂, 歲華紀麗) 등의 기록이 전하고 있다.[86] 따라서 용주경도에 관한 인물기원설은 굴원, 오자서, 구천 등과 관련이 있는 것으로 정리하나[87] 특별히 벽사설을 강조하기도 한다.[88]

---

84) 陶立璠,「중국의 단오풍속 및 그 변천」,『아시아의 단오민속』, 국학자료원, 2002, 10~11쪽.
85) 文崇一,「楚的水神與華南的龍舟賽神」,『中國古文化』東大圖書公司, 1990, 64쪽.
86) 黃石,『端午禮俗史』, 鼎文書局, 1979, 110쪽.
87) 陸家驥 編,『端午』, 臺灣商務印書館, 1996, 55~58쪽
88) 楊琳,『中國傳統節日文化』, 北京 宗教文化出版社, 2000, 233~265쪽에는 기원설을 ①紀念屈原說 ②效倣勾踐操演水師說 ③紀念伍子胥或曹娥說 ④吳越民族祭祀龍

중국의 단오민속은 그 유래가 우리나라에까지 전하기로 초나라 문장가 굴원과 관련하여 물에 빠진 영혼을 구출위해 용주경도를 하고 종자(粽子)를 물에 던져 영혼을 구했다고 하는데[89] 이러한 유래는 특정 인물과 관련지은 것으로 실질적인 단오원류로 보기가 어렵다. 중국의 단오절은 양기가 극성에 달하는 때이므로 다양한 행사와 음식 등을 통해 질병예방의 측면이 강조된 것으로 볼 수 있으며[90] 이에 따라 '善正月, 惡五月' 또는 '五月爲惡月'이라는 말이 전승된다.[91]

실제로 중국단오절은 비주경도(飛舟競渡)와 벽온보건(避瘟保健)의 두 가지 내용이 중심이라고 지적하는데 단오경도는 문인들에 의해 굴원과 관련된 것으로 편중되나 일반인들은 양재(禳災)와 기년설(祈年說)에 무게를 두고 있다.[92] 이에 따라 광범위한 의의에서 용주경도에 참여하는 것은 선현들을 추모하기 위한 목적 외에도 악을 쫓고 복은 비는 문화심리적 수요, 화가 나거나 울분을 터뜨리려는 정서와 감정교감 및 오락활동 등 여러 가지 의미를 달성하는 것으로도 평가한다.[93]

단오절에 대한 대만의 민속은 무려 22가지로서 이 가운데 동식물과 음식상관물이 가장 많고, 다음은 사회와 가내활동·그리고 부녀와 아동활동, 벽사 관계 등인데[94] 현대에 이르는 주요 행사는 화용주(划龍舟)·포종자(包粽子)·괘향포(掛香包)·삽애초(挿艾草) 등이며 이 중 용주경도와 종자(粽子)먹기가 중요한 절응(節應)방식이다.

따라서 오늘날 중국의 용주경도는 물과 관련된 전승문화로서 수신(水

圖騰說 ⑤古代越人新年說 ⑥辟邪說의 5가지로 나누어 설명하였다.

89) 윤호진 편역, 「충신을 위한 진혼곡」, 『천중절에 부르는 노래』 민속원, 2003, 79~103쪽.

90) 吉野裕子, 『十二支』, 人文書院, 1994, 160쪽.

91) 黃石, 『端午禮俗史』, 臺北 鼎文書局, 1979, 11쪽.

92) 蕭放, 『歲時』-傳統中國民衆的時間生活, 北京中華書局, 2002, 166쪽.

93) 孟祥榮, 「중국 강릉지역 단오의 용주경도 고찰」, 『아시아의 단오민속』, 국학자료원, 2002, 72쪽.

94) 林美容, 「臺灣 '五日節' 民俗及其意義的流變」, 『臺灣文獻』第54卷 第2期, 2003, 37~44쪽

神) 또는 용신제(龍神祭)를 지내어 제화초복(除禍招福)과 구흉벽사(驅凶辟邪)를 하려는 민간신앙의 기원에서 비롯되었음을 알 수 있다.[95] 이것이 후대로 오면서 인물전설이 첨가되면서 오늘에 이르는 것이라 하겠다.

2004년 대만 의란현 단오절 용선 배젓기 대회

2004년 대만 의란현 단오절 시식 쭝즈(粽子)

95) 劉還月, 『台灣人的歲時與節俗』, 常民文化, 2002, 114쪽.

3) 대만 의란현 단오절 용주문화

대만의 중심도시 대북시에서 서쪽으로 2시간 남짓 위치한 의란현(宜蘭縣)의 용주경도는 유명하다. 대만의 용주경도는 전 지역에서 활빌하게 진행되는데 창화현(彰化縣) 녹항진(鹿港鎭) 복록계(福鹿溪)은 전국적인 규모로 행해지며[96] 이외에도 대북현(台北縣) 기룡하(基隆河)・담수하(淡水河)와 신점시(新店市) 벽담(碧潭), 의란현(宜蘭縣) 초계향(礁溪鄕) 이용촌(二龍村), 대남현(台南縣) 안남구(安南區) 녹이문계(鹿耳門溪), 대동현(台東縣) 비남계(卑南溪)에서도 단오날에 진행된다. 또한 대북시(台北市) 사림구(士林區) 주미리굴원궁(洲美里屈原宮)에서는 이 날 굴원제(屈原祭)가 열린다.

본고에서 기술하는 의란현 용주경도는 2004년 6월 20일~6월 22일 사이에 동산하(冬山河) 친수공원(親水公園)에서 거행되었다. 이 대회의 공식명칭은 '九十三年(2004) 宜蘭縣 龍舟錦標賽'로 현장조사를 통하여 관찰한 내용과 행사책자를 중심으로 서술하고자 한다.[97]

[九十三年(2004) 宜蘭縣 龍舟錦標賽競賽要點]
  1. 宗旨
   1) 민속체육활동의 提唱, 중화문화의 宏揚, 애국정신의 發揚
   2) 본현 용주운동 추진성과 전시, 용주운동의 국제화추진
  2. 指導單位 : 교육부, 행정원체육위원회
  3. 主辦單位 : 의란현정부
  4. 協辦單位 : 의란현의회, 의란현체육회, 의란현체육회용주위원회,
     五結鄕公所

---

96) 陳正之, 『臺灣歲時記』, 行政院新聞局, 1997, 103쪽.
97) 『九十三年 臺灣 宜蘭縣 龍舟錦標賽 活動手冊』, 2004년 참조.

5. 競賽日期 : 중화민국 93년 6월 20, 21, 23일 (3일)

개막전례 : 6월 20일

폐막전례 : 6월 22일(단오절)

6. 競賽地點 : 冬山河 親水公園

7. 競賽組別・資格

8. 參加人數 : 公開組・行政區組・高中職組 인원 21~25명(槳手 18인, 舵手 1인, 鼓手 1인, 奪標手 1인, 替補 4인) 公務組・社區組・女子組 인원 17명~21명(槳手 14인, 타수 1인, 고수 1인, 탈표수 1인 체보 4인)

9. 參加辦法 : 註冊日期・地點, 推籤日期・地點

10. 競賽制度

11. 競賽距離 : 600m

12. 競賽規則

13. 獎勵 : 最高償은 第1等 十萬元부터 4等 二萬元까지 수여

14. 總錦標選拔

15. 爭議事項

16. 附則

이상과 같은 내용으로 진행되면 용주경도는 3일간 행해졌다. 첫째날은 6월 20일 오후 2시 30분부터 토너먼트방식으로 추첨하여 두 팀이 겨루어 예선전을 치루고 21일 둘째날은 준결승전을, 셋째날인 6월 22일 단오날에는 오후 2시 10분부터 결승전을 치루어 7시 40분에 마치고 폐막식을 거행하였다. 전체 일정은 다음과 같다.

1) 개막전례일정

○ 시기 : 2004년 6월 20일 하오 7시
○ 장소 : 宜蘭縣 冬山河 親水公園司令台
○ 내용 : 典禮開始, 奏樂, 舞動五五端陽節 序舞表演, 長官·貴賓紹介, 主席致詞, 長官·貴賓致詞, 運動員宣誓, 禮成 8개

2) 폐막전례일정

○ 시기 : 2004년 6월 22일 하오 8시 30분
○ 장소 : 동산하 친수공원
○ 내용 : 典禮開始, 成績發表同時頒獎, 貴賓·主席致詞, 禮成

3) 대회조직

○ 구성 : 회장 1인, 부회장 4인, 고문, 籌備주임, 주비부주임, 주비위원, 주비회총간사, 주비회부총간사, 집행비서, 기술위원회, 대회재판위원회
○ 조직 : 행정조, 전례조, 競賽組, 裁判組, 연습조, 場地器材組, 신문조, 상품조, 美工組, 表演組, 수상구생조(2), 경위교통조, 환경청결조, 醫護組, 공무조, 器材維護組, 燈籠組, 風箏表演組 등 19개

4) 참가단체

○ 公開組 : 冬山河龍舟俱樂部 등 9개 단체 266명

○ 行政區組 : 羅東鎭 등 4개 단체 154명
○ 高中職組 : 의란현정부대 등 8개 단체 198명
○ 公務組 : 의란현 稅損處 등 9개 단체 228명
○ 社區組 : 羅東鎭 新群社區 등 5개 단체 123명
○ 여자조 : 의란高中 등 4개 단체 108명
  총계 39隊 1077명

필자는 6월 22일(화) 음력 5월 5일 단오절에 이곳을 방문하여 용주경도를 관람하였다. 각 용주경도조의 행사진행절차를 차례로 정리하면 다음과 같다.

첫째 : 제물진설과 기원제
대만 의란현 용주경도 행사진행본부에서는 용주경도를 위해서 특수 제작한 용선을 보관하였다가 매년 단오절에 사용한다. 각종 타악기와 북을 두드리면서 시작되는 음력 5월 5일 행사개시는 대회장이 용선(龍船)의 머리에 붉은 천을 걸치고 향으로 절을 하는 용두제(龍頭祭)를 지내면 시작된다. 이렇게 시작을 알리면 각 조는 나름대로 우승을 기원하고 무사고를 바라는 뜻으로 강변 옆의 뚝에다 천막을 치고 제단을 만들고 제물을 신에게 바쳤다.

이들은 각자가 신봉하는 여러 신상(神像)을 가지고 와서 제상 위에 설치하고 종자(粽子), 바나나, 파인애풀, 수박 등의 제물을 진설하였다. 신상은 삼려대부 굴원상과 성황신이 많았고 신상 앞에는 향불을 피우고 깃발을 꽂았으며 지전(紙錢)도 바쳤다.

이들의 제상에는 반드시 단오절에 먹는 시식인 종자(쫑즈)가 놓여져 있었고 굴원신상이 있으며, 출전하기 전에 선수들은 반드시 향불을 피우고 서서 절을 하였다. 제물진설의 특별한 법칙은 없는 듯하였고 신상은 소중하게 나무함 속에 넣어 가지고 와서 제상 위에 올려놓고 향을 피워 여러 차례 고두(叩頭) 예배(拜禮)를 하였다.[98]

대부분의 참가선수들은 운동경기의 차원에서 참가하고 있으며 용주경도를 특별히 굴원과 연관짓지는 않았다. 나만 전통직인 중국의 단오민속경기라고 말하고 굴원신상을 신봉하는 것은 용주경도 단체에서 전래되어 오는 의례라 하였다.

이들은 쫑즈를 즐겨먹었으며 다소 소란스럽게 축제를 즐기듯이 다양한 만두나 음식들은 명절음식으로 가지고 와서 나누어 먹었다. 그러므로 중국본토나 대만의 경우 용주경도는 종교의식 형태에서 민중의 오락풍속으로 변천하였다는 평가가 틀리지 않다.[99] 따라서 의란현의 용주경도 역시 하나의 대단위 체육행사로 느껴졌으며 강릉단오제와 같이 신앙중심의 제례행사는 상당히 축소된 것으로 나타났다.

둘째 : 용주경도 준비와 경기

동산하 친수공원은 행사기간 중 매일 수 만 명 인파들이 용주경도를 보기 위해 몰려들었으며 경기가 진행되는 기간에는 강변에 용주를 매 놓았다. 용주는 길이가 10m 정도며 폭은 1m 정도로 성인 한 명씩 나란히 앉을 수 있는 정도다. 노는 손잡이가 원형으로 보통 1m정도이고 폭은 25cm이며 용주의 용머리는 성인들이 가슴으로 안을 정도 크기이며 입에도 여의주를 물고 있다. 모습은 용의 갈기가 바람에 날리는 듯하며 큰 눈과 벌린 입으로 조각하고 채색을 한 모습이고 용의 몸에는

---

98) 중국 湖北省 荊州市의 5월 5일 용주경도의 시작은 進水典禮로부터 시작되는데 먼저 행사의 대표인 '頭人'이 용머리 앞에서 향과 지전을 사르고 붉은 천을 '上紅'이라 하여 용머리에 걸치며 등을 용머리에 등을 밝혀 용의 눈을 달아준다. 다음에 참가자들이 용머리를 향해 세 번 큰절을 하고 풍악을 울리고 폭죽을 터뜨린 다음 용머리를 물에 넣는다. 단오가 끝나면 용머리를 사당 안에 보관하는데 이 의식을 '龍頭祭' 또는 '請龍'이라 한다. 孟祥榮 앞의 글, 73쪽 인용.

99) 王培泉, 「중국 형주시의 단오민속」, 『아시아의 단오민속』, 국학자료원, 2002, 79쪽.

비늘을 형상하였고 꼬리는 치켜 올라갔다. 각 용주에는 번호를 매겨놓아 경기할 때 정해진 용주를 타고 출전하였다.

용주경도시에 용선에 따는 인원은 교체인원 4명을 제외하고 노를 젓는 사람은 여성조 14명에서 일반 남성조 18명 사이로 보통 양쪽에 7~9명씩 앉고, 그 외는 용머리에 깃발을 빼는 사람 1명, 북치는 사람 1명, 용꼬리에서 방향을 정하는 조타수(操舵手) 1명이 타게 된다.

경기의 방식은 600m 출발점에서 2조가 각각 출발하여 결승점에 표시해놓은 깃발을 먼저 뽑는 것이 우승하는 방식인데 간발의 차이로 진행될 경우 용머리에서 깃발 뽑는 사람의 능력도 중요한 변수가 된다. 강변에는 큰 글씨로 450m 식으로 중간지점을 표시하였다.

이렇게 용주경도는 체육경기의 형태로 진행되어 관람객들은 흥미를 고조시켰으며 남성들은 노젓는 기술과 힘을 보여주었다. 용주경도는 노젓는 장수(槳手) 인원이 제한되어 있고 각 조는 다른 조와 차이를 두기 위해 반바지와 소매 없는 체육복 등 복색을 통일하여 입고 있으며 두건이나 허리띠를 하지 않는다. 맨 앞쪽 용두에는 고수(鼓手)와 탈표수(奪標手)가 장수(槳手) 쪽을 보고 앉아서 큰 북을 치면서 노젓기를 독려한다.

이들의 경기는 빠르게 금표(錦標)에 도착하여 기를 빼내는 조가 이기가 되므로 불과 수 십분 만에 경기가 이루어지고 진행도 빠른 시간에 이루어진다. 각 조는 3일 동안 2조씩 경주를 하고 준결승, 결승에 이른다. 이러한 방식은 전체 참가단체의 결집과 함께 관중들에게는 흥미를 고조시키는 축제의 실질적 효과를 거두고 있다.

셋째 : 용주경도 시상과 축제평가

의란현의 용주경도가 끝나면 최고상을 정하고 참가단체에게 상금을 주는 시상식 행사로 마무리가 된다. 우승팀이 알려지면 각 단체에서는 폭죽을 터뜨리고 북을 두드리고 각종 악기를 연주하며 축하하는데 우승단체로 정해지면 매년 큰 명예로 여긴다. 대체로 용주경도에 참가한 주민들은 단오절을 명절로 인식하고 이러한 주기에 맞추어 민속경기가 진행되는 점을 즐겁게 수용하고 있었다.

그러나 이러한 주민들의 관심에 비해 체육경기식의 진행이나 축제의 난장 구성, 집행부의 진행 등은 국제수준의 단계에는 다소 미흡한 점이 나타났고 중국음식문화의 다양함에 비해서 쫑즈 외에는 특별한 향토음식이 부족한 것은 의란현정부나 용주경도추진위원회에서 노력해야 할 것으로 본다. 또한 용주경도시에 굴원과 관련된 제의를 경기참가자끼리만 할 것이 아니라 이를 확대하여 호북성 형주시처럼 국제행사로 확대하고 일반 관광객들도 이러한 기회에 개인의 안녕과 풍요를 빌어볼 수 있게 하는 것도 평소에 배배민족(拜拜民族)이라는 중국인의 종교적 성향에도 맞을 것이라고 생각된다.[100]

아울러 국내참가자나 관광객 뿐 아니라 외국인들을 위한 영문책자 등이 눈에 뜨이지 않고 안내책자도 경기일정만을 간략하게 적은 자국어 책자만 있었고, 용주관련 기념품도 판매처가 없다는 점이 아쉬웠다고 하겠다. 이밖에 용주경도의 의미나 단오절 세시풍속연구, 약초관련 전통문화에 대한 학술행사도 개최되지 않은 것은 전통의 지속성이라는 측면에서 앞으로 개선되어야 할 것이다.

4) 맺음말

이상에서 단오절 용주경도의 기원과 대만 용주경도 현장에 대한 보고를 하였다. 우리나라의 단오명절 때는 볼 수 없는 용주경도와 시식인 쫑즈는 중국단오의 큰 특징이라고 하겠다. 특히 용주경도는 굴원기

---

100) 중국 호북성 荊州市의 옛 지명은 현재의 한국 강릉시와 같은 이름인 '江陵'을 사용하여 강릉시와 국제자매도시가 되었는데 이곳에서는 매년 단오절을 기해서 '荊州國際龍舟節'을 지내면서 국제화를 추진하고 있다.

넘에 대한 전설이 가장 우세한 것으로 조사되었으나 현재의 상황은 용
주경도가 강조된 전통민속체육경기 위주로 진행되고 있다.

따라서 굴원에 대한 치제(致祭)는 간단한 형식으로 행해지고, 각 단
체에서는 4월 무렵부터 습경(習競)을 통해 수상훈련과 유선(遊船)으로
사전에 체력을 단련하고 노젓는 기술을 연마하는 등 전통민속놀이를
계승하는 측면에서 강화되고 있어서, 단오절 전통민속의 지속성보다는
현대적 변용이나 상업성에 대한 강화가 눈에 뜨인다고 하겠다.

대만에서는 단오절이면 도처에서 용주경도대회를 알리는 홍보물을
붙이고 옛 전통시장이나 거리의 노점상에서는 단오이전 부터 특별히
직접 만든 다양한 쫑즈를 만들어 팔고 있으며, 전국적인 네트워크를
가진 대형마트 등에서는 미리 주문을 받는 등 상술이 동원되고 있는
점은 단오절의 세시풍속적 의미보다는 마치 먹거리 중심의 단오절로
편중되어 일부에서는 단오절을 종자절(粽子節)이라는 말을 하고 있다.

본고에서 언급한 의란현 용주경도는 이러한 시류에 비해 비교적 단
오절의 행사를 지켜나가려고 애쓰는 모습을 보이고 있다. 따라서 용주
경도가 지역축제화된 사례로 많은 관람객들이 모여들고 있으며 각 단
체에서는 한 해에 한 번 용주경도 행사에 참가하는 것에 큰 의미를 두
고 있다고 생각된다.

의란현 동산하에서 행해지는 단오절 용주경도는 이들 행사주체의 선
언문에도 나와 있듯이 민속체육활동의 제창(提唱), 중화문화의 굉양(宏
揚), 애국정신의 발양(發揚), 용주운동 추진성과 전시, 용주운동의 국제
화추진 등으로 요약되는데 전통민속행사가 국제화의 단계로 발전되는
과정에 있다고 하겠다.

상대적으로 한국의 각 지역별 단오절 행사는 아직까지 그네 뛰고 씨
름하는 민속명절의 행사를 진행하고 있으나, 강릉단오제는 2005년 유
네스코 세계무형문화유산 지정을 받았다. 2004년에는 국제관광민속제

를 통해 강릉단오제의 독자적이고 독창적 가치를 선양한 바 있다. 이에 따라 강릉단오제례, 굿, 관노가면극, 농악, 오독떼기 민요, 강릉사투리, 무속음악 등 강릉의 전통무형문화에 대한 체계적 연구와 지원역량을 선도적으로 추진하고 있음도 수복할 만하다.

대만의 단오절은 중국전통을 유지 계승하는 측면에서 용주경도를 강조하고 있으며 초나라 시인 굴원을 문화상징인물로 부각시키고 있는 점은 한국단오절과 다르다. 한국과 중국은 음력 단오절을 지속화시키고 있으나 일본은 양력 5월 5일 어린이날과 합쳐지면서 단오고유의 의미가 날로 쇠퇴하고 있음도 비교문화의 측면에서 보면 흥미로운 일이다.

결론적으로 의란현 단오절 용주경도는 중국의 세시풍속 전통을 계승하고 있다는 점에서 높은 평가를 받을 수 있으나 축제인프라나 조직 등에서 국제축제화는 아직 미흡한 것으로 평가된다. 앞으로 단오절 용주경도의 다양한 경쟁방식을 개발하고, 굴원제의의 확대, 단오용주의 조각대회, 쫑즈만들기 체험행사, 단오부채만들기, 단오관련 기념품개발, 국제관광단 유치 등을 통한 세계축제화의 기획과 전략이 마련된다면 대만단오절은 바람직한 전통계승과 현대적 재창조가 가능할 것으로 판단된다.

중국 단오절의 배젓기대회 때 사용하는 용주

강릉단오제 천년사

1. 진수, 삼국지위지동이전
2. 김부식(?~1136), 삼국사기
3. 일연(1266~1289), 삼국유사
4. 정·균, 조당집, 952
5. 고려사, 1396
6. 김시습(1435~1493), 매월당집
7. 남효온(1454~1492), 추강선생문집
8. 성현(1439~1504) 외, 악학궤범, 1493
9. 이행(1478~1534) 외, 신증동국여지승람, 1530
10. 심언광 (1487~1540), 어촌집
11. 허균 (1569~1618), 성소부부고, 1611
12. 홍만종 (1643~1725), 순오지, 1678
13. 최하현 (1773~1828), 신서유고
14. 정현덕, (1810~1883), 단오한시
15. 심일수(1877~1947), 둔호유고
16. 서유록, 1913
17. 추엽 융, 강릉단오제, 1930

18. 선생영조, 생활상태조사(3), 강릉군, 1931

19. 오청, 조선의 연중행사, 1931

20. 농택 성, 증수 임영지, 1933

21. 촌산지순, 부락제, 1937

22. 조선총독부, 조선의 향토오락, 1941

23. 추엽 융, 조선무속의 현지연구, 1950

24. 명주, 1958

25. 최선만, 강릉의 역사변천과 문화, 1962

26. 향토교육자료집, 강릉시교육청, 1966

27. 임동권, 강릉단오제 국가지정무형문화지정조사보고서, 1966

28. 강릉단오제 구술자료, 1966

29. 최철, 영동(강릉)지방민속조사보고서(1), 문교부, 1969

30. 최철·백홍기, 영동(강릉)지방민속조사보고서(2,3합책), 1970

31. 임동권, 대관령성황당 민속자료지정조사보고서, 1971

32. 임영(강릉, 명주)지 수록 자료, 1975

[부록1] 강릉단오제연구서

[부록2] 중국단오문헌자료

1. 진수, 삼국지 위지동이전

【원문】陳壽『三國志』30, 魏書30 烏丸鮮卑 東夷傳 濊傳 (3世紀末)

【내용】동예국 무천제

해마다 10월이면 하늘에 제사를 올리는데 이때에는 밤낮으로 술을 마시며 노래를 부르고 춤을 추면서 논다. 이것을 무천이라고 한다. 또 그들은 범을 신으로 모시고 제사를 올린다. (常用十月節祭天 畫夜飮酒歌舞 名之爲舞天 又祭虎以爲神)

【해설】동예국은 약 2천년 전 강릉을 중심으로 형성된 고대국가로 매년 10월에는 무천축제를 거행하였으며 호랑이를 신격화하였다. 하늘신을 모시고 주야로 음주 가무한 10월 수확축제의 상대적인 축제로서 5월의 파종축제는 강릉단오제의 토착적 시원을 보여준다.

2. 김부식 (?~1136), 삼국사기

【원문】金富軾 (?~1136),『三國史記』金庾信 列傳 第一
【내용】대관령 산신 김유신 탄생담

　김유신은 신라 서울 사람이다. 그의 12대 할아버지 수로왕은 어느 곳 사람인지 알 수 없다. 후한 건무 18년 구봉에 올라 가락의 구촌을 바라보고 드디어 그 땅으로 가서 나라를 세우고 국호를 가야라 하였다. 뒤에 금관국으로 고쳤다. 그 자손이 서로 계승하여 그 세손 구해에 이르렀다. 유신에게 증조가 된다. 신라인이 소호김천씨의 후손이라 자칭하기 때문에 성을 김씨라 하였다는데 유신의 비에도 역시 헌원의 후예 소호씨의 자손이라 하여 남가야 시조 수로는 신라와 성이 같았던 모양이다. 조부 무력은 신주도행군총관이 되어 일찍이 군사를 거느리고 가서 백제왕 및 그 장수 네 명을 잡고 군사 만여 명을 바쳤으며 아버지 서현은 벼슬이 소판 대량주도독 안무대량주제군사에 이르렀다.

　유신의 비에 보면 "아버지는 소판 김도연이다."라고 하였다. 혹 이름을 고쳤든지 아니면 도연은 그 자인지 모른다. 그래서 둘을 함께 두어 둔다. 처음에 서현이 길에서 갈문왕 입종의 아들인 숙흘종의 딸 만명(萬明)을 보고 마음이 기뻐 눈짓을 하여 중매를 기다릴 것 없이 야합하게 되었다.

　서현이 만노군태수가 되어 장차 그녀와 함께 떠나려고 하니 숙흘종이 비로소 자기 딸이 서현과 야합한 것을 알고 미워하여 딴 집에 가두고 사람을 시켜 지키게 하였던 바 갑자기 그 집 문에 낙뢰가 있어 지키는 자가 놀라 정신이 없는 틈에 만명은 구멍으로 나와 드디어 서현과 함께 꿈에 형혹, 진 두 별이 자기에게 떨어지고 만명 역시 신축일 밤 꿈에 한 동자가 금갑을 입고 구름을 타고 방안으로 들어오는 것을 보았더니 이윽고 태기가 있어 20개월 만에 유신을 낳았다. 바로 진평왕 건복 12년 을묘일이다.

서현이 그 아들의 이름을 지으려 할 때 부인더러 이르기를 "내가 경진일 밤에 좋은 꿈을 꾸고 이 아이를 얻었으니 마땅히 경진으로 이름할 것이나 예경에 '일월로 이름을 하지 못한다'하였은 즉 지금 경(庚)자가 유(庾)자와 서로 비슷하고 진(辰)은 신(信)과 음이 서로 근사할 뿐 아니라 옛날 현인도 유신으로 이름한 일이 있으니 어찌 명명할 수 없으리오."하고 드디어 유신이라 이름 지었다.

만로군은 지금의 진주다. 처음 유신의 태를 묻은 고산을 지금까지 태령산이라 이른다. 공의 나이 15세에 화랑이 되니 한 때 사람이 기꺼이 복종하여 칭호를 용화향도라 하였다.

진평왕 건복 28년 신미에 공의 나이 17세였다. 고구려·백제·말갈이 국토를 침략하는 것을 보고 비분강개하여 적구를 평정하고 말겠다는 뜻이 있어 홀로 떠나 중악산 석굴 속에 들어가 목욕재계하고 하느님께 아뢰며 맹세하되 "적국이 무도하여 범이나 이리떼처럼 우리나라를 침략하여 조금도 편안한 날이 없으므로 저는 한낱 신하로 재주와 힘을 헤아릴 겨를이 없이 화란을 없앨 것을 뜻하오니 오직 하느님께서 하강하시와 저에게 솜씨를 빌려 주옵소서."라고 하였다.

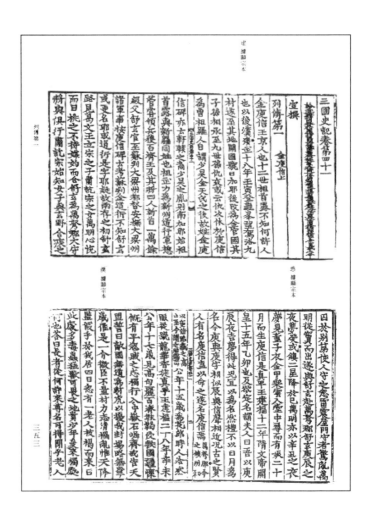

【해설】 강릉의 대관령에는 산신각이 있는데 이곳의 주신은 신라장
군 김유신으로 전한다. 이 기록은 김유신이 출생과 관련된 내용과 삼
국통일에 대한 의지가 나타나 있다. 허균의 대령산신찬병서에 대관령산
신을 김유신 장군이라 하였다.

【원문】金富軾 (?~1136),『三國史記』新羅本紀 第十二 景明王
【내용】 명주장군 김순식

6년 봄 정월 하지성의 장군 원봉과 명주장군 순식이 우리 태조에
항복하였다.

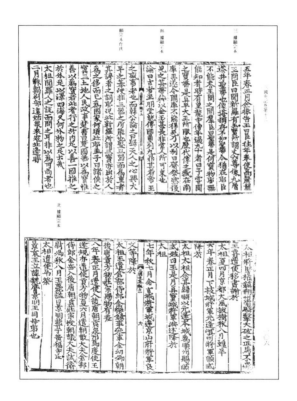

【해설】 명주군의 장군 김순식이 왕건에 항복하고, 견훤의 아들 신
검을 토벌하는데 앞장을 선다. 김순식 장군은 왕건을 도와 출병할 때
대관령을 넘으면서 이상한 승사가 있어 그곳에 제단을 만들고 기도를
올렸다고 한다.

3. 일연 (1266~1289), 삼국유사

【원문】一然 (1266~1289),『三國遺事』洛山二大聖 觀音 正趣
調信
【내용】범일국사 행적

굴산조사(崛山祖師) 범일(梵日:신라 때 고승, 品日이라고도 한다.
굴산사에서 선을 널리 펼침) 태화(太和:당나라 문종의 연호) 연간
(827~835)에 당나라에 들어가 명주(明州) 개국사(開國寺)에 이르니 왼
쪽 귀가 없는 중 하나가 여러 중들의 끝자리에 앉아 있다가 조사에게
말하였다. "나도 또한 고향사람으로 내 집은 명주의 경계인 익령현(翼
嶺縣:강원도 양양) 덕기방(德耆坊)에 있습니다. 조사께서 다음 날 본국
으로 돌아가시거든 모름지기 저의 집을 지어주셔야 합니다."하였다.
이윽고 조사는 총석(叢席:총림과 같음, 많은 승려들이 모인 곳)을 두
루 돌아다니다가 염관(鹽官:중국 항주 염관현 鹽官縣 진국해창원 鎭
國海昌院에 있던 제안선사 齊安禪師)에게서 법을 얻고(이일은 모두
본전 本傳에 자세히 있다) 회창(會昌:당나라 무중 武宗의 연호, 간지
로 따져 선종 宣宗 대중 大中 원년) 칠년 정묘(847)에 본국으로 돌아
오자 먼저 굴산사를 세우고 불교를 전했다.
대중 12년 무인 戊寅(858) 2월 보름 밤 꿈에 전에 보았던 중이 창
문 밑에 와서 말하였다. "옛날에 명주 개국사에서 조사와 함께 약속이
있어 이미 승낙을 얻었습니다. 그런데 어찌 이렇게 늦은 것 입니까."하
였다. 조사는 놀라 꿈에서 깨어 수 십 명 사람을 데리고 익령 경계에
가서 그가 사는 곳을 찾았다.
한 여인이 낙산 아래 마을에 살고 있으므로 그 이름을 물으니 덕
기라고 하였다. 그 여인에게는 아들 하나가 있는데 나이가 겨우 8세로

항상 마을 남쪽 돌다리 가에 나가 놀았다. 그는 어머니께 말하였다.

"나와 같이 노는 아이들 중에 금빛이 나는 아이가 있습니다."하였다. 어머니는 그 사실을 조사에게 말하였다. 조사는 놀라며 기뻐하여 그 아이와 함께 놀았다는 다리 밑에 가서 찾아보니 물 속에 돌부처 하나가 있어서 꺼내보니 왼쪽 귀가 끊어져 있고 전에 보았던 중과 같았다. 이것이 정취보살의 불상이었다.

이에 간자(簡子:점치는 댓조각)를 만들어 절 지을 곳을 점쳤더니 낙산 위가 제일 좋다고 하여 여기에 불전 3 칸을 지어 그 불상을 모셨다.

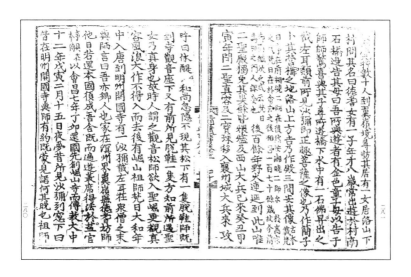

【해설】대관령국사성황신으로 봉안된 나말여초의 고승 범일국사에 대한 내용으로 당나라 유학과 굴산사 창건에 대한 기록이 들어 있다.

4. 정·균, 조당집, 952

【원문】鄭·筠, 『祖堂集』952년
【내용】강릉대관령국사성황신 범일국사 탄생설화

염관(鹽官)의 법을 이었다. 휘는 범일(梵日)이며, 계림의 호족인 김씨였다. 조부의 휘는 술원(述元)이며, 벼슬이 명주도독에까지 이르렀는데 청렴 공평하게 시속을 살피고, 너그러움과 용맹으로 사람을 대하니, 밝은 소문이 아직도 민요에 남아 있고, 그 밖의 것은 전기에 갖추어 전하고 있다.

그의 어머니 문씨는 여러 대를 내려오는 호귀한 씨족으로서 세상에서 부녀의 모범이라 불렸는데 태기가 있을 무렵에 해를 받아드는 꿈을 꾸었다. 그리하여 원화 5년 경인 정월 10일에 탯 속에 있은 지 열 석 달 만에 탄생하니, 나계가 있어 특수한 자태이며 정수리에 구슬이 있어 이상한 모습이었다. 나이 15세가 되어 출가할 뜻을 품고 부모에게 사뢰니, 양친이 함께 이런 말을 하였다. "전생의 좋은 인연을 심은 결과니, 그 뜻을 굽힐 수 없다. 네 먼저 제도를 받거든 나를 제도해 다오." 이에 속복을 벗고 부모를 떠나 산으로 들어가 도를 닦았다.

나이 스무 살에 서울에 가서 구족계를 받고 청정한 행을 두루 닦되 부지런하고 더 부지런하여 출가인들의 귀감이 되었으며, 동학들의 모범이 되었다. 태화 연간에 이르러 혼자서 맹세하기를 "중국으로 들어가 구법 하리라."하였다. 그리고 마침내 조정에 들어 왕자인 김의종 공에게 그 뜻을 펴니 공이 선사의 착한 포부를 소중히 여기는 뜻에서 동행하기를 허락함에 그 배를 빌려서 타고 당나라에 도달하였다.

이미 숙세의 원을 이루었으므로 곧 순례의 길에 올라 선지식을 두루 참문을 하던 끝에 염관제안 대사를 뵈니 대사가 이렇게 물었다. "어디서 왔는가?" 선사께서 대답하였다. "동국에서 왔습니다." 대사께서 다시 물었다. "수로로 왔는가, 육로로 왔는가?" "두 가지 길을 모두 밟지 않고 왔습니다." "그 두 길을 밟지 않았다면 그대는 어떻게 여기에 이르렀는가?" "해와 달에게 동과 서가 무슨 장애가 되겠습니까?" 이에 대해 대사께서 칭찬하였다. "실로 동방의 보살이로다."

선사께서 물었다. "어찌해야 부처를 이룹니까?" 대사께서 대답했다. "도는 닦을 필요가 없나니 그저 더럽히지 말라. 부처란 견해, 보살이란 견해를 짓지 말라. 평상의 마음이 곧 도이니라." 선사가 이 말씀에 활짝 깨닫고 6년 동안 정성껏 모시다가 나중에 약산에게 가니 약산이 물었다. "요즘 어디서 떠났는가?" 선사께서 대답했다. "강서에서 떠났습니다." "무엇하러 왔는가?" "화상을 찾아왔습니다." "여기는 길이 없는데 그대가 어떻게 찾아왔는가?" "화상께서 다시 한 걸음 나아가신다면 저는 화상을 뵙지도 못할 것입니다." 이에 약산이 찬탄하였다. "대단히 기이하구나. 대단히 기이하구나. 밖에서 들어온 맑은 바람이 사람을 얼리는구나!"

그 뒤로 마음대로 행각을 다니다가 멀리 서울에 들리니 때마침 회창 4년의 사태를 만나 중들은 흩어지고 절은 무너져 동분서주하여 숨을 곳이 없었다. 때마침 하백의 인도를 따라가다가 산신의 마중을 받아 상산에 숨어서 홀로 선정을 닦는데, 떨어진 과일을 주워 배를 채우고 흐르는 냇물을 마셔 목마름을 달래니, 행색이 바짝 마르고 기력이 부쳐 감히 걸을 수가 없게 된 채로 반 해가 지난 어느 날 갑자기 꿈에 이상한 사람이 나타나 이렇게 말했다.

"이제 떠나시지요." 이에 억지로 걸으려 했으나 도저히 힘이 미치지 못하더니 어느 결에 짐승들이 떡과 먹을 것을 물어다가 자리 옆에다 던지니 일부러 주는 것이라 생각하고 주워 먹었다. 나중에 맹세하기를 "소주에 가서 조사의 탑에 예배하리라."하고 천 리를 멀다 않고 조계에 다다르니, 향기 어린 구름이 탑묘 앞에 서리고 신령한 학이 홀쩍 날아와 누대 위에서 지저귀니 절의 대중이 모두 이렇게 수군거렸다.

"이러한 상서는 실로 처음 있는 일입니다. 필시 선사께서 오신 징조일 것입니다." 이때 고향에 돌아와 불법을 펼 생각을 내어 회창 6년 정묘 8월에 다시 뱃길에 올라 계림정에 돌아오니, 정자 위를 비추는 달빛은 현토의 성에 흐르고 교교한 여의주의 빛은 청구의 경계를 끝까지 비쳤다.

대중 5년 정월에 이르러, 백달산에서 연좌하고 있으니, 명주의 도독인 김공이 굴산사에 주석할 것을 청하여 한 번 숲 속에 앉은 뒤로는 40여 년 동안 줄지은 소나무로 도를 행하는 행랑을 삼고, 평평한 돌로써 좌선하는 자리를 삼았다.

어떤 이가 물었다. "어떤 것이 조사의 뜻입니까?" 선사께서 대답했다. "6대에도 잃은 것이 없느냐." "어떤 것이 대장부가 힘써야 할 일입니까?" 선사께서 대답했다. "부처의 계급을 밟지 말고, 남을 따라 깨달으려 하지 말라."

함통 12년 3월에는 경문대왕이, 광명 원년에는 헌강대왕이 모두 특별히 모시는 예를 다하여 멀리서 흠앙하였고, 국사에 봉하기 위해 모두 중사를 보내어 서울로 모시려 했으나 선사께서 오랫동안 곧고 굳은 덕을 쌓았기에 끝내 나아가지 않더니, 갑자기 문덕 2년 기유 4월 끝에 문인들을 불러 이렇게 말했다.

"나는 곧 먼 길을 떠나련다. 이제 너희들과 작별을 고하니 너희들은 세상의 감정으로 공연히 슬퍼하지 말라. 다만 스스로 마음을 닦아서 종지를 추락하지 않게 해야 할 것이다." 그리고 5월 1일에 오른 겨드랑이를 대고, 발을 포개고 굴산사의 상방에서 입멸하시니, 춘추는 80세, 승랍은 60세, 시호는 통효, 탑호는 연휘였다.

如何是道師云有名非大道是非俱不禪欲知
此中意普薩莫止啼錢
開南和尚祠塩官在義陽師讓道豈有樂道歌
曰三界夕如餒六道夕如幻即顯以世芗同患
國土猶如水上泡無常生滅慶唯有摩訶
大般若堅如金剛是可義欷似見羅大峯空極
小纖塵不可見撧之今聚而不聚撥之今散而
不散側耳欲聞而不聞眼目觀之不能見歌復
歌盤陁石上笑呀呀復笑青蘿松下高聲叫
自從頓獲此明珠帝糧論王都不要不是山僧
獨施為自古先賢作此調不坐禪不修道任運
道遑只摩好但知万法不干懷無如何曾有生老
滇州巄山故通曉大師祠塩官法讓党曰鳩林
府族金氏祖諱述元官至滇州都督怎平寧谷

5.11

實猛臨人靖風尚在於民謠餘刊偁於傳乎其
母文氏黑蕘門世穛婦氪及其懷娠之際夢
徵擻日之祥姜以元和五年庚寅正月山辰在
胎山三月而誕生螺髻殊姿頂珠異相年至一
五誓顙出家諮于父母二親共相謂曰宿緣書
果不可奪志泆損先庶吾未度也於是落柔緕
親尋山入道年至二十到於烹師受其忌戒淨
行圓絡精勤更勵為緫派之龜鏡修法呂之措
模伯乎大和年中私發普顈往遊中華递投入
朝玉子金公義琮披露所懷公以重善志許以
司行復其舟檝達于唐國郎諧宿顧俊發巡遊
過尋知識彖彼塩官濟安大師大師問曰汝摩
霧來兮曰東國來大師進曰水路汞陸路來對
云不踏兩路來旣不踏兩路闍梨爭得到遮裏

5.12

319

故為牧而覺為後以近局韶州禮祖師塔不遠

千里得詣曹溪香雲忽起艐旋於塔廟之前靄

鵞傜來噴嗽於樓臺之上寺衆悍然共相謂曰

如此瑞祥未曾有應甚禪師來儀之兆也於

是思歸故里孕佛徒却以會昌六年丁夘八

月還淅瀝波邐迢于雞林孕孝戒月光琛玄兔之

城皎波意珠熙微青丘之境臨大中五年正月

於白達山宴坐濱州都督金公仍請佳崛山

一坐林中四十餘載公松為行道之廊五右作

寒禪之室有問如何是祖師意旨荅曰英踏佛階級

曾失又問如何是納僧所務荅曰莫踏佛階級

切忌臨他悟通十二年三月景文大王光啓三年定康大王三王並皆

元年寅康大王光啓三年定康大王三王並皆

特迁御礼進申欽仰擬請國師各差中使迎赴

5·14

京師大師久蘊圭璋真讓平不赴矣參於文德二
年己酉四月末召門人曰吾將他去汝今須永訣
汝等真以世情濁亂勤苦傷心但自修心不墜
宗言也即以五月一日石脇累示滅于巘山
寺上房春秋八十□□通曉大師塔
名延徽之塔
普化和尚祠闍崛山在溟州未覩行緣不失化緣
始終師在示裏遍見為故使便相撲熱為出使
塚間朝遊城市把鈴玉明頭末也打聞□□來也
便打五棒師云似則似是則不是師尋當嘉富
師不明不暗時裏作麼生師曰羽曰大悲院有
商侍者歸来棄似林際便歡喜云作麼生得
他非久之間音化自上来村際便歡喜得見

5.15

【해설】조당집은 중국 남당 때 천주 초경사에 주석한 정·균 두 선사에 의해 952년에 편찬된 20권 책으로 17권에 수록된 범일국사는 가장 자세하고 정확한 내용이다. 범일국사가 창건했다는 굴산사에 대한 내용과 당나라 유학과정, 신이한 탄생설화도 들어 있다.

5. 고려사, 1396

【원문】『高麗史』列傳, 卷五, 王順式
【내용】왕순식 대관령제사

왕순식은 명주 사람이다. 그 고을의 장군으로 있었는데 오랫동안 굴복하지 않으므로 태조가 이를 근심하고 있었는데 시랑 권열이 아뢰기를 "아비가 아들을 명령하고 형이 아우를 훈계하는 것은 당연한 이치입니다. 왕순식의 부친 왕허월이 지금 중이 되어 내원에 있는바 그를 파견하여 개유하는 것이 좋겠습니다."라고 하니 태조가 그 말을 쫓았다.

왕순식이 드디어 장자 왕수원을 보내 항복하므로 태조는 순식에게 '왕'씨라는 성을 주고 이어 전답과 주택을 주었다.

왕순식은 또 아들 왕장명을 파견하여 병졸 6백 명을 거느리고 숙위하려 들어 왔으며 그 후 그는 자제들과 더불어 그 부하들을 인솔하고 입조하였으므로 왕씨 성을 주고 대광으로 임명하였다. 그리고 장명에게는 염(廉)이라는 이름을 주고 원보로 임명하였고 소장 관경에게도 역시 왕씨로 사성하였으며 대승으로 임명하였다.

태조가 신검을 토벌할 때 왕순식은 명주로부터 자기 군대를 인솔하고 와서 합동하여 싸워 신검을 격파하였다. 이때 태조가 왕순식에게 말하기를

"나는 꿈에 이상한 중이 갑옷을 입은 병사 3천 명을 거느리고 온 것을 보았는데 다음날 그대가 군대를 거느리고 와서 도와주었으니 이것이 바로 그의 감응이다"라고 하니 왕순식이 대답하기를 "제가 명주에서 출발하여 대현에 이르렀을 때 이상한 중의 사당이 있기에 제사를 차리고 기도하였습니다. 상감께서 보신 꿈은 반드시 이것일 것입니다."라고 하니 태조도 이상히 여겼다.

宗社將傾而再整若非公之效死予曷致於
今辰可謂板蕩識誠臣疾風知勁草昔聞斯
語今見其人縱加萬石之封並授九州之牧
豈足酬茲勳績報彼功名今賜匡國翊贊功
臣號加大丞崇資將表予懷以旌不朽匪獨
養廉育黎元賞罰平中使國祚而天長地
如晈日更希予無忘責躬儉已公常務知足
久貽富貴於百子千孫四年卒諡威靜贈虎

高麗史卷九十二 十二

騎尉太師三重大匡開國公配享定宗廟庭
子舍允舍順

朴守卿

朴守卿平州人父大尹尉避亂守卿性勇烈
多權智事太祖爲元尹百濟數侵新羅太祖
命守卿爲將軍往鎭之值甄萱再至守卿輒
以奇計敗之曹物郡之戰元尹王忠爲中軍
大相帝弓爲上軍元尹王忠爲中軍失利守卿等獨戰
寧爲下軍及戰上軍中軍失利守卿等獨戰

滕太祖喜隲元甫守卿曰臣兄守文甫爲元
尹而臣位其上寧不自愧遂并爲元甫勃城
之役太祖被圍賴守卿力戰得出又從太祖
討神劍後定役分田視人性行善惡功勞大
小給之有差特賜守卿田二百結定宗初卽
位削平內難守位承景大尋轉大匡光宗十
五年卒佐丞承位承景大相承禮等被讒下
獄守卿憂患而卒贈司徒三重大匡

李弘言 尹瑄 善融 朱瑄

王順式

高麗史卷九十二 二十六

王順式溟州人爲本州將軍久不服太祖患
之使郎權說奏曰父而詔子兄而訓弟天理
也順式父許越今爲僧在內院宜遣往諭之
太祖從之順式遂遣子長命以卒六百入宿衛後
仍賜田宅又遣子守元歸款賜姓王
與子弟率其衆來朝賜姓王拜大匡長命賜
名廉討神劍順式自溟州率其兵會戰破之太
祖謂順式曰朕夢見異僧領甲士三千而至

又興忠原廣竹堤州倉穀二千二百石鹽一
千七百八十五石且致手札示以金石之信
曰至于子孫此心不改怱言乃感激圖結軍
丁儲峙資糧以孤城介於羅濟必爭之地屹
然爲東南聲援二十一年卒年八十一子達
行及永堅金青州人爲本州領軍將軍太祖
即位以永堅金青州人多變詐不早爲備必有後
乃遣州人能達文植吉等往覘之能達還
奏彼無他志足可恃也唯文植明吉私謂州

冀曰鄉率兵來助是其應也順式曰臣發溟
州至大峴有異僧祠設以禱上所夢者必
此也太祖異之又有李怱言金尹瑄興達
善弼泰評等皆歸附太祖李怱言史失世系
新羅季保碧珍郡時群盜充斥怱言城固
守民賴以安太祖遣人諭以共戮力定禍亂
怱言奉書甚喜遣其子永率兵從太祖征討
永時年十八太祖以大匡思道貴女妻之拜
怱言本邑將軍加賜傍邑丁戶二百二十九

然今聞堅金等所言不可保其無他請留之
以觀變太祖從之既而謂堅金等曰今雖不
從爾言深嘉爾忠可早歸以安衆心堅金等
言臣等欲露忠讜輒陳利害反類誣譖不以
爲罪惠莫大焉大爲誓赤心報國然一州之人人
各有心如有始禍恐難制也請遣官軍以爲
聲援太祖遣馬軍將軍洪儒庾黔弼等
率兵千五百鎭鎭州以備之未幾康安郡奏
青州密與百濟通好將叛太祖又遣馬軍將

人金勤謙寬駿曰能達雖無他然戮熟
恐有變堅金與副將連翌興鈺來見太祖各
賜馬綾帛有差堅金等上言臣竭愚忠
庶無二心但本州人與勤謙寬駿金言規等
在京都者其心異同去此殺有罪者尚欲原之況此數
人皆有怱堅金等慚懼而退勤謙言規等聞
祖曰朕不爲也堅金等能達復曰無他臣等固以爲不

75

軍能植將兵鎮撫由是不克叛尹瑄鹽州人
為人沉勇善韜鈐初以弓裔誅殺無厭禍
及己遂率其黨走北邊聚衆至二千餘人居
鶻巖城召黑水蕃衆火為邊郡害及太祖即
位率衆來附比以安邊為甄萱高思葛
伊城主太祖徇康州行過其城興達遣其子
歸款於是百濟所置軍吏皆降甄萱嘉之
賜興達青州祿子俊達珍州祿雄達寒水祿
王達長淺祿又賜田宅以賞之甄萱將攻其

城興達聞之欲出戰忽見右臂上有滅
字惟而禱之至十日病死善弼為新羅戴巖
城將軍時群盜競起所至奪掠太祖欲通好
新羅以路梗患之彌甄太祖威德遂歸款以
計使通好新羅因捍賊屢有功後以其城內
附太祖厚加待遇以年老稱為尚父初
州人博涉書史初為其州賊帥柳
孫順記室弓裔破稱順史事乃降甄然其父不
服令屬卒伍遂從太祖開國之際與有力焉

攄撫徇軍郎中

龔直

龔直燕山眛谷人自幼有勇略新羅末為本
邑將軍時方亂離逐事百濟為甄萱腹心以
長子直達次子金舒及一女質于百濟直嘗
朝百濟見其無道謂直達曰今見此國奢侈
無道吾雖足以禁暴故四方無不畏威懷德
予欲歸附汝意何如直達曰自入質以來觀
其風俗唯恃富强競務驕矜安能為國今大
人欲歸明主保安弊邑不亦宜乎直達當與
弟妹俟隙而歸矣縱不得歸賴大人之明餘
慶流於子孫則直達雖死無恨願大人勿以
為慮直遂決意附太祖十五年直與其子
英舒來朝言曰臣在弊邑久聞風化雖無助
天之力願竭爲臣之節太祖喜拜英舒大相賜
又以貴咸正朝俊行女妻英舒曰卿灼見理
城郡祿廐馬三匹彩帛拜其子咸舒佐尹

76

【해설】 명주장군 김순식은 고려 태조 왕건에서 '왕'씨 성을 받고 군대를 인솔하여 신검을 격파하였다. 태조 왕건의 꿈에 이상한 중이 3천명 병사를 거느리고 온 것을 꾸었다고 하였으며, 장군도 대현 즉 대관령에서 이상한 중의 사당에서 '설제이도'(設祭以禱)하였다고 말했다. 여기서 이상한 승사(僧祀)의 주인공이 범일이 아닐까 추정된다.

증수 임영지에는 고려사와 달리 태조의 꿈에 승속 2인이 도와주었다고 했는데 임동권 교수는 승려는 범일, 속인은 김유신 장군으로 추정하였다. 김순식 장군은 왕건에게 세 차례에 걸쳐 귀부하였는데 김순식 본인이 몸소 무리를 이끌고 완전히 귀부한 때는 928년(태조11)으로 왕건은 순식에게 왕씨 성을 하사하고 대광(大匡)이라는 최고위의 벼슬을 주었다.

6. 김시습(1435~1493), 매월당집

【원문】金時習, 『梅月堂集』詩集, 卷三
【내용】단오시

좋은 명절날 난초탕에 목욕하며 기뻐하는데 　佳辰相喜浴蘭湯
내리던 매우가 막 개어 각서 맛이 향기롭네 　梅雨初晴角黍香
사람의 일 얽히기는 채색실 감긴 것 같은데 　人事縈如縲綵縷
세상 물정 쓰겁기는 창양 머금은 것 같네 　世情苦似服昌陽
석류 그림자 돌아가도 꽃은 아직 어여쁘고 　安榴影轉花猶嫩
고운 갈포에 바람 가벼워 해는 정말 길구려 　絺葛風輕日正長
천년 옛 초나라 강엔 남은 한 서려 있으니 　千古楚江遺恨在
몇 장 글 읊고 나서 대나무 평상에 기대 있네 　些章吟罷倚筠床

【해설】 조선조 최초 한문소설 금오신화를 쓴 매월당 김시습은 강릉 김씨로 생육신의 한 명이다. 그는 영동지역을 두루 다녔으며 많은 일화를 남겼다. 강릉에서는 소성황당에 신격으로 신봉하였다. 단오에 대한 김시습의 시에는 욕란절이라는 단오명칭이 들어 있으며, 자신의 삶에 대한 한스러움이 표출되었다.

김시습의 자화상. 청한자라는 호를 썼다.

7. 남효온(1454~1492), 추강선생문집, 1471

【원문】南孝溫(1454~1492),『秋江先生文集』, 1471년
【내용】강릉산신제

영동민속에는 매년 3·4·5월중에 날을 가려 무당과 함께 바다와 육지에서 나는 음식을 아주 잘 장만하여 산신제를 지낸다. 부자는 말 바리에 음식을 싣고 가고 가난한 사람은 등에 지고 머리에 이고 가서 신의 제단에 제물을 진설한다. 피리불고 북을 치며 비파를 뜯으며 연 3일을 즐겁게 취하고 배불리 먹은 후 집으로 돌아와 비로소 매매를 시작한다. 제사를 지내지 않으면 조그만 물건도 얻을 수도 없고 주지도 않는다.

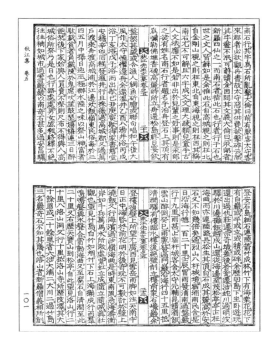

【해설】 남효온(1454~1492)은 조선 단종 때 문신으로 생육신의 한 사람이다. 본관은 의령, 자는 백공(伯恭), 호는 추강(秋江), 행우(杏雨), 최락당(最樂堂), 벽사(碧沙) 등이다.

1480년 생원시에 응시 합격했으며, 산수를 좋아하여 국내 명승지를 다녔으며 박팽년, 성삼문, 하위지, 이개, 유성원 등 6인이 단종을 위해 사절한 사실을 『육신전 (六臣傳)』이라는 이름으로 저술하였다.

그는 금강산을 다녀오면서 영동지역 민속에 대한 언급을 하였다. 여기에는 산신제에 대한 내용을 수록하고 있는데 3월부터 5월 중에 택일하여 제사를 지낸다고 하였다. 이능화의 『조선무속고』(1927)에 『추강냉화』에 이 내용이 수록되어 있다 하였으나 잘못이고, 『추강선생 문집』 권5에 들어있다.

경성제대 추엽 융 교수도 『강릉단오제』(1930) 글에서 『추강냉화』에 수록되었다고 오류를 답습하였다. 후학들도 원전비정 없이 인용하였으나 본고에서 이를 바로잡는다.

8. 성현 외, 악학궤범, 1493

【원문】成俔(1439~1504), 『樂學軌範』, 1493년

【내용】수릿날 단오

五月五日애 아으 수릿날 (5월 5일에 아, 수릿날)
아춤 藥은 즈믄힐 長存호샬 (아침 약은 천년동안 길게 살 수 있는)
藥이라 받줍노니이다 (약이라 받드옵니다)

【해설】'수리'는 태양을 뜻하는 고대어로 상(上)·고(高)의 의미와 상통한다. 『삼국사기』권2 문무왕조에 '俗以端午爲車衣'(세속에서는 단오를 수리라고 한다)라 하여 향찰로 '수리'라 불렀으며 홍석모의 『동국세시기』에는 단오의 속명은 '술의(戌衣)'라 하고 술의는 우리말로 수레바퀴를 뜻한다고 하였다. 여기서 수레바퀴는 태양을 의미한다. 그러므로 단오날에 먹는 수레바퀴 모양의 떡은 태양을 상징한 것으로 양기를 받아들이는 음식으로 해석할 수 있다. 중국 갈림성 집안시 고구려 고분 5호 무덤의 수레바퀴 만드는 신(製輪神)은 태양신을 표현한 것이라고 생각한다. (아래그림)

9. 이행(1478~1534)외, 신증 동국여지승람, 1530

【원문】李荇(1478~1534)외,『新增 東國輿地勝覽』, 1530년
【내용】대관령, 대관산신사

대관령은 부의 서쪽 45리에 있으며 이 주(州)의 진산이다. 여진 지역인 장백산에서 산맥이 구불구불하게 비틀어 남쪽으로 뻗어내려 동해를 차지한 것이 몇 곳인지 모르나, 이 고개가 가장 높다.

산허리에 옆으로 뻗은 길이 아흔아홉 굽이인데, 서쪽으로 서울과 통하는 큰 길이 있다. 부치(府治)에서 50리 거리이며 대령(大嶺)이라 부르기도 한다.

대관산신사(大關山神祠)는 부의 서쪽 40리 지점에 있다.

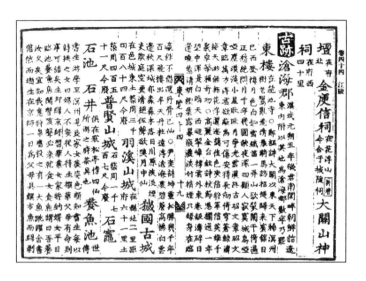

【해설】 대관령은 풍수상 강릉의 진산으로 자리잡고 있으며 옛날부터 대령이라 불렀다. 아흔아홉 굽이로서 이곳 정상부근에 산신사가 있어 지나는 사람들이 산신에게 제를 올렸으므로 일찍이 신성한 산으로 전한다. 고려초기 왕순식 장군이 대관령을 넘으며 그 곳의 이상한 승사에서 제사를 지냈다고 한 것도 산신사로 추정된다.

대관령 (단원 김홍도 그림, 조선시대)

10. 심언광(1487~1540), 어촌집

【원문】 沈彦光(1487~1540), 『漁村集』卷五, 端午日見倡兒鞦韆戲
【내용】 단오날 그네뛰기

예쁜 아가씨들 춤추듯 그네 타니	越娥巴女舞鞦韆
수많은 처녀들 나무 가에 모여 드네	多少丫鬟簇樹邊
비취 빛 비녀는 살구 꽃 적시는 비에 촉촉하고	翡翠釵濕紅杏雨
석류빛 치마는 버드나무에 낀 연기 속에 펄럭인다	榴花裙軃綠楊烟
구름 속에서 서왕모가 문득 내려온 듯	雲間乍下西王母
하늘 끝에 사자연이 도리어 날아온 듯	天際還飛謝自然
해마다 단오날 하는 이 놀이는	每歲端陽爲此戲
천년 전 풍속이 지금까지 전해지는 것이라네	千年遺俗至今傳

【해설】 강릉출신으로 해운정의 주인인 어촌 심언광이 단오날 그네 뛰는 모습을 보고 적은 시로서 해마다 단오날 하는 놀이가 천 년 전 풍속이라 하였다.

어촌의 자(字)는 사형(士炯)이고 시호는 문공(文恭)이다. 심언광은 성종 18년(1487) 3월 3일 강릉부 대창 용지촌에서 태어났으며 중종 2년(1507)에 진사시에 합격, 중종 8년(1513) 식년문과에 을과로 급제하였다.

이후 중종 24년(1529)에 예조판서에 등용되고 부제학, 이조판서에 이르렀다. 후에 함경도관찰사, 우참찬, 공조판서를 하였고, 만년에 강릉 경포호 주변에 해운정을 건립하고 지냈으며 시서화에 뛰어났다.

【원문】 沈彦光(1487~1540), 『漁村集』卷五, 端午日有感
【내용】 단오일

가절을 맞아 마음이 가라앉는 오월인데	佳節沈心五月天
하늘 가에 떠돌며 줄줄 눈물 흘린다	天涯羈旅涕潛然
선영에는 오늘 향불 올렸을 텐데	先塋此日陳香火
산 비가 추적추적 내려 지전을 적시겠네	山雨霏霏濕紙錢

【해설】 강릉 출신 문신 심언광이 천중가절인 단오날 느낌을 적은 시로서 이 글을 보면 예전에는 단오날에 조상님에게 차례를 올렸음을 알 수 있다.

11. 허균 (1569~1618), 성소부부고, 1611

【원문】許筠 (1569~1618),『惺所覆瓿藁』卷十四, 文部十一,
　　　　1611, 大嶺山神贊並書
【내용】강릉대관령산신제

계묘년(1603, 선조36) 여름이었다. 나는 명주(지금의 강릉)에 있었는데, 고을 사람들이 5월 초하룻날 대령신(大嶺神)을 맞이한다 하기에 그 연유를 우두머리 향리(鄕吏)에게 물으니, 이렇게 말했다.

"대령신이란 바로 신라 대장군 김유신 공입니다. 공이 젊었을 때 명주에서 공부했는데, 산신이 검술을 가르쳐 주었고, 명주 남쪽 선지사(禪智寺)에서 칼을 주조하였습니다. 90일 만에 불 속에서 꺼내니 그 빛은 햇빛을 무색하게 할 만큼 번쩍거렸습니다.

공이 이 칼을 차고, 위력을 보이면 저절로 칼집에서 튀어 나오곤 했는데, 끝내 이 칼로 고구려를 치고, 백제를 평정하였답니다. 그러다가 죽어서는 대령의 산신이 되어 지금도 신령스런 이상한 행적이 있기에, 고을 사람들이 해마다 5월 초하룻날 번개(旛蓋)와 향기로운 꽃을 갖추어 대령에서 맞아다가 명주부사에 모신답니다.

신이 기뻐하면 하루 종일 개(蓋)가 쓰러지지 않아 그 해는 풍년이 들고, 신이 노하면 개가 쓰러져, 그 해는 반드시 풍재나 한재가 있다고 합니다." 나는 이 말을 듣고 이상하게 여겨, 그 날에 가서 보았다. 과연 개가 쓰러지지 않자 고을 사람들이 모두 좋아하고, 환호성을 지르며, 경사롭게 여겨 서로 손뼉을 치고 춤을 추는 것이었다. 내가 생각하건대, 공은 살아서는 왕실에 공을 세워, 삼국통일의 성업을 완성했고, 죽어서는 수천 년이 되도록 오히려 이 백성에게 화복을 내려서 그 신령스러움을 나타내니, 이는 진정으로 기록할 만한 것이다.

大嶺山神贊 幷序

歲癸卯夏余在溟州　人將以五月吉道大嶺神問之荷吏乙回神師新羅大將軍金公庾信也公少時游學于州以神教劒術得劒於州南禪智寺鑄之日而出試輝光耀天且公慨之怒州跛則躍起而斬之滅震旱澇死而爲神至今有靈異故州人祀之不俄州人父老歲時諶調相慶以祈福惟公生……

九二

【해설】강릉출신 교산 허균이 임진왜란을 겪고 난 후 고향 강릉에 어머니와 함께 오면서 본 강릉단오제에 대한 글이다. 이 글을 통해 당시에는 대관령산신인 김유신 장군을 봉안하는 축제가 개최되었음을 알 수 있는 중요한 자료이다. 이 400년 전 단오제 행사는 주신격만 산신에서 성황신으로 바뀌었을 뿐 절차는 현재와 큰 차이가 없다.

【원문】許筠 (1569~1618), 『惺所覆瓿藁』 卷二, 詩部, 眞珠藁

【내용】단양일

단양의 좋은 계절 바로 천중절이라	端陽令節是天中
쑥 잎과 창포 꽃 임금께 올린다네	艾葉蒲花薦紫宮
나그네 타향에서 기쁜 마음 적은데	客在異鄕歡緒少
난간 동쪽에 속절없이 그네줄만 걸렸네	秋千虛搭畵欄東

【해설】허균의 시에는 단오절을 단양 또는 천중절이라는 다른 이름이 들어 있다. 또한 민간에서는 궁중에 쑥과 창포를 진상했음을 알 수 있다.

12. 홍만종 (1643~1725), 순오지, 1678

【원문】洪萬宗 (1643~1725), 『旬五志』上卷
【내용】강릉의 육성황신인 창해역사 탄생설화

이는 세상에 전하는 말이다. 예국의 한 노구(老嫗)가 시냇물가에서 빨래를 하고 있었다. 알 한 개가 물위에 떠내려 오는데 크기가 마치 호박만 하였다. 노구는 이를 이상히 여겨 이를 주워 자기 집에 갖다 두었더니 얼마 되지 않아 그 알이 두 쪽으로 갈라지며 속에서 남자 아이가 나왔는데 얼굴 모습은 보통 사람이 아니었다. 노구는 더욱 기특히 여겨 아이를 애지중지 잘 길렀다. 아이의 나이 6·7세가 되자 신장이 8척이나 되었고 얼굴빛은 검어 마치 성인과 같았다. 그러므로 나중에는 얼굴빛이 검다하여 검은 여(黎)자를 성으로 하고 이름은 용사(勇士)라고 불렀다.

이때 예국에는 사나운 호랑이가 한 마리 있어 밤낮을 가리지 않고 나와 다니면서 사람을 수없이 해치니, 온 나라가 모두 걱정만 할 뿐 이것을 제거할 방도가 없었다. 어느 날 여용사는 이웃 사람들을 보고 말하길 "내 반드시 저 악한 짐승을 잡아 없애고 나라 안의 근심을 덜어줄 것이오." 하였다. 그러나 듣는 사람들은 이 말을 믿지 않았다. 아무리 용사란 이름을 가졌지만 어떻게 저 사나운 호랑이를 잡을 수가 있으랴 하고 의심했던 것이다.

그러나 조금 있더니 별안간 벽력같은 소리가 나며 서늘한 바람이 불어오면서 집채 같은 몸에 얼룩진 큰 호랑이 한 마리가 산기슭에 내려 앉았다. 호랑이는 흉악한 고함을 지르면서 어금니를 갈더니 번개같이 몸을 날려 저편 용사가 있는 곳으로 뛰어가는 것이었다. 이 광경을 본 사람들은 모두 간담이 서늘해졌다. 그러나 용사는 대수롭지 않게 호랑이의 등에 올라타 한 주먹으로 호랑이의 머리를 쳐서 박살을 내버렸다.

그 다음에는 또 이런 일도 있었다 한다. 국가에서 무게가 만 근이나 되는 큰 종을 만들어 놓고 옮겨 달고자 했으나 장사 수백 명이 매달려도 이 종을 움직일 수 없어 걱정하고 있었다. 용사는 이 소식을 듣고 달려가더니 먼저 옮겨 달 장소를 안 다음에 단숨에 번쩍 들어 옮겨 놓았다. 임금이 이 광경을 보고 용사의 힘을 장하게 여겨 항상 자기 옆에 두고 상객으로 대우해 주었다. 그러나 그가 죽은 곳을 알지 못한다고 한다.

내가 상고해 보니, 장량열전에 말하기를 "동쪽을 보고 창해군의 역사를 얻으니 그 역사와 함께 박랑사에서 시황을 저격하려다가 딴 수레를 잘못 맞혀서 실수했다."고 한 말이 있고, 또 조선열전에 말하기를 "조선은 연나라로부터 진나라에 이르기까지 시대마다 중국의 신하노릇을 했다."고 하였다. 이것을 보면 예국이란 나라는 예전에 강릉에 있었다하며, 이제 오대산에 창해군이란 옛터가 있다는 지방민들의 전하는 말도 있으니 확실히 믿음직한 말이다. 또한 이수광의 지봉유설에도 이런 말이 기록되어 있다. 이런 것을 추측해보면 장량이 만나 보았다는 역사는 곧 이 창해용사인 듯 하다. 아아, 당시 장량이 성심껏 노력한 결과로도 중국이란 큰 나라에서 역사 하나를 얻지 못하고 필경에는 우리 이 구석진 작은 나라에 와서 얻어 갔으니 그 또한 이상한 일이라 아니할 수 없다.

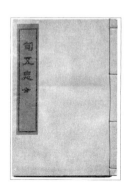

世傳溟州一村嫗澣衣扵溪水有一卵浮來其大如瓢村嫗異之取置
其室俄而一男子破殼而出形貌非常村嫗因養之年纔十六七身長
八尺類而貌黑似以黎爲姓是嘗郢中有一惡虎白晝橫行傷人甚多
一國憂之莫有制者男士忿然曰吾必殺此惡數日除生靈言也聞者
不信俄有一聲如雷陰風颯至一大斑虎自山而下咆哮磨牙跳躍而
進勇士奮躍高出虎上張拳一打虎即碎頭而斃後國君壯而奇之常
之前欲拔之壯士數千人引之不動勇士一樂而負國君壯而奇之常
舄之在側呂爲上客後莫知其所終云余見太史公張良列傳曰東見
滄海君得力士爲鐵椎重百二十斤秦皇帝東遊良與客狙擊秦皇帝
傳浪沙中誤中副車按朝鮮傳曰朝鮮自燕至秦時爲臣屬云觀此則
秦漢間朝鮮與中國相通固可知矣之桜穢國篤在江陵而今五臺山
有滄海郡篤此土人至今相傳斷可信也李晬光說亦記之張良誠
心慕士不得扵中國之大而竟得扵我東偏方其亦異哉

【해설】 홍만종이 기록한 강릉의 전래신화로서 조선시대 강릉시내에 육(肉)성황당을 짓고 신격으로 모신 인물인 창해역사 관련 난생계부래설화다.

고기를 제물로 바친 육성황신인 여용사 창해역사와 함께 승불소성황신이라 하여 육고기는 쓰지 않고 나물만 제물로 바친 소(素)성황당 신인 매월당 김시습은 강릉과 관련 있는 인물들이다. 강릉성황당에는 본관이 강릉이거나 강릉출신 혹은 강릉과 연관 있는 인물을 신으로 모셨다.

13. 최하현 (1773~1828), 신서유고

【원문】 崔夏鉉 (1773~1828),『莘西遺稿』
【내용】 정현덕(1810~1883) 관련 한시

贈 鄭顯德 用明 子 二首

其一
옥 같은 청춘 객이
은근히 이 늙은이를 방문했네
용강은 백설을 뚫었고
치악은 단풍이 보이네
옛 약속은 딱 맞게 지키고
성긴 마음은 물이 맑은 듯 하네
서로 만나서 또한 이별을 애석해 하는데
몸 굽혀 답례하며 각자 동서로 떠날 뿐이네

其二
당신은 하늘이 내린 재주로 태어났으니
약관의 나이에 시로 이름을 날렸네
해곡에는 능히 빚을 갚을 수 있고
호서에는 이미 명성이 전파되었네
처마의 매화는 숙객의 얼굴 맞이하고
발 친 앞 꾀꼬리는 향기로운 이름을 기뻐하네
다시 마장에다 말을 매어 놓으려 하니
내일 아침에 길 떠나지 마시게

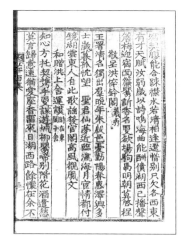

【해설】대관령국사여성황신의 친정인 정씨가의 정현덕에게 강릉
최씨 후손인 신서 최하현(1773~1828)이 준 시다.

14. 정현덕 (1810~1883), 단오한시

【원문】鄭顯德(1810~1883),『朝鮮近代名家詩抄』, 匯東書舘, 1926
【내용】정현덕의 단오시 등

大殿端午帖子

금전엔 영롱하게 대낮의 해가 밝았는데
석류나무의 일천 가지에 붉은 꽃이 핀 듯 하네
용 새긴 수놓은 부채엔 향기로운 바람 일으키고
사슴향기 나는 비단 옷은 흰 눈이 가벼이 날림이네
쑥 잎은 다투어 구자의 각서곡식에 전하고
창포 꽃은 길이 만년의 술잔에 띄우네
작은 정성으로 단오절의 첩자를 받들어 받치니
잠규에 이름이 있지 않음이 부끄럽네

留溟州數月知府數以書見邀
(명주에 머문 지 수개월 만에 부사가 자주 서신을 보내 만남을 요청하다)

관청의 버들은 좁은 길에서 당당히 푸른데
의연한 성곽은 옛 나라의 모습이라네
완극은 백 년 동안 마땅히 몇 번이나 마쳤는가
구정의 한 삿갓은 정히 둘도 없네
구름 갠 고운 달은 가인의 부채에 의지했고
바람에 날린 쇠잔한 꽃은 술독에 떨어지네
잘못이도다, 주문에서 자주 잘못됨을 포용하는 것이.
여기 옴에 녹문의 고대한 모습에 부끄럽네

朝鮮
近代名家詩抄
吳世昌署

朝袍不綠換讌彩鳥歌辭龍馬曉箭上宿秋風行佛快下江憐月去揚帆官居寮底移歸冗

人在摩間一是凡未老還山曾有駒卿召書札又新緘

奉贊經山娯相闇畫設閣喜宴

珠潭彎府蔚芙華羞雁成胖自一家十世恩降三投几人旬多健再鶯花風飄鳳管來天上

鷺泥金盌沐順涯羞和門塔櫨厚遂廷棍樹影當午

大殿端午結子

金殿玲瓏午日柳指于炎發紅幾題龍體褥香風顏萬體羅衣白雪輕艾葉卯傳九子綜

昌華長泛萬年魁發忱擎進箇陽枯悵悵祝諶垠禾有名

政月五日州市費綵午指題

少日政文出驪年此身徑米吾兵㡿芙綵冷停春馅楊輝㝡高敖早衡冤親菽㷾春白卿

狂吟暗復岸佛紗錢口布囷料理著落暮來日末料

府件道絲出憲化門

風卿日暖商相訝雲水中閒與客朔白道將歸大竺寺青山人訪靜庵啁春紅時地行埈情

夕景沾衣到始壩見殹楊諸陵傍遣剛及百花時

留漢州歡月舟知磨敢以書見遺

官榻爽景轔々城郭依然花展百车當了幾歐草一笠定無雙花問好月依歌扇

風捲綾花撲酒缸誤朱門猶抱劍此來愧造門龐

淺川途中又發央字

溪縛陰々夏日晨柴花黄蛺也無央休露解作迎每函田鼓鼓鳴飯絕鄉一路寄山驢晉曙

牛橋流水鬚絲綠丹徑瀾愧山中魏伯陽

新興寺納凉

金碧樓臺照眼明上方飛㟧暢廚情緒天合在崗花外萬木自含鐘譽碧綢道人稀青草合

嚴崖日晚白雲生風渡少伯真漸散米共蘇盧宿化城

同嶺街謠詳及藥齋錦君遊宋洞

【해설】 강릉단오제의 주신격 중의 한 분인 대관령국사여성황신의 친정부친인 동래부사 정현덕의 한시이다. 정현덕의 본관은 동래, 자는 백순(伯純) 호는 우전(雨田)이다.

그는 1850년 증광문과에 병과로 급제하였으며 고종 초에 서장관으로 정사 서형순을 따라 청나라에 다녀왔다. 대원군이 집권하자 동래부사가 되어 일본과의 교섭을 담당했다.

그 뒤 이조참의가 되었고 대원군이 실각하자 민씨 척족정권에 의해 파면 유배되었으며 1882년 임오군란이 일어나 대원군이 재집권하자 형조참판으로 기용되었다.

대원군이 물러나자 원악도로 유배된 뒤에 죽었다. 그분이 살았던 경방댁에서는 지금도 정씨가의 딸이 호랑이에게 물려가 국사여성황신이 되었다 하여 음력 4월 15일 강릉단오제 영신제 때에는 국사성황신 일행이 들르고 이곳에서는 제물을 차려놓고 맞이한다.

1966년 강릉단오제무형문화재지정조사보고서에 의하면 대관령국사여성황신의 친정에는 동래정씨 정현덕(鄭賢德) 네가 살고 있었고 그댁의 과년한 딸이 성황신에게 호환을 당한 날이 음력 4월 15일이라 하였다. 이러한 기록에 따르면 대관령국사여성황신 설화의 성립 시기는 100년 내외로 추정된다.

다른 견해로 대관령국사여성황신은 조선 숙종 때 초계 정씨 경방과 종손인 정규완의 10대 고모라고 하는데 그 분이 황수징과 혼례식을 한 후에 친정에 있다가 단오날 호랑이에게 업혀 갔다고 한다. 가족과 수색한 끝에 대관령국사성황당에서 시신을 발견했다고 전한다.

15. 심일수 (1877~1947), 둔호유고

【원문】沈一洙 (1877~1947), 『遁湖遺稿』卷一, 雜著, 日記
【내용】강릉성황제의 폐지

융희3년 기유…5월 단오날 대관령국사성황신 맞이 무격희는 일본인
들의 금지로 폐지되기 시작했다.

(隆熙三年己酉…五月端午迎大關嶺國師城隍神巫覡戲始廢日人禁
止也)

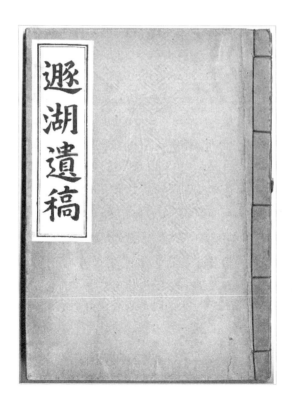

【해설】 심일수 선생은 한학자 모안재(慕顏齋) 심상준(沈相駿) 선생의 부친이다. 강릉 출신으로 문집에는 일기가 들어 있는데 강릉성황제의 폐지가 정확하게 수록되어 있다.

심일수 선생의 자는 자는 성관(聖貫), 호는 경호(鏡漁) · 둔호(遯湖) · 성촌(惺村) 등이며 문집은 필사본으로 전하다가 1961년에 편집 김택경(金澤卿), 발행 심윤섭(沈允燮), 인쇄 경강문화사(京江文化社), 감람서옥(橄欖書屋) 발행으로 활자본이 출간되었다.

16. 셔유록, 1913

【원문】『셔유록』, 1913
【내용】기행가사로 강릉단오제 내용 소개

팔월초삼일에 발정하여 대문 앞에 썩 나서니 비감한 마음 더욱 새롭
도다. 뒤 냇물을 건너서서 맏아이와 둘째 아이는 집으로 돌려보내고
셋째 아이와 넷째 아이와 다섯째 아이는 이십리를 동행하여 안구산 성
황당이에 가서 집에 돌려보내고 연아를 데리고 가군을 따라 나귀 부담
하여 앞에 몰고 서를 향하여 행하고서 굴면이 제민원 지나 솔경이달하
니 대관령 초입이라. 거기서 점심하고 구비길로 올라가니 굽이굽이 길
치도는 아무리 잘한들 도니 깍바르기는 벽승같이 접촉하기 어렵도다.
그 모롱이를 간신이 올라서니 반정이 주막이라 도라서 망견하니 제민
원이 천인강감 같더라. 잠간 쉬어 원울고개 다다르니 이곳은 강릉원
우는 고개라. 처음으로 내려오다가 이곳에 다달아 울고 하는 말이 "이
러한 험한 땅에 원노릇 어이할고" 또 돌아갈 때는 울고 하는 말이
"제일좋은 강릉땅을 버리고 간다."하므로 이 고개 이름을 원울고개라
한다더라. 그 고개 얼른지내 마루 주막 다달아 잠간 쉬어 삼삼봉에 올
라서니 강릉 일경이 안하에 나열함에 측량없이 높은 곳이로다. 망망한
동해물은 옷깃같이 둘러싸고 경포대 난간과 같고 모산봉은 주먹같더라.
증현 본집 망견하니 지점 중에 완연하다. 집 떠난 지 하루가 못 되어
집 생각이 간절하니 필경 집있는 곳을 망견하므로 그러하도다. 얼진
돌아서서 성황당에 다다르니 이 성황은 유명한 국사성황인데 강릉 사
람이 누백년 숭배하여 수부다남을 축원하고 매년 사월 초팔일에 강릉읍
남천물가에 성황에 모실 때 그 날 저녁 풍악소리와 횃불 빛은 일대 장
관일러니 수년간에는 전연히 폐지하였으나 이전부터 숭배하던 일을 생각

하여 심중으로 평안이 왕발하기와 만사여의함을 축원하고 일어나세.

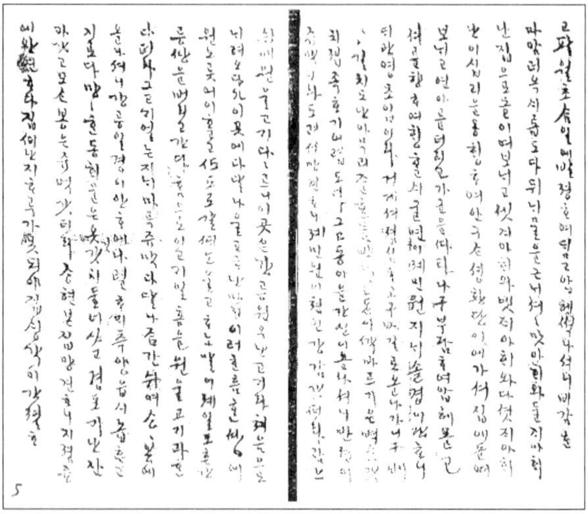

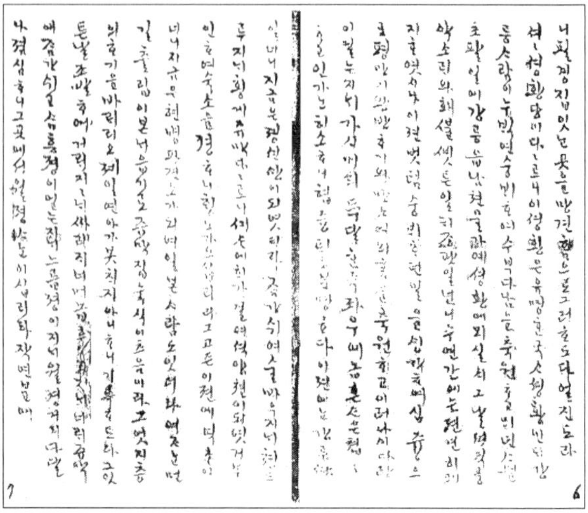

【해설】강릉출신 52세의 장현동 여성이 1913년에 나귀를 타고 한양에 가면서 쓴 기행가사다. 대관령을 넘으며 제민원, 굴면이, 반쟁이 등 지명과 원님이 넘던 원울이고개 등에 대한 기록을 남겼고, 특히 당시 일제강점기하이므로 1909년 강릉단오제가 중단되었으나 대관령 국사성황당을 보고 단오제에 과거의 소감을 적었다.

유명한 국사성황신을 수백 년 동안 숭배하고 장수와 부유함, 다남을 축원하였는데 매년 4월 초파일에 남대천 물가에 모셨다고 하였다. 지금은 사월 보름날 영신제때 남천 물가에 성황신을 모시고 있는데, 4월 팔일은 팔단오의 하나에 속한다.

글쓴이는 여성으로 섬세한 표현이 돋보이는데 특히 국사성황을 모시는 행사가 수년간 폐지되었다고 아쉬워하였다. 이 자료는 영남대 국문과 서인석 교수가 찾아서 '1910년대 강릉여자의 서울구경-서유록의 경우' 『우리말글』23집, (우리말글학회, 2001)에 소개하였다.

17. 추엽 융, 강릉단오제, 1930

【원문】秋葉 隆, 江陵端午祭,『日本民俗學』2卷5號, 1930,
　　　　285~294쪽
【내용】강릉단오제 현장조사

　　남효온(南孝溫)의 『추강냉화 秋江冷話』에 "영동민속, 매년 3·4·5월 중에 날을 받아 무당들이 맞이하여 산신에게 제사한다. 부자들은 말바리에 싣고, 가난한 사람은 이고 지고 제물을 진설하고, 피리 불고 북장고를 치고 뜯으며, 연 삼일동안 마음껏 취한 연후에 집으로 돌아가 비로소 남과 매매를 한다. 제를 지내지 않고는 척석(尺席)도 남에게 주지 않는다"라고 적혀 있으나, 조선의 산신신앙은 극히 오래되었고 이 산신신앙은 자주 마을의 신이 되기도 하여 깊이 민심 속에 파고 들어가 있는 것 같다.

　　그러므로 나는 소화 3년(1928) 여름 이 영동 산신제의 잔재를 찾기 위해 강원도 곳곳을 다녀 보았다. 특히 내가 목표로 한 점은 "제를 지내지 않고는 척석도 남에게 주지 않는다."는 풍습이 어떤 형태로든 현재 그대로 남아 있지 않겠느냐 하는 것이다.

　　물론 바라던 것이 그대로 남아 있지는 않았으나, 강릉 읍내에 머무르는 일주일 동안 지난날 '영동 제일'이라고 일컫던 강릉단오제에 대해 몇 가지 조사를 할 수 있었으므로 이것에 관한 보고를 하기로 하겠다.

　　제사는 '단오제'라고 부르며 매년 음 3월 20일부터 신주를 빚는 것으로 시작된다. 한 달 건너 4월 1일과 8일에 헌주(獻酒)와 무악(巫樂)이 있고, 14일 저녁에서 15일 밤에 걸쳐 대관령 산신을 맞이하여 읍내에 있는 성황당에 받들어 모신다. 그로부터 27일에 쇠를 울리며 새신(賽神)하는 무제(巫祭)를 거쳐 5월 1일부터 화개(花蓋)라고 부르는 장대한 장식의 나무 장대를 세우고 가면극을 놀고, 5일이 클라이막스며, 6일의 화산(火散)행사로 끝을 맺는다.

실로 3개월에 걸친 관에서 행한 큰 마을축제였으나 조선의 유신이라고 불려지는 갑오혁신(1894)이래 끊어지고 볼 수 없게 된 것이다.

이 4월 1일 · 8일 · 15일 · 27일 · 5월 1일 · 4일 · 5일 · 6일은 소위 '팔단오'이며, 4월 1일에 바치는 신주는 3월 20일부터 호장(戶長), 부사색(府司色), 수노(首奴), 성황직(城隍直), 내무녀(內巫女)가 목욕재계하고 봉입하여 이것을 호장청의 아랫방에 둔다. 여기에 사용되는 쌀 한 말과 누룩도 관에서 지급하였다.

그리하여 4월 1일 초단오에는 사시(巳時, 오전 10시)부터 읍내의 대성황당에 신주와 흰 떡을 차려놓고 기도를 드린다. 그 초헌관은 호장, 아헌관은 부사색, 삼헌관은 수노, 종헌관은 성황직을 정하며, 헌주의 예가 끝나고 남녀의 무격 5~60명이 산유가를 부르며 북을 치고 종을 울리며 신을 모신다.

또 관노인 나팔수도 태평소를 불고 놀며, 미시(未時, 오후 2시)에 이르러 해산한다. 4월 8일의 재단오에도 이와 같은 행사가 있다. 다음 4월 14일 저녁에 밥을 먹은 후 술시(戌時, 오후 8시)에 드디어 대관령 산신을 맞이하러 가기 위해 출발한다. 행렬은 선두에 태평소, 나팔수 각 2명, 6각(장고1, 대고1, 피리1, 혜금1, 필률 1쌍)의 세악수 6명, 다음에 호장이 대창역마를 타고, 그 뒤에 부사색 · 수노 · 도사령 및 남녀 무격 5~60명이 모두 말을 타고 이를 뒤따른다. 남자무당의 장을 '성황직'이라 하며, 여자 무당의 우두머리를 '내무녀'라고 무격의 선두에 간다.

출발에 앞서 나팔수가 1·2·3의 취악을 연주하는데, 이것은 길이 육척 쯤되는 나팔과 태평소의 소리로 "길을 깨끗이 정화한다"는 뜻을 지닌다. 이 백명 정도의 행렬 뒤에는 수백 명의 남녀노소가 말바리에 실거나 등짐을 지고 따른다. 즉 부자는 자기 집에 출입하는 단골무(단골무당)에게 새 옷을 입혀 말에 태우고, 술과 쌀 등의 공물을 말에 싣고 마부가 끌게 하고, 가난한 사람들은 손수 공물을 머리에 이거나 등짐으로 지고 가는 것이다.

이렇게 하여 강릉을 떠나 이십 리 쯤에 구산역에 이르면 그곳 사람들로부터 저녁대접을 받게 된다. 출발에 앞서 저녁밥을 치르고 왔으므로 두 번째 저녁이 되는 셈이다. 그로부터 대관령 기슭의 송정이라는 경치 좋은 곳에 이르러 휴식을 취하며, 계곡의 물에 쌀을 씻어 밥을 짓고, 그날 밤을 그곳에서 야숙을 하게 되나, 사람과 말이 복잡하게 다녀서 잠을 이루지 못하고 15일의 날이 밝는다.

15일은 새벽 닭소리에 출발하여 대관령 초팔암 일명 허공교라 칭하는 바위에 도착해서 각자 준비해 온 아침밥을 먹고 오전 10시에 대관령 성황당에 이른다. 거기에서 무격들은 신자들이 보낸 제사용 쌀로 밥을 지어 이것을 신전에 바치고 신주를 올리며, 신자들을 위해 산신께 빈다.

이것을 마치고 모든 사람들은 서로 음식을 나누어 먹으며, 무격을 비롯하여 낯모르는 사람에게도 모두 나누어 주고, 하산할 때는 하나도 남겨오지 않도록 한다. 이것은 확실히 신과 인간의 공동향연이며, "제를 지내지 않고는 척석도 남에게 주지 않는다"는 사람들이 제사에서는 얼마나 아낌없이 주고 있는 지 볼 수 있었다.

그때에 이 성황당에 가까운 수목 앞에서 무당이 신을 청하는 방울을 흔들며 기도를 드리면 "나뭇가지가 떤다"고 하며, 이것을 도끼로 잘라 무당은 이 나뭇가지가 원하는 사람들이 의뢰한 바에 따라 액막이의 백지·목면실·마른대구·의복 등을 매달고, 이것을 세워 성대한 무속제의를 행한다.

이것이 곧 성황신간(城隍神竿)이다. 무당의 기도에 의해 나뭇가지가 흔들린다는 것은 물론 강신을 의미하는 것이 되겠으나, 이 성황신간에는 성대하게 액막이의 물품을 매달기 때문에 신간이 점차 굵고 무거워져 스스로 움직이기 시작한다.

이것을 신간에 내린 산신이 강릉읍내로 내려오고자 하는 뜻으로 생각하고, 남자무당 한 사람이 긴 혁대를 허리에 매고 신간을 받들면, 일동이 신간을 따라 산을 내려와 강릉으로 향한다. 이때 신간은 남녀무격의 가장 끝에 따라가는 성황직과 내무녀 다음 호장 앞에 위치한다. 하산에 있어서는 나팔수, 세악수가 노군악(路軍樂, 길군악) 즉 행진곡을 연주하고, 남녀무격은 말위에서 노래를 부르고 소매를 흔들며 춤을 추면서 제민원성황, 굴면리성황을 거쳐 구산역성황에 도착하며 마을 사람들이 여기에도 제물을 바친다.

여기에서 한 시간쯤 신에게 빌고 휴식하며, 바쳐진 제물의 나머지를 지나가는 사람들에게 나누어 준 후, 날이 저물어 출발할 때쯤 해서 강릉읍내 여섯 동의 거화군(炬火軍) 400명이 손에 손에 관솔불을 들고 나와 마중하는데, 전후좌우에서 성황신간을 옹호하고 간다.

여기에는 관솔불을 가지고 신을 안내하면 그 해의 흉재를 면하고 풍년이 든다는 신앙이 곁들여 있다. 드디어 강릉이 가까워지면 마을 육반의 관속이 출영하며, 읍 입구에 있는 아무개 집 앞을 지나칠 때는 그 집에서 반드시 제사떡을 차리기로 되어 있다.

그 까닭은 옛날에 이 집에 호랑이가 나타나 외동딸을 잡아간 것을 산신이 노해서 호랑이를 보낸 것이라고 생각하여 그 신의 노여움을 풀기 위한 것이다. 호랑이를 산신 또는 산신의 사자(使者)라고 믿는 풍습은 퍽 오래된 것으로 지금도 전국 곳곳에 퍼져 있다.

이렇게 하여 읍내에 도착하게 되면 먼저 남문 밖 여성황에 들려 굿을 행한다. 이때 동네 사람들이 제물을 바치는 것은 말할 것도 없다. 여기에서 남녀의 무격이 합동해서 방울을 흔들며 춤을 추고 남문에 들어서서 기병청(騎兵廳)에 들렀다가, 시내 거리로 나가 부사(府司)·전세(田稅)·대동(大同)·사창(司倉) 등 여러 관청을 차례로 방문한다. 마지막에 대성황당에 이르러 쇠를 울리며 신에게 빌고, 신간을 당내에 봉안하는 것이 야반 자정(오후 12)이나. 신당과 신목에는 금줄을 치고 신길에는 황토를 뿌려놓아 정화한다.

나는 강릉에 머무는 동안 비오는 어느 날 이 신길을 걸어가 봤으나 여성황당은 남대천가에 폐잔한 작은 사우로 남아 있었다. 입구에는 '靈神堂, 庚寅四月上澣 月坡'라고 쓴 현판이 걸려있고, 그 안에는 '土地之神位'라고 먹으로 쓴 흰 나무의 신위가 있고, 약간의 제기도 있어 아직도 신앙이 완전히 절멸하지는 않았다는 것을 알 수 있었다. 그러나 대성황당 즉 강릉의 읍성황당은 지금은 완전히 옛날의 모습을 찾아볼 수 없고 마을 서부 작은 언덕위에 옛날의 위치를 더듬을 수 있을 뿐이었다.

그렇게 하여 15일 밤중에 대성황당 열두 신위의 중앙에 봉안된 신위에 대해서는 16일부터 5월 6일까지 21일간 매일 날이 밝기 전에 호장·도사색·수노·성황직·내무녀가 배례를 행하며, 다른 사람들도 각각 단골무, 즉 출입 무녀에 의해 기원을 하며, 단골무가 없는 사람들은 내무녀에게 의뢰한다.

성황직과 내무녀에게는 무격의 집집에서 돈과 쌀을 거두어 주며, 그 세력은 결코 얕잡아 볼 수 없는 것으로 양자를 비롯해 제사 때 무격 일반의 경제적 수입은 상당하다.

더욱이 대성황당에 모신 열두 신위는 갑오경장 때 모두 땅속에 묻어버렸으나 이근주(李根周) 씨의 기억하는 바로는 홍덕왕 김유신, 송악산신, 강문부인, 초당부인, 연화부인, 서산 송계부인, 범일국사, 이사부 등이 있었던 같다. 옹은 이 열두 신의 이름을 조사하기 위해 당시의 무격 중 강릉 유일의 생존자 조개불(趙介不)을 찾아 봤으나 역시 전부는 알지 못했다.

나도 어느 하루 이 박수무당의 집에 찾아가서 직접 그의 기억을 되살려 보려고 했으나, 그는 양복을 입은 사람을 보고 무서운 탄압자라고 생각했는지 당황하고 낭패한 모습은 보기에 딱할 지경이었다. 그러나 어느 민족 또는 어느 사회계층의 신앙이 변하는 과정을 눈앞에서 보는 듯한 느낌이 들었다.

이어서 4월 27일 성황당에서 쇠를 울리는 굿이 있고, 5월 1일부터 드디어 본제에 들어간다. 즉, 이날 처음으로 화개를 꾸미고 가면극을 연희한다. 화개는 부사청에서 만든다.

먼저 굵은 대나무로 직경 6척 정도의 테두리를 만들고 여기에 나무껍질을 감는다. 그리고 테두리 안에 십자로 나무를 교차시키고, 그 교차점 위에 길이 30척 정도의 박달나무로 목간을 꽂아 그 꼭대기에 금속의 무거운 관을 씌운다.

테두리에는 길이 20척 쯤 되는 오색의 가는 비단, 흰색광목 등을 겹쳐서 걸고 신간 또한 오색의 천으로 감는다. 이것은 머리부분의 무게만도 40관이라고 한다. 더군다나 색천의 바느질을 기생들이 했다고 하니 굉장히 화려한 것이었던 모양이다. 그리하여 장식을 끝낸 화개는 부사청 지붕 모퉁이에 세워 놓고, 무격이 서로 합하여 가무를 한 후, 시가로 끌고 나가 대성황을 향해 나간다.

도중에 힘깨나 쓰는 장골들이 운집해서 이것은 받들고 얼마나 갈수 있나 내기를 한다. 소란의 극치인 무악과 미친 듯이 뛰고 춤추는 중에 화려하고 장대한 신간을 세우는 사람들의 흥분은 이 이상 더할 수는 없다고 생각되나 "관노 중에는 이것을 잘 세우는 사람이 나타난다"고 하며 이런 능력은 오직 "신의 도움에 의한 것"이라고 믿어지고 있다.

화개에 대한 전승은 여러 가지가 있는데, 신라시대 전설적 영웅 이사부가 우산국을 정벌할 때 무거운 장대를 해안에 세워 적들에게 보이게 하고, 자신은 배안에서 바가지로 만든 가벼운 장대를 휘둘러 적을 놀라게 했다는 고사에서 유래한다고 한다.

또한 김유신이 용감한 극을 연출해서 적을 쫓았을 때 쓰고 있던 양산이라고 전하며, 심지어는 화개 두부에 있는 금속장식은 범일국사의 석장 머리부분을 본 딴 것이라고 말한다. 국사는 강릉 신복리에 있었으나 임진란 때 대관령에 올라가 기도를 드렸더니 산천초목이 모두 군사의 모습으로 보였으므로, 일본군이 쳐들어가지 못했다는 걸승(傑僧)이다.

생각컨대 이러한 이야기는 모두 산신신앙이 영웅신의 신앙으로 변형해 나가는 과정을 나타낸 것이다. 따라서 화개는 신의 힘에 의해서만 들어 올릴 수 있으며, 이것을 조금이라도 받들고 옮긴 사람은 연중 무병하고 재난이 없다고 믿으니 제사 때 옷을 흙투성이로 만들면서까지 나서려고 하는 젊은 사람들의 기분을 알아줌직도 하다.

여기에 대해서는 『성소부부고』의 저자 허균도 계묘년(1603) 여름 명주(강릉)에 가서 단오제의 성대함을 목격하고 "신이 즐거우면 길상이 깃들어 그 해는 풍년이 들고, 신이 노하면 반드시 풍수의 재해가 있다"는 말을 듣고 스스로 화개를 어깨로 올렸더니 넘어지지 않았다고 기뻐하고 있으니, 재미있는 일이다.

즉 유교의 예절형식에 사로잡힌 듯한 유학자도 때에 따라서는 바른 소리를 하기도 한다. 화개를 세웠을 때는 반드시 상하로 흔들어 주게 되어 있다. 그것은 균형을 잡기 위한 동작이겠으나, 신이 내리는 강신의 의미로 받아들여진다는 것에 주의를 기울일 만하다.

다음에 산대회(山臺戱, 가면극)는 대성황당 앞뜰에서 행하며, 연희자는 7명의 관노이다. 당일 무격이 모이는 수는 백 명에 이르며, 이 날 드디어 본제에 들어가게 된 것을 나타낸다.

산대회는 이어 4일과 5일로 계속되며, 5일이 제의 클라이막스다. 즉

5일에는 진시(辰時, 오전 8시)부터 대성황당 앞에서 가면극을 연희하며 신간과 화개를 받들고 약국성황에 가는 도중 시중에서 힘을 쓰는 젊은 이가 모여 다투어 화개를 모시고자 하며, 무격이 노래를 부르며 옹립한다.

약국성황(藥局城隍) 소성황(素城隍)에서 기도를 올리고 연극을 하며, 갔던 길을 되돌아 성내의 시장·전세·대동·사창의 여러 관청 앞에서도 성대한 연희를 하고, 해질 무렵 대성황당 안에 봉안한다. 약국성황, 소성황에는 지금도 늙고 큰 성황목이 솟아 있다. 행렬의 선두에는 태평소를 부는 나팔수가 앞서서 길을 정화하는 연주를 하고, 다음에 무격 수십 명이 도보로 뒤따르며, 이어서 장대한 화개를 메고 가는 뒤에 무격 한 명이 신간을 받들고 호장 이하가 이를 뒤따른다.

당일은 각 지방마다 단오제가 있으므로 무격은 이들 각 지방에 분산되므로, 그 수는 하루에 비해 훨씬 적다. 신도(神道)와 대도(大道)에는 세 줄, 소도(小道)에는 두 줄로 황토를 뿌려놓고 신당에는 금줄을 치며, 당우가 없는 곳은 신목에 감는다. 민가에서도 금줄을 치는 집이 있으나 이것은 왼쪽으로 꼬은 새끼줄이며 군데군데 짚 끝이 나와 있고 종이를 달아 늘인다.

이 제사에서 행해지는 산대희는 다음에 기술하는 경성지방의 것과는 상당히 다르며, 처음에 '장자말'이란 것이 나온다. 이것은 뿔이 달린 삿갓(笠)을 쓰고 허리에 대나무를 두르고, 여기에 '말치'라는 해초를 걸고 또 색지나 색천을 요란스럽게 늘어뜨려 어깨띠로 허리에 두를 대나무를 걸고 있는 사내다.

탈 쓴 사람 두 명이 나타나 춤을 춘다. 탈은 통상 가면이란 뜻이 되나 종이나 천을 늘어뜨려 안면을 가리는 장의(長衣)라고 한다. 신은 신(神), 사람은 인(人)의 뜻이므로 어딘지 북방샤먼의 가면의(假面衣)가 연상된다.

그리고 '양반광대'와 '소무각씨'(소매각시)가 나온다. 양반광대는 호랑이 수염이 달린 가면에 뿔이 달린 관을 쓰고, 직령이란 풍덩한 청의를 입고, 소무각씨는 황의청상에 머리를 묶고 흰 분을 바른 여가면을 하고, 부채를 들고 춤을 춘다.

이 양반광대의 춤을 이사부가 나무로 사자를 만들어 우산국을 토벌했을 때를 모방한 것이라고 전해지고 있다. 마지막에 '시시딱딱이'란 것이 등장해서 양반과 소무가 춤추고 있는 가운데 끼어들며 이것은 방상씨의 가면과 같은 무서운 목제가면을 쓰고 있다고 한다.

끝으로 5월 6일 대성황 뒤뜰에서 사시(巳時, 오전 10시)부터 오후(정오)에 불로 태우는 화산(火散)행사가 있은 후 제사를 마친다. 여기에는 무격이 합동해서 악기를 연주하면서 신간과 화개의 테두리를 비롯해서 대제에 쓰기 위해 임시로 만든 모든 것을 불사르는 성화(聖火)의 행사이다.

3월 20일 신주근양에서 시작된 이 제사도 이것으로 마치게 되며, 지금은 옛날의 모습을 찾을 수 없으나, 그래도 5월 1일에서 7일까지 읍내에 장이 서고, 시장 한 구석에서 무녀의 가무가 행해지는 것으로 보아, 아직 옛 신앙의 편영(片影)이 샛별 같이 남아 있는 것이다. (1930. 3. 20)

江陵端午祭

秋葉　隆

南孝温秋江冷話に、「嶺東民俗、毎於三四五月中、擇日迎巫以祭山神、富者駄載貧者負戴、陳於鬼席吹笙鼓瑟、連三日醉飽然後下家、始與人買賣、不祭則尺席不得與人」とあるが、朝鮮に於ける山神の信仰は可成り古く、今尚民心に深く喰入つて居るやうに思はれる。私は一昨年(昭和三年)の夏休みに、金剛山夏季大學の序を利用して、此の嶺東山神祭の名殘を探るべく江原道の所々を歩いて見た。就中私の目ざした點は、祭らざれば則ち尺席も人に與ふるを得ずといふ氣持が、今何いづくにか殘つて居るのではないかといふことであつたが、不幸にして其の的確な資料を捉へることは出來なかつた。

然るに江陵に滯在すること一週目の中に、その地の方老李根周氏に依つて與へられた、端午祭その他の資料は意外に貴重なるものであつて、恐らくは今日嶺東第一と稱せられた江陵の端午祭に就て、之程の精密な記憶を有つて居る人は他にあるまいと思はれる。今當時の聞書をたどつて其叙述だけを試みたい。

・祭は端午祭と稱し、毎年陰の三月二十日から祭酒を釀すに始まつて、四月一日及び八日に獻酒巫樂のことがあり、十四日の夕方から十五日の夜にかけて、大關嶺の山神を迎へて邑内の城隍堂に祀り、二十七日の鳴金賽神を

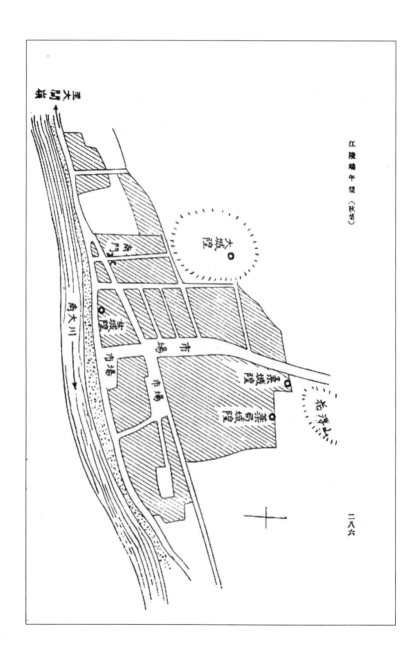

江陵端午祭 （秋葉）

二八六

経て、五月一日から花蓋を樹て假面㒵を演じ、五日に至つてクライマックスに達し、六日の火散に終る迄、前後實に三ヶ月に亙る大神事であつたが、朝鮮の維新と稱せられる甲午の革新（明治二十七年）以來杜えて見ることが出來なくなつたものである。

以上の四月一日、八日、十五日、二十七日、五月一日、四日、五日、六日は所謂八端午であつて、四月一日に獻する祭酒は、三月二十日から戸長・府司色・首奴・城隍直・内巫女が沐浴齋戒して封入し、之を戸長廳の下房に置くのであるが、之に用ふる米一斗と麯子とは官廳で進排することになつて居た。

越えて四月一日初端午には、巳の刻から邑内大城隍堂に祭酒及び白餅を供へて祈結する。初獻官は戸長、亞獻官は府司色、三獻官は首奴、終獻官は城隍直の定で、酌獻の禮が畢つた後に男女巫覡五六十名が山遊歌を唱へて鉦を撃ち金を鳴らしながら㒶神を行ふ。又官奴の吹手は太平簫を吹いて歡遊し、未の刻に及んで解散する。四月八日再端午も亦之と同樣の行事がある。

次に四月十四日夕食後戌の刻、いよ〱〱大關嶺の山神を奉迎すべく出發する。初吹・二吹・三吹の後に、戸長は大昌驛の驛馬に跨り、府司色・首奴・都使令・男女巫覡五六十名凡べて騎馬なるを率ひして、太平簫・羅叭の吹手各二人、六角の細樂手六人を前にして進行する。嗩吶は長さ六尺許り、太平簫と共に吹奏によつて道を淨める意味を持つ。六角とは杖鼓・笛・胡琴及び篳篥二の謂である。男女巫覡の技はそれぞれ官から命ぜられたもので、女巫の長を内巫女と謂ひ、男覡の長を城隍直と謂ふ。

さて此の百人ばかりの乗馬の行列の後からは、數百の老若男女が所謂負戴駄載して從ふ。即ち富者は平常自家に出入する所謂丹骨巫覡に、新調の衣裝を與へ、馬に乗せ、酒米の供物を積んで馬夫を從へて行くといふ有樣で

江陵端午俗（貳藝）　　　　　　　　　　　　　　　　　　　　　　二八七

ある。江陵を去る二里餘、邱山の驛に達すると、土地の人々から夕食の接待を受ける。出發の際既に食事を濟ま

して居るので二度目の夕食になる譯である。それから大關嶺の山下、松亭と稱する形勢の地に至つて休息し、溪

流に米を洗つて翌朝の飯を炊ぎ、其枝は山下に野宿するのであるが、人馬雜踏して眠を成さず、十五日の夜が明

ける。

十五日は曉頭雞鳴の頃再び出發して、大關嶺初八(東空樓)岩石上に到著し、各持參の朝飯を食ひ、巳の剋に嶺上

城隍堂の前に到つて、巫覡は祈禱依賴者から與へられた齋米を以て飯を炊ぎ、之を神前に供へ、祭酒を歃じ、人

人は齋食を分食して、巫覡を始め見ず知らずの者にも之を與へ、下山の時は一物も持ち歸らぬやうにする。そこ

に神と人と共に食ふ信仰と共に、原始消費經濟に於ける社會的正義の閃めきを見ることが出る。換言すれば祭ら

ざれば則ち尺席も人に與ふるを得ざる者の祭に於て如何に惜しみ無く與ふるかを見ることが出來る。

そこで神祠の近く、生木の前で賽神の鳴金の祭を行ふと、生木の枝葉が動き始めると考へられ、之を祭で伐り取つ

て、之に顧者の依賴による白紙・本綿絲・乾大口魚・衣服等の厄防を結び、盛んなる巫祭を行ふ。大關嶺を越える旅

人は、通常乾明太魚と白紙とを用意して行つて、之を神木に結び厄防をするといふことであるが、之は朝鮮到る

所の城隍木に見る風である。

巫祭に依つて生木の枝が動き始めるのは、勿論降神の意味と解せられるが、此の城隍神竿に盛に厄防を結ぶた

めに、神竿は漸次太く重くなり、その中に自ら動き始めると、之を以て山神が江陵の邑内に降らむとするものと

考へ、男覡の一人は長帶を腰に結んで、之に神竿を支へ、江陵に向つて山を降る。時に神竿を奉じた覡は、女巫

男覡の殿に居る城隍直・内巫女と戶長の間に位置する。歸路吹手・細樂手は路軍樂を吹打し、女巫男覡馬上に互に

唱歌袖舞して、濟民院城隍・屈面里城隍を歷て、邱山驛城隍堂前に到著すると、洞人各致誠祭需を捧入して、一

時間許り賽神休息し、祭物の殘餘を陪來の諸人に施した後、日暮れて出發する際、江陵邑内六洞の炬火軍三四百

名が手に手に松明を持つて之を迎へ、前後左右から神竿を擁護して行く。松明を持つて神の案内をすれば、其年

は凶事が無く豐年であるといふ信仰が伴つて居るのである。

いよいよ江陵に近づくと府中六班の官屬が出て迎へるが、當に邑内に入らむとする所、現今の大正町の直ぐ上

にある某家の前を通る時に、同家から必ず祭餅を供へることになつて居た。それは昔この家に虎が現はれて、一

人娘を奪つて行つたといふことで、つまり山神が怒つて虎を遣はしたものと信ぜられて居る訳である。今でも虎

を以て山神又は其の使臣となす傳承は殆んど全鮮的に存在する。

斯くて邑内に到着すると、先づ南門外の女城隍に立寄つて賽神する。其際洞内の人々が致誠祭需を供獻した後、

巫覡合同して搖鈴舞戲して南門を入り、騎兵廳に寄り、市街に出て、府司・田稅・大同・司倉の諸廳を歷訪して、大

城隍堂に到り、嗚金賽神して神竿を室内に奉安するのが、十五日俊半子の刻である。

私は江陵滯在の一日、李老を煩はして同行の加藤氏と共に此の神道を步いて見たが、女城隍室は南大川の

ほとりに今尚歷殘の雨の一日、入口に「袋神室、庚寅四月上澣、月坡」の額を揭げ、中に「土地之神位」と

墨色新たなる白木の神位があり、若干の祭器にも未だ信仰の滅び盡くさゞる跡を見たが、大城隍卽ち江陵の邑

城隍堂に至つては、今は全く其の面影を止めず。邑の西部小高い丘の上に僅に在りし昔の位置だけを示された

を以て過ぎない。當地の普通學校に保存する「濟衆蠹祠」と篆刻せる木額は、大城隍のものであつたといふことである。

さて神竿は大城隍堂の十二神位の中央に立てられて、盛んなる巫祭が行はれ、四月十六日より五月六日に至る

江陵端午祭 (秋葉)

迄、二十一日間毎日未明に戸長・府司色・首奴・城隍・直內巫女が神前に拜禮し、人々は各丹骨巫黨に依つて祈禱を行ひ祭物を供へるが、斯かる巫女を持たぬ者は所謂內巫女に依賴する。內巫女及城隍直には、巫覡の家々より金穀を給し、其勢力は仲々侮るべからざるもので、此間彼等の所得は勿論、通常の巫女の收入も決して少くなかつたと考へられる。大城隍堂に祀つてあつたといふ十二神位は、例の甲午の革新で土中に埋められてしまつたとのことで、李老の記憶にはその中の主神たる興武王金庾信と松嶽山神・江門夫人・鄭堂夫人・連花夫人・西山松桂夫人・泛日國師及異斯夫の八つだけが浮ぶに過ぎなかつた。老は私が瀟陵中此の十二の神の名稱を調べ上げようとして、當時の巫覡中、江陵唯一の殘存者覡趙介不を訪うて尋ねて吳れられたが、矢張り全部は分らなかつた。私も一日この覡の家を訪うたら、彼は詳服を著けた人を以て恐るべき服迫者と考へたらしく、周章狼狽して氣の毒な程であつた。

次いで四月二十七日に鳴金賽神があつて、五月一日からいよいよ本祭に入る。卽ち此日始めて華蓋を飾り、假面劇を演するのであるが、先づ蓋のことから述べると、府司の所で太竹を以て直徑六尺位の輪を作り、之に樹皮を捲付け、輪を橫ざつて十字に輕木を交叉し、その交叉點に長さ三十尺許の檀木の木竿を差込み、頂に金屬の重いものを付けて、輪の周圍には長さ二十尺許の五色の紬・綾・白木綿等を連ね懸け、竿も亦赤・黑・靑等の色布で捲いたもので、頭だけでも四十貫もしたといふ代物である。又妓生が其の色布の縫付けに當つたといふことでもあるから仲々派手な行事であつたことが窺はれる。そこで裝飾を畢つた蓋は府司の前庭に擔ぎ出して、軒端に立てかけ、巫覡が會立歌舞した後、市街に向ふ途中、力自慢の者が翌集して之を擔げ步むことを競ふ。例の喧囂限り無き巫樂と狂踏亂舞の最中に之を樹てる人々の昂奮はさこそと思はれるが、官奴の中には、代々之

を掛てる樣な人が生れると云はれ、それは全く神助に依るものと信ぜられて居る。

所が蓋に關する傳承には色々あつて、或は異斯夫が于山國を攻めた時に、重い棒を海岸に置いて敵に見せ、自

分は船中でバカチ製の輕いのを振り廻して敵を熊かした故事に由來すると云ひ、或は又金庚信が剛勇な劇を演じ

て賊を走らせたその時の差懸いの傘であるなどとも云はれ、更に蓋の頭部につける金剛の裝飾は、泛日國師の錫

杖の頭を模したものとも稱せられる。國師は江陵眞福里の眞福寺に居たが、壬辰の亂に大關嶺に登つて祈ると、

山河草木悉く軍勢の姿に見えたので日本軍が攻め寄せなかつたと傳へられた程の傑僧であるから、此等の傳承は

何れも山神の信仰が英雄の崇拜に楔形し行く過程のくづれと見よう。從つて此の神輦なる蓋を持ち

上げることは神助によつてのみ爲し能ふ所で、之を少しでも捧げ運んだものは其年中無病幸福であると信ぜられ、

祭の衣裝を泥まみれにして吾勝にと試みる若者達の心裡も了解せられるであらう。惺所覆瓿藁の著者許筠も癸卯

の夏濱州（江陵の舊名）に行つて親しく端午祭の盛大を目撃し「神喜則終日蓋不仆仆、歳輒登、怒則蓋仆、必有風水

之災」と聞いて、自ら蓋を肩にした所が、果して仆れなかつたと云つて喜んで居るから面白い。形式儒敎に囚は

れて民俗を迷信と心得てる人々とは選を異にする。因に蓋を立てた時は必ず之を上下に振ることになつて居たと

いふから、之も降神の震動と思はれる。

次に假面劇は大城隍の前場で午後一時頃から四時頃遂行はれ、演者は七人の官奴であるが、演出に就いては後

に述べることとして、只此の山臺戲（假面劇）の壮遊や、華蓋の棒立やの主體と考へられる巫覡の神罪が當凡に限り

百名近くの巫覡の集合を見ることは、此の口がいよいよ本祭に入つたことを思はしめる。假面劇は四日にも亦大

城隍の前場で巳の刻から未の刻遂行はれ、愈くれば五日のクライマックスである。

江陵端午祭（秋葉）

江陵端午祭 (鞦韆)

即ち五月五日辰の刻から大城隍の前で假面劇を演じ、神竿及華蓋を奉じて藥局城隍に到る途中市街年少習力の

考會集して、蓋を捧げんとして爭賭すること一時間許り、巫覡がそこに唱歌護立する。藥局城隍で新總演劇して

から、素城隍に行つて亦之を行ひ、それから往路を還つて城内市場(齊侍靈様社)に演戯、田稅・大同兩廳の前、司

倉の前場でも此に演じて、日暮るゝ頭神竿華蓋を奉じて女城隍に至り、そこでも假面戯を演じた後、神竿を大城

隍室内に奉安する。藥局城隍及素城隍には今尙老大なる城隍木がある。

行列は先頭に太平簫の吹手が立つて道を淨め、次に巫覡數十人徒歩で從ひ、續いて長大なる蓋を擔ひ曳く後に

覡一人神竿を奉じ、戶長以下之に隨ふのであるが、當日は各地に端午祭があるので、巫覡は所謂八洞の地に分散

して其數却つて一日の如く多くはない。神道は凡べて黃土を點じ、大道は三筋、小徑は兩側に之を撒く。神祠に

は禁繩を張り、祠の無い所は神木に之を捲く。民家でも之を張るものがあるが、禁繩は日本の注連繩と同じく、

左捌いの尻くゝめ繩で所々に桑の端が下り、紙片を著けたものである。因に此の黃土禁繩のことは四月十六日山神降

邑の日も同樣であることを忘れてはならぬ

そこで五月一日、四日及五日に行はれる山臺戲(假面劇)に就いて簡單に述べたいと思ふが、生憎李老の此の點に

關する記憶が甚だ覺束無げで、頗る要領を得ないものになることを恐れる。一日と四日に行はれるのは演者が七

人、五日のは九人といふことであるが、閑書には六人の登場だけが起されて居る。先づ初めにチャンジャマルと

云つて、角のある笠を冠り、腰に竹の輪を廻らして、之に方言マルチといふ一種の海草を懸け、又色紙や色布を

盛んに吊つて、肩から裾のやうな布で此輪を廻つた男が素顔で登場する。次にタルシンサラムといふ者が二人出

て躍るが、タルとは布や紙を無數に垂れて顔面を蔽ふ長衣であるといふから、北方シャマンの假面衣の一種を聯

二九二

想させられる。それから兩班廣大と、少巫閣氏が出る。兩班廣大は虎面の假面に良い角のさうなものを頂き、近傾

といふ寛濶な齊衣を着け、少巫閣氏は黄衣帝家結髪して、白粉を粧うた假面を被り、扇を以て舞うたといふ。兩

班廣大の舞は異斯夫が木造の獅子を作つて、于山國を討伐した様を模したものとも傳へられて居るが、角のある

所を見ると只の虎の如く、いづれ只の獅子ではあるまい。私も京城へ旅興行に來た山臺戯の兩班廣大なるものを一見したが、之

は全く虎の如く恐れられたといふ老兩班が八道の山河を周遊して、久方振りに故郷に歸ると昔の下僕に愚弄され

るといふ極めて道化た筋のものであつた。併し此の老兩班の歡樂なるべく美しかつたのにも拘はらず、一面だ

けはどうも虎の様でもある獅子の様でもある。さて最後にシシ、タクラギと稱する者が出て、二人の舞つて

居る中に割つて入る。之は例の方相氏の面の様な醜惡な木製の假面を着けて出たといふ。私は此の貧

弱な資料を楊州山臺戯の比較的精細な手記と比較して、之も矢張り山神巫女神婚の表現ではなからうかといふ臆

說を持つて居るが今は述べない。

終りに五月六日火散の行事があつて祭を終るのであるが、それは大城隍の後庭で巳の刻から午の刻にかけて、

巫覡が合同して鳴金を以て、神竿・華蓋の幅を初め、大祭の爲めに臨時に作つたものを盡く燒火することである。

朝鮮巫覡の神事は常に不精祭節に始まつて後解に終つて居るが、火散は盡く此の後解そのものに他ならぬと考へ

られる。

序に質は私が眼目の問題として行つた祭と市との關係に就いては、李老すら官設の祭に見物人が殺到するから

商人や藝人が入込んで、自然市が立つだけだと考へて居る程、古き神は死んでしまつて居る。併し今でも五月の

一日から七日近市が立つて片隅に巫女の歌舞でも無ければ氣が濟まぬ傾があるといふことであるから、時代は移

10

つて常年の江陵端午祭は所謂端午の運動會になつてしまつても、尚未だ昔ながらの信仰の一端が曉の星の如く殘つて居るものと思はれる。そこで之を許筠の文に見る當年の民信の耀かしさと比較することも强ちに徒らなる業ではあるまい。

歲癸卯夏、余在溟州、州人將以五月吉迎大嶺神、問之首吏、吏曰、神卽新羅大將軍金庾信也、公少時、游學于州、山神敎而劒術、鑄劒於州南禪智寺、九十日而出諸鞘、光耀奪月、公佩之、怒則躍出鞘中、以之滅麗平濟、死而爲嶺之神、至今有靈異、故州人祀之、每年五月初吉、具幡蓋香花、奉迎于府司、至五日、陳雜戲以娛之、神悅則終日不偃仆、歲輒登、怒則蓋仆、必有風水之災、余異之、及期往屈之、果不偃仆、州人父老悉驩呼蹈歌、相慶以抃舞、余惟公生而立功於王室、成統三之業、死後千年、猶能禍福於人、以現其神、是可記也已。

（昭和五・三・二〇、夜於京城）

1930.3.20

【해설】 추엽 융(秋葉 隆, 아키바 다카시)은 일제강점기 때 경성제대 교수로서 1928년에 강릉출신의 경성대 여학생 등과 함께 강릉을 답사하여 단오제에 대한 자세한 기록을 남겼다. 부분적으로 잘못된 내용이 있으나 강릉단오제에 대한 일본인의 시각에서 본 것으로 민속학적 자료로서 가치가 높게 평가된다.

그는 『조선민속지』, 『조선무속의 현지연구』 등 일제하 우리민속조사 연구서를 낸 바 있다. 추엽융과 적송지성은 『조선무속의 연구』(1937)를 공저로 냈으며 이 책에서도 강릉단오굿 내용을 재수록했다.

추엽융(秋葉隆), 적송지성(赤松智城) 사진

18. 선생영조, 생활상태조사(3) 강릉군, 1931

【문헌】『生活狀態調査(其三) 江陵郡』調査資料 三十二輯, 朝
鮮總督府, 1931
【내용】성황, 대관산신, 국사성황, 단오굿, 가면극

○ 성황

각위 성황신, 송악신, 태백대천왕신, 남산당제형태상신, 성황당덕자모
왕신, 신라김유신신(전하는 말에 의하면 오대산에서 주조하였다고 하나
그 여부는 알 수 없다), 강문개성부인신, 감악산대왕신, 신당성황신, 신
라장군신, 초당리부인신

○ 대관산신

탑산기(塔山記)에 의하면 왕순식이 고려 태조를 따라 남쪽을 정벌할
때 꿈에 승려가 나타나 병사를 거느리고 구원하러 오니 전투에서 승리
하였으며 이에 대관령에 이르러 제사를 올렸다고 한다. (이것은 고려사
의 기록과 같지 않다) 또 『증보문헌비고』에는 남효온의 추강냉화에 이
르기를 영동 민속에 매년 3·4·5월 중에 날을 택하여 신을 맞이하
고 산신에게 제사를 한다. 부자는 말을 타고 가난한 자는 등짐을 지고
귀석(鬼席)에 나아가 베풀고 연이어 3일을 피리 불고 북치고 거문고
타며 제사를 올리며 취하고 배부르면 집으로 돌아간다. 사람들은 비로
소 매매를 하고 제사를 지내지 않으면 조그만 것도 다른 사람과 나누
지 않는다.

어느 촌로의 말에 의하면 한일병탄 당시까지 이 미신은 연중행사로
서 지극히 성대하게 치루어졌다고 한다. 시세의 변화와 아울러 이런
미신 또는 전설도 사라졌으며, 혹은 다양한 형태로 변화되었지만 이

지방은 지리교통 관계상 사회조직의 변화가 늦었기 때문에 각종 미신·전설도 옛날의 모습이 파괴되지 않고 제대로 전해지는 것이 비교적 많다. 현재 마을에서 전해지는 미신·전설을 수록하면 다음과 같다.

○ 대관령 새신(賽神)

대관령에는 한 개의 성황이 있는데, 즉 범일국사로서 강릉에서 출생했다고 한다. 그 신은 조화만능하며 고대부터 두려움과 공경함이 지극하였고 만약 노여움이 있으면 맹호(호랑이를 신의 모양으로 만든 말을 말함)가 되고 한발, 홍수, 폭풍, 전염병 등 예측치 못한 환난을 빚어내어 한 군의 안위를 좌우한다고 말한다. 그래서 군민은 그 신을 맞이하여 위로하기 위해 매년 큰 행사로서 수백 원을 투입하여 음력 4월 15일 국사성황을 내려 모시고 음력 5월 5일 단오굿(주문을 외고 음악을 연주하며 신에게 제사하는 행위)을 행하고 있다. 특히 단오굿은 오랜 세월 불려지던 것으로 강릉군내에서 수십 만의 관중이 모이며 관동열읍에 널리 알려졌지만 최근에 이르러 미신의 풍습이 변화되어 그 새신은 행하지 않고 오직 단오라는 이름만 남아 있다. 이를 계기로 운동회를 개최하였으며 인근 마을에서 많은 사람들이 모여들어 시가지의 풍경이 일년 중 가장 번잡하였다.

○ 국사성황 강신제

음력 4월 15일을 기일로 부사는 호장에게 명하여 무격대, 봉화군 기타 관청의 하인 수백 명을 인솔하고 쌀로 빚은 술(수십 일전에 이것을 제조함) 등 제물은 물론 깃발과 북, 징, 나팔을 앞세우고 중요 역목을 무격의 말에 태우고 당일 아침 일찍 일어나 대관령 정상에 이르러 굿을 하고 제사를 지내게 한다. 마침내 신령스러움이 있는 산을 택하고 그 산중에서 한 그루의 나무가 흔들리며 신의 하강을 영감하니 이에 그 나무를 베어 받들고 저녁에 돌아온다. 봉화와 악대의 줄이 수십 리에 이르니 자못 아름다운 풍경이었다. 그리하여 신목은 읍내의 소성황을 시작으로 각 관아를 돌아 대성황(지금은 없으며 그 흔적만 있다)에 봉안된다. 호장은 단오굿의 시작부터 끝날 때까지 무격을 대동하고 매일 참배를 한다.

○ 단오굿

음력 5월 1일부터 굿을 하고 마침내 단오 당일은 제사를 성대하게 지낸다. 대성황은 물론 읍내 각 성황당에 모두 굿을 하고 한편으로 옆에서는 희극을 펼치는데 장관이다. 신목은 그 다음날 소성황당에서 불태운다. 이를 화선(化旋:다시 신으로 변하여 돌아온다)이라고 말한다.

○ 희극의 개요

- 양반광대 : 창남(倡男:남자배우)으로 얼굴에 가면(나무로 사람 얼굴의 형상을 만들고 분을 칠하고 장식한 것)을 쓰고 머리에는 꿩의 깃털로 만든 뿔 모양을 달고 손에는 큰 부채를 잡고 몸에는 변색된 옷을 착용하고 춤을 춘다.
- 소매각씨 : 창녀(倡女:여자배우)로서 가면, 부채, 복장은 양반광대와 조금 다르며 춤은 동일하다.
- 쾌대[幢] : 큰 원틀(속은 대나무나 갈대로 모양을 만들고 겉은 포나 목면으로 감싼 것)을 만들고 중앙을 장대하게 하고 나무기둥을 관통하게 한다. 주위에는 포나 목면 속으로 추를 매단다. 이것을 혼자 들고 시내를 일주하는 사람을 역사(力士)라고 칭하고 포상한다.
- 기타 : 추천(그네) 여자들의 놀이, 축구는 남자들의 놀이 등이 성대하게 이루어진다.

て、目下何れも闔兒八十名內外に達して居る。

種類	布教所	信徒數
普天敎	一	三八人

宗敎類似團體の布敎所及び信徒數 （昭和四年）

迷信・傳說

古來天地日月星辰山川鬼神を祭り、猛虎を拜し、之に禍福吉凶、病氣の平癒等を禱り、或は占ふ迷信が多く、それを司祭する者は巫女、占者、呪者にして、その鬼神中の重なるものは、家宅に屬する神に、城主（上梁に住して家を守るの神）、業位（幸福を司どるの神）、竈王（廚を司るの神）、基主（俗に터쥬と稱す、屋神靈を祀るものにして宅地を司どる神）、賢神（厠を司る神）あり、山林に屬する神に山神、城隍（石を好むの神）あり、人類に屬する神に三神（孕胎、産兒を司る神）、疫疾（俗に마마と稱す撩瘡神なり）、懣疾（間獸熱の神）、咻疾（俗に엄짐と云ふ疫癘の神）、虎鬼（疾病の神）、簽神（疾病の神）、末命（性行の鬼にてその性貪婪ならむと云ふ）、寃鬼（怨恨を懷き人を惱ます鬼）、天下將軍（俗に당승と云ふ、路邊に立つ）、魍魎魑魅（俗に독갑이と稱す）、童子菩薩（人の兩肩を司どる神）等ありと信ぜられて居る。

巫女は祠堂又はその他の住家等に於て祈祷を行ふ場合は、必ず音樂を用ひ、聽者をして感激せしめ、そ
の音は神の言として聽取される。占者もまた彼等の鬼神に托して豫言をなし、彼等の占筮は大抵方位星術
に據り、盲者が多くこれを爲すのである。

以上は大體中部朝鮮の他の各地方と共通の迷信であるが、その他にこの地方特有の迷信信仰が多い。

「臨瀛誌」の祠典の條を見ると、古來より信仰された鬼神が列記してある。

社　稷　　府社之神府稷之神

城　隍　　各位、坡陶之神、松嶽之神、太白大天王神、南山堂偹形太上之神、城陰堂德慈母王之神、
新羅金庾信之神 設像與話經經于五 云云未知其是否　江門開坡夫人之神、紺嶽山大王之神、神堂城隍之神、新羅將軍之
神、草堂里夫人之神

大關山神　　塔山記載王順式從高麗大祖南征時夢偹俗二神率兵來救覺而戰捷故配于大關至于致祭 此與高麗史廞記不同

また「增補文獻備考」には、南孝溫冷語曰。嶺東民俗。每於三四五月中。擇日迎巫。以祭山神。富者駄
載貧者負載。陳於鬼席。吹笙鼓瑟遷三日。醉飽然後下家。始與人買賣。不祭則尺席不得與人。とあり、土
地の古老の言に據ると、併合當時まで、この迷信は年中行事として、極めて盛大に行はれたさうである。

五、文化・思想

二七九

二八○

時世の流れと共にこれ等の迷信傳説も或は廢れ、或は變化して一樣でないが、この地方は地理交通の關係

上、社會組織の變化が遲緩であり、從つて各種の迷信傳説も、昔の姿が破壞されずに、その儘傳はつて來

て居るものが比較的多いやうである。現在巷間に傳へられて居る迷信、傳説の主なるものを揭記すれば、

次の通りである。

◎　大　關　嶺　の　賽　神

大關嶺に一城隍あり、即ち泛日國師にして、江陵に於ける除厄を司る。その神は造化萬能にして、大古

より畏敬を極め、若し怒りあれば、猛虎（虎は神様の馬と云ふ）をして、旱魃、洪水、暴風、急疾等不測の禍患を釀さ

しめ、一郡の安危を以て左右すると云ふ。而して郡民は、その神を迎ひ慰めるが爲めに、例年の一大行事

として、數百圓の費用を投じ、陰四月十五日國師城隍「降」、五月五日端午「굿」（呪文を讀み音樂を奏し

賽神の祭を行ふ）を爲すのである。殊に端午「굿」は長き時日に亙り、數十萬の觀衆を郡の內外より集め、

古くより關東列邑に有名であつたが、近世に至り迷信の風一變せるに伴ひ、その賽神は行はず、唯端午の

名のみ殘り、之を機として運動會を開き、近鄉よりの人出多く、市街の光景一年中最も雜間を極む。

◎　國　師　城　隍　「降」

四月十五日を期とし、府使は戶長（東萊の重役）に命じ、巫覡隊、烽火軍、その他官僕等數百名を領率し、酒

（數十日の前より之を製造す）粢米等、祭物は勿論、旗幟、鉾、角（喇叭）等を揃へ、重要役員、巫覡馬に乗り、當日朝早く立ち、大關嶺頂に走り、「子」を為しつゝ祭を行ひ、終に靈場にある澤山の木の中、一本の木動きて神の降るを靈感し、茲にその木を切り奉り夜に入りて歸る。烽火、樂隊の列は數十里に亘り、頗る美觀を呈する。而してその神木は邑内の小城隍を始め、各官衙を廻り、大城隍（今廢せられ其跡あり）に奉安せられ、端午の「子」の始まる近戸長、巫覡を帶同し　毎日の参拜を為す。

◎端　午　「子」

五月一日より「子」を為し、尚は端午の當日は祭を盛んにし、大城隍は勿論、邑内各城隍共に「子」を為し、一方に於ては左の戲劇を設けて壯觀を極む。神木はその翌日小城隍に於て燃く、之を化旋と云ふ。

戲劇の概要

一、「양반광대」倡男にして面に札（木を以て人相を造り粉にて飾るもの）を掛け、頭には雉尾を以て造りたる角の樣なるものを戴き、手には大きなる蕭扇を握り、身には變な服を着て舞踏等を為す。

一、「소매각씨」倡女にして面、扇、服は前者と稍異なるも舞踏は同じである。

一、「괴뢰」（懸）大きなる輪（裏に竹、荻等を入れ表に布、木綿屬にて包みたるもの）を造り、中央を長太き、棒柱にて貫き、周圍には布、木綿屬を以て掛垂れたるものにして、之を獨り持立て、市内を一周す

五、文化・思想

二八一

るものは力士と稱して褒賞す。

一、鞦韆（女子の戲具）蹴球（男子の戲具）、等が盛んに行はれる。

◎風　神

風の神樣で、陰暦の二月一日に降り、同十五日に昇ると云ふ。その月に於て小豆飯等を供へ、豐年を祈るは勿論、降る日より昇る日まで、其間は何れも冷水を以て供へ、又は珍物あれば必ず奉る。殊に漁村に於ては盛んにこれを爲める。而してその日の天候（風を以て早魃に襲雨を以て豐凶に徵す）に依りその年の豐凶を徵すと云ふ。

◎名　山　の　靈　氣

今を去る三百二十餘年前、韓汲江陵府使に任ぜられしも、江陵は古より豪族多くして中央の力及ばす。韓汲は達觀家にして殊に地理學に通じ、人傑は地靈に應ずべきものと信じて、鎭壓の法を講じ、郡內各所の名山に競き鐵棒を挿し、以てその精氣を壓せしめ、これより後地方豪族の勢力は次第に衰へたと云ふ。而して鐵棒の跡は今尙ほ殘存し、樵夫等により發掘せらる、ことが往々ある。

◎茅　山　峰　の　改　造

峰は邑內の南一里にあり、往時は筆の如き形狀を爲し、形美しく甚だ高くして、全郡到る處に於て望見ることを得、爲めにこれに應じて文筆の士が輩出したと云ふ。然るに後に至り、數丈削下げその形狀を損

二八二

【해설】이 자료는 1930년 조선총독부에서 실시한 생활상태조사의 세 번째로 조선총독부의 촉탁 善生永助가 강릉군을 상세히 조사한 자료 32집이다. 이 자료집의 사진은 강릉 사진사 추정남이 촬영한 것이며 대부분의 자료는 강릉군청과 경찰서, 강릉공립농업학교 등에 의뢰하여 수집한 것이다. 대성황당의 상황, 강릉단오제 절차, 굿, 관노가면극에 대하여 당시 상황을 기술한 것으로 참고할 만하다.

강릉 단양운동회 전경
(조선총독부 조사자료32, 생활상태조사, 강릉군, 1931, 56쪽)

生活狀態調査 (其三) 江陵郡

調查資料第三十二輯

朝鮮總督府

19. 오청, 조선의 연중행사, 1931

【문헌】 吳晴, 『朝鮮の年中行事』, 朝鮮總督府, 1931
【내용】 대령산신제

　이것은 강원도 강릉읍에서 행해진 것인데 옛날에는 매년 5월 5일이 되면 읍내 사람들은 횃대 등을 가지고 대관령에 이르러 신을 맞이하여 읍내 관아에 봉안하고 여러 가지 재미있는 놀이로 받들어 모셨다. 신이 기쁘면 괫대가 종일 넘어지는 일이 없이, 그 해는 풍작이 되고 만약 신이 노하면 괫대가 쓰러지는데 그 해에는 반드시 풍수재해가 있어 흉작이 된다는 설이 전해 온다. 그러므로 사람들은 신을 기쁘게 하려고 애를 썼다. 그것은 신라장군 김유신의 신령이라고 말하고 있다. 전해진 바에 의하면 김장군이 소년시절에 이곳에 와서 산신에게 칼쓰기의 묘술을 배웠고, 선지사에서 90일 걸려 보검을 만들었는데 그것이 달빛을 능가할 정도로 빛났다. 그는 보검을 옆에 차고 혁혁한 무공을 세운 후에 죽어 대관령의 신령이 되었는데, 그 영험함이 뛰어났으므로 이를 받들어 모신다고 말하고 있다.

太宗雨

は必ず護國の二字が加へられるのであつた。今日は殆んど廢れてゐる。

大嶺山神祭　これは江原道の江陵邑に行はれたものであるが、昔は毎年の五月五日になると、邑の人等は旌蓋花環等を持つて大嶺に至り、神を迎へて邑内の官衙に奉安し、諸戲惯樂を以てこれを祭つたのである。神の喜びあれば旌蓋が終日倒れることなく、その年は豐作さなり、若し神が怒れば、旌蓋が倒れるが、年中に必ず風水の災害あつて、凶作になるこの説が傳はつてゐるので、人々は努めて神を喜ばせようこするのであつた。それは新羅將軍金庾信の神だといつてゐる。傳はつてゐるところに依れば、金將軍が少年時代當地へ來り、山神より劍の妙術を教へられ、禪智寺に於て、九十日もかゝつて寶劍を鑄造し、月色を凌ぐ程光るこの寶劍を佩用し、赫々たる武功を收めて死し、嶺の神さなつたが、その靈感が著しいので、これを祭つたさいつてゐる。

（147）

　　【해설】이 책은 우리나라의 세시풍속을 소개한 것으로 단오풍속조에서 대관령에서 신을 괫대에 모셔다가 단오날 축제를 거행한 강릉지방의 내용을 수록하고 있다. 대관령산신인 김유신 장군이 이곳에서 산신에게 검술을 배웠으며 선지사에서 만든 칼로 삼국을 통일한 공로가 있으므로 대관령 산신령이 되었다고 하였다.

20. 농택성, 증수 임영지, 1933

【원문】瀧澤 誠, 『增修 臨瀛誌』, 江陵古蹟保存會, 1933
【내용】강릉성황제

마을마다 성황사(城隍祠)가 있어 봄 가을에 제사를 지내는데, 가을에
서는 제사 지내는 외에 색다른 일이 있다. 매년 4월 15일에 본부(本府)
의 호장이 무당을 거느리고 대관령 산위에 있는 한 칸의 신사(神祠)에
가서 고유하고 무당으로 하여금 나무에다가 신령을 구하게 한다. 나무
에 신이 내려 그 가지가 저절로 흔들리게 되면 "신령의 소의로 이렇게
된다."하고 그 나무의 가지를 하나 꺾어서 기운 센 젊은이에게 이 나뭇
가지를 들게 하며 오는데 이 행차를 '국사(國師)의 행차'라고 말한다.

화각(날라리)이 앞에서 인도하고 무당들이 징을 치고 북을 울리면서
뒤따르고 호장이 대창역마를 타고 천천히 그 뒤를 따른다. 이 행차가
오는 도로가에는 구경하려는 사람들이 담을 둘러싼 것과 같고, 관람자
중에는 한지나 헝겊을 찢어서 신목의 가지에다 걸기도 하고, 혹 어떤
이는 술과 음식을 장만하였다가 무낭들을 위로한다. 황혼이 되어 관사
에 이르면 횃불이 들판을 메우고 관청의 하인들이 이를 맞아 모셔 성
황사에 안치하였다. 5월 5일이 되면 무당들이 각색의 비단을 모아 고
기비늘과 같이 연이어 오색이 찬란하게 만들어 장대 끝에 매달아 우산
을 드리우듯 해서 화개(花蓋)라 한다. 힘이 센 사람에게 들려 앞세우면
무당들이 풍악을 울리며 따르고, 창우배들이 가면극 잡희를 놀다가, 저
물면 성남문을 나와 소학천에 이르러서 이 놀이를 그친다. 대관령에서
모셔온 신목은 그 다음날 성황사에서 불태워 버린다. 이와 같은 마을
풍습은 항상 그렇게 하였으며, 그 역사도 퍽이나 오래되었다. 만약 이
런 행사를 하지 않으면 "비와 바람이 곡식에 피해를 주게 되고, 금수
의 피해가 있다"고 말한다.

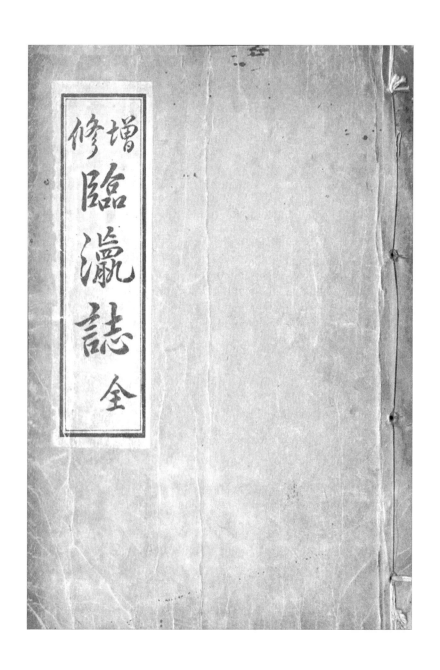

增修臨瀛誌 全

新增邑各有城隍祠春秋享祀之至於江陵則享祀外別有異者每年

四月十五日本府時任戶長領率巫覡詣大關嶺上有神祠一間

戶長就神堂告由令巫覡求神靈於樹木間有一木颸然枝葉

自擢乃曰神靈之所依祈其一枝令健壯者奉持謂之國師行次畵

角前導巫覡鳴金擊鼓而隨之戶長騎大昌驛馬踵後徐行道路觀

者如堵或以紙布裂掛神木或以酒饌勞慰巫覡乘昏到官燈火遍

野官隷迎歸安于城隍祠至五月五日巫覡等聚各色錦緞鱗次

連幅五彩燦爛掛長竿如傘垂名以爲盖令力健者奉之以前行巫

覡等作樂隨之倡優輩進雜戲盡日出城南門到巢鶴川而罷嶺上

奉來神木則以其翌日燒火于城隍祠此邑習俗以爲常其來已久

不然則風雨損稼禽獸害物云

記事

東門鍾世傳崛山寺鍾而羅僧梵日國師所鑄云年久小破撞之如破

鉦聲聽者惡之 英廟乙酉趙候德成改鑄而體制巧拙新舊判異

人惜之

南大川水道古由大昌驛南逶迤而下至八松亭上作彎弓形從草堂

江門橋入于鏡浦而注于海江門橋載於鄭松江關東別曲而橋柱

之根至今宛然盖是時科甲輩出又多名卿巨公百年之前水道大

變嶺寒江門古道水自八松亭直瀉堅造島下由是人材罕出雖有

科甲無卿宰人謂水勢失道故也近來水道又變自南門外從蓮花

峯下瀉下堅造自此邑里頗蕭條堪輿家罷水道言涉有理

英廟壬午夏府伯尹坊以三陟殺獄覆檢官坐罷禁府胥吏李達爲名

者奉 拿命到官以情債事徵着首吏時崔吏光振當戶長之任胥

吏招之是日乃五月五日國師拜送之日也戶長方有事於城隍祠

【해설】 농택 성(瀧澤 誠:다카사와 마꼬도)은 강릉군수(1931~1935년 재임)를 역임한 인물로 증수임영지를 편찬하였다. 강릉고적보존회를 결성하여 오죽헌을 보호하였고, 강릉향교실기 등 문헌을 발간하고 향교를 중건하는 등 강릉유학의 진흥에 노력한 인물이다. 농택 성은 1977년 89세 때 강릉을 다시 방문하여 "그 옛날을 속죄하고 싶다"는 발언을 하였다. 또한 자신이 율곡 선생을 숭배한다는 말을 하고 "당시 일본의 문화발산정책 속에 자신은 이의 집행자이면서도 옛 성현의 발자취를 보존해야 된다는 일종의 의무감에서 그 일을 했다"고 말했다. (장정룡, 일제강점기 강릉고적보존회 역할과 고전출판, 2005 시사포럼자료집, 강원발전연구원, 2005, 579~585쪽 참조)

【원문】瀧澤 誠, 『增修 臨瀛誌』, 江陵古蹟保存會, 1933
【내용】강릉성황신을 욕하다가 폭사한 사건

영조 임오년(1762) 여름 부사 윤방(尹坊)이 삼척에서 사람을 죽인 사건을 살피는 검사관으로 갔다. 금부에 있는 서리를 파면했다는 이유로 이규(李逵)라는 사람이 명을 받고 관아에 와서 아전의 우두머리를 정실인사를 했다며 문책하려고 할 때 최광진(崔光振)이 호장(戶長)이었다. 아전이 그를 부르니 바로 이 날이 5월 5일 국사성황신을 모셨다가 보내는 날이었다. 호장이 성황사에서 일을 보다가 시간이 흐른 뒤 관아에 도착했다.

이규의 성격이 조급하여 사람을 시켜 결박하고, 마패로 마구 때리면서 "너는 성황신만 중히 여기고, 나를 천박하게 대우하니 대체 성황은 어떤 신령이냐? 너는 비록 성황신을 존경할지 모르나 나에게는 무슨 상관이 있느냐?"고 하면서 흉악한 말을 하자 갑자기 사지가 뒤틀리고, 뼈 속을 찌르는 아픔을 느끼고 결박당하듯이 정신이 혼미하며 비로소 겁을 내면서 목구멍으로 넘어가는 소리를 하는데 "나는 이제 죽는구나."하고 피를 토하면서 죽었다.

移時乃至胥吏性頗燥妄使人結縛手執馬牌亂打戶長曰汝齷齪重

城隍待我賤薄未知城隍何神汝雖尊敬於吾何關語多駭悸俄而

胥吏四肢戰縮骨節刺痛有若被人結束精神昏耗始乃危懼喉中

作聲曰吾其死矣因嘔血暴死

府獄本在東門外大道南邊稱玉街是也邑人謂壓官家生氣地脈有

妨於生材李侯顯重築於城內西南隅又有人言獄在邑基陽則

方殺獄必多果有殺獄連綿犯之者少生徐侯有良更移於城內

東邊自是殺獄稍止間或有之而必生出蓋東者生氣方故也堪輿

家說亦或近之

英廟戊寅四月四日大風依雲樓及望宸樓一時頹覆折木拔屋不知

其數人言風動物者也多係兵像衆頗疑懼五月初九日忽有盧警

以為賊兵大至遠近騷動士女奔竄翌日平明人心乃定詳探根委

【해설】 조선조 영조 때 강릉의 국사성황신제때 일어난 일화를 소개한 자료다. 국사성황신의 영험함을 수록한 것으로 단오날에 행해진 읍치성황제를 호장이 주관했음을 보여준다.

【원문】瀧澤 誠, 『增修 臨瀛誌』, 江陵古蹟保存會, 1933
【내용】 대관령국사성황신 탄생설화

  신라 때 양가의 딸이 굴산(崛山)에 살고 있었으나 나이가 들도록 시집을 못 갔다. 우물에서 빨래를 하고 있는데 햇빛이 배를 비추자 돌연히 산기(産氣)가 있었다. 아비가 없이 아들을 낳자 집안 사람들이 이상하게 여길 것 같아서 아기를 얼음 위에다 버리니 새들이 날아와 아기를 덮어 감 샀다.

  밤이 되자 하늘에서 상서로운 빛이 비추었다. 아기를 도로 데려다 기르니 이름을 범일(梵日)이라 하였다. 나이가 들어 성장하자 머리를 깎고 중이 되었는데 신통으로 성불 세계에 들어 오묘한 조화를 헤아릴 수 없었다.

  신복(神伏)과 굴산 두 산에 두 개의 큰 절을 창건하고 탑산(塔山)을 지어 지맥을 보충했다. 후에 오대산에 은거하다가 시적(示寂)하였다.

孝子金演範生有異才六歲聞驅儺雀聲作詩曰四野呼后異千載學神

農八歲見除草句云孝心猶先發先除廟庭草九歲待其京居族叔

作詩曰長安何處在日望帝城邊以神童期有大進年纔二十卒人

皆惜之

進士金漢星七歲能屬詩忠江居金上舍十重呼韻試之卽應日客自

忠江至忠江盛文章相逢更相別山含夕日光人皆傳誦

釋證

五臺之山現於佛書名於天下老禪韻釋來遊者甚多載乘不傳釋門

亦無記錄焉梵日生於斯慈藏寶川修道於斯義相元曉往來乎山

川之間皆無傳焉雖有遺事不足信吾儒羞道之只取數人行事略

補之以一補古事也新羅時有良家女居于崛山年大未嫁浣紗于

井忽上日光照腹猷然有娠無夫而生子家人異之置之氷上鳥覆

之夜有瑞光射天收養之名曰梵既長祝髮爲僧神通佛果妙化不

測創立神伏䗶山兩山二大寺造塔山以補地脉後隱五臺山示寂

高麗朴仁範作影贊曰最上之法杳々冥々皓月之白長江之清彼

既有相我乃無形形之形可以丹青

大德慈藏本金氏父壽于觀音生焉入唐受教于文殊大聖道通歸國

久爲王師暮年謝京華遊溟州創水多寺居焉詳在古事

元曉大師俗姓薛暶之父也初自唐入五臺山結社於北臺著山水秘

記後義相師傅之其書大要論三韓山水及國形勢甚詳世不多傳

二師行蹟其載於洛山古蹟不論著焉

麗季普濟尊者名懶翁入中臺結厦其後天台宗弘濟師　堂知嚴師

皆入此山僧徒口說古略焉

近世有僧一學道高悟　徹實禪門之宗師入臺山觀音菴節不出山者

【해설】증수 임영지 석중조에 수록된 이것은 강릉단오제의 주신인 범일국사의 탄생설화로서 태양계 신화로 전승된 자료다. 신라 때에 굴산지역 학산마을 처녀의 태양신 잉태는 신비적인 화소로 구성되어 있다.

태양신화의 이야기는 고형의 구전신화로서 이를 바탕으로 강릉단오제가 천 년을 이어온 향토축제로 2005년 유네스코에 인류구전 및 무형문화유산으로 등재되었다.

범일국사가 세운 굴산사 당간지주. (보물 제86호)
높이가 5.4m로 국내 최고다.

21. 촌산지순, 부락제, 1937

【문헌】 村山智順, 『部落祭』, 朝鮮總督府, 1937, 61~71쪽.
【내용】 강릉성황제 현장조사자료

1) 제신(祭神)

강릉지방에서는 동제를 '성황제' 또는 '고청제'라 부르며, 신에게 제사를 드리기는 대개 성황지신(주신)·토지지신·여역지신(배향)의 세 신을 섬기고 신이 있는 구역은 상당히 넓다. 신당이 있는 곳은 기와지붕 한두 칸 안에 신상 또는 신위를 안치하여 신당이 없는 곳은 장방형 석축의 신단을 쌓아둔다.

제사 때에 그곳에는 세 신의 신위를 만들어 모셔놓고 그 앞에서 제사 지낸다. 이는 일반적으로 신에게 제사하는 것이지만 강릉의 대관령 산신, 강릉 옥천정(대창동)의 성황신과 같이 사람을 신으로 섬겨 제사하는 곳에서는 당집 안에 그 영정을 걸어둔다.

대관령 산신은 조선초기 사람인 강릉출신 굴산사의 승려 범일국사로서 노후에 대관령에 들어가서 산신이 되었다. 그 영험이 커서 강릉주민의 생명을 돌본다. 혹시 성을 내면 어마(맹호)를 풀어서 사람과 가축을 해치며 또한 가뭄과 홍수, 폭풍, 악질 등 힘이 미치지 않는 곳이 없이 재앙과 화를 끼친다고 전해지고 있다.

옥천정의 신을 모시는 것은 창해역사인 어마장군신과 승불 소성황신이 있으며, 각별히 신당이 있어서 그 안에 안치해 놓고 있다. 전하는 바에 의하면 이 창해역사는 그 옛날 강릉 남대천에 흘러내려 오다가 우연히 거기서 빨래하고 있던 부인이 주운 한 개 구슬에서 나온 얼굴색이 검은 이상한 아이로 힘이 장사였는데, 성안에 침입한 맹호를 생포함으로써 그 이름을 떨치게 되어 드디어 중국의 장량의 귀에 들어갔다.

중국에 불려가서 강릉의 지명을 따서 창해역사라 칭하여 장량의 부탁대로 40근이나 되는 쇠막대를 소매에 감추어 박랑의 사막에서 진시황을 저격했으나 이루지 못했다. 진시황의 조사를 피하여 귀국한 호걸이다. 또 호랑이를 잘 다루었던 까닭에 어마장군이라고 불렀다.

승불 소성황신이 된 매월당은 조선 강릉 김씨 명주군주 김주원의 자손이라 한다. 조선조에 유명한 신하였으나, 세조의 왕위계승 사건이 일어나자 단종왕을 위해서 절개를 지키려고 관직을 버리고 중이 되어 산수와 벗했던 고결한 사람이다.

그러나 시도 글도 음악도 그 묘한 이치를 터득하였으며, 어려서도 기지가 뛰어났는데, 예전에 왕으로부터 십 반의 천을 받았는데, "혼자서 이것을 가지고 가라"는 명령을 받자 옷감의 끝과 끝을 이어 한 끝을 끌어 당겨서 문밖으로 나갔기에 왕이 놀랐다. 또한 십삼 세 때 제목을 받고 시 지을 것을 명받자 그 자리에서 명작을 지은 수재였다고 한다. 이런 전설을 어디까지 믿어야 할지 다른 문제로 하고 강릉출신으로서 비범한 능력을 지닌 사람들이 신으로 변하여 제사하고 섬기는 점은 흥미 깊은 일이다.

2) 제의(祭儀)

제사는 제관 삼인과 집사 여러 사람으로 거행되지만 이 제관 및 집사는 부락에서 유력한 남자로 부정 없는 자를 매년 당번 순으로 정한다. 제물은 제사계가 있는 곳에서는 그 재산으로, 없는 곳에서는 각 집에서 갹출하여 구입한다. 각 집에서 따로 제사 술상을 바치는 일은 없고 공동으로 만든다.

제사일의 수일 전부터 제장과 제관집에 금줄을 치고, 황토를 뿌려서 부정한 사람의 출입을 금한다. 또한 제물의 조리를 맡는 집사는 백지로 코와 입을 막아 극히 경건하고 청결한 마음으로 이를 맡아서 한다. 제의는 대개 밤중에 올리지만 신당이 있는 곳에서는 제물을 당내에 진설하며 신단이 있는 곳에서는 위에 천막을 치고 단상에 신위를 안치하여 그 앞에 제물을 차린다. 이렇게 그 진설방식은 다음과 같다.

또한 옥천정과 같이 창해장군을 육성황신(肉城隍神), 매월당을 소성황신(素城隍神)이라고 불러 그 제물을 전자에 육고기, 후자에는 나물을 쓰는 곳이 있다. 이렇게 하여 제의는 분향(이것이 강신의)·헌작·유향·독축·소지의 순서로 진행된다. 뒤에 음복을 하며 끝을 알린다. 제물은 부락민에게 나눈다.

그렇게 해서 축문은 신위별로 읽혀지는 곳도 있고, 하나의 축문으로 세 신위에게 알리는 곳도 있다. 예를 들면 성덕의 축문은 전자이며 연곡의 축문은 후자다. 그 내용은 다음과 같다.

城隍祝
維歲次干支幾月干支朔幾日干支某官某敢
城隍之神 人旣宅土 玆涓吉丁 午夜星壇 五穀積威
最爲明巍 維神所持 潔備牲幣 敢請黙祝 百災消滅
遠逐猛獸 門嚴一洞 掃斥穢氣 咸賴福休 尙饗

土地祝
維歲次干支幾月干支朔幾日干支某官某敢
土地之神 厚載萬物 人旣宅土 神祇攸司 玆涓吉日
位奠后土 寄旺四季 粒斯室屋 民人所恃 致誠齋休
六畜蕃息 俾我生靈 百穀積熟 昇平和樂 尙饗

厲疫祝
維歲次干支幾月干支朔幾日干支某官某敢
厲疫之神 司天司地 人旣敬鬼 玆涓吉辰 斥去怪沴
奠且爲靈 維神主張 無相侵瀆 粢牲旣潔 永爲平淨

神其鑑降 咸載黙祐 另施律令 一洞廓淸 尙饗

洞壇祭祝
維歲次干支幾月干支朔幾日干支某官某敢
城隍之神 土地之神 厲疫之神 伏以三神
旣靈且神 萬世靈位 一同信仰 于差穀日
閭巷安樂 俾我一隣 淸淑無事 伏惟三神
玆將精程 齊盛庶品 明薦于神 人民和平
降昭誠意 尙饗

3) 신악(神樂)

이 지방에서는 현재도 동제에 신악(굿)을 쓰는 곳이 있다. 즉 옥계·남항진·강동·망상 등 해안부락에서는 무녀를 불러서 춤추고 악기를 울리고 있는데, 이런 곳에서는 옛날부터 제신에게 무녀가 보통사람보다도 제사를 잘 지내기 때문에 신을 기쁘게 해드리는 일과 신을 만족하게 할 수 있다고 믿고 있다.

또한 적어도 격년에서 3년을 한 차례 정도 이 무제(굿＝舞樂)를 울리지 않으면 풍이를 바릴 수 없으며, 또한 재액을 만나게 된다고 하여 무악없는 제사보다는 제사비용이 많이 들어도 상관하지 않는다.

어촌 이외에서도 지금은 폐지되었지만 그 옛날엔 동제에 이 무제가 쓰이고 있었다. 예들어 강릉 옥천정(玉泉町, 대창동, 구역촌)에서는 이십년 전까지 마을 공동재산이 많이 있어서 어마성황당과 매월성황당(소성황당)에 같은 날 제사를 지냈는데, 정월 및 11월의 초정일 오전 영시경 제관들에 의해 제사 드렸으며, 다시 그 날 새벽부터 밤 12시경까지 무녀 4~5명을 초빙해서 신악을 연주하면서 말타기·춤·신기(神技) 등 각종 여흥을 했다. 그리고 그 제장에서는 술과 안주를 준비하고 참배인이나 구경꾼들이 자유롭게 마실 수 있게 했으므로, 멀고 가까운 곳에서 남녀노소의 많은 사람들이 모여들어 마치 번화한 축제의 장소 같았다.

옥천정은 현재 백 삼십 호의 마을이다. 모아 두었던 공동재산은 면 재산으로 기부했고, 제사를 위해 집집마다 제비를 모금해서 쓰다가, 근년에는 부락민들의 공동노작비를 모아 제사전답을 마련하고 그 소작료로 간소하나 양쪽 제당에 제사를 모신다.

강릉 북방 사천면 사기막리의 성황굿도 유명했으나 현재 전하지 않는다. 이와 같이 지금은 폐지되었지만, 이 방면에 뛰어난 유명한 신악은 옛날부터 강릉읍에서 거행되던 대관령성황신(또는 국사성황신, 사실은 산신)을 제사지내는 단오제였다. 여기서 잠시 그 상황을 살펴본다.

4) 단오제(端午祭)

이 제사는 대관령 산신을 읍내로 맞이하여 제사지내는 관행의 대제이며, 4월 1일, 8일 양일에 맞이하지만 이 신맞이로부터 5월 6일 신보내기까지 읍내는 완전히 축제 기분에 싸인다.

특히 5월 1일부터는 각종 여흥이 열리기에 부근 부락은 물론 영동여섯 군으로부터 모이는 남녀(특히 여자가 많은데 그 수는 몇 만)로 읍내외는 온통 사람으로 채워져 북적거린다.

4월 15일, 이른 아침에 우선 국사성황맞이 일행이 몰려 나간다. 이일행은 군수의 명에 따라 소집된 군내 거주의 무격대 약 백 명이며, 소나무의 껍질을 묶어서 만든 둘레 한 척, 길이 한 장 남짓한 소나무햇불을 든 봉화군 수 백 명, 이밖에 제물·기·북·징·나팔 등을 가지고 가는 관청노복 수 십 명이 있다. 무당의 태반은 말을 타고 수리 떨어진 대관령을 향한다.

산꼭대기에 이르면 곧 호장이 통제관이 되어 무제를 올린다. (부정굿=부정씻기, 강신굿·영신굿의 세가지 굿을 한다) 신역에 자라난 잡목(상수리나무 등) 가운데 신들린 만한 나무 하나 열자 정도의 것을 자른다. 이 나무에 국사성황신을 강신시킨다. 이러한 고목 강신 등 신행사가 끝나면 천천히 이 신간을 받들고 돌아온다. 이 무렵은 이미 저녁때가 되므로 소나무에 횃불을 붙인다. 일행은 구불구불 이 킬로미터나 되는데 봉화의 장사진이 어둠이 깔리는 대관령을 수놓는다. 연도를 떠들썩하게 하며 읍내에 들어오는 아름다운 경관은 또한 각별한 것이다.

따라서 이 신이 지나는 행렬을 보려는 길가에는 마을 사람들이 모두 열을 지어 이를 맞이한다. 이 일행이 마을로 들어오면 신간은 읍내의 관민이 맞이하여 읍내 입구에 있는 소성황(小城隍, 흔히 여성황이라 부른다)에서 잠시 쉬고 이어서 군수 관사 및 육방 관사 등의 관아를 돌아 마지막에 마을의 대성황(大城隍, 지금은 폐지된 수비대 연병장의 자리가 그 흔적이다. 당시에는 10칸의 커다란 신당이었다. 가운데는 성황신 외에 다른 산신 및 장군신 등이 모셔지고 있었다)에 이른다.

당내 중앙에 세워 걸어 안치되고 그 후는 5월 1일까지 매일 호장 통제관이 헌작 · 천향(薦饗) · 무악을 하며, 27일에는 읍내의 시장이 열리는 장날을 기해서 걸립을 한다. 이는 무격의 한 무리가 신악을 울리면서 신간을 앞세워 시내를 행진하여 제사비용을 거둔다.

5월 1일부터는 드디어 본제에 들어간다. 1일에는 전제(前祭), 4일에는 본대제(本大祭), 5일에는 신유제(神遊祭), 6일에는 환어제(還御祭)가 거행된다. 4일 본제에는 신간을 중심으로 대성황당 앞에서 신악(굿)이 올려진다. 이는 신을 위로하여 올려지는 것으로 여섯 악기의 반주로 12단(거리)의 신악이 종일 연주된다. 12단의 신악은 부정굿, 가문굿(가족의 안택을 빈다), 군웅굿(가축의 번식을 빈다), 시준굿(풍년축원), 성황굿(성황축원), 지신굿(지신축원), 맞이굿(해신축원), 별상굿(역신축원), 조상굿(선조축원), 성주굿(가신축원), 조왕굿(화신축원), 걸립굿이 있었다고 한다.(당시의 신악에 출연했던 옛날 무당의 이야기에 의함)

5일의 신유제는 신간이 읍내의 각 성황을 찾아 돌고 뒤에 읍내를 순방하는 것이다. 이 날은 원래 신유하는 날이기에 이때가 가장 성대하며 떠들썩한 모양이 된다. 일행에는 무격 이외에도 여러 예능인이 참가하며 길이 15척, 직경 3촌 정도의 장대 위에 직경 6척 정도의 대나무 싸리로 만들고, 그 위에 흰 천으로 싼 깃발 덮개인 번개를 씌워 그 주위에 5색의 헝겊을 늘여 뜨린 기를 앞세우고, 악대와 춤추는 사람들이 이를 따라서 각 성황에 도착할 때마다 무격의 신악에 따라서 여흥의 잡극 탈놀이를 벌인다. 또한 대성황당 앞의 광장에는 부인들의 그네대회가 열린다. 군의 객사 앞에는 남자들의 축구대회가 벌어지는 등 읍내 여기저기는 전혀 몸을 돌릴 수 없을 정도로 혼잡을 이룬다. 이런 흥청거리는 밤이 새고, 6일이 되면 신간의 환어제가 열린다. 이때는 신간을 대성황당으로부터 소성황으로 받들어 옮긴다. 신악을 울리며 후당의 앞뜰에 있던 신간을 화선(化旋)하여 받들어 모시는 것이다. 화선이란 신간을 불에 태우는 것인데, 이는 신을 흰 구름에 태워서 산위로 되돌아가시도록 한다는 뜻이라 한다. 덧붙이면, 읍내에는 대소성황당 이외에 지금의 임정(林町)에 약국성황(藥局城隍)이 있었다고 한다.

부락제 표지, 조선의 향토신사 제1부로 간행되었다.

疫傳染病殊に天然痘に罹されることがないと信ぜられ厚く崇信されて居た。

祭祀 祭主は部落民中不幸と不淨に遭遇せざる最も多幸なる一組の配偶者(夫婦)を選んで之

に當たらしめ、この夫婦以外の者は絶對にこの祭祀に加へない。この夫婦は祭の三日前から致

齋して神靈に香燭を供し神碑の周圍には不淨者の接近を禁する爲に赤土を撒き〆繩を張り齋

祭の當日部落內に於て屠殺を禁ずる。祭物は祭主と區長とが附近の市場から買求め祭主の家

で調理するが品種は牛肉・牛足・右魚・乾魚・並魚明太・大蝦・餅・飯・酒・果物(林檎・梨・栗・大棗等)であり祭後は

祭主先づ之を飮福し部落民に分配する。祭式は降神・歡神・辭感饌で讀祝の代りに口頭で祭るこ

とになつてゐる。祭日は每年十二月晦日で、まつりはその日の夜半卽ち翌年元旦の午前零時を

期して舉行され、この祭費は人口錢と名づけ部落各戶から醵出せられる。

猶は本郡金山面には洞祭として山神祭を行つて居る部落があるが、その祭神は部落の後方山

麓の平地三坪位の神域に約一坪位の神壇にまつられて居る。この祭神には次の如き傳說があ

る。卽ち祭日の前夜祭官有司の夢に山神2年齡七十歲位、毛髮純白な男神が見はれ、或は不淨を誡

めたり或は至誠を謝する等のことがあつた。祭官有司にして至誠に缺くることある時は其當

を受けて死亡慶疾・不具等の災厄を蒙るが清淨に至誠を楓むる時には、その年內に立並な男子を

產むか又は衆願が意の如く、隆盛に向ふと云ふ。だからこの山神祭の祭官有司には今でも希望

宵が多い。處がかく希望者の多い祭官は最も不淨氣なき部落民中から只一人選定され祭の三日前より毎日二回以上数回沐浴して身を潔め又飲酒や肉食を止め門外に出です・一室内に静座して只管謹慎することになつて居る。部落内でも同じく三日前から屠殺や不淨人の出入を禁じ・また各戸とも肉食をとらず泊りがけの外出は差控へ・神域にも三日前から〆繩を張り赤土を撒いて閑人の出入を禁止する。

祭りは正月一日から十五日迄の内吉日を選びこの選定は祭官と等しく舊慣の洞會に於て選定する)夜牛午前一時より二時に渡りて舉げ祭物は祭官と參列した農樂隊どが飲囕し夜があけると農樂隊は舞樂を奏しながら部落の各戸を廻つて厄祓をして歩く・これを地神踏と云ふ。この祭費は一四十圓乃至十五圓位であるが部落民の共同作業に依つて得たる勞金を以て之を支辨するのである。

（九）　江原道江陵の洞祭

祭神．江陵地方では洞祭を城隍祭又は吿淸祭と稱し祭神としては槪して城隍之神(主土地之神)厲疫之神(配享)の三神をまつり・神域は相當に廣く神堂ある所は瓦葺一二間の内に神像又は神位を安置し・神堂なき所は石築長方形の神壇を築き置き・祭に際し共處に三神の神位をつくり

第一章　部落祭の概觀　第二節　部落祭の實例

て勸請しその前に於て祭食を行ふのである。これは一般祭神であるが江陵の大關山神·江陵玉

川町(大昌洞)の城隍神の如く人神を祭神とする處では神堂中にその影幀を揭げてある。大關山

神は李朝初期の人江陵出身·堀山寺の僧汎日國師で·老後大關嶺に入りて山神となり·その靈驗著

しく江陵住民の生命を司り·若し怒れば御馬(猛虎)を放つて人畜を害し·且つ早魃洪水暴風·惡疾等

至らざるなき災厄を與ふると傳へられて居た。玉川町の祭神は滄海力士·御馬將軍神と僧佛索

城隍神とであり各別に神堂ありて·その内に安置されて居る。傳に依ればこの滄海力士はその

昔江陵大南川に流れつきたまく其處に洗濯して居た婦人に拾はれた一箇の玉から出現した

鶿童(色)の黑い兒が異常の力持ちで城內を荒した猛虎を生捕にしたことから·その名高く遂に支

那の張良の耳に入り·支那に迎へられ江陵の地名に因んで滄海力士と稱し·張良の乞に從ひ四十

斤の鐵椎を袖にかくし博浪の砂中に於て秦始皇を狙擊して果さず·始皇の搜査を免れて歸國し

た豪傑であり·又よく虎を手なづけた所から御馬將軍と呼ばれたものである。梅月堂はこれも

江陵金氏滇州郡主金周元の子孫李朝に於ての名臣であつたが世祖の王位繼承事件起るや燔宗

王の爲に節を全ふして官を捨て僧となりて山水を友とした高潔の人であるが詩も書も音樂も

その妙を極め·また幼にして機智縱橫智て王より十反の布を與へられ一人の手でこれを持ち運

ぶやう命ぜられるや反物の端と端とを結びつけ一方の端を引きて門外に去り·王の驚愕すると

六二

ころとなり又、十三歳の時題字一を興へられて作詩を命ぜられるや立所に名作成るの秀才であ
つたと。之等の傳説がどこまで信ずべきかは別ものとして、何れも江陵出身にして非凡の能力
ありし者を神化して祭神に祀る點は興味多き事である。

第一章 部落祭の概觀　第二節 部落祭の實例

祭儀　祭は祭官三人と執事數人とで舉行されるが、この祭官及び執事は何れも部落中の有力
男子で不淨なきものを年々當番順に定めるのであり祭物は祭契あるところではその財産より
之なき所では各戸の醵出に依つて購入し、各戸から醵部を供へるやうな事はなく、共同のものを
つくり、致齋は祭の數日前より祭場と祭官家に〆繩を張り赤地を撒布して不淨人の出入を禁じ
祭官の謹慎沐浴するは勿論、部落民も各自注意して不淨の行爲を禁ずる。又祭物の調理に當る
執事は白紙を以て鼻口を蔽ひ極めて敬虔清潔を旨として之に當るのである。祭儀は概して夜
中に舉げられるが、神靈ある所では祭物を堂内に陳べ、神壇の所では上に天幕を張り壇上に神位
を安置し、その前に祭物を臭列する。而してその列儀式は次の圖式に依るのである。
猶ぼ玉川町の如く濱海將軍を肉城隍神、梅月を賽城堂神と稱し、その祭物は前者に肉饌を後者
に蔬饌を以てする所もある。
かくて祭儀は焚香(これが降神儀)獻爵、讀祝、燒塊紙の次を以て行はれ、後ち飲福を以て終りを
告げ、祭物は部落民に分與せられる。而して祝文は神位別に讀まれる所もあり、一の祝文を以て

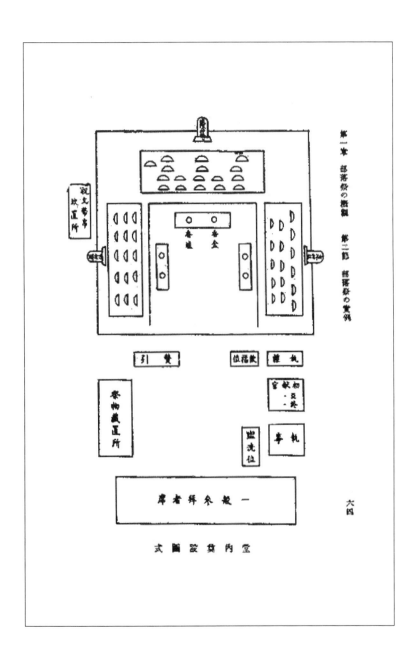

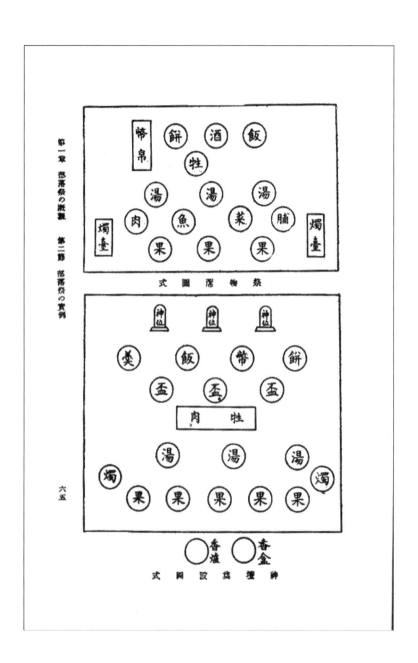

祭 物 陳 設 圖 式

神 壇 陳 設 圖 式

三神位に告ぐるものもある。　例へば城德の祝文は前者であり,蓮谷の祝文は後者であつて,次の
如きものである。

城隍祭祝文

城　隍　祝

維歲次干支幾月干支朔幾日干支某官某敢

城隍之神　人旣宅土　茲惟吉丁　午夜星壇　五穀穰成
最爲明巍　維神所持　潔備牲幣　敢請歆祝　百災消滅
遠逐猛獸　門嚴一洞
掃斥穢氣　咸賴匭休
尙
饗

土　地　祝

維歲次干支幾月干支朔幾日干支某官某敢

土地之神　厚載萬物　人旣宅土　神祇攸司　茲惟吉日

位爰后土　寄旺四季　粒斯室屋　民人所恃　致誠齋休

六寄蕃息　伸我生靈

百穀積熱　昇平和業

尚

饗

匰　役　祝

維歲次干支幾月干支朔幾日干支某官某敢

厲疫之神　司天詞地　人既敬鬼　弦泅吉辰　斥去怪沴

尊且爲靈　維神主張　無相侵濟　犧牲既潔　永爲平淨

神其鑒降　咸戴歆祐

另施律令　一洞廓清

尚

饗

洞壇祭祝

維歲次干支幾月干支朔幾日干支某官某敢

第一章　部落祭の概觀　　第二節　部落祭の實例

六七

城隍之神　土地之神　鳳彼之神　伏以三神　既靈且神　萬世靈位　一同信仰　于差殼日

技將精牲　齊盛庶品　明薦于神　人民和平　閭巷安業　伸我一隣　清淑無事　伏惟三神

降昭誠意　尙

饗

六八

神業　此地方では現在でも洞祭に神業を用ねて居る所がある。卽ち玉溪·南項津·江東등洋等の海岸部落では巫女を招きて舞業を奏せしめて居るが、之等の地方では昔から祭神には巫女が普通の者よりも祭り方が上手であり、従つて神を喜ばすこと神を満足せしむることが出来ると信じられて居り、又た少くも隔年か三年目に一回位この巫祭え。＝舞業を行はなければ、豐漁が望めず且つ災厄に見舞はれることがあると云ふので、舞業なしの祭よりは祭費が多額に上るも意に介しなかつた。漁村以外でも今こそ廢止されて居るが、その昔は洞祭にこの巫舞が用ねられて居た。例へば江陵玉川町(大昌洞)もとの驛村では、今から二十餘年前までは洞有財産が澤山あつたので、御馬城隍堂と竇城隍堂梅月城隍堂を同日に祭つたが正月十一月の初丁日午前零時頃祭官達に依つて祭儀が執行せらる〜や、その日のあけ方からその晩の十二時頃まで巫女四五人、覡五六人を招き祭官指揮の下につゞけ樣に神業を奏せしめ、馬乘り、舞躍、神技等各種の餘興をやらせ、又その祭場には酒甕を用意し參拜者見物人には誰にでも自由にその酒を振舞つたので、遠

近より參集する男女老若數を知らず、極めて賑やかなお祭さはぎを演出したものであつた。

因に玉川町は現在の戸數百三十戸、洞有財産を面有財産に寄附した後は、各戸祭費を醵出して
ゐたが近年部落民擧つて共同勞作に從ひ得たる賃金を悉く寄附して祭田を購入しこの小作料
に依つて質素ながら兩堂の祭りを積行して居る。江陵邑の北方砂川面砂器幕里に於ける城隍
子(神樂)も亦有名であつたがこ、でも現在はこれをやつて居ない。同樣に今は廢止されたがこ
の昇隕切つての有名なる神樂は、古くから江陵邑に擧行された大關城隍神(又は國師城隍神實は
山神)をまつる端午祭であつた。そこで今少しくその狀況を顧みよう。

端午祭　この祭は大關嶺山神を邑內に迎へて祭る官行の大祭であり、四月一日八日の兩日下
準備の爲に邑內大城隍に一同勢揃をなし嶺神迎の協議と神樂の練習を行ひ愈々十五日から神
迎をするがこの神迎へから五月六日の神送りまで全くお祭氣分にひたり殊に五月一日
よりは各種の餘興が行はれるので、附近部落は勿論嶺東六郡より參集する男女(殊に女子多く)そ
の数燒萬邑の內外は全く人を以て埋まる賑であつた。四月十五日早朝先づ國師城隍迎への一
行が繰出す。この一行は郡守の命に依つて召集された郡內居住の巫覡隊約百名松の油皮を束
ねて作つた周り一尺長さ一丈餘の松明を持參する烽火軍數百名,祭物,旗,鼓,鉦,喇叭等を持ち行く
官僕數十名であり、巫の大牛は馬に乘つて数里離れた大關嶺に向ふ。山頂に達するや戸長統祭

第二章　部落祭の概觀　第二節　部落祭の實例

六九

官となりて巫祭を行ひ、プジョンヹ=清めのはらひ、降神ヹ迎神ヹの三ヹを行ふ神域に生する雜木(なら、くぬぎ等)中靈動せるもの一本十尺位のものを切りこの木に國師城隍神を降神する。

この占木降神等の神事が濟むと愈々この神竿を奉じて歸途につくがその頃は最早夕方になるので、松明に火が點ぜられ、一行蜒々二キロに亙る蜂火の長蛇陣が宵やみの大關嶺を彩どり、沿道を賑やかしながら邑內に練り込む美觀は又格別のものである。從つてこの神竿渡御の行列を拜觀せんとする沿道の村民は悉く賭列してこれを迎へたのである。この一行が邑內に差しかゝるや神竿は邑內の官民に迎へられて邑內入口にある小城隍(俗に女城隍と云ふ)に少憩し、次いで郡守官舍及六房官舍等の官衙を廻り、最後に邑の大城隍(今廢せられた、守備隊練兵場のあとがその趾であり、當時は建坪十間からの大きな神堂であり、中には城隍神の外に他の山神及將軍神等が祠られて居たに至り、堂內中央に立かけて安置せられる。その後は五月一日まで每日戶長統祭官となつて獻酌薦饌座樂を行ひ、二十七日は邑內の市日を利して乞粒を求めるのである。これは巫覡の一隊が神樂を奏しながら神竿を先頭に立てゝ市內を練り歩き奉賽を求めるのである。五月一日よりは愈本祭りに入り、一日は前祭、四日に本大祭五日には神遊祭、六日は還御祭が行はれる。

四日の本祭は神竿を中心に大城隍堂前にて神樂が奏されるが、それは神廳を慰め奉る爲のもので六樂を伴奏として十二段の神樂が終日演奏せられるのである。(十二段の神樂は(1)プジョン

七〇

クツ(2)カムンクツ(家族の安幸を祝す)(3)クヌンクツ(家喜の蕃殖を祝す)(4)シジュンクツ(豊年祝)(5)ソファンクツ(城隍祝)(6)チシンクツ(地神祝)(7)マチックツ(海神祝)(8)ベルサンクツ(疫神祝)(9)チヨサンクツ(祖先祝)(10)ソンヂユクツ(家神祝)(11)チヨワンクツ(囚神祝)(12)コリブリクツであつた。当時の神樂に出演した一古覡の談に依る）五日の神遊祭は神竿が邑内の各城隍を訪れ廻つて後邑内を巡遊するのであり、この日は元來神遊の日であるから此時が一番盛大な賑を呈するのであつて、一行には巫覡の外にあらゆる藝人が參加し、長さ十五尺径三寸位の竿上に直径六尺位の竹・萩にて作りその上を白布にて包みたる幡蓋をつけ、その周圍に五色の布帛を垂れ下げた幢を先に立てながら樂隊舞團これに從ひ各城隍に至る毎に巫覡の神樂に大いで餘興の雜劇が催され、また大城隍前の廣場には婦人の大報賽會が催され、邪の客舍前では男子の蹴球蹴錢戲がはづむなど、邑内至るところ全く身動きならぬ泥濘を呈する。かくて賑の夜もあけて六日となるや、神竿の還御祭が行はれる。それは神竿を大城隍堂より小城隍堂に奉遷し、神樂を行ひたる後堂の前庭に於て神竿を化旋し奉るのである。化旋とは神竿を火中することであるが、これは神を白靈に帰せて山上に遷御し奉るの意であるとの事である。(因に邑内には大小城隍の外に今の林町に藥局城隍があつたと云ふことである）。

第一章 部落祭の概観　第二節 部落祭の實例

七一

【해설】일제강점기 때 조선총독부에서 부락제 조사를 실시한 내용으로 강릉의 동제와 단오제에 대한 자세한 현장기록이다. 특히 강릉단오제가 한일합방이 되면서 1909년 폐지된 이후 1930년대 강릉단오제에 대한 조사라는 점에서 자료적 가치가 높다.

지금과 달리 강릉단오제의 주신을 산신으로 기록하고 있으며 여러 성황당을 거치는 신유행차 내용을 소개하고 단오제로 시내가 혼잡을 이루고, 대성황당을 중심으로 객사문 앞 축구시합과 대성황당 앞의 그네대회 등도 기록하였다. 강릉단오제와 관련된 사진과 자료가 많이 수록되어 있다.

22. 조선총독부, 조선의 향토오락, 1941

【문헌】『朝鮮の鄕土娛樂』, 朝鮮總督府, 1941

【내용】강릉국사당제, 오광대놀이

- 국사당제 : 봄·가을, 남자
- 오광대놀이 : 봄, 농민 (놀이방법)목제 인형으로 놀이한다.
　　　　　　　(유래)전염병을 예방하기 위한 것이다.
- 성황신제 : 1월, 12월, 일반

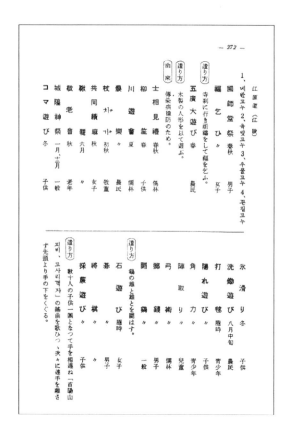

【해설】강릉에서는 국사당제를 봄과 가을에 남자들이 참여하여 지낸다고 하였는데, 대관령국사당제를 비롯하여 금진국사당제 등 강릉인근의 국사당제를 말한 것으로 보인다. 국사당제와 국사성황제는 의미상 고승인 國師를 칭하기보다는 國祠堂으로서, 어원은 국수봉·구수봉·굿봉·구지봉 등과 연계된다.

가락국의 시조인 김수로왕을 맞이한 영신군가인 구지가와 같이 신을 맞이하기 위해 신성한 봉우리에서 제사를 지낸다는 의미를 지닌다. 대관령 치제는 신성한 봉우리에서의 제사로 범일국사 관련설화에 대한 재론이 필요하다.

오광대놀이는 강릉관노가면극에 5명의 등장인물이 있다고 서술한 것에서 유래하였다. 경남일대의 오광대놀이와는 의미가 다르다. 탈은 목제로 그것은 전염병을 예방하기 위한 것이라 하여 '시시딱딱이' 가면에 대한 김동하·차형원 기능보유자의 언급과 일치한다. 성황신제는 음력 정월과 12월에 마을마다 두루 행해지는 것으로 기록하였다.

23. 추엽융, 조선무속의 현지연구, 1950

【문헌】秋葉 隆, 『朝鮮巫俗の 現地研究』, 養德社, 1950
【내용】강릉단오굿

일찌기 관청의 읍락제로서 유명했던 강릉의 단오굿 같은 것도 음력 3월 20일에 호장·부사색(府使色)·수노(首奴)·성황직·내무당이 재계하고 신주를 봉입하는 것에서 시작되어 4월 1일·8일·15일·27일, 5월 1일·4일·5일·6일의 소위 팔단오(八端午)에 행해진 전후 3개월에 걸친 대제였다.

여기에서도 성황신간에 의해 대관령 산신을 맞이하여 읍내의 대성황에 봉하고, 신주를 바치는 자로는, 첫 헌관은 호장, 다음 헌관은 부사색, 셋째 헌관은 수노, 마지막 헌관은 성황직이었다.

관아 소속의 내무당을 비롯하여 이에 참가하는 수십 명의 무당은 그 무악이 아무리 성대하다 해도 그것은 호장이 주로 하는 주제자의 기능을 돕는 자에 지나지 않는다. 화개(華蓋)를 세우고 가면놀이를 연출하는 관노와 함께 오히려 여흥의 기쁨이 있다.

요컨대 읍락의 제사는 촌민 스스로가 마을의 전통적 성소에서 행함을 원칙으로 하며 직무가 참가할 경우에도 그것은 다만 신유(神遊)행사에 의해 제관의 기능을 보좌하는데 지나지 않는 부차적 지위를 가진다. 이것은 가제(家祭)에서 주제자가 항상 가인이며 이에 참가하는 직무가 항상 부차적인 지위를 가지는 것과 같다.

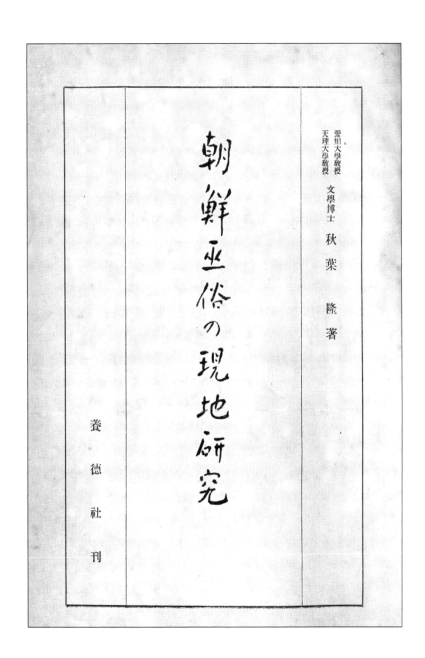

愛知大學教授
天理大學教授　文學博士

秋葉　隆　著

朝鮮巫俗の現地研究

養德社刊

穢れを掃ひ、息災招福を祈願するといふのがその本質である。而も之を山の巫女自らが行ふことをせずして、態々他所の巫女を神選びして行ふのは、祭の機會に將軍堂に祈願の賽神を乞ふものが多く、爲に山の巫女達は專ら之に從はねばならぬからであるといふ。しかし賽神閣の行事に崔瑩將軍の舞を演ずるものはやはり山の巫女であつて、之は偶〻に木鄕神卽ち洞神と將軍の靈とが爲めであると云はれてゐる。思ふに現在德物山といへば將軍堂を考へる程に將軍の靈が前景に立ち、山上の巫女は凡べて將軍を以て身主卽ち守護神としてゐるとはいへ、その一層原本的な信仰はこの都堂祭の主神たる木鄕神卽ち德物山神の信仰であつて、後來崔瑩といふ歷史上の人物の靈が英雄神として重きをなし、古き山神が背景に退いたのではあるが、しかし山上洞の村神としては飽くまで山神を祀つてゐるのである。

因みに李重煥の擇里志に見える「主人民間の處女を取つて祠に侍らしめ」、「夜は輒ち降靈交婚する」といふ信仰は、現在の山の巫女の間に其儀の形では存在しないが、只彼女達の慣習として今侍賽神の當番が定まつて居り、當番の巫女は其日の賽神の燈明を上げる義務があつて、私がさきに將軍堂內の敍述をなすに當つて注意した油煙に汚れた薄汚ない木製の燈明臺といふのは、實はその爲めものであり、そこに幽かながらも昔の巫女が神妻として、神祠に侍した姿を觀ることが出來る。かくてこの巫山の都堂祭には巫女が盛に活躍するのであるが、しかしその主祭者たるものはやはり山上洞の區長を神の神樂を演ずるものに過ぎず、職巫の機能は飽くまで副次的なものである。巫女は專ら村人自らの祭る山神の神樂を樂し歌舞を演するものであつて、かつて官行の邑落祭として有名であつた江陵の端午祭の如きも、陰の三月二十日に戶長・府司色・首奴・城隍直・內巫女が齋戒して神酒を封入するに始まつて、かくの如く邑落の祭は村人自らが祭ることを本體とするものであつて、

四月一日・八日・十五日・二十七日、五月一日・四日・五日・六日の所謂八端午に行はれた前後三月に亘る大祭であ

つたが、こゝでも城隍神竿によつて大關嶺の山神を迎へて邑內の大城隍に奉じ、これに神酒を獻ずるものは初獻官は戶長、亞獻官は府司色、三獻官は首奴、終獻官は城隍直となつてゐて、官衙所屬の內巫女を始め、これに參加する數十人の巫はその巫樂が如何に盛であるといへ、それは戶長を主とする主祭者の機能を助くるものに過ぎず、華蓋を立て假面戲を演ずる官奴と共に齎る餘興の觀がある。之を要するに邑落の祭は村人自らが村の傳統の聖所に於て行ふことを原則とし、これに職巫が參加する場合にも、それは只、神遊の行事によつて祭官の機能を補足するに過ぎない副次的の地位をもつことは、家祭に於ける主祭者が常に家人自らであつて、これに參加する職巫が常に副次的地位を占むるが如くであり、村祭の執行が專ら村々の傳統に從つて行はるゝことは家祭が家々の傳統によると同樣であつて、從つて吾々はその祭そのものが單に宗敎的機能のみならず、遊樂的經濟的その他の諸機能を綜合的に營むことゝを見る。祭に於ける村人自らの積極的活動が如何に活潑であるかこに村祭に於ける機能と權威とが主として村人自らに存し、祭に於ける祭官の機能を如何に活潑であるかを見るのであつて、それが朝鮮社會の農村性を意味するものであることは、これを都市社會に於ける宗敎的組織の發達とその權威の强大と、從つて信者の受動的態度とに對照せしめる場合に一層よく理解されるであらう。殊に邑落の祭に於て村神が家々を訪れる行事があつて、家每に一々養神をなし、家々から奉納される布帛が一本の神竿に連なり結ばれる姿の如きは、村が家々の聯合であることを如實に示し、朝鮮の邑落的巫俗が家族的巫俗の線に沿うて行はれることを意味するのであつて、それは邑落の祭が農村社會的家族主義の性格を有することを物語るものであると思ふ。

　　　　　註

（一）　朝鮮金石總覽、六三頁・二九一頁・三國遺事、卷四、寶壤梨木條。

（二）　成伣・傭齋叢話、卷五。

　　第六章　巫祭（其二）

　　　　一二三

【해설】 강릉단오제에 대한 현장조사를 한 추엽 융 교수의 박사학위 논문으로 강릉단오제 행사에 대해서 산신맞이 행사, 팔단오에 대한 내용 등이 수록되어 있다. 그는 축제에서 무악이 아무리 성대하다 해도 그것은 호장이 주관하는 제사에서 주제자의 보조기능에 지나지 않는다고 평하고 있다.

이 내용에 따르면 현재의 국사성황신 영신행사에 대한 재고증이 필요하며, 팔단오의 복원도 고려되어야 하겠다. 교산 허균의 문헌부터 근대 자료까지 강릉단오제의 주신격은 산신이며 영신행사는 산신을 봉안하는 것으로 기록되어 있다는 점에서 앞으로 고증적인 측면의 새로운 논의가 필요하다.

대관령 산신목 사진(조선무속의 현지연구 화보)

24. 명주, 1958

【문헌】鏡湖, 『溟州』第6號, 溟州社, 1957, 68~70쪽.
【내용】강릉대관령국사성황신 범일국사설화

때는 신라(新羅) 46대 문성왕(文聖王)때, 곳은 명주(溟州)(현 강릉시와 명주군 일원) 학산마을에 늙은 부모슬하에 예쁜 무남독녀(無男獨女)의 15세 가량의 외딸, 이렇게 세 식구가 근근히 살고 있었다고 합니다. 그 어느 여름철 새벽에 이 꽃같이 아름다운 아가씨가 일즉히 문전옥답(門前沃畓)이 우물로 물 길러 나갔다고 합니다.

도롱박으로 동이에 찰랑찰랑 차도록 물을 길어 담고 자고 갓 깬 김이라 목도 마르고 하여 시원한 물을 바가지로 퍼서 한 목음 마시려 하는데 때마침 동녘 바다위로 싱글벙글하는 힘찬 해가 솟아오를 무렵이라 그 해가 우물 속에도 비치어 아가씨는 그 물 속에 비친 해를 우연히도 떠먹었더랍니다.

그 후부터 기적(奇蹟)이라 할까. 이상하게도 오조(惡阻)가 생기며 산기(産氣)가 있어 배가 부르게 시작하였더랍니다. 날이 가고 달이 차면서 열 달 만에 이 아가씨는 이목이 뛰어나고 풍채가 비범한 애비 없는 옥동자(玉童子)를 낳았으니 남의 눈도 무섭고 또 늙은 부모는 집안의 망신이라 하여 구박이 심하여 할 수 없이 세 식구가 안방에서 남이 들을 세라 비밀히 의논한 결과 드디어 뒷산 큰 바위틈에 솜으로 싸서 사람 하나쯤 들어가서 능히 비를 피할 수 있는 오복한 곳에 버리기로 하였더랍니다.

이렇게 하여 버리기는 하였으나 모자(母子)의 천륜(天倫)의 정이라 하도 궁금하여 매일 아침이면 그 어린 생명이 하도 가이없어 어떻게나 되었나하고 남의 눈을 피하여 처녀는 가만히 나가 보았더니 어린아이는 조금도 여윈 기색도 없을뿐더러 아기 누운 자리 밑에는 포근포근한 학(鶴)의 터리가 깔려 있었으며 그 입가에는 젖 같은 액수(液水)가 묻어 있었고 그 바위 가에는 학들이 모여 울고 있었더랍니다.

하도 이상한 일이라 하루는 그 바위 가의 큰 소나무 그늘 밑에 숨어서 동정을 살피고 있었더니 학들이 번갈아 가며 입에서 젖물을 내어 그 아이를 먹이고 있었으며, 그 아이는 자기 엄마의 젖을 빨듯이 해쭉해쭉 웃으며 빨고 있었더랍니다. 이 이야기를 전하여 들은 할아버지와 할머니는 이 아기는 하늘이 내신 아이라고 생각하고 남의 조소를 받으면서도 고히 길러 왔더랍니다.

아이는 잔병 없이 무럭무럭 자라며 겨우 다섯 살이 되어 벌써 글을 배우기 시작하여 열 살이 되면서부터 사서오경(四書五經)을 배우기 시작(始作)했고 하나를 들으면 열을 아는 비상한 재주를 가져 이미 모르는 글이 없게 되자 좀더 배워 아비 없는 서름을 없애고 나아가서는 어머니를 위로할 생각으로 어느 날 편모(偏母)와 결별(訣別)하며 서울(慶州)을 행하여 떠나간 후 이 아이는 어느덧 나중에 국사(國師)가 되어 역사상에 유명한 범일대사(梵日大師)가 되었다고 합니다.

지금도 그 당시의 우물은 학산(鶴山)마을 논 두덕가에 남아 있어 지금은 「신정 神井」이라 불리우고 있으며 이 마을을 학산(鶴山)이라고 불리우게 된 것은 아기 범일국사(梵日國師)에게 젖 먹이던 학이 많기로 지금도 유명(有名)하여 학산(鶴山)이라 한답니다.

梵日國師

鏡湖

때는 新羅 四六代 文聖王때, 곳은 溟州(現 江陵市와 溟州郡 一圓) 鶴山마을에 늙은 父母膝下에 여듧 無男獨女의 一五세가량의 외딸, 이렇게 세食口가 근근히 살고 있었다고 합니다.

그 어느 여름철 새벽에 이 꽃갈이 아름다운 아가씨가 일즉이 門前 玉다리 우물로 물길어 나갔다가 합니다. 도뭄박으로 동이에 찰랑찰랑 착도록 물을 길어담고 자고 갓떤 김이라 목도 마르고 하여 시원한 물을 바가지도 퍼서 한목음 마시려 하는비 때마침 동녕 바다위로

성글벙글하는 힘찬 해가 솟아오를 무렵이라 그해가 우물속에도 비치어 아가씨는 그 물속에 비친 해를 우연히도 떠먹었더랍니다. 그후부터 奇蹟이라 할가 이상하게도 惡阻가 생기며 產氣가 있어 배가 부르게 始作하였더랍니다. 날이 가고 달이 차면서 연달반에 이 아가씨는 이목이 뛰어나고 聰彩가 비범한 애비없는 玉童子를 낳았으니 남의 눈도 무섭고 또 늙은 父母는 집안의 망신이라 하여 구박이 심하여 한구석도 세食口가 안방에서 남의 눈을 세라 비밀이 의논한 결과 드디어

江原道國寶古蹟·名勝·天然記念物一覽

○江陵市

國寶第一二三號
第一二四號　寒松寺石佛像
第一二五號　大昌洞幢竿支柱
第一二六號　水門洞幢竿支柱
第一四〇號　神福寺址石佛座像
第二一一號　神福寺三層石塔
第二四九號　客舍門(唐門)
第二七八號　鳥竹軒
第三〇五號　浣雲亭
第三四二號　文廟大成殿

○溟州郡

國寶第一二七號　堀山寺址浮屠

뒷산 큰바위틈에 솜으로 싸서 사람 하나쯤 들어가서 능히 비를 피할 수 있는 오복한 곳에 버리기도 하였더랍니다. 이렇게 하여 버리기는 하였으나 母子의 天倫의 情이라 하도 궁금하여 매일 아침이면 그 어린 生命이 하도 가이없어 어떻게나 되었나하고 남의 눈에 피하여 처녀는 가만히 나가 보았더니 어린아이는 조금도 여윈 기색도 없을뿐더러 아기 누운 자리 밑에는 포근포근한 학(鶴)의 더디가 깔려 있었으며 그 입가에는 젖(乳)같은 液水가 물어 있었고 그 바위가의 탁틈이 모여 운고 있었더랍니다. 하도 이상한 일이라 하두는 그 바위가의 큰 소나무 그늘밑에 숨어서 동정을 살피고 있었더니 학들이 번갈아가며 입에서 젖을은 내어 그 아이를 먹이고 있었으며 그 아이는 자기 엄마의 것을 빨듯이 해죽해죽 웃으며 빨고 있더랍니다. 이 이야기를 전하여

둘은 한 아버지와 한머니는 이 아이는 하늘이 내신 아이라고 생각하고 남의 조소를 받으면서도 고이 길러 왔더랍니다.

이 아이는 잔병없이 무럭무럭 자라며 겨우 다섯살이 되어 벌써 글을 부배우기 始作하여 열살이 되면서 부터 四書五經을 배우기 始作했고 나른 듯으면 영웅 아는 재주를 가져 이미 모르는 군이 없게 되자 좀더 배워 아버님은 서름을 없애고 나아가서는 어머니를 위로한 생각으로 어느날 片想와 拔別한 머 서울(경수)을 행하여 떠나간 후 이 아이는 어느덧 나중에 國師가 되어 역사상에 유명한 梵日大師가 되었다고 합니다. 지금도 그당시의 우물은 논두덕가에 남아 있어 지금은 「神井」이라 불리우고 있으며 그 마을은 鶴山이라고 불리우게 된것은 아기 梵日國師에게 점 먹이던 학이 많기므로 지금도 有名하다더랍니다. 이 이야기를 전하여 있더랍니다.

〈註〉 溟州誌 五體所收의 先輩 金奎

溟남의 鄕土野話 「國師城隍」되
新羅文聖王時의 江陵을 阿瑟羅城
이라 하였음은 溟州일 것이다。
이는 高句麗時에 河西良 (一名 阿
瑟羅라 불러었으나 新羅三十五代
景德王十六年에 이미 溟州라 改
稱하였던 史實이 있기 매문이다。
또 梵日國師가 서울 當時는 慶州

묘 간다면서 大關嶺을 넘었을 理
가 萬無하고 또 後日에 屈山寺들
創建한 國師가 이 곳에서 化石이
되였다함은 一大妄想이라 보기에
筆者의 撮見으로는 後人들이 國
師의 德을 推慕하는 뜻으로 牽强
附會한 하나의 民俗的 信仰에서
온 說話라 본다。

〈鄕土野話〉

茅山峰 (第五篇)

金 奎 煥

茅山峰이다。나무도 別로 무성하지
않고 景槪는 그리 뛰어나지 못하나
한 그 頂上에 올라 四方을 물러보
면 이고장의 東西南北을 한눈에 굽

江陵에서 남쪽을 十里쯤 가면 「피
라밀形의 높이 約二百米에는 아담
한 山봉오리가 웃아 있어서 詩人墨客
들의 막대를 멈추게 하나 이것이 곳

● 第三一五號 洪泉寺智光國師勝 妙塔碑

天然記念物第九二號 城南里「樹林地」

第九三號 城南里「城隍林」

○平昌郡

● 國寶第一五三號 上院寺銅鐘

● 天然記念物第二三四號 月精寺八角九層塔

第二三五號 月精寺石造菩薩座像

第二三五號・ 五臺山上院寺重創 勸善文

古蹟 第六四號 五臺山史庫(燒失)

○寧越郡

天然記念物第七六號 「銀杏나무」

○旌善郡

天然記念物第七三號 淨岩寺 「熱目 魚棲息地」

○薛珍郡

天然記念物第九六號 「울창나무」

【해설】 명주지에 수록된 범일국사 탄생설화에 대한 1957년 사료로 당시에 구전된 내용을 소개한 중요한 자료다. 명주지는 강릉의 송치훈 등에 의해 발간된 강릉문화종합지로 5호까지 프린트본으로 나오다가 6호부터 활자본으로 간행되었다. 이 책자는 향토논단과 문학지의 성격을 공유한 잡지로 시사적이 내용과 역사자료를 소개하고 있다.

25. 최선만, 강릉의 역사변천과 문화, 1962

【문헌】崔善萬, 『江陵의 歷史變遷과 文化』, 江陵觀光協會,
        1962, 68~69쪽,
【내용】강릉대관령국사성황신 설화

  양가(良家)의 처녀가 굴산(屈山-지금의 학산리)에 살고 있었는데 나이 많아도 시집을 못가고 있었다. 이 처녀가 석천(石泉)에 물을 길러 갔다가 표주박에 햇볕이 유난히 비쳐 오기에 아무 생각 없이 그 물을 마셨다. 그 후 날이 갈수록 배가 달라지더니 14삭(朔)만에 뜻하지 않은 옥동자를 낳았다.

  처녀의 몸으로 아이를 낳은 그는 말 할 나위도 없거니와 부모들은 경악(驚愕)할 뿐 아니라 집안을 그르칠 변고(變故)라 하여 부끄럽고 수치스러운 나머지 젖 한 번 빨리지 못한 아이를 포대기에 싸서 학암(鶴岩) 있는 곳에 갔다 버렸다. 내다 버렸으나 죄 없는 어린 생명을 죽이기에는 어미된 마음이 편할 리 없어 사흘째 되던 아침 일찍이 버린 아이를 보러 학암을 찾았다.

  웬일인가? 죽었어야 할 아이는 포대기에 쌓인 채 잠자고 있지 않은가? 이에 놀랜 어머니는 하룻밤을 새워가며 어린이의 둘레를 살피게 되었다. 눈 속에서 하루 밤을 새우기란 결코 쉬운 일이 아니었다.

  자정이 되어 갈 무렵 뼈저린 추위를 참을 길 없는 찰나(刹那) 난데없는 백학 한 마리가 날아와 두 나래로 아이를 깔고 덮고 하루 밤을 새워주고 새벽이 되자 입에다 단실(丹實) 세 알을 넣어 주고는 어디론지 사라졌다. 이 신기한 사실을 본 어머니는 어안이 벙벙하여 그대로 돌아 와서 그 다음 날도 계속하여 지켜보았으나 아이는 이상 없이 자라고 있었다.

이러한 사실을 집안에서까지 알게 되자 아이가 범상(凡常)하지 않다 하여 내버리면 죄를 받을까 두려워서 다시 가져다가 기르게 되었다. 그러나 4~5세 될 때까지도 애비 없는 자식이라는 조롱을 받으면서도 말을 못하는 것이었다. 그러던 어느 날 어머니에게 향하여 꿇어앉아서 "나는 정말 아버지가 없읍니까?"하고 질문을 하게 되자 어머니는 깜짝 놀랐다. 도리 없이 아들에게 사실을 솔직히 고백하였다.

말을 듣고 있던 아이는 어머니 앞에 절하고 하는 말이 "불효자는 어머니를 위하여 반드시 큰 사람이 되어 돌아 올 것이니 근심하거나 찾지 말아 달라"는 애석한 한 마디의 고별(告別)을 하고 슬하를 하직한 뒤로 종적이 없었다.

그 후 어머니는 검은 털이 희게 되고 아이는 국사(國師)라는 승가(僧家)의 최고위(最高位)를 점(占)하고 돌아와서 어머니를 봉양하면서 굴산사를 세웠다고 전한다.

觀光案内

江陵의 歷史変遷과 文化

臨瀛鄕土文化研究所長　崔善萬

江陵觀光協会 発行

68

있다. 이 미륵불은 다음과 같은 신기한 전설이 있다.

미륵불은 왼 팔이 떨어져 없어지고 안면(顔面)이 밀어나가 눈 코 입이 보이지 않는다. 이 둘레에 옛 날 절이 있어 풀을 뜯어 먹는 소만 보면 잡아먹는 중이 있었다. 하루는 소를 잡아 먹다가 이 미륵불 모양으로 벼락을 맞아 죽었는데 이 중이 죽고 난 다음에 미륵불을 해 세웠더니 미륵불 마져 벼락이 맞아 죽은 중의 모양으로 되었다 한다. 굴산사 창설과 범일국사에 관한 전설은 다음과 같다. 양가(良家)의 처녀가 굴산(堀山―지금의 학산리)에 살고 있었는데 나이 많아도 시집을 못가고 있었다. 이 처녀가 석천(石泉)에 물을 길러 갔다가 표주박에 햇볕이 유난히 비쳐 오기에 아무 생각없이 그 물을 마셨다.

그 후 날이 갈수록 배가 달라 지더니 14삭(朔)만에 뜻하지 안은 옥동자를 낳았다. 처녀의 몸으로 아이를 낳은 그는 말 할 나위도 없거니와 부모들은 경악(驚愕)할 뿐 아니라 집안을 그르칠 변고(變故)라 하여 부끄럽고 수치스러운 나머지 젖 한번 빨리지 못한 아이를 포대기에 싸서 학암(鶴岩) 있는 곳에 갔다 버렸다 내다 버렸으나 죄 없는 어린 생명을 죽이기에는 어미된 마음이 편할 리 없어 사흘째 되던 아침 일찍 이 버린 아이를 보러 학암을 찾았다 웬 일인가? 죽었어야 할 아이는 포대기에 쌓인채 잠 자고 있지 않은가? 이에 놀랜 어머니는

학   암

하룻 밤을 새워가며 어린이의 둘레를 살피게 되었다. 눈 속에서 하루 밤을 새우기란 결코 쉬운 일이 아니었다. 자정이 되어 갈 무렵 뼈 저린 추위를 참을 길 없는 찰나(刹那) 난데 없는 백학 한마리가 날아와 두 나래로 아이를 깔고 덮고 하루 밤을 새워 주고 새벽

이 되자 입에다 단실(丹實) 세 알을 넣어 주고는 어디론지 사라졌다. 이 신기한 사실을 본 어머니는 어안이 벙벙하여 그대로 돌아 와서 그 다음 날도 계속하여 지켜 보았으나 아이는 이상 없이 자라고 있었다

이러한 사실을 집안에서 까지 알게 되자 아이가 범상(凡常)하지 않다 하여 내버리면 죄를 받을까 두려워서 다시 가져다가 기르게 되었다. 그러나 4.5세 될 때 까지도 애비 없는 자식이라는 조롱을 받으면서도 말을 못하는 것이었다.

그러던 어느 날 어머니에게 향하여 꿇어 앉아서 나는 정말 아버지가 없읍니까? 하고 질문을 하게 되자 어머니는 깜짝 놀랐다. 도리 없이 아들에게 사실을 솔직히 고백 하였다.

말을 듣고 있던 아이는 어머니 앞에 절하고 하는 말이 불효자는 어머니를 위하여 반드시 큰 사람이 되어 돌아 올 것이니 근심 하거나 찾지 말아 달라는 애석한 한 마디의 고별(告別)을 하고 슬하를 하직한 뒤로 종적이 없었다. 그 후 어머니는 거믄 털이 희게 되고 아이는 국사(國師)라는 승가(僧家)의 최고위(最高位)를 점(占)하고 돌아와서 어머니를 봉양하면서 굴산사를 세웠다고 전한다.

법왕사

시내에서 남 쪽으로 8km 지점 인구 정면 어단리(於丹里) 칠성산(七星山) 중 허리에 자리잡고 있으며 북 으로는 관모봉(冠帽峰) 동북(東北)으로는 행봉노(香爐峰) 서으로는 촛대봉(燭台峰) 남 으로는 옥녀봉(玉女峰)이 사면을 두르고 남 쪽에서 나오는 물은 흘러서 북 쪽에 이른다.

법 왕 사

법왕사(法王寺)는 본래 칠성암(七星菴)으로서 칠성

【해설】 강릉출신 향토사학자 최선만(1930년생)씨의 책자에 수록된 범일국사 설화다. 『江原文物』 대경출판사, 1973, 826쪽에 수록된 내용은 다음과 같다. "…청민하고 강직한 인품에 천성이 인자하고 지성적이며 활동적인 연구 노력가로서 향토문화발전에 공이 큰 지도적 언론·문화인으로 알려진 인물이다. 강릉상업학교 5년 수료, 강릉사범학교를 나와 동아대학교 정경학부 정법학과를 졸업했다. 그 후 국민학교 교단생활 5년, 국제고학생 연맹초대위원장과 임영향토문화연구소 소장, 강릉관광협회 이사 등을 역임했다. 선생은 또한 강릉시문화재위원이며 계간 『鄕土文化』 발행인, 한국농업통신교육원 설립위원이기도 했다. 노동청 편집위원, 월간 『勞動과 企業』 주간을 맡고 있으며 『法政行政』 발행인이기도 하다. 1962년 강원도문화상을 받은 바 있는 선생은 저서로 『江陵의 歷史變遷과 文化』 등이 있고, 강릉단오제의 무형문화재지정을 주창했으며 지방문화발전에 많은 기여를 했다."

「강릉의 역사변천과 문화」를 집필한 최선만 씨

26. 향토교육자료집, 강릉시교육청, 1966

【문헌】『鄕土敎育資料集』, 江陵市敎育廳, 1966
【내용】 창해역사의 전설(47쪽), 단오굿의 전설(48~49쪽), 대가면
(72쪽), 대관령신제(73~74쪽), 단오굿(74쪽), 강릉탈춤(74~77쪽)

○ 창해역사의 전설

예국의 촌 아낙네가 하루는 냇가에서 빨래를 하고 있을 때 표주박만
한 알이 떠내려 오므로 기이하게 여겨 주워다가 방에 두었더니 얼마
되지 않아서 껍질을 깨고 사내아이가 나왔다. 그 생김새가 비상하게
뛰어나고 용맹스럽게 생겨 6 · 7년을 길렀더니 키가 2.5m나 되고 얼
굴이 검어 성을 '예'라 하고 이름을 '홍'이라 하였다.

이때에 온 나라 안에는 사납기 짝이 없는 악호가 백주에 횡행하여
사람을 해하므로 사람들은 심히 근심스러이 지내는데 이를 막아 낼 자
가 없었다. 이 이야기를 들은 창해역사는 주먹을 쥐며 분연히 일어나
내가 반드시 이 악한 짐승을 죽이고 생명을 해치는 것을 없애 버리리
라는 맹서를 하자 듣고 있던 둘레의 사람들이 믿지를 않았다.

그러나 오래지 않아서 번개와 같은 소리로 단짐을 뿌리며 일대 반호
가 산으로부터 으르렁거리며 이를 갈아 물고 날아오자 역사(力士) 예
홍은 날세게 높이 뛰어 범의 머리 위에 주먹을 펴며 한 대 후려갈기니
호랑이가 그 자리에 쓰러지며 머리가 부서져 죽었다고 한다.

이로부터 얼마 후 임금이 만근이나 되는 종을 만들게 하고 장사(壯
士) 수백 명에게 끌게 하였으나 움직이지 못하였다. 그러나 창해역사는
한 번에 들어서 지니 임금이 기이하고도 장하게 여겨 곁에서 시종하게
하였으나 한번 객이 된 후로는 어디로 갔는지 알 수 없다.

○ 단오굿의 전설

왕순식 장군이 고려태조를 따라 백제를 칠 때 꿈에 승려와 속인 두 신이 병사를 이끌고 와서 구했다. 깨어서 보니 꿈이나 이로부터 전쟁에서 승리를 거두어 대관산신제를 지냈다. 이렇게 해마다 지내오던 중 성황신을 욕설하다가 폭사한 실화가 있다.

영조 37년(7161)의 여름 당시의 강릉부사 윤방은 삼척 살옥사건에 검관을 덮어준 죄로 파면된 때다. 금부서리 이규란 자를 잡아들이라는 명령을 받고 부청에 이르러 진상을 알려고 책임자를 부르니 최광진이 수리로 있을 때이니만큼 금부서리 이규 앞에 나선 최광진은 마침 호장의 임을 당한 때이다. 이 날이 바로 5월 5일 국사성황을 배송하는 날이기 때문에 이규를 두고 성황사로 갔을 때 그의 성질이 얼마나 급하고 조망하였던지 호장을 묶어 오라고 호통을 하였다. 묶어온 최광진을 앞에 놓은 이규는 마패를 손에 쥐고 마구 때리면서 "너희가 성황신이 중하다 할지라도 성황신이 어떤 신인지 너희가 존경하는 거지 나에게 무슨 관계가 있느냐?"고 욕설을 치더니 드디어 이규는 사지가 오그라들고 뼈를 틀며 흥분하더니 묶어 놓은 사람같이 가물가물하며 목구멍에서 겨우 "내가 죽는다."하고는 피를 쏟고 폭사한 일이 있은 후 더욱 성행하였다. 이로부터 강릉에서는 수호신을 위하지 않으면 풍우질고로 백성이 못살게 되고 금수가 해를 지고 온다는 것이 강릉의 오래된 풍속이다.

○ 대가면(臺假面)

전설에 의하면 대관령 밑에 사는 어느 미모의 총각이 모처녀에게 사랑의 고백을 하였으나 뜻을 이루지 못하고 혼자 속 태우던 나머지 죽어서 국사성황이 되어서 혼자 짝사랑을 하였던 여인을 잡아가서 같이 살게 되었다. 이 여인은 죽어서 여신이 되어서 강릉을 지키는 수호신이 되었다. 강릉시민은 고대로부터 흉년 들거나 홍수나 혹은 질병이 유행하면 성황님께서 노하셨다고 생각하여 매년 5월 단오절을 기하여 무녀로 하여금 성황님께 기도를 올린다. 그러면 국사성황님께서 나오셔서 생시에 이루지 못한 장면을 연상한다.

○ 강릉무당춤

성황을 모신 이후부터 매년 제사를 올리게 되었는데 이때 무녀로 하여금 기도를 올린 행사로써 춤과 노래가 겸하게 된데서 발전하게 된 것이다. 이때마다 무녀는 전부 집합하여 제각기 기능을 자랑하여서 대중의 인기를 끌어 일반에 널리 알려지게 된 것이다.

○ 대관령신제 (새신 賽神)

대관령에 한 성황당이 있다. 즉 범일국사로서 강릉태생 국사님을 제사한다. 그 신은 고사만능하며 예로부터 외경을 극하며 만일 노함이 있으면 한발·홍수·폭풍·급질병 등의 불칙한 화환이 있어 군내일원의 안위를 좌우한다고 한다. 따라서 군민은 그 신을 맞아 위로하기 위하여 매년의 일대행사로서 많은 비용을 들여 음력 4월 15일(국사성황 降), 5월 5일 단오굿을 한다.

○ 단오굿

1.「양반광대」창나무로서 얼굴에 폐(나무로 인상을 만들어 분으로 장식함)를 걸고 머리에는 장계 꼬리로 만든 물건을 이고 손에는 그림부채를 들고 몸에는 특이한 무용복을 입고 춤을 춘다.

2.「소매각씨」창녀로 하여금 전자와 조금 다른 형식을 하고 춤을 춘다.

3.「괘대」혼윤(이면에 대 들을 넣어 표면은 천으로 싼 것)을 들어

중앙에 장대봉으로 꽂고 주위에 천을 걸어 한 사람이 갖고 시내를 일주한 자를 역사라 하여 포상한다.

○ 강릉탈춤

1. 기원과 유래

강릉탈춤은 대관령산신과 국사성황신과 강릉단양제(풍년제)를 중심으로 하여 발달된 민속무용이다. 신라의 명장인 김유신이 대관령 산신에게 검술을 배웠다고 하며 이조 임진란 때에는 국사성황인 동자로 화신하여 있다가 왜병들이 이곳에 당도하자 팔송정(현 송정동)을 가르키며 이여송 장군의 배수의 진지라고 하여 왜병들은 겁을 집어먹고 무서워서 강릉지방에는 침입을 못하였다 하며, 또한 최근세에는 강릉시 정씨가(현 최씨가)에 성장한 미모의 처녀가 있었는데 국사성황이 3일간에 걸쳐 처녀 부친에게 장가 올 것을 간청하였던바 거절하였더니 어느 날 처녀가 스스로 머리를 빗고 나가 호랑이에게 업혀 갔다.

국사성황신은 대호(大虎)를 보내어 정씨 처녀를 업어다가 대관령 국사성황에 그대로 놓고 혼배를 한 날짜가 음 4월 15일인 고로 매년 이 날을 대관령 국사성황제일로 정하였다.

대관령국사성황신은 도승인 범일국사를 주신으로 하여 정씨 처녀를 대관령국사여성황이라고 하여 강릉시 홍제동에 당을 세웠다. 대관령국사성황신은 강릉지방의 수호신으로서 종교와 사상을 초월해서 굳게 신봉하고 있으며 만일 매년 국사성황제를 거행하지 않으면 큰 해를 입게 된다고 전해지고 있어 시대가 변천하여도 이 민속은 변함없이 지켜져 내려온다.

또한 이 행사는 관민합동의 대행사로서 음 4월 15일에 대관령에 가서 산신제와 국사성황제를 정중히 거행한 다음 부근에 있는 숲 속에서 신목을 택하여 축원을 하면 자연히 나무가 떨리어 '대'가 내리면 나무에 청 · 황 · 홍 삼색비단을 맺어 성황신들을 만들어 이것을 국사성황당에 모시고 8무당들이 신무를 추며 성황당 전면에는 장대바리 · 양반광대 · 소매각시 · 수수딱때기 들의 탈춤(가면무)이 홍미롭게 전개되고 신목을 중심으로 풍악을 잡히면서 대관령 아흔아홉 구비를 감돌아 구산에 내려오면 햇불을 밝히고 있던 수백 시민이 합세하여 시가행진을 한다.

시민들은 신간에 '액매기' 방법으로 백지 · 목면사 · 건포 · 유아들의 의류를 나뭇가지에 매어단다. 시가행진이 끝나면 여성황당에 안치하였다가 음 5월 5일 단양제(풍년제)때에 강릉 남대천 광장에 성황당을 마련하고 수일간 큰 굿을 한 후에 대관령을 향하여 국사성황신대를 받으며 석별의 인사를 한다.

2. 탈춤의 종류
1) 장대말이 (2인)

청흑색 베옷(통옷)을 입고 눈만 보이게 하고 머리는 졸라 걸치고 허리에는 둥근 대(죽)바퀴를 걸치고 말치풀을 달아매고 옷이 땅에 끌리며 서서히 나타나 원무곡식으로 빙빙 돌며 전 무대를 둥글게 원을 그리며 춤을 추다 퇴장한다.

2) 양반광대 (1인)

점잖은 탈을 쓰되 두에는 장 2척의 홍색 뿔 갓을 쓰고 말풀로 만든 장수염을 걸치고 청의직령(모시)을 입고 옥색 수술띠를 매고 행전을 치고 수여자를 신고 좌수에는 장죽(담뱃대)을 들고 우수에는 대선(大扇)을 점잖은 태도로 춤을 춘다.

3) 소매각시(1인)

얌전한 미인 탈을 쓰고 머리에는 무색수건을 쓰고 긴 머리에 붉은 당기를 드리고 노랑 빛 회장저고리에 다홍치마(명주)댕이 신을 신고 왼손에는 황색수건(2척), 오른손에는 소선(小扇, 홍색)을 들고 얌전한 태도롤 양반광대와 함께 춤을 춘다.

4) 수수딱때기(1인)
무서운(방상수형) 탈을 쓰고 행이옷(푸른색 중추막형)을 입고 흑색 '배띠'를 띠고, 마른신(미투리)을 신고 주홍색 목제 칼(3척)을 휘두르며 넘어지고 자빠지며 사람을 웃기는 괴상한 춤을 추다가 소매각시와 양반광대 사이로 들어가 소매각시를 붙잡고 입도 맞추고 다리도 주무르다가 양반광대에게 발각되어 끌려간 소매각시는 창피하여 양반광대 수염에 목을 매면 양반광대는 소매각시를 업고 들어간다.

5) 행진무
또다시 새신이 종이 울리고 제일 선두에 수수딱때기, 소매각시, 신간, 양반광대, 8무당, 장재말이 순서로 산유가(진행가)를 부르며 원을 그리고 돌아간다.

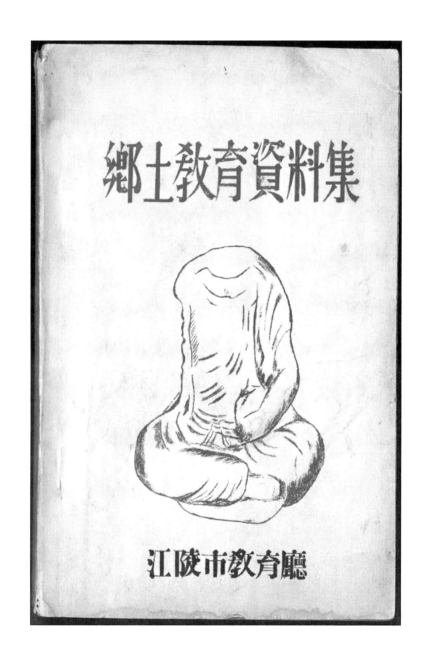

鄕土敎育資料集

江陵市敎育廳

③ 강릉지방의 전설

• 창해 역사의 전설

예국의 촌 아낙네가 하루는 냇가에서 빨래를 하고있을때 표주
박 만한 알이 떠내려 오므로 기이하게여겨 주워다가 방에 두었더니
얼마되지 않아서 껍질을 깨고 사내아이가 나왔다. 그 생김새가 비상
하게 뛰어나고 용맹스럽게 생겨 6.7년을 길렀더니 키가 2.5m
나 되고 얼굴이 검어 성을 "예"라하고 이름을 "홍"이라 하였다.
이 때에 온 나라 안에는 사납기 짝이 없는 악호가 백주에 횡행
하여 사람을 해 하므로 사람들은 심히 근심스러이 지내는데 이를
막아낼자가 없었다. 이 이야기를 들은 창해 역사는 주먹을 쥐며
분연히 일어나 내가 반드시 이 악한 짐승을 죽이고 생령을 해치는
것을 없애 버리리라는 맹서를 하자 듣고있던 룰패의 사람들이 믿
지를 않았다. 그러나 오래지않아서 번개와 같은 소리로 돈진을
내며 윗대 바로가 산으로 부터 으르렁 거리며 이를 갈아 물고 날
아오자 力士 예홍은 날쌔게 뇌어 뛰어 범의 머리꺼에 주먹을 쥐며
한대 후려 갈기니 호랑이가 그 자리에 쓰러지며 머리가 부서져 죽
었다고 한다. 이로 부터 얼마후 임금이 만근이나 되는 종을 만들
게하고 壯士 수백명에게 끌게하였으나 움직이지 못하였다. 그러
나 창해 역사는 한번에 들어서 지니 임금이 기이 하고도 장하게 여

그 곁에서 시종하게 하였으나 한번 客이 된 후로는 어디로 갔는 줄 알수 없다

• 端午굿의 傳說

왕순식 將軍이 高麗태조를 따라 百濟를 칠때 꿈에 승려와 俗人 두신이 兵士를 이끌고 와서 구했다

깨어서 보니 꿈이나 이로 부터 戰爭에서 勝利를 거두어 대관 山神祭를 지냈다.

이렇게 해마다 지내오던중 성황신을 욕설하다가 폭사한 宸英가 있다.

영조 37年의 여름에 當時의 江陵府使 尹坊은 삼척 살옥 사건에 검판을 잘못준 罪로 파면된 때다

금부서리 이규 란者를 잡아 들이라는 命令을 받고 부청에 이르러 眞狀을 알려고 責任者를 부르니 최광진이 수괴로 있을때 아니 만큼 금부서리 이규 앞에 나선 최광진은 마침 戶長의 임을 當한 때이다.

이날이 바로 5월 5월 國航城隍을 배송하는 날이기 때문에 이규를 두고 성황사로 갔을때 그의 性質이 얼마나 급하고 조망하였던지 戶長을 묶어 오라고 호통을 하였다.

묶어온 최광진을 앞에 놓은 이규는 매패를 손에쥐고 마구 때리

을 밝히는 風習이 아직 傳하고 있다.

● 율곡제

1962年 10月 부터 每年 가을 東方의 賢人 李栗谷先生의 遺德을 追念하는 追念祭가 江原道 主催로 先生의 誕生地인 江陵 烏竹軒에서 열린다. 全國에서 모이는 많은 儒林代表와 많은 地方民들이 모여 400餘年節의 遺德을 追慕하고 白日場 揮毫大會 各種 전시회등의 文化行事와 民俗行事를 擧行 한다.

⑤ 民俗

臺假面

傳說에 依하면 大關嶺 밑에 사는 어느 美貌의 總角이 某處女에게 사랑의 告白을 하였으나 뜻을 이루지 못하고 혼자 속 채우던 나머지 죽어서 國師城隍이 되어서 혼자 짝사랑을 하였던 女人을 잡아가서 같이 살게 되었다. 이 女人은 죽어서 女神이 되어서 江陵을 지키는 守護神이 되었다.

江陵市民은 古代로 부터 凶年 들거나 洪水나 或은 疾病이 流行하면 城隍님께서 怒하셨다고 생각하여 每年 五月 端午節을 期하여 巫女로 하여금 城隍님께 祈禱를 올린다 그러면 國師城隍님께서 나오셔서 生時에 이루지 못한 場面을 再現한다.

강릉 무당춤

城隍을 모신 以後 부터 每年 祭祀를 올리게 되었는데 이때 巫女로 하여금 祈禱를 올릴 行事로써 춤과 노래가 兼하게 된데서 發展하게 된것이다.

이때마다 巫女는 全部 集合하여 제각기 技能을 자랑하여서 大衆의 人氣를 끌어 一般에 널리 알려지게 된것이다.

생 윷

여섯가지 색인 六面 말(주사위)을 굴려서 그의 點數에 依하여 各各 敵陣에 羅列한 말로 하여금 行進하여 오게만든다. 그리하여 그말이 本陣까지 先着하는 사람이 이긴다. 但 一馬가 敵馬二匹以上과 마주칠때에는 戰死한 것으로 看做한다 그러면 다시 他馬를 補充하여 出陣하게 하지만 그의 活用方法에는 여러가지가 있다.

郡別 進馬方法이 各各다르다

고사리 놀이

數十人의 아이들이 一團이 되여 손에 손을 잡고 「首陽山 고비 고사리 꺾으러 가자」 노래를 부르면서 차례 차례로 잡은 손을 놓지않고 先頭에서 부터 손아래로 빠져 나간다.

大關嶺 신제 (賽神)

大關嶺에 한 城隍堂이 있다 즉 梵日國師로서 文陵파생 國師님을 제사 한다 그 神은 산化萬能 하며 예로 부터 景敬을 受하며 萬一 怒함이 있으면 旱魃·洪水·暴風·惡疾病等의 참혹한 화환이 있어 郡內一圓의 安危를 左右한다고 한다. 따라서 郡民은 그神을 맞아 慰勞하기 爲하여 每年의 一大行事로서 많은 費用을 드려 陰曆 4月 15日 (國師城隍 「祭」) 5月 5日 端午굿을 한다.

端午 굿

1. 「양반광대」 참나무로서 얼굴에 떼 (나무로 인상을 만들어 떤으로 장식함)를 걸고 머리에는 장계 꼬리로 만든 물선을이고 손에는 그림 쇠채를 들고 몸에는 특이한 무용복을 입고 춤을 춘다

2. 「소매 각씨」 참대로 하여금 전자와 조금다른 형식을 하고 춤을 춘다

3. 「패대」 흔은 (이면에 패(筱) 들을 넣어 表面은 천으로 싼 것)을 들어 中央에 장마봉으로 꽂고 周圍에 천을 걸어 한 사람이 찾고 而內를 일주한자를 역사라 하여 모상 한다.

江陵 탈춤

1. 起源과 由來

江陵 탈춤은 大關嶺山神과 國師城隍祭와 江陵端陽祭(豊年祭)를 中心으로 하여 發達된 民俗舞踊이다.

新羅의 名將인 金庾信이 大關嶺 山神에게 劍術을 배웠다고 하며 李朝 壬辰亂 때에는 國師城隍이 童子로 化身하여 있다가 倭兵들이 이곳에 당도

하자 八松亭(見 松亭洞)을 가르키며 李如松 將軍의 背水의 陣地라고 하여 倭兵들은 겁을 집어먹고 무서워서 江陵地方에는 侵入을 못하였다 하며 또한 最近世에는 江陵市 鄭氏家(見 鄭氏家)에 成熟한 美貌의 處女가 있는데 國師城隍이 3日間에 걸쳐 處女 父親에게 장가 올것을 간청하였던바 거절 하였더니 어느날 處女가 스스로 머리를 빗고 나가 호랑이 에게 업혀갔다. 國師城隍神은 大虎를 보내어 鄭氏 處女를 업어다가 大關嶺 國師城隍에 그대로 놓고 魂魄을 건 날자가 陰 4月 15日인 故로 每年 이날을 大關嶺 國師城隍祭日로 定하였다.

大關嶺 國師城隍神은 新羅의 梵日國師를 主神으로 하여 鄭氏 處女를 大關嶺 國女城隍이라고 하여 江陵市 洪濟洞에 堂을 세웠다. 大關嶺國師城隍神은 江陵地方의 守護神으로서 衆載가 思想을 超越해서 크게 信奉하고 있으며 萬一 每年 國師城隍祭를 擧行치 않으면 큰 害를 입게 된다고 傳하고 있어 時代가 變遷하여도 이 民族은 變함 없이 자켜져 내려 온다.

또한 이 行事는 官民合同 大行事로서 陰4月 15日에 大關嶺에 가서 山神祭와 國師城隍祭를 鄭重히 擧行한 다음 附近에 있는 金속에서 神木을 擇하여 祝願을 하면 自然히 나무가 떨리어 「떠」가 서리면 나무에 靑·黃·紅 三色비단을 맺어 城隍神들을 만들어 이것을 國師城隍堂에 모시고 8무당들이 神舞를 추며 城隍堂 前面에는 장내바리 양반광대·소매각시·수수딱때기·들의 탈춤 (假面舞)이 興味롭게 展開되고 神木을 中心으로 風榮을 잡히면서 大關嶺 아흔 아홉구비를 감돌아 江陵에 내려오면 횃불을 밝히고 있던 數百 市民이 合勢하여 市街行進을 한다. 市民들은 神竿에「엥매기」方法으로 白紙·木綿末·乾魚初兒들의 衣類를 나무가지에 매어 단다. 市街行進이 끝나면 女城隍堂에 安置하였다가 陰5月5日 端陽祭(豊年祭)때에 江陵 南大川 廣場에 城隍堂을 마련하고 數日間 큰 굿을 한 後에 大關嶺을 향하여 國師城隍神버를 받으며 柳州의 人事를 한다.

2. 탈춤의 種類

　① 장자말이 (2人)

　　靑黑빛 베옷(동옷)을 입고 눈만 보이게 하고 머리는 졸라 걸치고 허리에는 둥근 때(竹)바퀴를 걸치고 망치를 달아매고 옷이 땅에 끌리며 서서히 나라나 圓舞式으로 빙빙 돌며 全舞台를 둥글게 圓을 그리며 춤을 추다 退場한다.

　② 양반 광대 (1人)

　　점잖은 탈을 쓰되 頭에는 長二尺의 紅色 뿔 갓을 쓰고 말꼴로 만든 長수염을 걸치고 靑紵直領을(모시) 입고 五色 수술 띠를 매고 행전을 치고 수여자를 신고 左手에는 장죽(담뱃대)를 들고 右手에는 大扇을 점 잖은 態度로 춤을 춘다.

　③ 소며 각시 (1人)

약전한 美人 탈을 쓰고 머리에는 무색수건을 쓰고 긴 머리에 붉은 당기를 드리고 노랑 빛 회장 저고리에 다홍치마(명주)펑이 신을 신고 왼손에는 黃色수건 (二尺) 오른손에는 小扇(紅色)을 들고 약전한 態度로 양반 광대와 함께 춤을 춘다.

㉔ 수수 딱때기 (/人)

무서운 (怪目首形) 탈을 쓰고 헝이 옷 (푸른색·중추악형)을 입고 黑色 베띠, 를 떠고, 마른 신 (마투리)을 신고 朱紅色 木製 칼 (3尺)을 휘두르며 넘어지고 자빠지며 사람을 웃기는 怪常한 춤을 추다가 소매 각씨와 양반 광대 사이로 들어가 소매각시를 끌잡고 입도 맞추고 다리도 주므른다가 양반광대에게 딱각되어 끌려간 소매각시는 참지하여 양반광대 수염에 목을 매면 양반광대는 소매각시를 업고 들어 간다.

⑤ 行進舞

또다시 賽神의 鐘이 울리고 遊一先頭에 1). 수수딱때기 2). 소매 각시 3). 神奪 4). 양반광대 5). 8무당 6). 양반광대 7). 삼여말이 順學로 山遊歌 (進行歌) 를 부르며 圓을 그리고 돌아 간다.

【해설】이 책은 강릉시 교육청에서 향토교육자료집으로 엮은 책이다. 강릉지역 교사들에 의해 수록된 자료로서 1966년 당시의 상황을 보여주는 자료다.

여기에 실린 자료는 강릉단오제를 이해하는데 있어 소중한 자료로서 창해역사 설화 등과 대가면과 강릉탈춤에 대한 자료가 실려 있다. 본문 내용 가운데 한자는 한글로 바꾸고 잘못 쓰여진 맞춤법은 고쳤다.

27. 임동권, 강릉단오제 무형문화지정조사보고서, 1966

【문헌】 任東權,『江陵端午祭』無形文化財 調査報告書 第九號,
　　　　文化財管理局, 1966年 8月

【내용】 강릉단오제

* 목차
1. 중요무형문화재 지정에 관한 이유서
2. 강릉의 지리적 조건과 역사배경
3. 강릉단오제의 유래와 전설
4. 강릉단오제의 유적
5. 강릉단오제
　　1) 명칭　2) 집행부서와 임원　3) 제일정과 제의
　　4) 진설　5) 홀기 축문　6) 제비조달
6. 강릉단오제의 무녀
7. 강릉단오제의 관노가면극
8. 강릉단오제의 금기
9. 강릉단오제의 보유자

* 별첨
1. 강릉단오제 관계자 사진첩
2. 강릉단오제 무가록

無形文化財 調査報告書 第九號

一九六六年 八月 調査者 任東權

江 陵 端 午 祭

【해설】 이 조사보고서는 강릉단오제에 대한 공식적이고 체계적인 자료로서 임동권 교수가 조사를 맡아 작성한 것이다. 여러 차례 강릉 현지 조사를 수행한 바 있는 조사자는 관노가면극을 추었던 김동하, 차형원 옹을 찾아냈고 이에 따라 강릉단오제라는 명칭으로 1967년 1월 16일 국가지정 중요무형문화재 제13호로 지정되었다. 이 내용과 대관령서낭축원가를 더 보태 임동권, 『韓國民俗學論考』(宣明文化社, 1971)211~244쪽에 전문이 수록되어 있다.

임동권, 한국민속학논고

28. 강릉단오제 구술자료. 1966

【문헌】 장정룡,『강릉관노가면극연구』, 집문당, 1989, 205~223쪽
【내용】 강릉단오제 구술자료

　김동하 : 열 나흗날입니다. 열 나흗날 이제 여기서 대관령서낭님 모시러 가게 될 때는 그 참 무당을 마카(모두) 청합니다. 통지를 하면 그때에는 마카오지요. 와가지고는 인제 데리구선 이 골에 호장이라는 이가 있어요, 이제 그 이가 인제 이방 다음에 호장이 가서 청해서 데려가지요. 낟알이래든지, 그 뭐 서낭님을 모실 실과를 이래 가지고 가서 거기 가서 인제 고만 서낭님 앞에 굿당을 채려 놓고 그때 굿을 온종일 합니다.

　굿을 해가지구는 한나절 지직하면 그 서낭 뒤에 이렇게 신낭기(신목)라는 낭그밭이 있습니다. 해마다 서낭님 모시는 낭기가 있는데, 그 낭기, 거게 숱한 낭기 있지만 해도 거게 대관령 사람이 어떠한 사람이던지 그 낭글 건들지 못합니다. 해마듬 서낭님 모시는 낭기래서 깐뜩(꼼짝) 못하고 키우는데 거가서, 그 나무 밑에 가서 인제 오월 가서 굿을 하지요.

　굿을 자꾸 시루를 놓고, 갖다 놓고 이제 산신님을 부르고 서낭님을 부르고 굿을 하면 어느 신낭기, 그 숱한 신낭기 중의 하나기(하나가) 이렇게 떨지요. 떨면 그 낭글 인제 벱니다. 베서 서낭에다가 갖다가 모시고 놓고는 굿을 하죠.

　굿을 하고는 인제, 그 해가 인제 여게 이레되면 세참 때쯤, 인제 오후 아마 지금 분수로 하면 오후 여섯시나 되서 떠납니다. 그 마 거기서 떠나요. 마카 떠나면 여서 올라간 기 마카 떠나면 거 오지요.

　그만 그래 내려오는데, 그래보면 하머 저 구산 위까지는 서낭님을

그냥 앞에다가 무명으로 가지고 허리띠하고 거기다 서낭을, 서낭대를 이렇게 집어넣고, 이렇게 잔뜩 이렇게 옹호를 하고, 인제 내려오면서 서낭을 춤을 추키며, 내려오는데 구산만 내려오면 아마 그 실이라든지 뭐 속적삼이라든지, 명주라든지 자꾸 나오며 그 위에 쳐놔. 걸면 이 저 진중바우라는 데가 구산 아랫녘에 거 비석 있는데, 거기 강릉이 여 강릉이 육통입니다.

육통이고, 지금은 육팔반인가 뭐 그렇게 되지만 육통인데, 그 육통에서 숱한 일꾼애들이, 그때는 그 저게 남의 집 머슴살고 뭐 어지간한 애들은 말컨 굵은 애들이 여편네가 없고 하니, 톳쟁이라는 거, 이웃 아들 이쁜 걸 데리고 톳쟁이를 삼고 있사.

그 놈의 새끼들은 그저 갑사를 사고 고깔을 맨들어서 뒤잡어 씌키고 의복을 사거 입히고 머리를 이래 따는데, 절박머리라고 본이 머리가 쥐꼬리만 해도 달비를 사서 넣어서 기름을 해서 이렇게 갓을 댕기듯이, 이렇게 해 가지고 그냥 고깔을 씌켜 가지고, 가는 데는 저 어단리라는 데가 있습니다.

거기 솔이 참 옛날 솔이지만 숱한 여기 일꾼애들이 나가설랑 솔을 막 뻽니다. 베서 거 옹이 드믄드믄 있고, 굵은 데 좋은 걸 가지고 뚝 베설랑은 쩍쩍 갈라서 짊어지고는 도랑, 여기 내려가는 도랑입니다. 여다 가득 쳐넣었어.

쳐넣고 이놈의 새끼들은 인제 저녁으로 일하고 저녁에 들어와서는 마카 성냥개피처럼 일궈. 일궈서 홰를 만드는데, 홰를 요만큼씩 해서 양짝을 요렇게 빚어서 꼭꼭 찔러서 솔뿌리를 파다가설랑은 꼭 돼매고, 찔러서 매놓으면 참 볼만 합니다.

이래서 한 발 가웃씩 해서 그 저희 동 집에다가 그저 가뜩 실어 오지요. 그래고는 인제 보름날 척, 그 놈의 아새끼들이 그 꼬깔을 씌키고, 의복 해 입히고, 인제 그 수두룩한 놈이 그 놈의 홰를 둘러매고 그 진중바우에 올라가서 마냥껏 놀다가 서낭님 내려오시면, 술처먹고 마냥껏 놀다가 서낭님 모시고 그만 내려오지요.

내려오는데 그거 뭐, 내려올 제 보면 참 기맥히지요. 사람이 많으니, 범벅이고, 짓밟히며, 거 뭐 이래서 여 경방까지 서낭님 모셔가지고 그래 내려오고, 그래 서낭님 갖다가 여서낭이라는 데가 대정에 여기 있어요. 있는데 한 칸입니다. 거 한 칸인데 그기 참 큼직하지요.

거 여서낭에 와 마냥껏 또 놀다가 거기다가 서낭님을 그만 거게다 모셔놓지요. 모셔놓고는 들어왔지요. 들어와가지고는 저희끼리 이래 가지곤 그만 그날 인제 밤되니까 다 헤어져 잘 게 아니요?

자고 그 즉에 인제 하루날부텀은 차차 차차 무당이 모여들어서 굿을 그저 날마듬 합니다. 해도 날마듬해도 그저 서낭굿하고 이래 놀았지 뭐, 그 탈을 가지고 놀진 안해요. 그런데 오늘은 인제 탈 가지고 놀아요. 오늘은 관노가 탈 가지고, 탈을 쓰고선 그냥 마냥껏 놀지요. 오늘을 그렇게 놉니다.

김동하 : 그걸 인제 청구를 합니다. 여기서 청구를 하면은 그땐 존우가 아니오? 그 존우가 인제 백성을 가지고 낭글(나무를) 인제 깎아서 넓적하게 낭기, 참낭기(참나무) 아마 여섯 치쯤 되는 게 이렇게 하지요. 해서 두 짝이 옵니다. 갖다가 떡 놓고는 "오는 명일에는 너희 저 팻대 대를 해 들어라" 그러면 그 구장이 팻대 대를 하는데는 그 대는 보통 참낭그로 하면 부러진다고 저 쪽갈(떡갈나무)이라는 재랭이라는 낭기가 있어요. 참낭기래두, 그 놈을 한 게 그게 아홉 자는 됩니다. 지레기가(길이가) 그런기 몸집이 그저 한 서치 오푼 깎은 기 너치 넓게 깎지요. 곱게 깎지요. 그래 미출하게 깎은 기 그기 오지요.

오면 그 팻대 그 하는 건 그대로 하는데 촌엔 그땐 대가 많았습니다. 촌 대밭이 있는데 인제 통지를 합니다. 통지를 하면 "대 베 들여라"하면 대를 베서 그저 몇 짐을 인제 베어오면 그 대를 마카 짜개 가지고설랑은 둘레에다 이렇게 아주 크게 이렇게 해가지고는 두리(둘레)를 해서 놓을 적에는 열십(十)자 놓은 걸 복장을 탁 가로 질러요. 이렇게 지르고, 이렇게 지르고, 복장이 구멍이 뚫어지고, 여게 인제 그 괫대 받을 낭글 쀨 거고 그래 여게 떠억 그 숱한 인부를 풀어서 "되매라"(동여매라) 그랩니다. 그걸 그저 촌에서 인부가 나와서 그걸 필을 빙빙 빙빙 틀어서 들었다 잡아댕겨 여러기(여럿이) 앉어 댕깁니다. 댕겨설랑은 몸집이 이만합니다. 이렇게 대를 대체가 이만하게 필을 감아 가지고 댕여 놓으면 여북하우?

그래 내중에는 그래 가지고 그 낭그를 거다 푹 씌워 낍니다. 낍면 여기 이렇게 말꽂이를 하고 여게다 말꽂이를 하고 이렇게 꿔놓으면 여기 말꽂이를 하고 여기 말꽂이를 하고, 이 끝이 지레기 이만치 나오는 데요. 이만치 나오는데 여기다 커다란 말방울, 시커먼 말방울을 이만한 거 답니다. 달아서 그래 놓으면, 그리고 괘를 맨들어 놓고는 그땐 뭐 딴 보해(보자기)도 딴 것이 없고 그저 단지 무명이 있고 베가 삼베가 있어요. 그런데 그 헐쯤한 보해를 폭을 여덟 폭을 맨들어요. 맨들어서 이게 이렇게 괫대면 여기서 이렇게 여덟 폭이면 여까지 옵니다. 여기 꼭 여기서 찍어 매답니다. 달아서 인제 괫대를 이렇게 괫대를 일구면, 거기 괫대에 괘 받는 사람이 친구가 많고 어깨가 좋으면 그 여럿이 괘 폭을 댕깁니다. 댕겨 일굽니다. 일굴 적에 바로 요렇게 일구면 요렇게 올라가는데, 올라가 이렇게 괴는데 괴어 가지고 그 심술이 있는 놈이 말이요 괘폭 하나를 슬쩍 요만만 댕겨치면 괘 갖고는 그만 뒤로 팔택이를 쳐요. 그렇기 때문에 그 괘 받는 사람이 "야, 누구 누구 이 괘폭 좀 댕겨다와"이리고 받지요. 받는데 여게 그 괘 받는 사람으는 여기여 최중삼의 아들, 그 사람이 괘를 강릉에서 제일루 받구, 그 다음이 사령댕기는 차형상이라고, 그 눔이 힘이 좋아서 그 제일로 받구, 그래구 여게 숱한 참 우리 같은 기 다 그때도 귀경은 했지만 해도 그 뭐 여하간 한 이십 살 때쯤 먹어 혈기만 믿고 무명 사가지고 띠를 매가지고 탁각 기들어도 못 받습니다. 그냥 올러오다가 말구, 여기 일쿼나 주면 뭐뭐 괘 똥구녕이 땅에 꽉 닿고 뭐 들리우? 그래 인나고(일어나고)…

차형원 : 그냥 무당이 인제 괘가 인제 바루 서서 괘를 괘를 인제 춤을 추킵니다. (김동하 : 그렇지) 괘를 춤을 추킬 때 좌우에 무당들이 풍류를 잽힙니다. 에, 그때 그 풍류는 어떻게 풍류소리가 나느냐 하면, 니나니 소리가 나요. "니나 니나 니나 나니나~"이래 그 풍류에 따라 괘가 그 육중한 괘라도 받고 나갑니다. 받고 나가서 한 일보, 이보, 삼보 쯤 나가 가지곤 괘를 가만 기웁니다. 그 후에는 가만 그것을 괘를 떡 앉아 중지하고는 그 다음에 탈놀음과 굿을 치게 돼 있었어요. 고다음에 인제 가만 탈놀음이 나오고 에, 굿이 인제 거기다 겸해가지고 나오지요. 그래 탈은, 괘는 인제 중지하고 그 다음에 인제 굿을 치며 탈놀음을 시킵니다. 굿을 인제 시작하고 탈놀음을 시키는데 그 탈 우뜽든지 한 몇 시간 그 탈놀음을 서로가 다 시킨 후에는 탈도 중지시킵니다. 중지시키고는 그 다음에는 해가 일몰될 때까지는 그저 굿을 가지고서리 노래를 부르고 여러분이 앉아서 놀게 됩니다.

김동하 : 그리고 탈놀음이 끝이 나면은 그 괘 둘러매는 놈이 있어. 앞에 둘이 메고, 뒤에 둘이 메고요. 메서 이 약국서낭, 소서낭 마카 댕깁니다. 둘러미고 댕겨요. 그 괘를요. 거기가 받지 안해요. 받지 안해며 그게 서낭님이라고 그러는지 괘를 둘러미고 댕깁다. 거 와서 둘러미고 가서 괘를 갖다 모셔 놓고는 그 굿하고 이래고 또 둘러미고 가고 둘러미고 가고 그럽디다.

조사자 : 광대놀음 좀 말씀해 주십시오.

차형원 : 광대놀음이야 뭐 딴 기 없습지요. 광대놀음이 그때 뭐 있겠습니까?

조사자 : 탈춤말입니다.

차형원 : 아, 탈춤이요. 탈춤으는 첫 번에 나오는 것이 장자마리라는 그 의복을 입고 첫 번에 개시를 합니다. 개시를 해서 그 일정한 장소에다가 여러분이 그 뒤를 둘러싸고 그 장자마리가 한바탕 나가서 춤을

떡 시작한 후에는 그 다음에는 양반광대, 소매각시 나오게 됩니다. 나와서 일테면 배우 한가지지요. 그래서 춤을 추고 인제 노는데, 시시딱딱이가 아, 탈을 쓰고 가만 보니, 아 그 보니까 한줌 상간에 그거 좀 속이 상한단 말이야. 아, 저 어떡해서 저 두 부부가 재미있게 저렇게 노는가? 에끼, 이놈 내 그놈 가 훼방이 좀 한번 놔야겠다. 아, 그 험한 탈을 쓰고 거기 가서 인제 자꾸 거저 제깁니다. 이리두 찝쩍, 저리두 찝쩍, 이래 건드려 보기도 하고, 얼굴도 대보기도 하고, 그럴 때 양반광대는 시시딱딱이가 와서 그 지경을 하니 양반광대가 아니꼽단 말이예요. 그래 밀고 호령을 하면 쫓겨 달아납니다. 쫓겨 달아났다가 또다시 와 가지고 찝쩍거리고 이래서 그 어울려서 그 참 한바탕 잘 놉니다.

김동하 : 그러다가 인제 그 시시딱딱이 그 사람이 와서 양반광대, 그 소매각시를, 양반광대는 저기에서 놀면 소매각시는 이짝에서 놀고, 양짝에 서서 이렇게 노는데 붙잡아 고만 이렇게 안아 가지고 나가요. 가서 데리고 가 좀 놀아요. 좀 놀면 그 양반광대라는 게 부채가 크단 게 가지고 있어. 저걸 보며 이래며 그 장난치고 그래다가 인제 양반광대가 가설랑은 그 소매각시를 데리고 오오. 붙잡아 떡 오면 소매각시가 와선 양반광대 무릎에 떡 이렇게 빕니다. 빌고는 이 수염이 그 딴 게 아니래요. 그 소매각시 이렇게 "내가 저놈한테 붙잡혀 갔지, 내가 저 놈이 생각이 있어 갔느냐?" 그기란 말이요. 그저 수염에 목을 졸라매고 죽는 체를 하고 뻑구녕(장난)이 치고 한참 장난을 그렇게 합니다. 그렇게 해요. 그래 수염이 그렇게 길어요. 그렇잖으면 안 길어요. 그게 길 택이 있소? 뭐, 장가가고 뭐뭐뭐 하는 놈이 수염이 무슨 수염이 길어요? 그러니 그게 그때 그걸 가지고 그 소매각시가 와서 그 목을 여기다 맨 틈바굼이래서 수염이 지다랗단 말이요. 그렇게 돼 있어요.

조사자 : 그러면 대사는 하나도 없습니까? 탈을 쓰고서 뭐라고 말하

는 것이 없습니까?

김동하 : 왜, 말이 없어요.

조사자 : 어떤 말이 있습니까?

김동하 : 입은 뭐 다물고 일생 보내우?

조사자 : 그 알고 있는 말, 좀 해보세요?

김동하 : 나는 그거 지금 늙어서 뭐 입으로 뭐 잘 몰라요. 저 양반
이 잘 알아요.

조사자 : 거기서 서로들 말을 하지요? 탈춤할 적에 그 말을 좀 해주
세요?

차형원 : 탈춤할 때는 그게 인제 제각금 앉아 노자고 하니 말을 없
지마는 그 소매각시하고 양반광대하고 그 시시딱딱이가 서름(서로) 그
끌고 이를테면 여자를 끈단 말이야. 끌고 이렇게 갈 때에 거게 대해
가지고 인제 그 서로 그 아매 양반광대가 감이 있어 가지고 호령도 해
보고 이래 가지고 그 잔뜩 앉아 가지고 노감이 났단 말예요. 그래서
그 단지 거게 대해 가지고 의미가 단 그것 뿐이지 뭐 딴 말이 뭐 할
게 있소?

조사자 : 그럼 저 아까 한번 말씀해 주었는데 그 시시딱딱이 얼굴이
어떻게 생겼나 말씀해 주세요?

차형원 : 얼굴이는 전부 아주, 뭐 참 도저히 인상으로는 그렇게 볼
수 없지요. 에 그 아주 기기괴괴하게 아주 그저 험하게만 만들어서 숭
하게만 만들어서 그 얼굴이를 탈을 맨들었단 말요.

김동하 : 얼굴이가 이만 하지요. 이만한 게 입이 크단 게 쭈욱 째진
게 여꺼지 이렇게 내려오구요. 입은 여게는 이렇게 두껍고 입가는 헬
쭉하고 여게 툭 불거 내려오고 눈도 그렇게 돼있고 한 게 얼굴이 지끔
으는 칠이 좋아서 칠을 뭐 양칠을 해 놓으면 보기나 좋지요. 그때에는
그 붉은 뭐 홍칠, 검은 칠, 이런 걸 가지고 이렇게, 이렇게, 이렇게 사
방 그려 놓은 걸 보면 '쉬쉬~ 쉬쉬~'이래고 나오는 걸 보면 기구절

창하지요. 뭐 하고 의복이라는 기 말하면 지금 보통 의복이 아닙니다. 아무튼지 베가. 그 녀석이 입은 게 베가 한 필이 넘지요. 그저 이 소매가 이렇게 너르고 옹구소매가 이렇고, 길은 게 소매가 앞이 이렇고 이런 기 땅에 찌르르 끌리게 너르게 하곤 베를 이렇게 한 폭을 가지고 이렇게 네 겹으로 해서 띠를 이렇게 매고요. 또 벌건 저 버드낭그로써 깎아서 뻘건 칠을 해서 지레기(길이) 요만큼 해서 들었지요. 들은 거 그 속에서 들고 있다가 그저 이렇게 휘두르고 춤을 추고 이러니 그 칼이 이리그 가끔 불쑥불쑥 나오더군만요. 뵈키고 그러더군요.

　조사자 : 얼굴 색깔은 뭘로 칠했어요?

　김동하 : 아, 붉고 검고 그랬어요.

　차형원 : 아, 그 옛날은 물감 붉은 거, 푸른 거, 거저 누른 거, 흰 거 그저 오색으로 가지고선 말끔 탈에다가 에, 그려요. 전부…

　김동하 : 그건 결국 본이 희니게 희니게 거기더 거저 나쁜 칠을 그 저 이렁저렁 해서 보기가 마 희한하곤 하여튼 방상씨예요. 뭐 다시 말할 기 없어요.

　조사자 : 그 눈, 코, 입은 어떻게 생겼어요?

　차형원 : 눈은 아주 보통 아매(아마) 한 한 치 이상 눈도래가 됩니다. 한 치, 코도 아주 뭐이든지 뭐 둥그렇게 아주 이렇게 맹길고, 입으는 우뜿든지 아매 한 자 오푼이나 째졌을기요. 코가 울뚝불뚝하게 앉아서 막 그것도 아주 혹 얽었습니다. 모두 빽빽하게 얽게 이렇게 맹기고, 입은 어떻든지 한 자 오 푼이상으로 쩍 째져서 쓰면 뭐, 아주 뭐 뭐 어마어마합니다. 이렇게 앉아서 그 탈을 제조를 했단 말예요. 그전부텀. 그래고 사방 한 자 되게 우리 이 탈이라고 했지마는 꼭 앉어 인상과 같이 코, 귀던지 모든 것이 아주 똑 그 사람 얼굴의 형용이예요. 하나 그 휴능(흉내)만 앉어서 험하게 만들었단 그 말이올시다.

　조사자 : 그럼 제일 나중에 그 어떻게 흥을 냅니까? 탈춤 제일 나중에.

차형원 : 그 탈이라는 것은 떡 놀고 나서는 그걸 우떻든지 이 복장 (복중) 오월 이 더운데 그 탈이라는 것을 쓰고 노는데, 그 여간 힘이 안듭니다. 그렇게 암만 신명이 나 노지마는 시간을 장시간 가지고 논다면은 어떻게 할 수 있습니까? 그래서 그저 한 뒤 서너 시간 한바탕 놀고는 그만 더우니 그 탈바가지를 장소에서 벗어 놓습니다. 벗어 놓고 그때 가선 쉬고 그제서는 무당들이 굿만 치고 노래만 부르구 이래서 고만둡니다.

조사자 : 그 탈을 무엇으로 만듭니까? 무슨 나무로 만들어요?

차형원 : 그게 피낭그로 만듭니다.

조사자 : 그럼 그 탈은 다 쓰면 어디다 보관했어요?

차형원 : 보관한 거는 그전에 관노청이라고 있습니다. 옛날, 그 관노청에서 본이 또 그 사람들이 또 썼구요. 또 보관도 그 사람들이 보관해 내려 왔드랬습니다.

조사자 : 옛날에 보셨을 적에 탈이 많이 여기 있었어요?

차형원 : 가만, 그간 몇 십 년 내려왔습니다.

조사자 : 그리고 그 소매각시탈은 어떻게 생겼어요?

차형원 : 소매각시탈은 참 양반, 그 양반광대탈은 그저 시방 입은 의복이 전부 시방 말하면 학생 사각모자처럼요, 그 전에 그기 관이라고 합니다. 예, 관, 거게서 입고 고 다음에 청의도포에다가 띠를 띠고, 수술띠를 띠고, 그리고 인제 그때 수리(繡履)가 있었지마는 수리가 그때 있었습니다. 수리라는 건 그 반장화처럼 이런 수리를 신고 그리고 부채들고 또 한편에는 담뱃대 들고 이래고 나와서, 에 나오게 돼 있어요.

조사자 : 양반광대지요? 그것은요. 소매각시는 어떻습니까?

차형원 : 소매각시는 여자로 앉아서 탈을 맨들어 가지고 에 연지곤지 시방으로 말하면 신혼식 할 때에 뭐이든지 하듯이, 이마에다가 붉은 점을 하나 맨들고, 양짝 볼에다가 붉은 점을 만들고 입에다는…

조사자 : 양반은 수염을 무얼로 만들고 얼마나 길어요?

차형원 : 아매, 수염은 에, 한 한 자 이상 내려갈 기 올시다. 배꼽까지 내려갔는데…

조사자 : 그럼 한 석 자쯤 되겠구만요.

차형원 : 그럼요. 경척 아마 시방 말하면 경척 한 서너 자 될 기 올시다.

조사자 : 무얼로 만들었어요? 수염은?

차형원 : 그때는 그 뭐 청치 또 나리 이런 실이 있습니다.

조사자 : 얼굴은 무슨 색으로 칠했나요?

차형원 : 얼굴은 흰색으로 칠했지요. 흰색으로.

조사자 : 머리에다는 무얼 썼어요?

차형원 : 머리에다가는 관이라는 게 있습니다. 그 사각모자처럼 이런 관이 있었요. 그 관을 썼어요.

조사자 : 그 다음에는 소매각시는 어떻게 생겼나 설명 좀 해주세요?

차형원 : 소매각시는 아주 에, 젊은 여자처럼 곱게 앉아 얼굴을 앉아 흰 빛으로 맹글어 가지고요 뒤는 머리는 어떻게 하느냐 하면 쪽찝니다. 시방은 다 이렇게 뭐 지지고 달고 이래지마는 그전에는 빗어서 비네를 찔러요. 그 비녀를 뒤로 지르고 또 그 앞에 치장으는 에 이마 요게다가 붉은 홍로를 이렇게 붙입니다. 칠하고, 양짝 볼두덩에 앉아서 또 있고 입에다가 붉은 것 칠하고, 그래고 의복으는 에, 참 색저고리를 앉아서 입히고 청홍을 입습니다. 에, 청홍을 앉아 입습니다.

차형원 : 노랑저고리에다 회장 받치고 이래서 다홍치마를 입혀서 이래 인제 춤을 추킵니다.

조사자 : 소매각시는 뭘 신었어요?

차형원 : 대인, 갓신.

조사자 : 그 다음에 장자마리는 어떻게 생겼어요?

차형원 : 장자마라는 건 그거는 보통 그 참 누구 말따나 마뎅이

(탈곡) 그전 옛날 마뎅이 하드래도 도리깨 쳐내듯이, 그 아주 그거는 흠하게 앉아서 맹글었어요. 그 자기 의복도 그 말치라고 있는데, 에 바다서 난 풀이 나는 게 있습니다. 그 말치를 갖다가 그 의복위에다가 그냥 덧붙여서 말치를 해서, 그 장자마리라고 그 의복을 입혀 가지고, 그 사람이 나가서 첫 번 마당때끼로 앉아서(상투적 화법) 그 사람이 나가서 그 춤을 추키게 맹글었습니다.

조사자 : 그럼, 그 탈춤 때 춤추는 것 한번 말씀해 주세요. 발은 어떻게 떼어 놓는 것인지요?

차형원 : 발은 그 좌우가 있는데요. 나가서 우선 밟드는 것이 에, 저 짝, 여자는 왼짝 듭니다. 남자는 가서 인제 오른족을 들고 나갑니다. 그래가지고 인제 서름(서로) 좌우에 갈라서서 서름 춤을 추고 걸음걸이도 그 함부덤 안 걸었습니다. 아주 이렇게 자욱을 곱게 이렇게 참 떼어 놓으며, 춤을 추고 서름 이렇게 딱 마주합니다. 해가지고는 서름 또 돌아가고 이렇게 서로 몇 회씩 이렇게 돌아가며 서름 또 갈라서서 춤을 추고 그렇게 됩니다.

조사자 : 그럼 옛날엔 탈춤 한번 출려면 몇 시간이나 걸렸어요?

차형원 : 그게 탈춤 추는 것이 뭐 시간 많이 안 걸립니다. 한 그 더운 때 오랜 시간이 걸릴 수 있습니까? 그저 한 두어 시간 앉아서 그렇게 놉지요. 한 두어 시간 앉아서 그렇게 놀게 돼 있었어요.

조사자 : 옛날에 그 탈춤 추면서 거기 인제 즉흥적으로 재담도 섞어가며 했나요?

차형원 : 그 재담이라는 거는 서루 말을 통하는 거보담도 그 탈을 씨고 앉아서 서름 찝적거립니다. 가서 이렇게 서름 댕기고 이래 서름 보고 이래, 취미로 그 이래지 뭐, 뭔 사전에 뭔 여러 가지 뭐 앉아서 노래가 없습니다.

김동하 : 노래가 없어.

차형원 : 노래가 없습니다. 노래는 무당이 전부 불러줍니다. 그 사람

이 신이 나도록 그 춤이 잘 나오도록 놀게, 잘 놀고 못 노는 거는 그 무당이 그 풍악에 앉아서 치는데 그 춤이 나옵니다.

　조사자 : 그럼 탈춤할 적에 옆에서 무당들이 풍악을 갖추었나요?

　차형원 : 예. 그럼 갖추지 않고야 춤이 나올 수 있습니까? 그러면 그기 오음육율(五音六律)이라는 기 거기서 나옵니다.

　조사자 : 오음육율 무엇무엇 쳤어요? 풍악을.

　차형원 : 그때 뭐 그기 피리, 젓대 이런 거는 없어거든. 안해지만요. 거기 인제 회적이, 회적불고, 네 날라리라는 거 날라리 불고, 인제 장구, 꽹쇠, 징, 거기서 인제 울려 가며 놀아요.

　조사자 : 옛날에 그럼 할아버지가 맨 마지막에 탈춤을 본 지가 언제쯤 돼요?

　차형원 : 아매 모르긴 모르겠습니다만 육십년, 그 저 육십년 됩니다. 육십년 되지요. 그래 내가 열일곱이면 제하면 한 육십년이요.

　조사자 : 그때 탈춤 구경하러 사람들이 굉장히 모였나요?

　차형원 : 사람이 그때는 인종이 적다 하드래도 단오라 하면요 에, 집 지킬 사람 하나씩만 놔두고 다 귀경하러 옵니다. 에, 귀경 뭐이든지 참 굉장합니다. 그 귀경이 귀경하러 오느랴고. 에

　조사자 : 그기로 탈춤 추는데요 제일 어려운 탈춤은 무엇입니까?

　차형원 : 어려운 탈이 뭐 딴 기 있습니까?

　조사자 : 시시딱딱이가 제일 어렵다는 그런 거 없습니까? 양반놀음이 제일 어렵게 한다든지?

　차형원 : 양반놀음이라는 건 그기 단지 양반놀음은 옛날 참 시방으로 말하면 그전으로 말하면, 진사 급제 지내듯이 그 즘잖은 태도로 앉아서 일선 나와서 놀게 돼 있었어요. 그렇게 잡스럽게 노지 안합니다. 그래게 그 사람들이 양반광대가 전부 의복과 관을 씨고 앉아서 에 하는 것도 그 아주 즘잖은 태도로 나와서 배우가 춤을 추고 놀게 돼 있습니다.

조사자 : 그 양반이 소매각시 데리고 놀 적에 잡스럽게 놀진 안해
요?

차형원 : 안합니다. 그건 서름 그게 참 단지 춤과 서름 앉아서 그
각시를 소매각시 다리는 그 의미가 참 보면 재미있게 앉아서 다립니
다. 서름 춤을 같이 추는 것이, 춤추고 돌아가는 것이 그 참 뭐 보면
은 즘잖게 단지 노는 그기예요. 그렇게 잡스럽게 안놉니다.

조사자 : 그 시시딱딱이는 왜 시시딱딱이라고 합니까?

차형원 : 시시딱딱이라는 건 도저히 의미가 그 예방적으로 그 참 아
지만 사월 오월달이면 홍진(紅疹)에 관계로 그 예방이 돼요. 그래 가서
그 서낭에 가서 빌 때 그 모든 것을 제사(除邪)해 달라는 그런 그 흠
하게 해서 "그런 병이 돌지 안하게 제사해주쇼" 이래서 그렇게 흠한
꼴을 맹길어서 내놉니다.

조사자 : 그 옷차림은 어떻게 되어 있습니까?

차형원 : 그 옷이라는 것은 그게 다 그때도 다 베 올시다. 베 아니
면 명인데 거게다가 검덩물을 들이고 다 이래서 그 자기 일신에 입고
나와서 모든 걸 자기 몸에 건 것이 베로 말하면 그때 구포지마는 그
구포가 한 서너필 씩 들어요. 세 필이라면 그 삼삼은 구에 삼오는 십
오, 한 백여자 듭니다.

조사자 : 그러면 그 옷이 수족을 다 가리겠습니다?

김동하 : 아, 당연하지요.

차형원 : 전부 그러니, 그건 그렇고 떡하니 아주 푼하게 합니다. 푼
하게 하고는 그 전부 의복 속에 사람이 들었지요. 뭐 탈도 쓰니 뭐 그
얼굴 본색이라고는 귀경을 해볼 수 없습니다.

조사자 : 그럼 춤출 적에 그 질질 끌리겠네요?

차형원 : 아, 끌리구 말구, 그걸 그걸 이래 들고 이래 들면 이 밑이
그 회장이라는 이 소매가 당최 요 옹구소매처럼 이렇게 해 가지고 그
저 뭐 아주 그 전부 풍족하지요. 아주.

조사자 : 그 시시딱딱이는 손에다 뭐 들고 나오지 안해요?

차형원 : 아, 손에다 그 현방 안뵈킵니다. 그 안에서 의복 안에서 가지고 사용합니다. 전부.

조사자 : 엊그제 보니 무슨 칼을 들었던데 그건?

차형원 : 아, 그거는 그 칼드는 게 아니요. 칼춤이라는 건 따루 있습니다.

김동하 : 그 저저저저 버드낭그로 가지구선 뻘건 칠을 해가지구 한 것이 지레기 이만큼 한 것이 이 소매 안에 여게 마카(모두) 있어요.

조사자 : 소매 속에 들었군요?

김동하 : 예

차형원 : 그 부채든지 가령 그거는 다 안뵈킵니다. 그 안에.

함종태 : 소매각시가 양반광대하고서는 놀 때는 수수딱딱이가 소매각시를 그 유인합니다. 고 칼로 가지고 탈을 탁탁 두드리면 힐끗 돌아봅니다. 돌아보면 그 다음에 그 눈이 맞아 가지고선 수수딱딱이하고 놉니다. 노다 보면 그 양반광대가 혼자 놀다 보니까 마누라가 없단 말이지. 소매각시가 없단 말이지요. 따지고 보면 즈 마누라가 없지요. 그래 가지고 자기가 화가 난다고 해 가지고 목을 맵니다. 그 수염을 가지고 목매는 형상을 합니다.

홍덕유 : 소무각시가 목매지 않습니까?

김동하 : 아니 소매각시가 목매요. 아, 그래 소매각시가.

차형원 : "나는 이렇게 청백한데, 나는 내 마음은 이렇게 청백한데 당신은 우떻든지 의심을 하고 있지 않느냐?"하니 "내 차라리 당신 수염에 내가 목매달아 죽겠다"고 소매각시가.

홍덕유 : 그럼 소매각시를 업고 나갑니까?

차형원 : 그래 매는데, 수염을 매는데 철저히, "그러냐?" 하고 그제선 그 소매각시를 도로 사정을 해요. 양반광대가 "그래 내가 잘못했다"고.

조사자 : 오해가 풀리누만요?

차형원 : 그래서 그 참 오해를 풀어주곤 그제선 또 마음이 육화가 되었단 말이야. 그래서 그 참 또 한번 춤을 한바탕 추지요. 한바탕 놉니다. 그래서 그 그런 걸 다 앉아서 서로 속이 끼지 않게 서로 풀어주는데 춤을 참 정말 잘 추고 돌아갑니다.

홍덕유 : 그 장자마리가 말입니다. 그 마당은 인제 편편히 해 주느랴고 끝까지 장자마리가 놉니까? 같이 놀 적에?

차형원 : 장자마리가 맨 먼저 나와서 그 참 마당때끼야. 마당때끼(마당닭이)니 전부 그 노는 장소를 한번 여기 널리도 맨들어 놓고, 좁으면 저리 좀 피하라고 사방 이렇게 물려서 널쩍하게 이렇게 맹길어 놓고 그 가운데 자지가 한번 주위를 한 번 돌아댕기면서 잘 한번 춤을 추지요. 그렇게 앉아서 에, 노는 식을 맹글었지요.

조사자 : 그럼 장자마리는 가면, 탈을 썼나요? 안 썼나요? 무얼 썼어요?

차형원 : 장자마리가요? 장자마리라는 건 탈이 없어요. 탈이 없구. 삐죽한 올라오는 거, 장자마리라는 건 자기의 인상 그 탈이 없습니다. 단지 앉아서 의복만 가지구 그렇게 말치, 그 옷을 입히고, 에 이 머리는 수건을 이렇게 덮었습니다. 수건을 덮고, 이 얼굴이는 그냥 본색을 내놓고.

함종태 : 장자마리는 의상이 머리부텀 마카 내려 니다. 씨고 머리 위에가서는 호 되매구요. 되매고 가운데로는 대로 둘레를 해서 삥 통깁니다. 속으로 둘레를 해 가지고 그 밖을 의상을 꿰맵니다. 꿰매면 의상은 둥그렇게 한 의상은 그대로 있고 그기 쫘악 깔리면 둥그러하게 됩니다. 그 대를 맨 그 밑으로서는 전체 말치를 달아 가지고 내리답니다. 주욱, 그래 의상이 소매가 길고 그러니깐 그냥 내려 쓰지요. 앞에는 되매고요. 되매 놓고는 상체만 되매고 하체는 그대로 돌아가니까 펑펑펑 돌아가고 자유자재로 돌게 되지요. 이제 그렇습니다.

차형원 : 그 놈이 몸을 놀릴수록 그 놈이 대를 가지고 테두리를 핸

의복 궤도가 그냥 돌아가지요. 사람은 그 안에서 자꾸 이렇게 기계발 동시키듯이 자꾸 움적거리기만 하면 의복은 저절로 이렇게 돌아갑니다. 마음대로 사용하지요.

조사자 : 엊그제 보니까 머리에다 하나를 쓰고 그 위에 또 하나를 쓰고 그랬던데 옛날에도 그랬나요?

차형원:옛날엔 그런 걸 못했소만 위에다가 계화라는 거 있어요. 계화 라는 걸 하나 꽂구는 내리써요. 폭 내려 씌킵니다.

조사자 : 계화는 겉이 보이게 했습니까?

차형원 : 그렇죠. 전면에다 이렇게 떠억 해놔야 보일 게 아니겠습니까?

조사자 : 아까 그 양반의 머리는 어떻게 생겼어요?

차형원 : 양반의 머리는 뭐 보통 그때만 해도 머리를 깎을 시대가 아니예요. 한데 상투가 다 있는데요. 상투가 있는데 그 위에다가 맹건 이라는 게 있습니다. 맹건, 그 망건을 씌고 그 위에다가 인제 그 일테 면 관을 얹었습니다.

조사자 : 관이 어떻게 생겼어요?

차형원 : 관이 앉아서 거 사모잽이예요. 사모, 사모잽이, 이 아주 그 시방 사각모자 귀나듯이 그렇게 납니다. 관이라는 게 옛날부터 시방도 그 관이 있긴 있습니다. 저 경상도로 시방 나가면 그 관을 쓰고 논귀 에 앉아 밭귀에 댕기며 안죽도 물을 거두며 그 관을 쓰고 안죽도 있는 사람이 있습니다. 그 관이요. 그런 관이예요.

조사자 : 탈춤 추는 사람들은 다 남자지요? 여자는 안 쓰지요?

차형원 : 남자. 여자는 안 써요.

조사자 : 옛날 단양제때 말씀이지요. 무당들이 여기 많이 모여들었습 니까?

차형원 : 무당들이 여 본토지 무당이 있는데요. 본토 무당이 만일 시방 단오라 하면 그 사람들이 주최를 해서 나옵니다. 나오면 각처에 서 단오라고 하니 무당이라고 하는 건 그저 그 자발로 옵니다. 그 무

당이 그래 오면 그 어떻게 괄시를 할 수가 없으니 참여를 합니다. 참여를 해 가지고 예중에 그 보수라는 것으는 그 지방의 무당이 그 보수가 얼마 됐거나 예중에 돌아갈 때 놀 때까진 음식을 대접하고 다문 노수냥 얼마 줘서 그래 가지고 해산하고 맙니다.

조사자 : 그때 무당들이 대관령에서 서낭모시고 올 적에 말을 타고 쾌자입고 그 벙거지, 벙거지 좀 설명해주세요. 어떻게 생겼나요?

차형원 : 그 책즐립이라고 있는데 그 책즐립을 들고 공작이라는 것을 그 맨 위에 책즐립위에 답니다. 달고, 또 끈은 그 미라 흩어진 끈이라고 해서 구식처럼 이렇게 해서 그 끈을 앉아서 달어서 그래 씨킵니다. 씨고 인제 예중에 서낭님을 모시고 내려올 때 무당들이 앉어 그 산유화라고 부르고 내려오는 거는, 산유화는 소리가 딴 소리가 아니래요.

조사자 : 한마디 불러보시죠.

차형원 : '꽃밭일레 꽃밭일레 사월 보름날이 꽃밭일레' 그럽니다. 그럼 꼭 꽃밭으로 놉니다. 한 번 꽃으로 서낭님 모시러 가도 그 홰를 잡고가도 전부 앉아 꽃을 앉아 고깔을 모두 참 오색 고깔을 해서 씌키고, 또 무당도 말끈 앉어서 그 참 그렇게 참, 그 미라(갓끈)에 갓끈 그런 책즐립을 씌고 쾌자를 하고, 그 허리에다가 붉은 띠를 홍띠를 띠고, 이래고 내려오면은 그 말을 타고 내려올 때, '꽃밭일레 꽃밭일레 사월 보름날이 꽃밭일레' 이런 노래를 부르고 옵니다. 그래 횃군들은 '사월 보름날 꽃밭일레 지화자 좋다, 지화 지화 지화 지화자 좋다'하고 홰를 불에 달여 가지고 맞아서 내려옵니다.

조사자 : 그럼 저 무당들이 말을 타고 제관들도 말을 타고 갔겠지요?

차형원 : 그래고 그게 서낭님 모시러 갈 때 각 관청에서 다 안갑니다. 안가고, 참 거게 주무자만 떡 가지고 이 참, 다 않아 모시고, 이 목적지 시방 신북이라는 버당이 있습니다. 다리 근너 신북 버당에다가 그전 좌수와 군수가 그 서낭님 내려오는데, 그 참 당돌히 앉아서 있을 수 없으니, 참 그 서낭님을 위해서 그 맞이를 거 와서 하고 앉았습니

다. 걸상을 앉아서 모두 놓고 좌우에 앉아서 기대를 하고 있습니다. 그래면 그 기대, 거 와서는 그 횃불들이 거와서 횃싸움을 합니다. 불을 인제 달여 가지고 왔던 그 나머지는 가지고, 인제는 서름 그 횃불싸움을 합니다. 그러면 그 편을 가르는 것이 군수편이, 가령 거 마 육통을 하면 반을 딱 갈라가지고 어느 동네는 고을 군수가 책임이고, 또 반은 좌수가 책임입니다. 이래 가지고 어느 편에서 횃싸움을 붙여 가지고 지던지 이기던지 승부가 나면은 그 때 가서 상을 무엇 태웠는지 그건 자세히 모릅니다.

조사자 : 그 횃싸움은 언제까지 있었어요? 어려서 보셨어요?

차형원 : 아니 그거는 그 육십 년부터 종용해 내려올 때까지는 그 횃싸움은 언제든지는 안하고는 안 됩니다. 또 그 다음에는 횃싸움 다 그치고, 그 서낭님을 갖다가 바로 여서낭에다 안 모십니다. 강릉에 최준집 씨라고 있는데, 그 집에서 보름날 시루를 찝니다. 쌀을 몇 말을 찌던지 큰 실게다가(시루에다가) 떡을 찝니다. 쪄가지고 놓고 제기네고 역사에 호환갔던 그 참 연년히 서낭님 내려오면 거게다 빕니다.

빌고 그 마당에서 굿을 처가지고 다 몇 시간 노다가 그 다음에 고 밑에 여서낭이 있는데 서낭님을 여서낭에 갖다가 그때는 모서 놓습니다. 그렇게 되어 내려왔습니다.

조사자 : 그럼, 옛날 단오굿 때 말씀이죠, 그 집집마다 시루도 해서 보내고 한다는데, 그랬나요?

차형원 : 그거는 이 단오날 그랬습니다. 단오날 본이 서낭님 서낭에 다니던 그런 예가 있어요. 댕기면 늘 앉아서 뭐하면 그저 서낭에 가서 서낭제사를 지내고, 이래던 집들도 있고, 또 업자들이 "좀 잘돼주시요" 하고 시루를 제가끔 앉아 이제 성의가 있는 사람으는 시루를 다믄 한 말 쌀이래도 편을 인제 시루를 쪄다가 서낭님 앞에 굿당에 갖다 놓습니다. 그래 놓고 "아무튼지 좀 잘 뭐이든지 복을 좀 주시요"하고 서낭님한테 축원합니다.

조사자 : 그럼 서낭님, 이 대관령서낭을 잘 모시면 어떻고 말씀이죠, 잘 모시지 못해서 무슨 화를 입었다거나 그런 얘기 없어요?

차형원 : 그게 그렇습니다. 그걸 강릉이라는 데는 단오를 치는데, 단오를 치잖고, 단오를 치다가 중지 만약 한다 할 것같으면 그 비를 받지 못합니다. 못한다고 그런 말이 내려와서 참, 이 단오도 농촌에서 에 뭐이든지 가물 때는 단오와 그전 옛날에 용굿이라는 게 있었습니다.

용을 맹글어 앉아서 놓고 "비를 주시요"하고 용굿도 하고, 단오를 치루는 의미는 하여간 "천수를 내려서 아무쪼록 앉아서(상투어) 농작에 앉아 물이래도 풍족하게 앉아서 해주시요"하는 의미는 그기예요. 단오 치는 의미는.

그러게 풍년가를 불러도 무엇 땜에 부릅니까? 농촌에서 비래도 해서 심기라도 할 때 그때 인제 한다면은 농촌사람들이 사실 앉아 기분이 좋아서 풍년가를 부릅니다. 모를 심고 김을 매드래도 풍년가를 부르면 앉아서 모를 심근다 그말이 올씨다.

김동하 : 가면 만드는 대목이 있어. 가면 만드는 대목이 지금도 있단말이야. 있어서 내 그 놈더러 "너 맨들겠느냐? 내 가르쳐 줄테니 고대로 하겠느냐" 하니 "하겠습니다" 그래. 그래니 탈이란게 네 개예요.

네 갠데, "하겠습니다" 그래. 소매각시, 양반광대하고 시시딱딱이 네 개예요. 그 장자마리라는 건 그냥 베를 가지고 푹 뒤집어 쓰고 상투가 있으니까, 상투를 되매고 상투에다 뭘 하든지 자기 마음대로 하는 기고. 그렇지만 해도 하나 인제 뭐 저 뭐 먼저께 가보니까 다 했던데. 그만하면 가지고 하지 뭐 하고, 그 뭐 저 사람의 혜능으로 아주 확실히 했는데, 귀도 없고, 또 뭐 저게 의복이 그때 입은 건 다르고. 또 처녀들이 쓰고 노는 건 참 잘 놀고 그러더구만요.

조사자 : 옛날 저 탈춤말이죠, 아녀자들도 구경했습니까?

김동하 : 하구말구요. 안팎이 뭐뭐뭐, 그때 여가 꾹차요. 아주 아주 꾹차요. 사람이.

차형원 : 옛날에 단오가 됐다고 하드라도, 단오니 참 아니한 말로 처녀도 나오고, 처녀 어머이도 나오고, 할머이도 나오고, 이렇게 귀경하러 나왔지마는 문밖에 정지 문턱을 마음대로 못 나왔습니다. 하지마는 단오라 하면은 그 날은 천하없어도 팔만 내우 아니라 별 내우를 다 했더래도, 그때는 단오에는 꼭 한 번 귀경하러 나옵니다. 어데 문밖에 나 나가기나 나갔습니까? 담밖에 삽작궁만 나가도 도저히 뭐이든지 한벌써 어른들이 야단이 납니다. "어데라고 앉아서 함부두루 앉아서 문턱을 나서냐"고 그러한 수진이 뚫어지지 못하고 그 숱한 고생을 했지마는 그 농촌에서 고생을 하드래도, 단오라 하면은 그때는 한 번 그 나와서, 참, 소풍을 하러 내보냅니다, 부모들이.

【해설】이 구술조사는 임동권 교수가 필자에게 제공한 것으로 1966년 6월 23일 강릉 대한여관에서 김동하, 차형원, 함종태 씨 등을 모시고 녹음한 테이프다. 이 자료에 의해 강릉관노가면극의 연희자를 찾아냄에 따라 강릉단오제를 중요무형문화재 13호로 1967년 1월 16일 지정하였다.

김동하(金東夏)
1884. 1. 12~1976. 7. 31

차형원(車亨元)
1890. 9. 5~1972. 7. 2

29. 최철, 영동(강릉)지방민속조사보고서, 1969년

【문헌】 최철, 『영동(강릉)지방민속조사보고서』(1) 뮤교부, 1969
【내용】 강릉 민속예술 · 오락, 구비전승

○ 민속예술 · 오락
- 연희
  1) 관노가면극   2) 대관령 새신과 단오굿   3) 대가면
  4) 무당춤   5) 용굿   6) 효자무

○ 구비전승
- 신화
  1) 창해역사 2) 학바위와 범일국사의 탄생 3) 여국사성황

차　례

【해설】강릉교육대학에 재직한 최철 교수가 강릉의 민속예술, 오락, 구비전승에 대하여 조사 집필한 내용이다 이 조사보고서는 1969년 문교부 학술연구조성비 400,000원을 받아 수행한 것이다. 이 보고서에는 1. 총론, 5. 세시풍속, 6. 의식주, 7. 민속예술·오락, 8. 구비전승이 수록되었다.

30. 최철 · 백홍기, 영동(강릉)지방민속조사보고서, 1970

【문헌】최철 · 백홍기, 『영동(강릉)지방민속조사보고서』(1)(2) 합책,
　　　문교부, 1970
【내용】강릉단오제

○ 강릉부락제 -단오
1) 단오와 강릉　2) 단오제의와 유적　3) 단오제의 일정과 행사
4) 단오제의와 巫굿　5) 단오제와 금기　6) 단오제의 소요경비

영동(강릉)지방 민속조사보고서
(其二·三合冊)

A Report on the Investigation
of Folklore in the Kangnung District

江陵敎育大學

專講 白弘基
專講 崔喆

Kangnung Teachers College

Instructor : Hong-kee Paik · Chol Choe

차 례

○ 머 릿 말

【해설】이 조사보고서는 강릉부락제와 산업기술을 묶은 것으로 1969년에 나온 조사보고서의 후편이다. 강릉교육대학 백홍기 교수와 공동연구를 한 내용이다. 특히 1970년도 강릉단오제에 대한 자세한 분석이 소개되어 있어 중요한 자료로 평가된다. 이 내용은 최철, 『嶺東民俗志』(통문관, 1972)에 '강릉의 단오제'라는 이름으로 103~160쪽에 걸쳐 전문이 실려 있다.

최철, 영동민속지

31. 임동권, 대관령성황당 민속자료지정조사보고서, 1971

【문헌】任東權, 『大關嶺城隍堂』, 民俗資料調査報告書 第三十
　　　三號, 文化財管理局, 1971年 12月
【내용】대관령성황당

* 목차
 1. 민속자료 지정을 위한 이유
 2. 대관령 성황당
　 1) 강릉단오제
　 2) 대관령 성황전설
　 3) 대관령의 제신당
　 4) 구산성황당과 여성황당
　 5) 대관령제신당의 특징

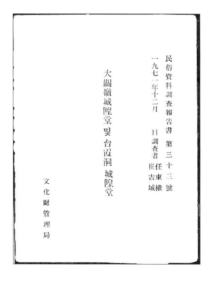

【해설】 강릉단오제가 시작되는 대관령은 국사성황당이 있으므로 이 일대를 민속자료로 지정하기 위해 조사한 자료집이다.

대관령성황전설, 제신당과 관련된 내용, 구산성황당, 여성황당, 제신당의 특징 등을 상세하게 조사하였다. 이 조사보고서는 울릉도 대하동 성황당과 합본이다.

32. 임영(강릉·명주)지, 1975

【문헌】臨瀛誌增補發刊委員會, 『臨瀛(江陵·溟州)誌』1975, 259쪽.
【내용】강릉대관령국사성황신 설화

한 양가(良家)의 처녀(處女)가 굴산(堀山)(現 鶴山)에 살고 있었는데 하루는 석천에 물을 길러 갔다가 유난히 비추는 햇빛에 무심(無心)히 그 물을 먹었더니 그 후 날이 갈수록 배가 불러오다가 십 사 개월(十四個月)만에 옥동자(玉童子)를 낳았다.

처녀(處女)의 몸으로 아이를 낳은 것은 집안의 체면(體面)을 손상(損傷)한 일이라 하여 그 아이를 학암(鶴岩)밑에 버렸다. 모성애(母性愛)를 이기지 못하여 삼일(三日)만에 학암(鶴岩)에 가서보니 아이는 곤히 잠들었기에 그 근처(近處)에서 지켜보았더니 학(鶴)이 와서 날개로 아이를 싸주며 입에 단실(丹實)을 넣어주고 어디론가 가버렸다.

그로 인하여 범상(凡常)한 아이가 아닌 줄 알고 집에 다려와 양육(養育)한 것이 곧 범일국사(梵日國師)로서 굴산사(堀山寺)의 개조(開祖)가 되었다고 한다.

한편 다른 설(說)에 의(依)하면 범일국사(梵日國師)는 품일국사(品日國師)라고도 불리 우며 성(姓)은 김씨(金氏)이며 왕족(王族)이었다 한다. 모(母)는 지씨(支氏:文氏의 오류, 필자)로 부덕(婦德)이 훌륭한 분으로서 손으로 해를 받아드는 꿈을 꾸고 잉태하여 낳은 것이 범일(梵日)이라 한다.

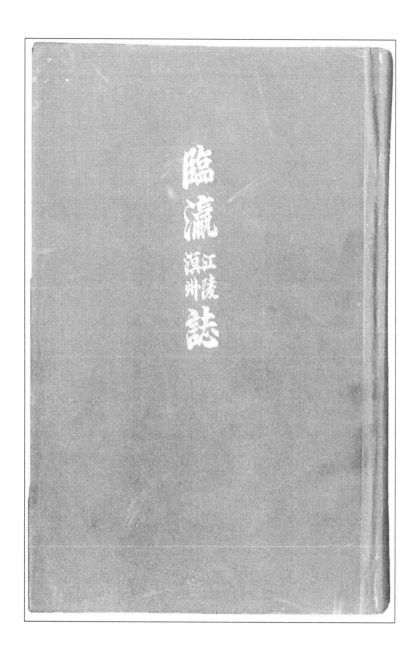

은 內容이 記錄되어 있다.

한 良家의 處女가 堀山(崛山)에 살고 있었는데 하루는 石
못에 물을 길러 갔다 자다 유난히 비추는 햇볕의 그 물을
먹었더니 그후 날이 갈수록 배가 불러오다가 十四個月만에 王
童子를 낳았다. 處女의 몸으로 아이를 낳은 것은 집안의 体
面을 損傷한 일이라 하여 그 鶴岩밑에 내다 버렸다.
母性愛를 이기지 못하여 三日만에 가서보니 아이는
근심히 찾으셨다가 그 死處에서 지켜 보았더니 鶴이 와서 날
개로 아이를 싸주며 입에 丹實을 넣어주고 어디론가 가버렸
다. 이하의 아이가 아닌줄을 알고 집에 다려와 養育
그교 이의의 凡常한 아이가

한 정이 곧 梵日國師로서 崛山寺의 開山祖가 되었다고 한다.
하련 다른 說에 依하면 梵日國師라고도 불리우
며 姓은 金氏이며 王族이라 한다. 結은 支氏로 鄕薦이 훌
륭한 분으로서 칼을무고 입내하며 낭
은것이 梵日이라 한다.
十五歲에 入山修道하다가 二○歲에 서울 (慶州)에 이르러 더
佛敎의 寡念하여 法門의 棟樑으로 임하였다. 그後 中國에
건너가 硏究한 바도 있으며 八四六年 新羅 文聖王 八
年丙寅에 歸國하여 崛山寺를 創建하고 四○餘年 동안 佛法을
가르쳤다.
新羅 景文 惠康 定康 三大王을 通하여 聲敎을 받았으나 數
千名의 佛弟子가 이곳에 모여 들었다.
이렇게 世上의 欽仰을 받다가 眞聖王 八年(八九四年)甲寅 五

月一日여 八十歲로 入寂하니 나라에서는 通曉大師의 諡號를 내
려 大師의 德을 追慕하였다.

八、松蘿寺

市 西쪽 溟州郡 連谷面 坊內里에 있다.
新羅때 坊難寺가 있던 절터에서 五百米 떨어진 곳에 一九
三七年 丁丑에 蘿月和尙 李思弘이
五百米의 蘿月和尙 修道하던 坊縣寺건립의 三重塔을 보
근처 蘿月和尙이 이곳에 土窟을 짓고 徹續修道하던 中 하루는 꿈
에 白髮老壯 스님이 現夢하이
처님의 무슨 있으니 네가 가서 모셔라라는 지시를 받고 꿈
속에 당한 場所를 찾어가 約 一米 假量 파 보았더니 果然 古
代石佛이 나타났다. 石佛들 이을 뒤 蘿月和尙은 現位置에 松
蘿寺를 소나무는 四時 푸르르고 하나 窪에 엉크러지기를 즐
아하는 植物이다. 사람들 이컬 이름을 松蘿寺라 하였으나 이곳에서
東南方 五○○米 地点에 非指定文化財인 坊內里 三重塔이 保
存되어 있다.

九、青松寺

市 北쪽 十六粁 溟州郡 連谷面 坊內里에 있다.
地方佳木 崇斗柚 洪在星등이 집가에 放漏된 古代 識佛 如
來像을 安置하고 佛閣 한채를 지어 放漏된 極樂寶殿이라 이름
한데서 미못되었다. 그후 十餘年이 지난 一九二五年 乙丑 十月 十日 京畿道
州 石林寺에서 修道하던 李春潭和尙이 이곳 極樂寶殿의 微佛을

— 259 —

　　【해설】 이 자료는 범일국사의 탄생설화로서 당시에 전해진 내용과
중수 임영지에 수록된 내용을 전재한 것이다.

[부록1] 강릉단오제연구서

□ 김선풍, 『강릉단오굿』, 열화당, 1987

□ 장정룡, 『강릉관노가면극연구』 집문당, 1989

(중요무형문화재 제13호)

江陵官奴假面劇研究

張正龍 著

集文堂

□ 장정룡, 『강릉단오 민속여행』 두산, 1998

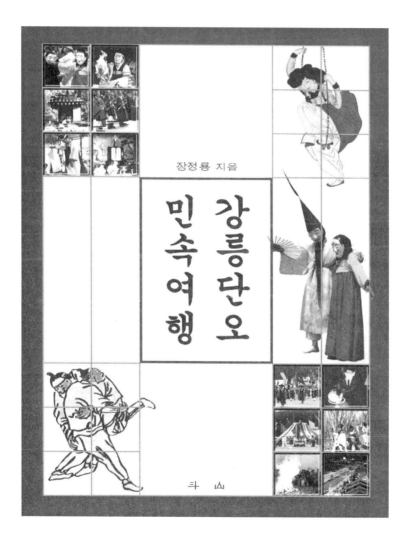

□ 김선풍·김경남,『강릉단오제연구』보고사, 1998

江陵端午祭研究

김선풍
김경남 공저

보고사

□ 장정룡 외, 『강릉단오제백서』 강릉문화원, 1999

□ 정종수 · 임장혁 · 이준석, 『강릉단오제』 국립문화재연구소, 1999

□ 장정룡 외,『아시아의 단오민속 -한국 · 중국 · 일본』국학자료원, 2002

□ 장정룡, 『강릉단오제』 강원학총서1. 집문당, 2003

[부록2] 중국단오문헌자료

□ 양(梁), 종름(宗懍), 『형초세시기(荊楚歲時記)』

按高僧傳四月八日浴佛以都梁香爲青色
水鬱金香爲赤色水丘隆香爲白色水以灌佛頂
香爲黃色水安息香爲黑色水以灌佛頂
四月十五日僧尼就禪利拱搭謂之結夏又謂
之結制
按夏乃長養之節任外行則恐傷草木虫類
故九十日安居禪苑宗規云祝融在候炎帝

司方當法王禁足之辰是釋子護生之日至
七月十五日應禪寺掛搭僧尼盡皆散去謂
之解夏又謂之解制禪苑宗規云金風漸漸
玉露瀼瀼當覺皇解制之辰是法歲周圓之
曰大藏經云四月十五坐樹下至七月十五
日僧尼坐草爲一歲禪談語錄謂之法歲
五月俗稱惡月多禁忌聽鋪薦席及忌蓋屋
按異苑云新野庾寔嘗以五月曝席忽見一

小兒死在席上俄而失之其後寔子遂亡或
始於此風俗通曰五月上屋令人頭禿或問
董勛曰俗五月不上屋云五月人或上屋見
影魂便去助苓日蓋秦始皇自爲之禁夏不
得行漢魏未改案月令仲夏可以居高明可
以遠眺望可以升山陵可以處臺樹鄭玄以
爲順陽在上也又云不得上屋正與禮反敬
叔云見小兒死而禁暴席何以異此乎俗人

月諱何代無之但當矯之歸于正耳
五月五日謂之浴蘭節四民並蹋百草之戲採
艾以爲人懸門戶上以禳毒氣以菖蒲或鏤或
屑以泛酒
按大戴禮曰五月五日蓄蘭爲沐浴楚辭曰
浴蘭湯今謂沐芳華今謂之浴蘭節又謂之端
午蹋百草卽今人有鬥百草之戲也宗則字
文慶常以五月五日雞未鳴時採艾見似人

處覽而取之用灸有驗師曠占曰歲多病則
病草先生艾是也今人以艾爲虎形或剪綵
爲小虎粘艾葉以戴之
是日競渡採雜藥
按五月五日競渡俗爲屈原投汨羅日傷其
死所故並命舟檝以拯之阿舟取其輕利謂
之飛鳧一自以爲水車一自以爲水馬州將
及土人悉臨水而觀之蓋越人以舟爲車以

楫爲馬也邯鄲淳曹娥碑云五月五日時迎
伍君逆濤而上爲水所淹斯又東吳之俗事
枉子胥不關屈平也越地傳云起於越王勾
踐不可詳矣是日競採雜藥夏小正云此日
蓄藥以蠲除毒氣
以五綵絲繫臂名曰辟兵令人不病瘟又有條
達等織組雜物以相贈遺取鴝鵒教之語
按孝經援神契曰仲夏繭始出婦人染練咸

有作務日月星辰鳥獸之狀文繡金縷貢獻
所尊一名長命縷一名續命縷一名辟兵繒
一名五色絲一名朱百作索名擬甚多亦青
白黑以爲四方黃居中央名曰襞方綴於胸
前以示婦人蠶功也詩云繞臂雙條達是也
或問辟五兵之道抱朴子曰以五月五日作
赤靈符著心前今鈙頭是也此月鴝鵒子
毛羽新成俗好登臬取養之必先剪去舌尖

以致其語
夏至節日食糉
按周處風土記謂爲角黍人並以新竹爲筒
糉棟葉揷五綵繫臂謂爲長命縷
是日取菊爲灰以止小麥蠹
按千寶變化論云朽稻成虫朽麥爲蛺蝶此
其驗乎
六月必有三時雨田家以爲甘澤邑里相賀曰

□ 청(淸) 진가모(秦嘉謨), 『월령수편(月令粹編)』

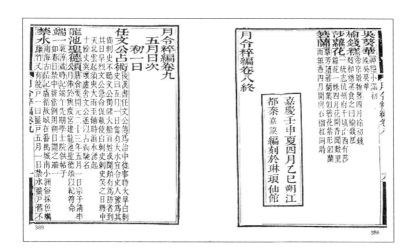

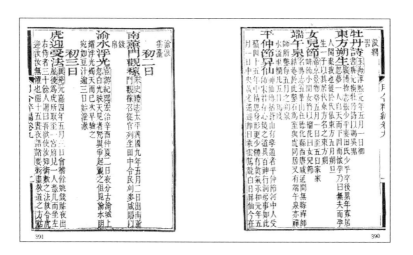

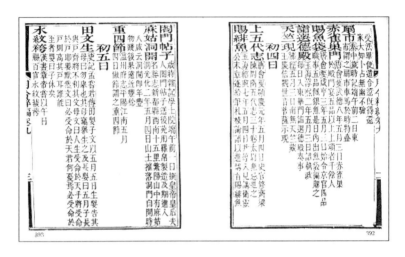

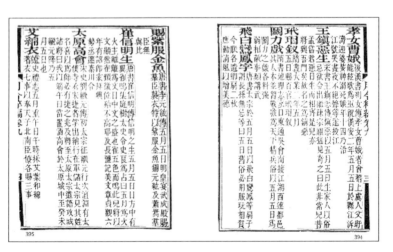

取蟾酥
每於端午日太醫院官詣物鼓吹赴南海
子捉蝦蟆取蟾酥也其法以紫蘇葉開樂
目不令傷以針刺眉稜間黃汁出以物盛之

念佛庵
好事者念佛懺下有薄如洋縣之洋縣念佛
歲午日忽有色壓屋堂常老耆精修之僧
早歿天台道士劉由蘆師事老耆精修介

鍊剛道人
鏡令劉剛造劍教符禁水疾者
蔚溪劉剛造劍教符禁水疾者
蔚溪劉剛造劍教人廣同志弋陽

初六日
玉海開元十六年五月六日同昌公主出降有
可進儀注蒙宸殿行五月六日禮右僭臨蒙駁本懿道有
上臣周之蠤陛下所猶以衣正黃居饔萬國朝諸侯人
納其敬陛之所猶以移光順門外啟犬行禮也

移光順門

[참고문헌]

◦ 洪錫謨, 東國歲時記, 朝鮮光文會, 1911
◦ 秋葉隆, 江陵端午祭, 日本民俗學 2-5, 1930
◦ 吳晴, 朝鮮の年中行事, 朝鮮總督府 大海堂印刷株式會社, 1931
◦ 金在喆, 朝鮮演劇史, 朝鮮語文學會, 1933
◦ 鈴木淸一郎, 臺灣舊習冠婚喪祭と年中行事, 臺灣日日新報社, 1934
◦ 村上知行, 北京歲時記, 東京書房, 1940
◦ 淸 敦崇, 小野勝年 譯註, 北京年中行事記, 岩波書店, 1941
◦ 方鍾鉉, 歲時風俗集, 一成堂書店, 1946
◦ 李允熙, 우리나라 세시기, 金龍印刷株式會社, 1948
◦ 車相瓚, 朝鮮史外史, 明星社, 1947
◦ 守屋美都雄, 中國古歲時記の硏究, 東京, 帝國書院, 1963
◦ 黃石, 端午禮俗史, 國立北京大學 民俗叢書102, 東方文化書局複刊, 1963
◦ 任東權, 江陵端午祭, 重要無形文化財指定資料, 文化財管理局, 1966
◦ 胡樸安, 中華全國風俗志 上下, 啓新書局, 1968
◦ 洪錫謨 撰, 李錫浩 譯, 東國歲時記 (外), 乙酉文化社, 1969
◦ 淸 敦崇 編, 燕京歲時記, 廣文書局, 1969
◦ 崔喆, 江陵端午祭根源說話, 延世國文學 2, 1969
◦ 何志浩, 中國舞蹈史, 中華大典編印會, 1970
◦ 任東權, 韓國民俗學論考, 宣明文化社, 1971
◦ 崔喆, 嶺東民俗志, 通文館, 1972
◦ 金善豊, 江陵神話와 民謠의 特徵考, 國語國文學 68·69호, 1975
◦ 趙東一, 韓國假面劇의 美學, 韓國日報社, 1975
◦ 金善豊, 韓國詩歌의 民俗學的 硏究, 螢雪出版社, 1977
◦ 李杜鉉, 韓國의 假面劇, 一志社, 1979
◦ 조동일, 탈춤의 역사와 원리, 홍성사, 1979
◦ 蔡治平, 節令的故事, 臺灣 空中雜誌社, 1979

◦ 김선풍, 한국구비문학대계 2-1, 강릉·명주편, 한국정신문화연구원, 1980
◦ 장정룡, 강릉관노가면극연구, 민족문화8, 민족문화추진회, 1982
◦ 홍세우, 조선족민속, 연변인민출판사, 1982
◦ 김문희, 강릉관노기면극의 춤사위연구, 세종대 대학원석사논문, 1983
◦ 장정룡, 관노가면극과 탈굿고, 어문논집17, 중앙대 국어국문학과, 1983
◦ 劉枝萬, 臺灣民間信仰論集, 聯經出版事業公社, 1984
◦ 장정룡, 東海岸別神탈놀음굿연구, 관동어문학3, 관동대 국어교육과, 1984
◦ 장정룡, 韓國布假面硏究, 강원민속학2, 강원도 민속학회, 1984
◦ 唐 韓鄂 編, 四時纂要選讀, 中國農業普及叢書, 北京農業出版社, 1984
◦ 譚麟, 荊楚歲時記 譯注, 湖北 人民出版社, 1985
◦ 依田千百子, 朝鮮民俗文化の硏究, 日本 瑠璃書房, 1985
◦ 尹光鳳, 韓國演戲詩硏究, 二友出版社, 1985
◦ 장정룡, 서낭신제가면극연구, 한국민속학17, 민속학회, 1985
◦ 장정룡, 강릉관노탈놀음의 考證과 原形論, 관동어문학4, 관동대 국어교육과, 1985
◦ 장정룡, 강릉관노가면극의 起源과 象徵, 강원민속학3, 강원도민속학회, 1985
◦ 崔常壽, 山臺·城隍神祭假面劇의 硏究, 成文閣, 1985
◦ 조성일, 조선민족의 다채로운 민속세계, 북경민족출판사, 1986
◦ 장정룡, 강릉관노가면극의 原形論的 檢討, 여맥6, 강릉여맥문화회, 1986
◦ 장정룡, 강릉단오제 根幹信仰의 比較民俗學的 考察, 여맥7. 강릉여맥문화회, 1987
◦ 김선풍, 강릉단오굿, 열화당, 1987
◦ 王毓榮, 荊楚歲時記 校注, 臺北 文津出版社, 1987
◦ 宗懍 撰, 守屋美都雄 譯註, 荊楚歲時記, 東京, 平凡社, 1987
◦ 姜騰鶴, 旌善아라리의 硏究, 집문당, 1988
◦ 張正龍, 韓·中 歲時風俗 및 歌謠硏究, 集文堂, 1988
◦ 朴銓烈, 「門付げ」의 構造-韓日比較民俗學의 視點, 동경 홍문당, 1989
◦ 박민일, 韓國아리랑 文學연구, 강원대 출판부, 1989

◦ 장정룡, 강릉假面과 望瓦考, 여맥8, 강릉여맥문화회, 1989

◦ 張正龍, 江陵官奴假面劇研究, 集文堂, 1989

◦ 장정룡, 東海岸 별신굿놀이의 演劇的 考察, 연극학연구1, 부산연극학회, 1989

◦ 장정룡, 강원도 서낭신앙의 類型的 研究, 한국민속학22, 민속학회, 1989

◦ 崔承洵, 江原文化論叢, 江原大出版部, 1989

◦ 박진태, 탈놀이의 起源과 構造, 새문社, 1990

◦ 서연호, 서낭굿탈놀이, 열화당, 1991

◦ 장정룡, 강릉의 민속문화, 대신출판사, 1991

◦ 오창원, 우리나라 지리와 풍속, 금성청년출판사 평양종합인쇄공장, 1991

◦ 장정룡, 嶺東地方 人物神話의 內容考察, 중앙민속학7, 중앙대 민속학연구소, 1992

◦ 장정룡, 동해안 마을信仰과 說話, 인문학보15, 강릉대 인문과학연구소, 1993

◦ 장정룡, 강릉단오축제의 傳承意味論, 강릉예총10, 강릉예술총연합회, 1993

◦ 정은주, 향토축제와 전통의 현대적 의미, 서울대 대학원 석사논문, 1993

◦ 문화재관리국, 江陵端午祭實測調査報告書, 1994

◦ 吉野裕子, 十二支, 日本 人文書院, 1994

◦ 김의숙, 강원도 민속문화론, 집문당, 1995

◦ 李永匡·王熹, 中國節令史, 臺灣文津出版, 1995

◦ 장정룡, 대관령문화사, 동해안발전연구회, 1996

◦ 장정룡, 강원도 축제문화의 理解와 反省, 강원민속학12, 강원도민속학회, 1996

◦ 장정룡, 江陵端午祭의 民俗學的 研究, 인문학보21, 강릉대 인문과학연구소, 1996

◦ 장정룡, 한국지역축제개관, 강원도의 지역축제사례, 한국의 지역축제, 문화체육부, 1996

◦ 장정룡, 강릉단오굿, 비교민속학13집, 비교민속학회, 1996

◦ 장정룡, 동해안 심청굿사설자료, 우리문화2호, 강릉우리문화연구회, 1996
◦ 장정룡, 주문진 진녀의 신화적 환생의미, 항도56, 주문진상공회의소, 1996
◦ 상기숙 역, 형초세시기, 집문당, 1996
◦ 陸家驥, 端午, 臺灣商務印書館, 1996
◦ 장정룡·엄창섭, 강원지역사회문화론, 새문사, 1997
◦ 장정룡, 강원도 바리공주무가고찰, 민속문학과 전통문화, 박이정, 1997
◦ 장정룡, 강원도 축제문화의 發展方案, 강원포럼14호, 강원개발연구원, 1997
◦ 장정룡, 강원도 민속예술의 發展的 考察, 관동민속학14집, 관동대무형문
  화연구소, 1997
◦ 장정룡, 지역축제자원화와 문화적 계승전략, -강릉단오제-강원개발연구원,
  1998
◦ 장정룡, 허균과 강릉-교산 허균의 생애와 평전, 강릉시, 1998
◦ 장정룡, 강릉단오민속여행, 두산, 1998
◦ 金善豊·金京南, 江陵端午祭硏究, 보고사, 1998
◦ 장정룡, 順昌과 江陵城隍祭의 比較考察, 성황당과 성황제, 민속원, 1998
◦ 김병철, 강원도 지역축제의 활성화 방안연구, 강원개발연구원, 1998
◦ 장정룡, 민속의 고향 강원도 세상 -장정룡 교수의 강원민속답사기, 동녘,
  1999
◦ 장정룡, 강릉단오제의 기원과 역사, 강릉단오제백서, 강릉문화원, 1999
◦ 정선희, 축제의 담론과 지역정체성에 관한 연구 -강릉단오제, 서울대대학
  원석사논문, 1999
◦ 장정룡, 강릉단오제 起源과 歷史, 강릉단오제백서, 강릉문화원, 1999
◦ 장정룡, 강릉관노가면극, 강릉단오제백서, 강릉문화원, 1999
◦ 장정룡, 梵日國師 傳承說話의 變異過程 考察, 인문학보27, 강릉대, 1999
◦ 국립문화재연구소, 강릉단오제, 1999
◦ 蕭放, 荊楚歲時記 硏究, 北京師範大學出版社, 2000
◦ 임재해, 지역문화와 문화산업, 지식산업사, 2000
◦ 장정룡, 강릉 연화부인설화 고찰, 설화와 역사, 집문당, 2000
◦ 장정룡, 강릉가면극의 神話的 構成, 한국회곡문학사의 연구VI, 중앙인문

사, 2000
◦ 장정룡, 강릉단오제 중장기 발전방안(공), 강릉문화예술진흥재단, 2000
◦ 이창식, 삼척지역의 민속문화, 삼척문화원, 2000
◦ 劉還月, 臺灣人的歲時與節俗, 臺灣常民文化, 2000
◦ 片武永, 江原道 江陵端午祭報告書, 日本愛知大學, 2001
◦ 蕭放, 歲時 -傳統中國民衆的 時間生活, 中國中華書局, 2002
◦ 張正龍, 江原道民俗硏究, 國學資料院, 2002
◦ 장정룡외, 아시아의 단오민속, 국학자료원, 2002
◦ 리정순, 열두달민속이야기, 근로단체출판사 평양종합인쇄공장, 2002
◦ 장정룡・이한길, 강릉의 설화, 동녘출판기획, 2003
◦ 陶立璠, 民俗學, 北京學苑出版社, 2003
◦ 陳益源, 王翠翹故事硏究, 北京西苑出版社, 2003
◦ 장정룡, 강릉단오제, 강원학총서1, 집문당, 2003
◦ 진용선, 정선아리랑, 집문당, 2004
◦ 謝世忠, 國族論述 : 中國與北東南亞的場域, 國立臺灣大學出版中心, 2004
◦ 管彦波, 云南稻作源流史, 北京民族出版社, 2005
◦ 장정룡, 인제뗏목과 뗏꾼들, 인제군, 2005
◦ 林美容, 馬祖信仰與臺灣社會, 博揚文化, 2006
◦ 서연호, 한국연극전사, 연극과 인간, 2006
◦ 정선아리랑제위원회, 정선아리랑제 30년사, 2006
◦ 장정룡, 강릉단오제 천년사자료집, 강릉시, 2006
◦ 장정룡, 방림삼베농경민속지, 평창방림면삼베삼굿놀이보존회, 2006
◦ 강릉시・강릉문화원, 강릉단오제유네스코세계인류구전 및 무형유산걸작
　선정백서, 2006
◦ 강원도민속학회, 강원도 축제의 이해, 국학자료원, 2006

장정룡(張正龍)

Jang Jung-young

| 經歷 |
· 강릉대 교수, 문학박사
· 강원도 문화재위원회 위원
· 문화재청 문화재전문위원 · 감정위원
· 남북강원도교류협력위원회 기획위원
· 강원도발전연구원 복지포럼 운영위원
· 강릉단오제위원 · 실행위원
· 동부지방산림관리청 혁신위원
· (재)강원도 문화재단 이사
· (사)동해안발전연구회 이사
· (사)허균 · 허난설헌선양사업회 이사
· 속초시립박물관 자문위원장
· 국제아시아민속학회 부회장
· 강원도 민속학회 회장

강릉단오제 현장론 탐구

인쇄일 초판1쇄 2007년 4월 13일 / 발행일 초판1쇄 2007년 4월 20일
인쇄일 초판2쇄 2015년 7월 12일 / 발행일 초판2쇄 2015년 7월 13일

지은이 장정룡 / 발행처 **국학자료원** / 등록일 제324-2006-0041호
서울시 강동구 성내동 447-11 현영빌딩 2층
Tel : 442-4623~4 Fax : 442-4625
www.kookhak.co.kr / kookhak2001@hanmail.net
ISBN 978-89-92517-13-3 *93900 / 가 격 30,000원